“十二五”普通高等教育本科国家级规划教材
江苏省高等学校重点教材（2021-1-114）
科学版精品课程立体化教材·管理学系列

质量管理

（第五版）

韩之俊 许 前 钟晓芳／编著

科学出版社
北 京

内 容 简 介

全书共分为九章，其中第一章至第三章为质量管理的基本理论和方法，该部分系统地介绍质量管理的基础知识、质量管理体系和质量改进的基本工具。第四章介绍六西格玛管理。第五章介绍质量管理中的一些常用统计技术。第六章至第八章分别介绍几个较为前沿的专题：稳健设计（田口方法）、质量功能展开、可靠性工程。第九章介绍服务质量理论和服务质量评价方法。

本书可作为高等院校管理类、经济类专业的本科生、研究生的教材，也可供企事业单位从事质量管理工作的人士阅读、参考。

图书在版编目（CIP）数据

质量管理 / 韩之俊，许前，钟晓芳编著. -- 5版. 北京 ：科学出版社，2025. 5. --（"十二五"普通高等教育本科国家级规划教材）（江苏省高等学校重点教材）（科学版精品课程立体化教材）. -- ISBN 978-7-03-081755-6

Ⅰ. F273.2

中国国家版本馆CIP数据核字第2025GY1347号

责任编辑：方小丽 / 责任校对：贾娜娜
责任印制：张　伟 / 封面设计：有道设计

科学出版社 出版
北京东黄城根北街16号
邮政编码：100717
http://www.sciencep.com
北京科印技术咨询服务有限公司数码印刷分部印刷
科学出版社发行　各地新华书店经销
*
2003年3月第　一　版
2007年7月第　二　版　开本：787×1092　1/16
2011年6月第　三　版　印张：18 1/4
2017年3月第　四　版　字数：433 000
2025年5月第　五　版　2025年5月第二十三次印刷

定价：58.00元

（如有印装质量问题，我社负责调换）

第五版前言

党的二十大报告指出："我们要坚持教育优先发展、科技自立自强、人才引领驱动，加快建设教育强国、科技强国、人才强国，坚持为党育人、为国育才，全面提高人才自主培养质量，着力造就拔尖创新人才，聚天下英才而用之。"①教材是教学内容的主要载体，是教学的重要依据、培养人才的重要保障。在优秀教材的编写道路上，我们一直在努力。

本书自 2003 年 3 月由科学出版社出版以来，深受广大读者的欢迎，经教育部组织的专家评审，本书入选"十一五"普通高等教育国家级规划教材、"十二五"普通高等教育本科国家级规划教材和江苏省高等学校重点教材，在前四版的基础上，我们进一步总结教学经验，听取部分选用该教材的教师反馈的意见开展修订工作，推出了第五版。

全书共分九章，其中第一章至第三章为质量管理的基本理论和方法，该部分系统论述质量管理的首要任务是制定质量方针和质量目标，质量管理的核心是依据 ISO 9001《质量管理体系　要求》建立健全质量管理体系，质量管理的四大组成部分为质量策划、质量控制、质量保证和质量改进，质量改进的基本工具为全面质量管理新老七种工具。第四章系统地介绍六西格玛管理。第五章介绍质量管理中的一些常用统计技术：直方图与过程能力指数、方差分析与回归分析、实验设计、控制图与统计抽样。第六章至第八章分别介绍几个较为前沿的专题：第六章介绍稳健设计（田口方法）的基本知识，包含静态特性和动态特性的参数设计；第七章介绍质量功能展开的基本知识，包含质量功能展开的基本方法、工作程序和量化评估方法；第八章介绍可靠性工程的入门知识，包含可靠性工程中的特征量和系统可靠性预计。第九章介绍服务质量管理理论和方法。

本书凝聚了编著者近 40 年从事质量管理研究、教学与实践的成果和经验，本书第五版具有如下特色。

（1）系统性。本书既系统论述质量管理的基本理论和方法，又介绍质量管理的前沿知识。

（2）先进性。本书介绍的稳健设计（田口方法）处于学科前沿，韩之俊教授于 1985 年将田口方法引入中国，并取得许多研究与应用成果，先后获得国家级、部级、省级质量管理突出贡献奖。

---

① 《习近平：高举中国特色社会主义伟大旗帜　为全面建设社会主义现代化国家而团结奋斗——在中国共产党第二十次全国代表大会上的报告》，https://www.gov.cn/xinwen/2022-10/25/content_5721685.htm，2022 年 10 月 25 日。

（3）实践性。本书强调理论联系实际，书中包含大量的案例和实例。

本书可作为高等院校管理类、经济类专业的本科生、研究生的教材。全书可按 6 个学分（96 个学时）来组织教学，其中第一章至第四章大约需要 3 个学分（48 个学时），第五章大约需要 1 个学分（16 个学时），第六章与第七章共需要 1 个学分（每章 8 个学时），第八章与第九章共需要 1 个学分（每章 8 个学时）。任课教师可根据自身教学的需要，灵活选用相关内容和学时。本书也可供企事业单位从事质量管理工作的人士阅读、参考。

我们全体作者诚恳地希望广大师生和读者对本书提出宝贵意见，以便进一步加以改进。

编著者谨识

2024 年 12 月 28 日

目　录

第一章

质量管理概论

随着中国经济的迅猛发展和世界经济全球一体化进程的加快，国内外市场的竞争日趋激烈。在市场竞争的五大要素——品种、质量、价格、服务和交货期中，决定竞争胜负的要素是质量，任何一个组织均须视质量为生命，以持续质量改进作为永恒的目标。

第一节　质量与质量管理

一、质量的定义

质量的概念在不同的历史时期有着不同的内涵。质量的概念最初仅用于产品，如今却逐渐延伸到服务、过程、体系和组织及以上任意项的组合中。

按照 2015 版 ISO 9000 标准，质量的定义如下。

质量：实体的若干固有特性满足要求的程度。

在理解上述定义时，应注意如下要点。

1. 关于“固有特性”

特性是指“可区分的特征”，如物理的特性（机械性能、物理化学性能等）、感官的特性（气味、噪声、色彩等）、时间的特性（准时性、可靠性等）、人体工效的特性（生理的特性、安全性等）、经济的特性（使用成本等）和行为的特性（礼貌、仪表等）。

特性可以是固有的或赋予的。“固有特性”是指事物本来就有的、与生俱来的，尤其是那种永久的特性。例如，产品的尺寸、体积、重量，机械产品的机械性能、可靠性、可维修性，化工产品的化学性能、安全性等。“赋予特性”不是固有的，是人们后来施加的，如产品的价格、交货期、保修时间和运输方式等。

固有特性与赋予特性是相对的。某些产品的赋予特性可能是另一些产品的固有特性。例如，交货期及运输方式，对硬件产品而言属于赋予特性，但对运输服务而言就属于固有特性。

2. 关于“要求”

要求指明示的、通常隐含的或必须履行的需求或期望。

“明示的”可以理解为规定的要求，如在销售合同中或技术文件中阐明的要求或顾客明确提出的要求。

“通常隐含的”是指组织、顾客和其他相关方的惯例或一般做法，所考虑的需求或期望是不言而喻的，如化妆品应对顾客皮肤具有保护性等。一般情况下，顾客或相关方的文件（如标准）中不会对这类要求给出明确的规定，供方应根据自身产品的用途和特性进行识别，并作出规定。

“必须履行的”是指法律法规要求的或有强制性标准要求的，如食品卫生安全法等。供方在产品实现的过程中，必须执行这类标准。要求可以由不同相关方提出，不同的相关方对同一产品的要求可能是不相同的。例如，对汽车来说，顾客要求其美观、舒适、轻便、省油，但社会要求其对环境不产生污染。组织在确定产品要求时，应兼顾各相关方的要求。

“要求”可以是多方面的，当需要指出时，可以采用修饰词表示，如产品要求、质量管理体系要求和顾客要求等。

3. 质量的内涵

质量的内涵由一组固有特性组成，并且这些固有特性是以满足顾客及其他相关方要求的能力来表征的，质量具有广义性、时效性和相对性。

质量的广义性：质量不仅指产品质量，也指过程质量和体系质量。组织的顾客及其他相关方对组织的产品、过程或体系都可能提出要求。

质量的时效性：组织的顾客及其他相关方对组织的产品、过程和体系的需求与期望是不断变化的，因此，组织应不断地调整对质量的要求，想方设法地满足顾客及其他相关方的要求，并争取超越他们的期望。

质量的相对性：组织的顾客和其他相关方可能会对同一产品的功能提出不同的需求，也可能对同一产品的同一功能提出不同的需求。需求不同，质量要求也就不同，只有满足需求的产品才会被认为是质量好的产品。

质量的优劣是满足要求程度的一种体现。它须在同一等级基础上作比较，不能与等级混淆。等级是对功能、用途相同但质量要求不同的产品、过程或体系所作的分类或分级。

二、与质量相关的术语

在质量的定义中出现了过程、产品、质量特性等相关术语，现分别介绍这些相关术语的内涵。

1. 过程

过程是指将输入转化为输出的相互关联或相互作用的一组活动。过程由输入、实施活动和输出三个环节组成，过程可以包括产品实现过程和产品支持过程。

过程的输入可能是一个或几个过程的输出，过程的输出也可能是一个或多个过程的输入，过程会形成网络，过程的输出应可测量，因此，质量目标的实现情况可通过对每个过程的输出结果进行测量来给出。

例如，采购过程，其输入是采购清单和合格供方名单，其输出是采购产品，并且通过对采购产品的验证来对采购过程的质量进行评定。

2. 产品

产品是指过程的结果。产品有四种通用的类别：服务（如商贸、运输）、软件（如计算机程序、字典）、硬件（如电视机、电冰箱）和流程性材料（如煤气、酒、化肥）。

许多产品是由多个类别构成的，服务、软件、硬件或流程性材料的区分取决于其主导成分。例如，汽车由硬件（如汽车发动机、轮胎等）、流程性材料（如冷却液、润滑油）、软件（如汽车说明书、驾驶员手册）和服务（如销售人员所做的操作说明）组成，但其主导成分是硬件。

按照产品的存在形式，又可将产品分成有形的和无形的。硬件和流程性材料通常是有形产品。硬件是可以分离、一个一个加以计数的。流程性材料一般是连续生产的，状态可以是液态、气态、粉末状、线状、块状或板状等。服务和软件通常是无形产品。服务是在供方和顾客接触面上至少需要完成一项活动的结果。软件由信息组成，可以方法、论文或程序的形式存在。

3. 质量特性

质量特性是指与要求有关的产品、过程或体系的固有特性。

产品的质量特性可以是多种多样的，它包括性能、适用性、可信性（可用性、可靠性、可维修性）、安全性、环保性、经济性和美学性。

服务质量特性可分为服务的时间性、功能性、安全性、经济性、舒适性和文明性六种类型，不同的服务对各种特性的要求有所不同。

根据对顾客及其他相关方满意的影响程度的不同，质量特性可划分为关键质量特性、重要质量特性和次要质量特性三类：①关键质量特性，是指该特性超过规定的要求，则会直接影响产品安全性或导致产品整体功能丧失的质量特性；②重要质量特性，是指该特性超过规定的要求，则将造成产品部分功能丧失的质量特性；③次要质量特性，是指该特性超过规定的要求，虽然暂不影响产品功能，但可能会引起产品功能逐渐丧失的质量特性。

三、质量概念的沿革

随着经济的发展和社会的进步，人们对质量的需求不断提高，质量的概念也随之不断地深化和发展，具有代表性的质量概念主要有：符合性质量、适用性质量、波动性质量和广义质量。

1. 符合性质量的概念

符合性质量是指产品符合现行标准的程度，这种“符合”的程度反映了产品质量的一致性。这是长期以来人们对质量的定义。但是，“规格”和“标准”有先进和落后之分，过去认为是先进的，现在可能是落后的。落后的标准即使百分之百地符合，也不能认为是质量好的产品。因此，“规格”和“标准”不可能将顾客的各种需求和期望都规定出来，特别是隐含的需求与期望。

2. 适用性质量的概念

适用性质量是指产品适用顾客需要的程度。这是从使用角度来定义产品的质量，即产品的质量就是产品的“适用性”。

质量从“符合性”发展到“适用性”，使人们逐渐认识到应该把顾客的需求放在首位。

3. 波动性质量的概念

20世纪60年代日本著名质量工程学家田口玄一博士首先提出波动性质量的概念。按照田口玄一博士的定义，产品的质量就是指产品上市后给社会造成的损失大小。田口玄一博士还进一步说明，这里的“社会”主要指顾客及其他相关方；这里的“损失”主要是指产品功能波动所造成的损失大小，它可以用质量损失函数进行描述和计算。按照田口玄一博士的观点，不仅不合格品会造成损失，合格品也会造成损失，只不过是损失大小不同而已，只要产品没有达到理想功能均会造成损失。

田口玄一博士的质量观，不仅将顾客的利益放在首位，而且可以用质量损失函数这把尺子来度量不同类型产品的不同质量；另外，田口玄一博士还指明了质量改进的方向就是不断减少产品的功能波动。但是，波动性质量的概念仍然有局限性，这是因为通常对硬件或流程性材料较易度量其质量损失，但对软件特别是服务，其质量损失难以计算。

4. 广义质量的概念

国际标准化组织（International Organization for Standardization，ISO）总结质量的不同概念并加以归纳和提炼，逐渐形成世人所公认的质量定义，即质量是实体的若干固有特性满足要求的程度。这一定义的内涵是十分广泛的，既反映了要符合标准的要求，也反映了要满足顾客的需要；既包含了产品，又包含了过程质量和体系质量。

我们称前三种质量的概念为狭义质量，第四种质量的概念为广义质量。美国著名质量管理学家朱兰（Juran）博士将广义质量和狭义质量作了详细比较（表1-1）。

表1-1　广义质量概念与狭义质量概念的对比

比较主题	狭义质量概念	广义质量概念
产品	制成品	硬件、软件、流程性材料、服务
过程	直接与产品制造有关的过程	所有过程：产品实现过程和产品支持过程
产业	制造业	各行各业：第一产业、第二产业、第三产业
顾客	购买产品的顾客	顾客及其他相关方，无论是内部还是外部
质量被看作	技术问题	经营问题、素质问题
质量目标体现在	工厂的各项指标中	组织的质量方针目标中
如何认识质量	基于职能部门的文化	基于质量策划、质量控制和质量改进
劣质成本	与不合格制品有关	不必要的成本开支总和
质量的评价主要基于	符合工厂的规范、程序、标准	满足顾客需求
改进是用于提高	部门业绩	整个组织业绩
质量管理培训	集中在质量部门	整个组织全体员工
负责协调质量工作	中层质量管理人员	高层管理者组成的质量委员会

四、质量管理的定义

按照 2015 版 ISO 9000 标准，质量管理的定义如下：质量管理是在质量方面指挥和控制组织的协调的活动。

此定义可从以下几个方面来理解。

（1）质量管理的职能是计划、组织、指挥、协调和控制。质量管理是组织经营管理的一部分，因此，质量管理也应具备管理的一般职能，特别是在质量方面指挥和控制组织的职能。

（2）质量管理的首要任务是制定组织的质量方针和质量目标，并使之贯彻和实现。

（3）质量管理的基本活动是指为了贯彻和实现组织的质量方针与质量目标，质量管理要通过质量策划、质量控制、质量保证和质量改进等活动来进行。

（4）质量管理的核心是建立健全质量管理体系。组织的最高管理者应正式发布本组织的质量方针，根据质量方针确立质量目标，并在此基础上按照质量管理的基本原则和 ISO 9000 标准，运用管理的系统方法建立健全质量管理体系，配备必要的人力和物质资源，充分调动全体员工的积极性，开展各项质量活动，不断提高顾客的满意度。

五、与质量管理相关的术语

在质量管理的定义中出现了质量方针、质量目标、质量策划、质量控制、质量保证和质量改进等相关术语，现分别介绍这些相关术语的内涵。

1. 质量方针

质量方针是由组织的最高管理者正式发布的该组织总的质量宗旨和方向。

质量方针是组织经营总方针的组成部分，质量管理原则是制定质量方针的依据。质量方针应体现组织的质量宗旨和质量方向，应反映对顾客的承诺，应为制定质量目标提供框架；质量方针应形成书面文件并由组织的最高管理者正式发布，并动员全体员工贯彻实施。

2. 质量目标

质量目标是在质量方面所追求的目的。

质量目标是质量方针的具体体现，质量目标既要先进，又要可行；质量目标要可以测量，以便于实施和检查；质量目标要逐层进行分解，加以细化，具体落实。

3. 质量策划

质量策划是质量管理的一部分，致力于制定质量目标并规定必要的运行过程和相关资源，以实现质量目标。

质量策划的关键是制定质量目标并设法使之实现，组织无论是对老产品的改进还是对新产品的开发均必须进行质量策划，确定研制什么样的产品、具有什么样的性能、达到什么样的水平，提出明确的质量目标，规定必要的作业过程，提供必要的人员和设备等资源，落实相应的管理职责，最后形成书面的文件，即质量计划。

4. 质量控制

质量控制是质量管理的一部分，致力于满足质量要求。其目的是保证质量，满足要求。为此，要解决要求（标准）是什么、如何实现（过程）及需要对什么进行控制等问题。

质量控制是一个设定标准（根据质量要求）、测量结果、发现偏差、采取纠正或预防措施的过程，而不是质量检验。例如，为控制采购过程的质量，可以采取的控制措施有制订采购计划、通过评定选择合格供方、规定对进货产品质量的验证方法、做好相关质量记录并定期进行业绩分析；为控制某一生产过程的质量，可以用控制图对过程特性或过程参数实施连续监控，及时发现异常波动并采取相应的措施；为控制特殊过程的质量，可以通过作业指导书、设备维护、人员培训、工艺方法优化等措施来实施。

5. 质量保证

质量保证是质量管理的一部分，致力于提供质量要求会得到满足的信任。

质量保证的关键是提供信任。保证质量、满足要求是质量保证的基础和前提，质量管理体系的建立和有效运行是提供信任的重要手段。

质量保证要求即顾客对供方质量管理体系的要求往往需要证实，以使顾客有足够的信任。证实的方法有：①供方的合格声明；②提供形成文件的基本证据（如质量手册、第三方的型式检验报告）；③提供由其他顾客认定的证据；④顾客亲自审核；⑤由第三方进行审核；⑥提供经国家认可的认证机构出具的认证证据。

质量保证有内部质量保证和外部质量保证之分，内部质量保证是组织向自己的管理者提供信任；外部质量保证是组织向顾客或其他相关方提供信任。

6. 质量改进

质量改进是质量管理的一部分，致力于增强满足质量要求的能力。

质量改进的关键是增强能力，使组织满足质量要求。要求可以是有关任何方面的，如有效性、效率或可追溯性。质量改进的对象可能涉及组织的质量管理体系、过程和产品，组织应注意识别需改进的项目和关键质量要求，考虑改进所需的过程，以增强组织、体系或过程实现产品并使其满足要求的能力。

质量改进要综合运用专业技术和现代管理方法，全面质量管理（total quality control，TQC）新老七种工具、各种统计技术、5S[①]管理及六西格玛管理等均是行之有效的质量改进工具。此外，群众性 QC（quality control，质量管理）小组活动是质量改进的基层组织形式。

六、质量管理的沿革

质量管理起源于 20 世纪初，在整整一个世纪中，质量管理的发展大致经历了三个阶段。

---

① 5S 是整理（seiri）、整顿（seiton）、清扫（seiso）、清洁（seiketsu）和素养（shitsuke）这 5 个词的缩写。

1. 质量检验阶段

20 世纪初，人们对质量管理的认识仅仅局限于质量检验，而且这种检验是非破坏性的、百分之百的检验。

1911 年美国著名管理学家泰勒在他的著作《科学管理原理》中首次提出在人员中进行科学分工的要求，即将计划职能和执行职能分开，中间再增加检验环节，设置专职的检验部门。

虽然专职的质量检验对保证产品的质量有突出的作用，但不久便暴露出弱点。首先，这种事后把关式的检验不能起到事前预防和控制的作用；其次，这种百分之百的检验对于破坏性试验或大批量生产显然是不可能的；最后，由于“三权”分立，即质量标准制定部门、产品制造部门、检验部门各管一方，只强调相互制约的一面，忽视了相互配合、促进、协调的一面，缺乏系统观念。

2. 统计质量控制阶段

1924 年美国贝尔电话研究所的休哈特（Shewhart）博士将数理统计方法运用到质量管理中来，首先提出用六西格玛方法控制加工过程的质量波动。1931 年他出版了第一本质量管理科学专著《工业产品质量的经济控制》，第一张工序控制图——休哈特控制图问世。1929 年休哈特的同事道奇（Dodge）与罗米克（Romig）出版了第一本有关统计抽样方法的专著《抽样检查方法》，这种以统计抽样的方法代替大批量产品的检查验收，极大地提高了质量检验的效率。但是由于 20 世纪 20～30 年代世界资本主义危机重重、经济萧条，这些理论和方法长期以来被束之高阁。

第二次世界大战开始后，由于军工生产的迫切需要，统计质量控制方法得到了广泛应用。在 1941～1942 年，美国国防部先后制定了三个军用标准——AWSZ1.1《质量管理指南》、AWSZ1.2《数据分析用控制图法》、AWSZ1.3《生产过程中质量管理控制图法》，并且要求在交货检验中采用科学的抽样检查方法。历史证明，由于美国大力推广应用统计质量控制方法，美国的军工生产在数量、质量及成本上均占据世界领先地位。

第二次世界大战结束以后，统计质量控制不仅在美国许多民用工业企业得到广泛应用，而且迅速推广到美国以外的许多国家，并取得了成效。

尽管统计质量控制取得很大成效，但是也存在缺陷，它过分强调质量控制中的数理统计方法，使人们误认为质量管理主要是数理统计专家的事，特别是在计算机和数理统计软件应用不普及的情况下，许多人对它望而生畏。

3. 全面质量管理阶段

20 世纪 50 年代后，随着科学技术和工业生产的发展，人们对质量的要求越来越高，质量管理人员开始运用“系统工程”的概念，把质量问题作为一个有机整体加以综合分析研究，实施全员、全过程、全公司的管理。20 世纪 60 年代，管理理论上出现了“行为科学”学派，主张人在管理中的作用。在上述背景下，1961 年美国通用电气公司的费根堡姆（Feigenbaum）博士首次提出全面质量管理的概念，在《全面质量管理》一书中指出：全面质量管理是为了能够在最经济的水平上，在考虑到充分满足用户需求的条件下进行市场研究、设计、生产和服务，把企业各部门的研制质量、维持质量和提高质量的活动构成一体的有效体系。费根堡姆首次提出了质量体系的问题，提出质量管理的主要任务就是建立质量管理体系，这是一个全新的见解，具有划时代的意义。

全面质量管理是以质量为中心，以全员参与为基础，目的在于通过让顾客满意和让本组织所有者、员工、供方、合作伙伴或社会等相关方受益而达到长期成功的一种管理途径。

全面质量管理的重要特点如下。

（1）突出四个“全”：全员参与，形成全过程的质量管理，全公司的管理，各种专业技术和管理方法的全面综合运用。

（2）实现三种转变：指导思想上从事后检验、把关为主转变成事前预防、改进为主；组织形式上从分工为主转变成协调为主；方式方法上从管结果为主转变成管原因为主。

基本工作方法——PDCA 循环：全面质量管理把管理过程划分为四个阶段、八个步骤。

第一，计划阶段（plan），根据顾客及其他相关方的需求，拟定质量目标，确立管理项目，制订活动计划。

步骤一：分析现状，找出存在的质量问题。

步骤二：分析产生质量问题的各种原因。

步骤三：找出影响质量的主要原因。

步骤四：针对影响质量的重要原因制定措施，提出改进计划。

第二，实施阶段（do），即执行计划。

步骤五：按照既定的计划实施执行，开展各种技术和管理活动。

第三，检查阶段（check），即检查计划的执行情况。

步骤六：在计划执行过程中，及时检查计划执行情况和效果，找出存在的问题，必要时对计划进行调整。

第四，总结、处理阶段（action），即总结成功经验，找出遗留问题。

步骤七：总结成功的经验（或教训）纳入标准、制度和规定，以巩固成绩，防止失误。

步骤八：找出尚未解决的遗留问题，纳入下一轮 PDCA 循环。

日本在 20 世纪 50 年代引进了美国的质量管理方法，并且有所发展，取得了举世瞩目的成绩。日本著名质量管理专家石川馨教授把日本的质量管理称为全公司质量管理（company-wide quality control，CWQC），他们十分重视职工的质量管理教育，开展群众性 QC 小组活动，以及全国质量月活动，归纳、整理了质量管理的老七种工具和新七种工具，发明了质量功能展开（quality function deployment，QFD）及质量工程技术（田口方法），使全面质量管理充实了大量新的内容。

全面质量管理的理论和方法迅速在全球范围广泛传播，各国均结合自己的实践有所创新。如今，世界闻名的 ISO 9000 族质量管理标准，美国波多里奇奖、欧洲质量奖、日本戴明奖等各种质量奖，以及卓越经营模式、六西格玛管理模式等，均是以全面质量管理理论和方法为基础的。

第二节 质量方针目标管理

一、质量方针与质量目标

1. 质量方针

定义：由最高管理者正式发布的关于质量方面的宗旨和方向。

注释：①质量方针是组织经营总方针的一部分，质量方针应与组织经营总方针相一致。②质量管理的七项原则是制定质量方针的基础。③质量方针的内容应反映组织对质量的追求、宗旨以及对顾客的承诺，并且应反映组织的特色，切忌空洞式的口号。④质量方针应为质量目标提供框架。⑤质量方针应由组织的最高管理者主持制定，并亲自正式发布。

2. 质量目标

定义：在质量方面所追求的目的。

注释：①质量目标应建立在组织的质量方针基础上，并与质量方针保持一致。②质量目标应是定量的，并在组织的不同层次上加以展开。③质量目标按其达到的时间长短分类，可分为长期目标（3～5年）和短期目标（年、季、月）。④质量目标按其内容分类，可以有质量指标、顾客满意度指标、升级创优目标、质量成本目标和质量管理目标等。

3. 质量方针与质量目标的关系

（1）质量方针为质量目标提供框架，质量目标应与质量方针保持一致。

（2）质量方针是具有纲领性的，质量目标是可测量的。

二、质量方针目标管理的内容

1. 方针目标管理

方针目标管理是组织为实现中长期或年度经营方针目标，充分调动职工积极性，通过个体与群体的自我控制和协调，实现个人目标，从而保证实现共同成就的一种科学管理方法。

（1）“个体”是指个人、岗位；“群体”是指组织、部门、分厂（车间）、工段、班组等。

（2）“自我控制”是指根据目标的要求，调整自己的行为，以促使目标的实现。“共同成就”指组织目标和部门、车间、班组目标等。

（3）质量方针目标管理是组织为实现质量方针目标而开展的方针目标管理。

2. 方针目标管理的特点

作为一种科学管理方法，方针目标管理具有如下特点。

（1）强调系统管理：它层层设定目标，建立目标体系，并围绕组织方针目标将措施对策、组织机构、职责权限、奖惩办法等组合成一个网络系统。

（2）强调重点管理：它不替代由标准、制度或计划（如生产计划）所规定的业务职能活动，不替代日常管理，只是重点抓好对组织和部门的发展有重大影响的重点目标、重点措施或事项，重点目标主要指质量、生产、营销、效益、能耗、安全目标等。

（3）强调措施管理：管理对象必须细化到实现目标的措施上，而不是停留在定性的号召上。为此，要将目标展开到能直接采取措施为止，对具体措施实施管理。

（4）强调主动管理：它要求组织的全体成员积极参与方针目标管理的全过程，从工人到管理人员都要被目标管理，每个人、每个部门都要主动、积极地为实现自己的目标而努力，实行“自我管理”。

（5）强调管理的科学性：它强调按 PDCA 循环的四个阶段、八个步骤展开工作，做好管理程序的科学化。

（6）强调管理的有效性：它强调管理的效率，不搞烦琐哲学，提倡“一分钟管理”方法，即目标、措施、描述不超过一分钟，总结考核不超过一分钟。

3. 方针目标管理的原理

方针目标管理的原理是行为科学和系统论。

它以行为科学中的“激励理论”为基础，与泰勒式的科学管理思想相比，实现了四个飞跃：从“以物为中心”转变为“以人为中心”；从被动式的“监督管理”转变为主动式的“自主管理”；从家长式的“专制管理”转变为“民主管理”；从“纪律约束”转变为“激励管理”。

它用系统论的方法将目标逐层展开，自上而下层层展开，自下而上层层保证。

方针目标管理的要领是在实施方针目标管理的全过程中，牢牢抓住系统管理和调动人的积极性两条主线。

三、质量方针目标管理的实施

质量方针目标管理的实施一般包括质量方针目标的制定、展开、动态管理和考评四个环节。

1. 质量方针目标的制定

制定要求：①质量方针目标应包括质量方针、质量目标和质量措施三个方面，使之构成一个有机的整体；②目标和目标值应有前瞻性和挑战性，应略高于现有水平；③要兼顾长远目标和当前目标，兼顾组织、顾客和其他相关方的利益，兼顾社会效益和经济效益。

制定依据：①顾客的需求和未来的期望；②组织对顾客、公众和社会的承诺；③国家的法令、法规与政策；④组织中长期的发展规划和经营目标；⑤行业竞争对手的情况；⑥社会经济发展动向和有关部门宏观管理要求；⑦质量管理的八项原则；⑧上一轮方针目标管理未实现的目标和遗留问题。

制定的程序：①宣传教育——组织学习、研讨方针目标管理的理论知识和其他组织的先进经验；②分析现状，找出问题点——分析组织的现状，并用水平对比法与同行比较，找出问题点；③提出报告，确定问题点——有关部门按上述要求搜集资料，分别提出专题报告，确定问题点，即组织当前存在的问题或者按照长期规划、发展需要可能出现的问题；④起草建议草案——由组织最高管理者召开专题研讨会，提出下一轮方针目标的设想，专业部门提出具体的目标草案，通过论证、分析和协调，最后由归口部门起草方针目标建议草案；⑤组织评议——组织广大职工对方针目标建议草案进行评论，汲取各方面意见后，修改建议草案；⑥审议通过——按照决策程序，经过组织的决策机构审议后，由最高管理者正式发布。

质量方针目标的修改：当组织的内、外环境发生变化，如国家有关质量、产品的法令法规发生变化，组织结构发生重大调整，组织的产品发生重大改变时，原来设定的方针目标条件已部分或完全丧失，导致原定的方针目标、措施或进度无法完成，可以修改质量方针目标或措施。但是质量方针目标的修改必须遵循一定的程序，并且必须在组织的管理评审会上审议，审议通过后由最高管理者重新正式发布。

2. 质量方针目标的展开

质量方针目标必须逐层加以展开，使其落到实处，成为部门、车间、班组和全体职工的奋斗目标与行动指南。

质量方针目标展开就是把质量方针、目标、措施逐层分解，加以细化，具体落实。

展开的要求：①搞好方针、目标和措施三个层次的衔接与对应，上一级措施就是下一级目标，即用目标来保证方针，用措施来保证目标；②纵向按管理层次展开，下一级所制定的方针目标就是对上一级方针目标的展开，横向按关联部门展开，由几个部门共同承担质量目标，首先要确定主要责任部门，其次要建立关联部门的目标责任制，并再次对需要协调的工作规定具体办法；③一般质量方针展开到组织和部门（或车间）这两级，目标和措施展开到考核层为止；④每一个部门要结合本部门的问题点展开，立足于改进。

展开的程序如下。

第一步，横向展开。横向展开的主要方法是矩阵图，把涉及组织的领导、部门、车间之间关系的重大目标措施排列成表，明确责任和日期进度要求（表 1-2）。

表 1-2 组织方针目标实施对策表（展开表）

组织方针	目标	现状与问题点	目标值	对策措施	完成期限	组织负责人	负责横向展开部门	实施部门	
								负责部门	协助部门

第二步，纵向展开。纵向展开一般采用系统图方法（图 1-1），自上而下地逐级展开，以落实各级人员的责任。从图 1-1 可以看出，厂级目标相应的措施构成部门（车间）的目标；部门（车间）的措施构成班组的目标。每个中间环节均身兼两职：既是上一级的措施，又是下一级的目标，构成了一个连锁系列。纵向展开包括四个层次：从最高管理者展开到管理层；管理层展开到分管部门（车间）；部门（车间）展开到班组或岗位（含管理人员）（表 1-3）；班组或岗位目标展开到措施为止。

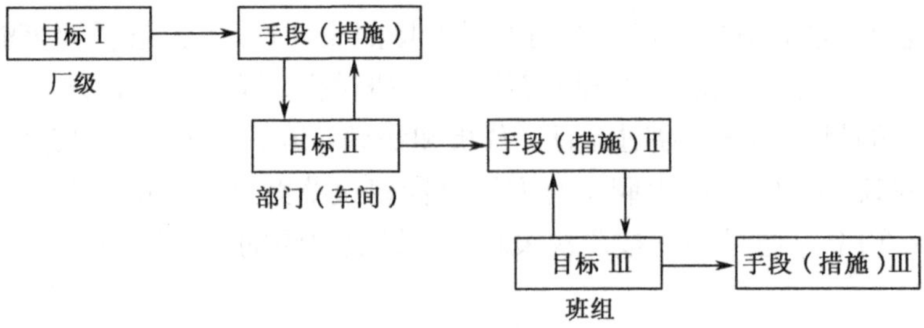

图 1-1 目标展开系统图

表 1-3 部门（车间）方针目标展开表（年度）

企业方针							
部门（车间）方针							
序号	目标与目标值	对策措施	各职能及生产班组展开	负责人	配合者	完成日期	检查人

第三步，开展协调活动。方针目标展开中涉及大量的部门、车间和人员之间的关系，必须经过充分协调，才能统一意见，协同工作。可通过召开“方针目标报告会”和填写“方针目标协调单”等方式进行具体协调。

第四步，规定方针目标实施情况的考核办法并与经济责任制相结合。

第五步，举行签字仪式。由各级负责人和目标项目负责人在方针目标管理实施文件上签字确认。

3. 质量方针目标的动态管理

质量方针目标的动态管理包含多方面的工作，应主要抓好下述几项工作。

（1）下达质量方针目标计划任务书：计划任务的时间跨度视企业的具体情况而定，可采用月度计划、季度计划、旬度计划或年度计划。计划任务书的内容应包括重点实施项目、协调项目及随着形势变化而变更的项目。

（2）建立跟踪和分析制度：不断跟踪、了解目标项目的动态进展状况和发展趋势，然后进行分析，提出对策进行管理措施的优化，确保目标的实现。实施动态跟踪管理可建立动态管理图表，在墙上悬挂或张贴，其内容应包括上级方针和本部门方针、所管理的目标项目的目标值、管理的进度及管理措施等。定期分析制度是指在管理过程中定期进行动态分析，其时间跨度可以与计划任务书或动态管理图的时间跨度相对应，也可与定期检查相结合。

（3）抓好信息管理：当方针目标确定并展开后，管理工作的主要内容就是信息管理。为此，要建立信息中心，负责收集、整理、分析、处理和反馈信息。

（4）开展 QC 小组活动：应围绕方针目标实施中的重点、难点，组织开展 QC 小组活动，进行质量攻关，以确保质量方针目标的顺利实施。

（5）加强人力资源的开发管理：开展方针目标管理，一定要实现“以人为中心的管理”，充分调动人的积极性，加强人力资源的开发管理。

4. 质量方针目标的考评

1）质量方针目标管理的考核

对质量方针目标的完成情况进行考核，是实施质量方针目标管理的重要环节。考核的对象包括组织的基层单位、职能部门和个人。考核的内容包括两个方面：①根据质量方针目标展开的要求，对目标和措施所规定程度的实现程度及工作态度和协作精神进行考核；②根据为实现质量方针目标而建立的规章制度，对其执行情况进行考核。

考核一般按月度或季度进行，考核还应与经济责任制挂钩，作为单位、部门和个人业绩的重要依据。

2）质量方针目标管理的评价

质量方针目标管理的评价，是通过对本年度（或半年）完成的成果，审核、评定组织、基层单位、部门和个人为实现质量方针目标管理所做的工作，借以激励职工，为进一步推进方针目标管理和实现质量方针目标而努力。质量方针目标管理的考核是在执行过程中进行的，而评价是把全过程的综合情况与结果联系起来，进行综合评价，评价内容包括：①对质量方针及其执行情况的评价；②对质量目标及其执行情况的评价；③对措施及其实施情况的评价；④对问题点的评价；⑤对各职能部门和人员协调工作的评价；⑥对质量方针目标主管部门工作的评价；⑦对整个质量方针目标管理工作的评价。

3）质量方针目标管理工作的诊断

质量方针目标管理工作的诊断，是对组织质量方针目标的制定、展开、动态管理和考评四个阶段的全部或部分工作的指导思想、工作方法和效果进行诊断，提出改进意见，在一定条件下帮助实施，使组织的质量方针目标管理更科学、有效。

质量方针目标管理的诊断、考核与评价既有联系又有区别，其共同点是为了提高质量方针目标管理的有效性；其区别在于各有其侧重点。诊断的侧重点在于通过调查分析和研究，发现问题，提出改进建议并帮助解决问题；考核的侧重点在于核查质量方针目标按原定计划实施的情况，对其执行情况作出鉴定意见和奖罚决定；评价的侧重点在于对单位、部门和个人对实现质量方针目标所作的贡献和工作绩效作出评价。

质量方针目标管理诊断的主要内容有：①实地考察质量方针目标实现的可能性，采取应急对策和调整措施；②督促质量方针目标的实施，加强考核检查；③协调各级质量目标上下左右关系，以保持一致性；④对部门质量方针目标管理的重视和实施程度作出评价，提出改进建议。

第三节　质量成本

20 世纪 50 年代，美国著名质量管理专家费根堡姆首次提出质量成本的概念，此后，朱兰等美国质量管理专家又相继提出“矿中黄金”“水中冰山”等有关质量成本的理念，质量成本管理活动在发达国家展开并取得了显著性成效。

一、概述

1. 质量成本的概念

质量成本是指为保证满意的质量而导致的费用及没有获得满意的质量而导致的有形的和无形的损失。

2. 质量成本的构成

质量成本一般分为预防成本、鉴定成本和故障（损失）成本，而故障（损失）成本又分为内部故障（损失）成本和外部故障（损失）成本，如图 1-2 所示。

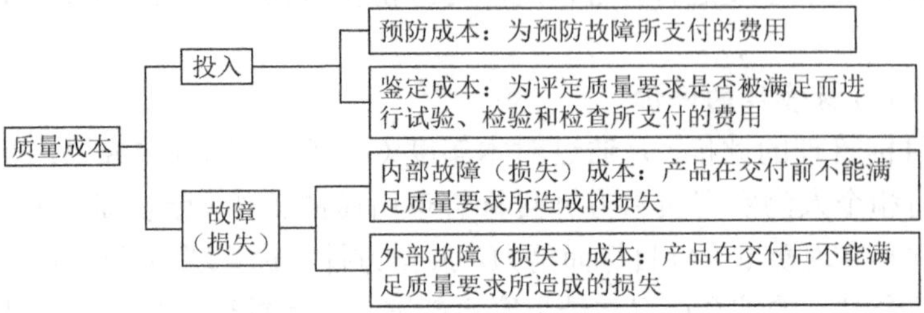

图 1-2　质量成本构成图

3. 质量成本模型

质量成本和质量水平之间存在一定的关系，这就是质量成本特性曲线基本模型（图 1-3）。

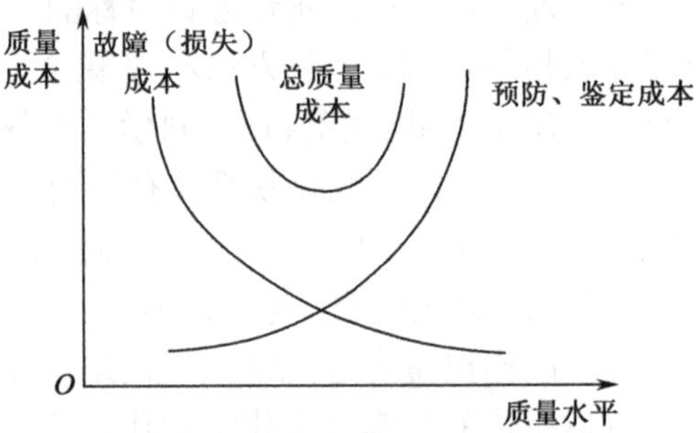

图 1-3　质量成本特性曲线基本模型

从图 1-3 可以看出：①预防、鉴定成本随着质量水平的提高而增加；②故障（损失）成本随着质量水平的提高而减少；③总质量成本是一条弯曲向上的二次曲线，有一个最低点，其对应的质量水平为最适宜质量水平。

4. 质量成本分析

质量成本可从结构比和相关比两个方面进行分析。

1）结构比指标

$$预防成本率 = \frac{预防成本}{总质量成本}$$

$$鉴定成本率=\frac{鉴定成本}{总质量成本}$$

$$故障（损失）成本率=\frac{故障（损失）成本（内部+外部）}{总质量成本}$$

通过质量成本的结构比分析，可以找出影响质量成本的关键成分，采取有效的措施，减少总质量成本（表1-4）。

表1-4　质量成本结构比的合理范围

质量成本分析	占总质量成本的百分比
预防成本	1%～5%
鉴定成本	10%～50%
内部故障（损失）成本	25%～40%
外部故障（损失）成本	25%～40%

在不同的质量成本构成下，应采取不同的对策，大致有如下规律。

（1）当内、外部故障（损失）成本大于70%，预防成本小于5%时，工作重点应放在加强预防性控制上，可适当增加预防成本，以便减少故障（损失）成本，从而使总质量成本下降。

（2）当内、外部故障（损失）成本接近50%，预防成本接近10%时，工作重点应放在使产品质量维持和控制在现有水平上。

（3）当内、外部故障（损失）成本小于40%，鉴定成本大于50%时，工作重点应放在巩固过程控制的成果，减少检验、验证的程序上。

2）相关比指标

$$质量成本占销售额比例=\frac{质量成本}{销售额}$$

相关比指标通常用来反映组织的质量水平，大量数据统计显示，最优相关比为1%，理想的相关比为5%～15%。

二、质量成本构成

1. 预防成本

预防成本包括质量策划费用、过程控制费用、顾客调查费用、质量培训费用、产品设计鉴定费用、质量体系的研究和管理费用、供应商评价费用及其他预防费用。

（1）质量策划费用是指有关部门或人员用于策划所需时间的费用支出。例如，质量体系文件编制所需时间费用、编写质量计划所需时间费用、可靠性研究费用等。

（2）过程控制费用是指为质量控制和改进现有过程能力的研究及分析制造过程（包括供应商的制造过程）所需全部时间的费用支出，如对过程实施5M1E[①]控制的时间费用、职工的技术指导和培训费用、质量改进费用等。

① 5M1E指的是人（man）、机器（machine）、材料（material）、方法（method）、测量（measurement）和环境（environment）。

（3）顾客调查费用是指为及时掌握顾客需求所开展的相关调查研究和分析所花的费用。

（4）质量培训费用是指为质量改进和提高质量水平而对职工进行培训所花的费用，但不包括职工为具备上岗资质所花的岗位培训费用。

（5）产品设计鉴定费用，也叫生产前预评审费用，是指为鉴定设计的质量、可靠性和安全性而评价试制产品或产品规范早期审批时所支出的费用。

（6）质量体系的研究和管理费用是指用于整个质量体系的设计和管理费用，以及辅助费用。

（7）供应商评价费用是指为实施供应链管理而对供方进行的评价活动费用。

（8）其他预防费用包括质量及可靠性组织机构的行政管理费用（不包括经营管理人员及行政办公室人员的工资及差旅费），以及零缺陷计划、厂房设备维护等预防性措施费用。

2. 鉴定成本

鉴定成本包括外购材料的试验和检验费用，实验室或其他计量服务费用，检验费，试验费，核对工作费，试验、检验装置的调整费，试验、检验的材料费用和小型质量设备的费用，质量审核费用，外部担保费用，顾客满意度调查费用，产品工程审查和装运发货的费用，现场试验费，以及其他鉴定费用。

（1）外购材料的试验和检验费用是指由实验室或其他试验单位所进行的为评价外购材料质量所支出的费用，以及有关管理人员及办公室人员可能用到的任何费用。它还包括检验人员到供货厂评价所购材料时所支出的差旅费。

（2）实验室或其他计量服务费用是指实验室计量服务有关仪器的校准和维修费用，以及工序监测等的费用。

（3）检验费是指检验人员评价厂内产品技术性能时支出的费用，以及管理人员和办公室人员可能支出的有关费用。但是不包括前后所述的外购材料的检验费用，以及机器设备、公用设施、有关工具或其他材料的检验费。

（4）试验费是指试验人员评价厂内产品技术性能时支出的费用，以及管理人员和办公室人员可能支出的有关费用。它不包括前面所述的外购材料的试验费用，以及机器设备试验费、公用设施试验费、有关工具试验费或其他材料的试验费。

（5）核对工作费是指这样一些工作所需时间的费用支出：操作人员按照质量计划的要求而检验自己的工作质量；在制造过程中按要求检查产品和工序是否合格；挑出不符合质量要求而被送回的全部废品、次品；进行加工过程中的产品质量评价。

（6）试验、检验装置的调整费是指有关人员为了进行性能试验而调整产品及有关设备所需时间的费用支出。

（7）试验、检验的材料费用指的是，用于试验的主要设备的能源消耗，如蒸汽、油等产生的费用，以及在破坏性试验（如寿命试验或拆卸检查）时消耗的材料和物品的费用。小型质量设备的费用包括采购非固定资产的质量设备所产生的费用。

（8）质量审核费用指产品和体系的审核费，包括内审和第三方评审所产生的费用。

（9）外部担保费用是指外部实验室的酬金、保险检查费等。

（10）顾客满意度调查费用是为了了解顾客（包括内部）对产品满意程度而进行相关调查分析的费用。

（11）产品工程审查和装运发货的费用是指产品工程师在发货装运之前再次审查试验和检验数据时所支出的费用。

（12）现场试验费是指在最终发货之前，有关部门按照顾客指定的场所试验产品时所造成的损失。这部分费用包括有关差旅费和生活费。

（13）其他鉴定费用包括供应商认证所产生的费用等。

3. 内部故障（损失）成本

内部故障（损失）成本包括报废损失费，返工或返修损失费，降级损失费，停工损失费，产品质量事故处理费，内审、外审等的纠正措施费，以及其他内部故障费用。

（1）报废损失费是指因产成品、半成品、在制品达不到质量要求且无法修复或在经济上不值得修复造成报废所损失的费用，以及外购元器件、零部件、原材料在采购、运输、仓储、筛选等过程中因质量问题所损失的费用（不包括由于其他原因而废弃的材料）。

（2）返工或返修损失费是指为修复不合格品使之达到质量要求或预期使用要求所支付的费用（包括重新投入运行前的再次检验费用）。

（3）降级损失费是指因产品质量达不到规定的质量等级而降级或让步所损失的费用。

（4）停工损失费是指因质量问题造成停工所损失的费用。

（5）产品质量事故处理费是指因处理内部产品质量事故所支付的费用，如重复检验或重新筛选等支付的费用。

（6）内审、外审等的纠正措施费是指解决内审和外审过程中发现的管理及产品质量问题所支出的费用，包括防止问题再发生的相关费用。

（7）其他内部故障费用包括输入延迟、重新设计、资源闲置等的费用。

4. 外部故障（损失）成本

外部故障（损失）成本包括投诉费、产品售后服务及保修费、产品责任费及其他外部损失费。

（1）投诉费是指在保单约定范围内，对顾客投诉的调查研究、修理或更换等所支出的费用，或在保单期满之后用于顾客特殊投诉的调查处理所支出的费用。

（2）产品售后服务及保修费是指直接用于校正误差或特殊试验、保修产品或零件，以及用于纠正非投诉范围的故障和缺陷等所支出的一切费用（不包括安装服务费及合同规定的维修费用）。

（3）产品责任费是指由产品质量故障造成的有关赔偿损失费用（含法律诉讼、仲裁等的费用）。

（4）其他外部损失费包括由失误引起的服务、付款延迟及坏账、库存，以及由顾客不满意而引起的成交机会丧失和纠正措施等的费用。

三、质量成本管理

1. 质量成本预测和计划

1）质量成本预测

质量成本预测是编制质量成本计划的基础，其主要目的是：①为提高产品质量、挖掘降低质量成本的潜力指明方向和采取措施；②利用历史的统计资料和大量观察数据，对一定时期的质量成本水平和目标进行分析、测算，以编出具体的质量成本；③为组织各单位、各部门有效进行生产和经营管理活动明确要求及进行控制。

质量成本预测方法有：①经验判断法；②计算分析法；③比例测算法。

质量成本预测的步骤有：①调查收集信息资料及有关数据；②对收集的信息资料和数据进行整理、分析与计算；③通过对信息资料的整理、分析和计算，找出问题、分析原因，提出改进措施和计划。

2）质量成本计划

质量成本计划的内容有：①质量成本总额及降低率；②四项质量成本项目的结构比例；③保证实现质量成本降低率的措施。

质量成本计划的编制通常由财务部门直接进行；或者由车间（科室）分别编制，交由财务部门会审和归总后，提交计划部门下达。

质量成本计划编制的主要依据是：①组织的历史资料；②组织产品结构及生产能力的变化情况；③组织的质量方针目标；④国内外同行业的质量成本资料。

2. 质量成本分析和报告

1）质量成本分析

质量成本分析是质量成本管理的重点环节之一。通过质量成本核算的数据，对质量成本的形成、变动原因进行分析和评价，找出影响质量成本的关键因素和管理上的薄弱环节。

质量成本分析的内容有：①质量成本总额分析；②质量成本构成分析；③质量成本与比较基数的比较分析，其比较基数可以是销售总额、总产值或利润等。

质量成本的分析方法有以下几种。

A. 指标分析法

第一，相对增减率指标。

$$p=\frac{\text{基期质量成本总额}-\text{计划期质量成本总额}}{\text{基期质量成本总额}}\times 100\%$$

$$p_1=\frac{\text{基期预防成本总额}-\text{计划期预防成本总额}}{\text{基期预防成本总额}}\times 100\%$$

第二，结构指标。

$$q_1=\frac{\text{计划期预防成本}}{\text{计划期质量总成本}}\times 100\%$$

第三，相关指标。

$$百元销售收入的质量成本=\frac{质量成本总额}{销售收入总额/100}$$

$$百元商品产值的质量成本=\frac{质量成本总额}{商品产值总额/100}$$

$$百元总成本的质量成本=\frac{质量成本总额}{产品成本总额/100}$$

$$百元利润的质量总成本=\frac{质量成本总额}{产品销售总利润/100}$$

B. 质量成本趋势分析

质量成本趋势分析是掌握质量成本在一定时期内的变动趋势，可以分为短期趋势与长期趋势两类，短期趋势如一年内各月变动的情况，长期趋势如五年内每年的变动情况。

C. 排列图分析

利用排列图（帕累托图）原理对质量成本进行分析，可以找出影响质量成本的关键少数项目（A 类因素），采取有效的对策措施。当质量成本类型位于质量改进区域内，而工作重点应放在改进产品质量和提高预防成本上时，这种分析方法的效果更为显著。此外，利用排列图分析方法可以逐层分析，从质量总成本分析到一个成本项目、一个产品、一个车间、一道工序、一个工位、一个操作者，直到采取措施为止。

2）质量成本报告

质量成本报告的内容有：①质量成本计划执行和完成的情况与基期的对比分析；②质量成本四个组成项目构成比例变化的分析；③质量成本与相关经济指标的效益对比分析；④典型事例及重点问题的分析与解决措施；⑤效益判断的评价和建议。

质量成本报告的类型：①按时间分，有定期的（月、季、年）报告和不定期的报告（典型事例及重点问题）；②按送报对象分，有给领导和有关部门的报告；③按陈述的形式分，有陈述式报告、报告式报告、图表式（如排列图、波动图）报告或兼而有之的综合性报告等。

3. 质量成本控制与考核

1）质量成本控制

质量成本控制是以降低成本为目标，把影响质量总成本的各种质量成本项目控制在计划范围内的一种管理活动，是质量成本管理的重点。

质量成本控制的步骤为：①事前控制，指事先确定质量成本项目控制标准，按质量成本计划所规定的目标，将质量成本分摊到单位、班组和个人，进行限额费用的控制；②事中控制，指按生产经营全过程进行质量成本控制，即按开发、设计、采购、制造、检验、销售服务等各阶段提出质量费用的要求，分别进行控制；③事后控制，指查明实际质量成本偏离目标值的问题和原因，提出可行的措施，以便进一步改进质量、降低成本。

质量成本的控制方法有：①限额费用控制法；②围绕生产过程重点提高合格率的方法；③运用改进区域、控制区域、至善区域的划分方法进行质量改进，优化质量成本的方法；④运用价值工程原理进行质量成本控制的方法。

2）质量成本考核

质量成本考核应与经济责任制和“质量否决权”相结合，一般由质量管理部门和财会部门共同负责，结合组织综合计划部门总的考核指标体系和监督检查系统进行考核奖惩。应建立科学、完善的质量成本考核指标体系，该指标体系应具有全面性、系统性、有效性和科学性。

第四节 质量与标准化

标准化是进行质量管理的依据和基础，标准化的活动贯穿于质量管理的始终，标准与质量在循环过程中相互推动、共同提高。

一、标准与标准化

标准：为在一定的范围内获得最佳程序，对活动或其结果规定共同的和重复使用的规则、导则或特殊文件。该文件经协商一致制定并经一个公认机构批准。

标准化：为在一定的范围内获得最佳秩序，对实际的或潜在的问题制定共同和重复使用的规则的活动，主要包括标准制定、发布及实施的过程。标准化的意义是改进产品的适用性，减少和消除贸易技术壁垒，并促进技术合作。标准是标准化的产物，标准化的作用是通过制定和贯彻具体的标准来体现的。

二、我国标准的体制

1. 标准分级

《中华人民共和国标准化法》规定，我国标准分为四级，即国家标准、行业标准、地方标准和企业标准。另外，为了适应高新技术、标准化发展快和变化快的特点，国家标准化行政主管部门于1998年通过《国家标准化指导性技术文件管理规定》，出台了标准化体制改革的一项新举措，即在四级标准之外，又增设了一种“国家标准化指导性技术文件”，作为对四级标准的补充。

国家标准：由国家的官方标准化机构或国家政府授权的有关机构批准、发布，在全国范围内统一和适用的标准。我国国家标准的代号用“国标”两个汉语拼音的第一个字母“G”和“B”表示。强制性国家标准的代号为“GB”，推荐性国家标准的代号为“GB/T”。

行业标准：中国全国性的各行业范围内统一的标准。行业标准由国务院有关行政主管部门编制计划，组织草拟，统一审批、编号、发布，并报国务院标准化行政主管部门备案。行业标准是对国家标准的补充，行业标准在相应的国家标准实施后，自行废止。行业标准的代号由国务院标准化行政主管部门规定，如机械行业标准的代号为“JB”，军工行业标准的代号为“GJB”等。

地方标准：在某个省、自治区、直辖市范围内需要统一的标准。地方标准由省、自治区、直辖市人民政府标准化行政主管部门编制计划，组织草拟，统一审批、编号、发布，并报国务院标准化行政主管部门和国务院有关行政主管部门备案，在相应的国家标准或行业标准实施后，地方标准自行废止。地方标准代号由“DB”加上省级行政区划代码前两位数组成。

企业标准：企业所制定的产品标准和在企业内针对需要协调、统一的技术要求及管理、工作要求所制定的标准。企业生产的产品在没有相应的国家标准、行业标准或地方标准时，应制定企业标准作为组织生产的依据，在有相应的国家标准、行业标准或地方标准时，国家鼓励企业在不违反相应强制性标准的前提下，制定充分反映市场、用户和消费者要求的，严于国家标准、行业标准和地方标准的企业标准，在企业内部适用。企业标准由企业制定，由企业法人代表或法人代表授权的主管领导批准、发布，由企业法人代表授权的部门统一管理，企业的产品标准应在发布后30日内按企业隶属关系报当地标准化行政主管部门和有关行政主管部门备案。

2. 标准性质

强制性标准：指具有法律属性，在一定范围内通过法律、行政法规等强制手段加以实施的标准，强制性标准又分为全文强制和条文强制两种形式。强制性标准的内容包括有关国家安全的技术要求，保障人体健康和人身、财产安全的要求，工程建设的质量、安全、卫生和环境保护要求，防止欺骗、保护消费者利益的要求等。

推荐性标准：除了强制性标准以外的标准均是推荐性标准，国家鼓励企业自愿采用推荐性标准。

三、标准的制定

1. 制定标准的基本原则

制定标准的基本原则包括：①认真贯彻国家有关法律法规和方针政策；②充分考虑使用要求，兼顾全社会的综合效益；③合理利用国家资源，推广先进技术成果，力求标准对象简化、选优、通用和互换；④相关标准要协调配套；⑤有利于保障社会安全和人民身体健康，保护消费者利益，保护环境；⑥积极采用国际标准和国外先进标准，有利于促进对外经济合作和发展对外贸易，有利于我国标准化与国际接轨。

2. 标准制定的程序

预备阶段：在充分研究和论证的基础上，提出新工作项目建议。

立项阶段：论证新工作项目的必要性和可行性，在协调基础上提出新工作项目。

起草阶段：编制标准草案征求意见稿、编制说明和有关附件。

征求意见阶段：征求有关单位专家意见，彻底修改标准草案征求意见稿，编写标准草案送审稿。

审查阶段：以会议或函审形式审查标准草案送审稿，形成标准草案报批稿。

批准阶段：对标准草案报批稿进行审查、批准和编号，并提供标准出版稿。

出版阶段：提供标准出版物。

复审阶段：定期对标准复审。

废止阶段：据复审结果，通过一定形式宣布某项标准废止。

3. 标准的备案

标准的备案，是指一项标准发布以后，由申请备案单位在规定期限内，按照备案的要求和程序，将标准文本报送到备案受理机构，进行登记和存档，以备查阅。

标准备案的含义有两层：第一，负责制定标准的部门、单位，在规定的时间内按规定的要求，向规定的部门备案；第二，受理备案的单位有权对与相关法律、法规、上级标准相抵触的备案标准提出修改建议，责令备案单位限期改进或停止执行标准，制定标准的单位应对标准实施的后果承担责任。

4. 标准的复审

按照《中华人民共和国标准化法》的规定，标准实施后，制定标准的部门应根据科学技术的发展和经济建设的需要适时进行复审，以确认现行标准继续有效或者予以修订、废止。

标准的复审工作一般由标准制定单位组织进行，其周期一般不超过五年，对于发展变化较快的标准，复审周期可以适当缩短。复审结果有三种：第一，确认标准继续有效；第二，予以修订，修订标准的程序和制定标准的程序基本一样；第三，予以废止。

四、企业标准化

企业标准化是以提高经济效益为目标，以搞好生产、管理、技术和营销等各项工作为主要内容，制定、贯彻实施和管理维护标准的一种有组织的活动。企业标准化是一切标准化的支柱和基础，对提高企业质量管理水平有重要的意义。

1. 企业标准化的基本任务

企业标准化的基本任务有：①贯彻执行国家、行业和地方有关标准化的法律、法规、规章和方针政策；②贯彻实施有关的技术法规、国家标准、行业标准、地方标准和上级标准；③正确地制定、修订和贯彻实施企业标准，在制定、修订企业标准时，注意积极采用国际标准和国外先进标准；④建立和健全企业标准体系并使之正常、有效运行；⑤对各种标准的贯彻实施进行监督和检查。

2. 企业标准体系的构成

企业标准体系的构成：以企业技术标准为主体，包括企业管理标准和企业工作标准。

企业技术标准主要包括技术基础标准、设计标准、产品标准、采购技术标准、工艺标准、工装标准、原材料及半成品标准、能源和公用设施技术标准、信息技术标准、设备技术标准、零部件和器件标准、包装和储运标准、检验和试验方法标准、安全技术标准、职业卫生和环境保护标准等。

企业管理标准主要包括管理基础标准、营销管理标准、质量管理标准、设计与开发管理标准、采购管理标准、生产管理标准、设备管理标准、产品验证管理标准、不合格品纠正措施管理标准、人员管理标准、安全管理标准、环境保护和卫生管理标准、能源管理标准和质量成本管理标准等。

企业工作标准主要包括中层以上管理人员通用工作标准、一般管理人员通用工作标准和操作人员通用工作标准等。

3. 企业标准贯彻实施的监督

对企业标准贯彻实施进行监督的主要内容如下。

第一，对于国家标准、行业标准和地方标准中的强制性标准，企业必须严格执行，不符合强制性标准的产品禁止出厂和销售；对于推荐性标准，企业一经申明采用，应严格执行；对于企业已备案的企业产品标准，也应严格执行。

第二，企业生产的产品，必须按标准组织生产，按标准进行检验。经检验符合标准的产品，由企业质量检验部门签发合格证书。企业生产执行国家标准、行业标准、地方标准或企业标准，应当在产品或其说明书、包装物上标明所执行标准的代号、编号、名称。

第三，企业在研制新产品、改进产品、进行技术改造和技术引进时，均必须进行标准化审查。

第四，企业应接受标准化行政主管部门和有关行政主管部门依据有关法律、法规对企业实施标准情况进行的监督检查。

第二章 质量管理体系

第一节 质量管理体系的基本知识

一、质量管理体系的概念

1. 体系

体系是指相互关联或相互作用的一组要素，其中的要素是指构成体系的基本单元或组成体系的基本过程。

2. 管理体系

管理体系是指建立方针目标并实现这些目标的体系。

建立管理体系应先致力于建立相应的方针目标，然后为实现该方针目标，组织应设计一组相互关联或相互作用的要素，这些相互关联或相互作用的要素应由一定的组织结构来承担。因此，在组织内应明确组织结构和职责，提供必要的资源和规定开展各项活动的方法或途径。

一个组织的管理体系可以包括若干个不同的管理体系，如质量管理体系、环境管理体系和职业健康安全管理体系等。

3. 质量管理体系

质量管理体系是在质量方面指挥和控制组织的管理体系。

质量管理体系致力于建立质量方针和质量目标，并为实现质量方针和质量目标确定相关的过程、活动和资源。建立质量管理体系的目的是，在质量方面帮助组织提供持续满足要求的产品，以满足顾客和其他相关方的需求。

质量管理体系要与组织的其他管理体系相整合，以方便组织的整体管理，最终目的是使顾客和其他相关方都满意。

质量管理的首要任务是制定质量方针和质量目标；质量管理的核心是建立健全质量管理体系；质量管理的主要活动是质量策划、质量控制、质量保证和质量改进。

二、质量管理原则

国际标准化组织总结了质量管理近 100 年的实践经验，吸纳了当代最杰出的质量管理专家的理念，用高度概括而又易于理解的语言，总结成质量管理的七项原则，这些原则适用于任何类型的组织及任何类型的产品，也是建立质量管理体系的理论基础。

1. 以顾客为关注的焦点

1）释义

质量管理的主要关注点是满足顾客要求并且努力超越顾客的期望。

2）理论依据

组织只有赢得顾客和其他相关方的信任才能获得持续成功。与顾客相互作用的每个方面都提供了为顾客创造更多价值的机会。理解顾客和其他相关方当前和未来的需求，有助于组织的持续成功。

3）主要收益

潜在的获益之处是：增加顾客价值；提高顾客满意度；增进顾客忠诚；增加重复性业务；提高组织的声誉；扩展顾客群；增加收入和市场份额。

4）可开展的活动

可开展的活动包括：了解从组织获得价值的直接和间接的顾客；了解顾客当前和未来的需求与期望；将组织的目标与顾客的需求和期望联系起来；将顾客的需求和期望在整个组织内予以沟通；为满足顾客的需求和期望，对产品和服务进行策划、设计、开发、生产、交付和支持；测量和监视顾客满意度，并采取适当的措施；确定有可能影响到顾客满意度的相关方的要求和期望，并采取措施；积极管理与顾客的关系，以实现持续成功。

2. 领导作用

1）释义

各层领导建立统一的宗旨和方向，并且创造全员参与的条件，以实现组织的质量目标。

2）理论依据

统一的宗旨和方向，全员参与，能够使组织将战略、方针、过程和资源保持一致，以实现其目标。

3）主要收益

潜在的收益之处是：提高实现组织质量目标的有效性和效率；组织的过程更加协调；改善组织各层次、各职能间的沟通；开发和提高组织及其人员的能力，以获得期望的结果。

4）可开展的活动

可开展的活动包括：在整个组织内，就其使命、愿景、战略、方针和过程进行沟通；在组织的所有层次创建并保持共同的价值观和公平道德的行为模式；培育诚信和正直的文化；鼓励在整个组织范围内履行对质量的承诺；确保各级领导者成为组织人员中的实际楷模；为组织人员提供履行职责所需的资源、培训和权限；表彰员工的贡献。

3. 全员参与

1）释义

整个组织内各级人员的胜任、授权和参与，是提高组织创造价值和提供价值能力的必要条件。

2）理论依据

为了有效和高效地管理组织，各级人员得到尊重并参与其中是极其重要的。通过表彰、授权和提高能力，促进在实现组织的质量目标过程中的全员参与。

3）主要收益

潜在的获益之处是通过组织内人员对质量目标的深入理解和内在动力的激发以实现其目标：在改进活动中，提高人员的参与程度；促进个人发展、主动性和创造力；提高员工的满意度；增强整个组织的信任和协作；促进整个组织对共同价值观和文化的关注。

4）可开展的活动

可开展的活动包括：与员工沟通，以增进他们对个人贡献的重要性的认识；促进整个组织的协作；让员工确定工作中的制约因素，能毫不犹豫主动参与；赞赏和表彰员工的贡献、钻研精神和进步；针对个人目标进行绩效的自我评价；为评估员工的满意度和沟通结果进行调查，并采取适当的措施。

4. 过程方法

1）释义

当活动被作为相互关联的功能连贯过程进行系统管理时，可更加有效和高效地始终得到预期的结果。

2）理论依据

质量管理体系是由相互关联的过程组成的。理解体系是如何产生结果的，能够使组织尽可能地完善其体系和绩效。

3）主要收益

潜在的获益之处是：提高关注关键过程和改进机会的能力；通过协调一致的过程体系，始终得到预期的结果；通过过程的有效管理、资源的高效利用及职能交叉障碍的减少，尽可能提升其绩效；使组织能够向相关方提供关于其一致性、有效性和效率方面的信任。

4）可开展的活动

可开展的活动包括：确定体系和过程需要达到的目标；为管理过程确定职责、权限和义务；了解组织的能力，事先确定资源约束条件；确定过程相互依赖的关系，分析个别过程的变更对整个体系的影响；对体系的过程及其相互关系进行管理，有效和高效地实现组织的质量目标；确保获得过程运行和改进的必要信息，并监视、分析和评价整个体系的绩效；对能影响过程输出和质量管理体系整个结果的风险进行管理。

5. 改进

1）释义

成功的组织总是致力于持续改进。

2）理论依据

改进对于组织保持当前的业绩水平，对其内、外部条件的变化作出反应并创造新的机会都是非常必要的。

3）主要收益

潜在的获益之处是：改进过程绩效、组织能力和顾客满意度；增强对调查和确定基本原因以及后续的预防和纠正措施的关注；提高对内外部的风险和机会的预测与反应能力；增加对增长性和突破性改进的考虑；通过加强学习实现改进；增强改革的动力。

4）可开展的活动

可开展的活动包括：促进在组织的所有层次建立改进目标；对各层次员工进行培训，使其懂得如何应用基本工具和方法实现改进目标；确保员工有能力成功地制定和完成改进项目；开发和部署整个组织实施的改进项目；跟踪、评审和审核改进项目的计划、实施、完成和结果；将新产品开发或产品、服务和过程的更改都纳入改进中予以考虑；赞赏和表彰改进。

6. 循证决策

1）释义

基于数据和信息的分析与评价的决策更有可能产生期望的结果。

2）理论依据

决策是一个复杂的过程，并且总是包含一些不确定因素。它常涉及多种类型和来源的输入及其解释，而这些解释可能是主观的。重要的是理解因果关系和潜在的非预期后果。对事实、证据和数据的分析可使决策更加客观，因而更有信心。

3）主要收益

潜在的获益之处是：改进决策过程；优化对实现目标过程中绩效和能力的评价体系；提高运行的有效性和效率；增强评审、挑战和改变意见与决策的能力；增强证实以往决策有效性的能力。

4）可开展的活动

可开展的活动包括：确定、测量和监视证实组织绩效的关键指标；使相关人员能够获得所需的全部数据；确保数据和信息足够准确、可靠和安全；使用适宜的方法对数据和信息进行分析和评价；确保人员对分析和评价所需的数据是胜任的；依据证据，权衡经验和直觉进行决策并采取措施。

7. 关系管理

1）释义

为了持续成功，组织需要管理与供方等相关方的关系。

2）理论依据

相关方影响组织的绩效。组织管理与所有相关方的关系，以最大限度地发挥其在组织绩效方面的作用。对供方及合作伙伴的关系网的管理是非常重要的。

3）主要收益

潜在的获益之处是：通过对每一个与相关方有关的机会和限制的响应，提高组织及其相关方的绩效；对于目标和价值观，与相关方有共同的理解；通过共享资源和能力，以及管理与质量有关的风险，增强为相关方创造价值的能力；使产品和服务享有稳定流动的、管理良好的供应链。

4）可开展的活动

可开展的活动包括：确定组织和相关方（例如，供方、合作伙伴、顾客、投资者、雇员或整个社会）的关系；确定需要优先管理的相关方的关系；建立权衡短期收益与长期考虑的关系；收集并与相关方共享信息、专业知识和资源；适当时，测量绩效并向相关方报告，以增加改进的主动性；与供方、合作伙伴及其他相关方共同开展开发和改进活动；鼓励和表彰供方与合作伙伴的改进和成绩。

三、2015版ISO 9000族标准

由国际标准化组织质量管理和质量保证技术委员会（ISO/TC 176）制定的所有标准称为ISO 9000族标准，其中，ISO 9000、ISO 9001、ISO 9004共同构成了一组密切相关的质量管理体系标准，称为ISO 9000族的核心标准。

1. 核心标准简介

1）ISO 9000《质量管理体系　基础和术语》

标准阐明了质量管理的七项原则，它是ISO 9000族质量管理体系标准的基础，也是组织持续改进其业绩的框架。

标准给出了质量管理体系方法的八个步骤。

第一步：确定顾客和其他相关方的需求与期望。

第二步：建立组织的质量方针和质量目标。

第三步：确定实现质量目标必需的过程和职责。

第四步：确定和提供实现质量目标必需的资源。

第五步：规定测量每个过程的有效性和效率的方法。

第六步：应用这些测量方法，确定每个过程的有效性和效率。

第七步：确定防止不合格并消除其产生原因的措施。

第八步：建立和应用持续改进质量管理体系的过程。

标准给出了共13类、138个有关质量的术语，阐明了质量管理领域所用术语的概念。

2）ISO 9001《质量管理体系　要求》

该标准提出了质量管理体系要求，以顾客满意为目的，以过程管理为导向，鼓励组织在建立、实施和改进质量管理体系及提高其有效性时，采用过程方法，通过满足顾客要求，提高顾客满意度。同时，也能为组织带来其他预期利益，如改进内部沟通、更好地理解和控制组织的过程等。

3）ISO 9004《追求组织的持续成功　质量管理方法》

该标准以质量管理七项原则为基础，为组织选择超出ISO 9001标准要求的质量管理方法提供指南，指导组织有效识别并满足顾客和其他相关方的需求与期望，实现、保持和改进组织的整体业绩，从而使组织获得成功。

该标准提供了超出ISO 9001要求的指南和建议，不用于认证或签订合同的目的，也不是ISO 9001的实施指南。

该标准给出了质量改进中的自我评价方法，以便组织能够对其质量管理体系的成熟度进行评价。

2. 支持标准简介

在组织实施或改进其质量管理体系的过程中，以下标准可以提供帮助。

（1）ISO 10001《质量管理　顾客满意　组织行为规范指南》。为组织确定其在满足顾客需求和期望方面的满意程度提供指南。实施该标准可以增强顾客对组织的信心，使组织对顾客的预期更加准确，从而降低误解和抱怨的可能性。

（2）ISO 10002《质量管理　顾客满意　组织处理投诉指南》。通过确认和理解投诉方的需求和期望，解决接到的投诉。该标准提供了一个包括人员培训的开放有效和易于使用的投诉过程。

（3）ISO 10003《质量管理　顾客满意　组织外部争议解决指南》。为组织有效解决有关产品投诉的外部争议提供指南。若组织不能在内部对投诉进行补救或纠正，争议解决指南可为其提供解决途径。大多数投诉可以在不形成对抗的条件下在组织内部成功解决。

（4）ISO 10004《质量管理　顾客满意　监视和测量指南》。组织应采取措施提升顾客满意度，并识别顾客关注的产品、过程及特性方面的改进机会。这些措施能够增强顾客忠诚，避免顾客流失。

（5）ISO 10005《质量管理体系　质量计划指南》。组织应制订和执行质量计划，以此作为满足相关过程、产品、项目或合同要求的手段，并提供一套支持产品实现的方法和惯例指南。制订质量计划的益处在于能使相关人员增加可以满足质量要求并有效控制相应过程的信心，推动其积极参与。

（6）ISO 10006《质量管理　项目质量管理指南》。适用于各种类型的项目，项目可从小到大、从简单到复杂、从单个项目到项目群或项目组合的一部分，既可供项目管理人员使用，也可供具有质量管理经验且需要与项目组织相互配合，将其知识和经验在项目中应用的人员使用。

（7）ISO 10007《质量管理　配置管理指南》。协助组织在产品和服务的生命周期，应用配置管理以提高组织性能。配置管理可用于满足本国际标准规定的产品和服务标识与可追溯要求。

（8）ISO 10008《质量管理　顾客满意　企业-消费者电子商务交易指南》。为组织策划、设计、开发、实施、保持和改进有效与高效的企业对消费者电子商务交易（business to consumer electronic commerce transactions，B2C ECT）体系提供了指南，旨在帮助各组织建立一个公平、有效、高效、透明和安全的 B2C ECT 体系，以提高消费者对 B2C ECT 的信心，并增强顾客满意度。

（9）ISO 10012《测量管理体系　测量过程和测量设备的要求》。为测量过程的管理和测量设备的计量确认提供指导，以支持和证明符合计量要求。规定测量管理系统的质量管理要求，以确保满足计量要求。

（10）ISO 10013《质量管理体系　文件化信息指南》。为编制和保持质量管理体系所需的文件提供指南。可应用于 ISO 质量管理体系相关标准以外的文件管理体系，如环境管理体系和安全管理体系。

（11）ISO 10014《质量管理体系　组织的管理质量结果　实现财务和经济效益指南》。

专门为最高管理者制定，为通过应用质量管理原则实现财务和经济效益提供指南，有利于促进组织应用管理原则以及选择持续成功的方法和工具。

（12）ISO 10015《质量管理　能力管理和人员发展指南》。提供了旨在帮助组织及其人员应对与能力管理和人员发展相关事项的指南。

（13）ISO 10017《质量管理 ISO 9001：2015 统计技术指南》。依据即使在明显稳定条件下也可观察到的过程状态和结果变量解释 ISO 9001：2015 所涉及的统计技术。采用统计技术可以更好地利用获得的数据进行决策，从而有助于持续提高产品和过程质量，使顾客满意。

（14）ISO 10018《质量管理体系　全员参与指南》。为组织质量管理体系中的全员参与提供指导方针，并对提高人员的参与率和能力提供指导。质量管理体系取决于称职人员的积极主动参与，以及这些人员的组织管理方式。

（15）ISO 10019《质量管理体系咨询师的选择及其服务使用的指南》。指导如何选择质量管理体系咨询师以及使用其服务，为质量管理体系咨询师的能力评价过程提供指南，帮助组织获得满足其需求和期望的咨询服务。

（16）ISO 19011《管理体系审核指南》。就审核方案管理、管理体系审核的策划和实施以及审核员和审核组能力评价提供指南，适用于审核员、实施管理体系的组织以及实施管理体系审核的组织。

第二节　质量管理体系的基本要求

一、组织环境

1. 理解组织及其环境

组织环境是指对组织建立和实现目标的方法有影响的内部和外部因素的组合。组织应确定与其目标和战略方向相关并影响其实现质量管理体系预期结果的各种外部和内部因素，并对这些内部和外部因素的相关信息进行监视和评审。组织的外部环境主要由经济环境、政治环境、技术环境、自然环境等构成，内部环境主要由组织文化和组织资源等构成。

2. 理解相关方的需求和期望

组织的生存，客观上离不开相关方，“共生”是永恒的自然生存法则。质量管理体系的建立和实施必须理解相关方与组织的关系，并将其管理纳入组织的管理中。组织应意识到各利益相关方及其要求可能是不断变化的，因此应定期进行监控及评审。

3. 确定质量管理体系的范围

组织应明确质量管理体系的边界和适用性，以确定其范围，如质量管理体系适用的产品、过程或区域等。若组织认为其质量管理体系的应用范围不适用 ISO 9001 标准的某些要求，应说明理由。

4. 质量管理体系及其过程

组织在建立、实施、保持和持续改进质量管理体系时，应确定质量管理体系所需的过程及其在整个组织内的应用，并且：①确定这些过程所需的输入和期望的输出；②确定这些过程的顺序和相互作用；③确定和应用所需的准则和方法，以确保这些过程的运行和有效控制；④确定并确保获得这些过程所需的资源；⑤规定与这些过程相关的责任和权限；⑥确定过程的风险和机遇；⑦评价这些过程，实施所需的变更，以确保实现这些过程的预期结果；⑧改进过程和质量管理体系。

二、领导作用

1. 领导作用和承诺

最高管理者的领导作用是组织质量管理体系建立、实施、保持和改进其有效性的关键，应通过以下十个方面证实其对质量管理体系的领导作用和承诺：①对质量管理体系的有效性承担责任；②确保制定质量管理体系的质量方针和质量目标，并与组织环境和战略方针一致；③确保质量管理体系要求融入组织的业务过程中；④促进使用过程方法和基于风险的思维；⑤确保获得质量管理体系所需的资源；⑥沟通有效的质量管理和符合质量管理体系要求的重要性；⑦确保实现质量管理体系的预期结果；⑧促进、指导和支持员工努力提高质量管理体系的有效性；⑨推动改进；⑩支持其他管理者履行其相关领域的职责。此外，最高管理者应通过以下三个方面证实其以顾客为关注焦点的领导作用和承诺：①确定、理解并持续满足顾客要求以及适用的法律法规要求；②确定和应对能够影响产品、服务符合性以及增强顾客满意能力的风险和机遇；③始终致力于增强顾客满意。

2. 方针

质量方针是指由组织的最高管理者正式发布的该组织总的质量宗旨和方向。最高管理者应依据组织的战略方向，充分考虑影响组织运营的内、外部环境因素，考虑顾客要求、法律法规要求、各利益相关方的需求和期望，针对组织的过程、产品和服务的性质与特点，在识别了风险和机会的基础上建立质量方针。质量方针的内容要求：①适应组织的宗旨和环境并支持其战略方向；②为制定质量目标提供框架；③包括满足适用要求的承诺；④包括持续改进质量管理体系的承诺。质量方针的管理要求：①作为形成文件的信息，可获得并保持；②在组织内得到沟通、理解和应用；③适宜时，可向相关方提供。

3. 组织的岗位、职责和权限

为了确保组织的质量管理体系能够达到预期目标、满足顾客要求以及符合相关法律法规的要求，最高管理者应对相关岗位进行指派，并确保这些人员了解被期许完成的事（职责）、被允许做的事（权限）、各类工作的负责人以及各职责与权限的关系。

三、策划

1. 应对风险和机遇的措施

在策划质量管理体系时，组织需了解影响其目标和期望结果的因素，其中包括对相关风险和机遇的识别。在识别风险和机遇时，组织可关注提升正面效果，创造新机会并预防或降低不良效应，即采用“基于风险的思维”。应对风险和机遇的措施应与其对产品和服务符合性的潜在影响相适应。

2. 质量目标及其实现的策划

策划如何实现组织的质量目标，有利于达成组织目标的一致性。组织应对质量管理体系所需的相关职能、层次和过程设定质量目标，质量目标应满足以下方面：①与质量方针保持一致；②可测量；③考虑到适用的要求；④与提供合格产品和服务以及增强顾客满意相关；⑤予以监视；⑥予以沟通；⑦适时更新。在策划如何实现质量目标时，组织应确定：①采取的措施；②需要的资源；③由谁负责；④何时完成；⑤如何评价结果。

3. 变更的策划

当组织确定需要对质量管理体系进行变更时，此种变更应经策划并系统地实施，组织应考虑到：①变更目的及潜在后果；②质量管理体系的完整性；③资源的可获得性；④责任和权限的分配或再分配。

四、支持

1. 资源

资源是有效实施质量管理体系所必需的，组织应确定并提供建立、实施、保持和持续改进质量管理体系所需的资源，应考虑：①现有内部资源的能力和约束；②需要从外部供方获得的资源。

（1）人员。组织应确定并提供所需要的人员，以有效实施质量管理体系并运行和控制其过程。

（2）基础设施。组织应确定、提供和维护过程运行所需的基础设施，以获得合格产品和服务，可包括：①建筑物和相关设施；②设备，即硬件和软件；③运输资源；④信息和通信技术。

（3）过程运行环境。组织应确定、提供并维护过程运行所需要的环境，以获得合格产品和服务。适当的过程运行环境可能是人文因素与物理因素的结合，如社会因素（如和谐稳定）、心理因素（如舒缓心理压力）、物理因素（如温度）。由于所提供的产品和服务不同，这些因素可能存在显著差异。

（4）监视和测量资源。当利用监视或测量活动来验证产品和服务符合要求时，组织应确定并提供确保结果有效和可靠所需的资源，这些资源应：①适合特定类型的监视和测量活动；②得到适当的维护，以确保持续适合其用途。当要求测量溯源时，测量设备应：①对照能溯源到国际或国家标准的测量标准，按照规定的时间间隔或在使用前进行校准和（或）检定（验证），当不存在上述标准时，应保留作为校准或检定（验证）的依据；②予以标识，以确定其状态；③予以保护，防止可能使校准状态和随后的测量结果失效的调整、损坏或劣化。当发现测量设备不符合预期用途时，组织应确定以往测量结果的有效性是否受到不利影响，必要时采取适当的措施。

（5）组织的知识。组织应确定、得到和保持运行过程所需的知识，以获得合格产品和服务。为应对不断变化的需求和发展趋势，应确定如何获取更多必要的知识，并进行更新。

2. 能力

组织应：①确定其控制范围内的人员所需具备的能力；②基于适当的教育、培训或经历，确保这些人员具备所需能力；③适用时，采取措施获得所需的能力，并评价措施的有效性；④保留适当的形成文件的信息，作为人员能力的证据。

3. 意识

组织应确保其控制范围内的相关工作人员知晓：①质量方针；②相关的质量目标；③他们对质量管理体系有效性的贡献，包括改进质量绩效的益处；④不符合质量管理体系要求的后果。

4. 沟通

组织应确定与质量管理体系相关的内部和外部沟通，包括：①沟通什么；②何时沟通；③与谁沟通；④如何沟通；⑤由谁负责。

5. 形成文件的信息

正式的质量管理体系体现在形成文件的信息上，质量管理体系形成文件的信息的多少与详略程度取决于：①组织的规模以及活动、过程、产品和服务的类型；②过程的复杂程度及其相互作用；③人员的能力。

在创建和更新形成文件的信息时，组织应确保适当的标识和说明、格式和媒介、评审和批准，以确保适宜性和充分性。

确保在需要时形成文件的信息可以适当形式提供，并对形成文件的信息进行充分保护，包括分发、访问、检索和使用、存储和防护、变更控制、保留和处置等。

五、运行

1. 运行策划和控制

组织应通过采取下列措施，策划、实施和控制满足产品和服务要求所需的过程：①确定产品和服务的要求；②建立过程准则；③建立产品和服务的接收准则；④确定符合产品和服务要求所需的资源；⑤按照准则实施过程控制；⑥在需要的范围和程度上，确定并保持、保留形成文件的信息。

2. 产品和服务的要求

（1）顾客沟通。与顾客沟通的内容应包括：①提供有关产品和服务的信息；②处理问询、合同或订单，包括变更；③获取有关产品和服务的顾客反馈，包括顾客抱怨；④处置或控制顾客财产；⑤关系重大时，制定有关应急措施的特定要求。

（2）与产品和服务有关的要求的确定。在确定向顾客提供的产品和服务的要求时，组织应确保：①产品和服务的要求得到规定，包括适用的法律法规要求和组织认为的必要要求；②对其所提供的产品和服务，能够满足组织声称的要求。

（3）与产品和服务有关的要求的评审。组织应确保有能力满足向顾客提供的产品和服务的要求，在承诺向顾客提供产品和服务之前，应对如下各项要求进行评审：①顾客规定的要求，包括对交付及交付后活动的要求；②顾客虽然没有明示，但规定的用途或已知的预期用途所必需的要求；③组织规定的要求；④适用于产品和服务的法律法规要求；⑤与先前表述存在差异的合同或订单要求。若与先前合同或订单的要求存在差异，组织应确保有关事项已得到解决。

（4）产品和服务要求的更改。若产品和服务要求发生更改，组织应确保相关的形成文件的信息得到修改，并确保相关人员知道已更改的要求。

3. 产品和服务的设计和开发

（1）设计和开发的策划。在确定设计和开发的各个阶段及其控制时，组织应考虑：①设计和开发活动的性质、持续时间和复杂程度；②所要求的过程阶段，包括适用的设计和开发评审；③所要求的设计和开发验证与确认活动；④设计和开发过程涉及的职责和权限；⑤产品和服务的设计和开发所需的内部和外部资源；⑥设计和开发过程中参与人员之间接口的控制需求；⑦顾客和使用者参与设计和开发过程的需求；⑧后续产品和服务提供的要求；⑨顾客和其他相关方期望的设计和开发过程的控制水平；⑩证实已经满足设计和开发要求所需的形成文件的信息。

（2）设计和开发输入。组织应针对具体类型的产品和服务，确定设计和开发的基本要求，应考虑：①功能和性能要求；②来源于以前类似设计和开发活动的信息；③法律法规要求；④组织承诺实施的标准和行业规范；⑤由产品和服务性质所决定的、失效的潜在后果。设计和开发输入应完整、清楚且不冲突，满足设计和开发的目的。

（3）设计和开发控制。组织应对设计和开发过程进行控制，以确保：①规定拟取得的结果；②实施评审活动，以评价设计和开发的结果满足要求的能力；③实施验证活动，以确保设计和开发输出满足输入的要求；④实施确认活动，以确保产品和服务能够满足规定的使用要求或预期的用途要求；⑤针对评审、验证和确认过程中确定的问题采取必要措施。

（4）设计和开发输出。组织应确保设计和开发输出：①满足输入的要求；②对于产品和服务提供的后续过程是充分的；③包括或引用监视和测量的要求；④规定对于实现预期目的、保证安全和正确提供（使用）所必需的产品和服务特性。

（5）设计和开发更改。组织应识别、评审与控制产品和服务设计和开发期间以及后续所做的更改，应保留下列形成文件的信息：①设计和开发变更；②评审的结果；③变更的授权；④为防止不利影响而采取的措施。

4. 外部提供过程、产品和服务的控制

组织应基于外部供方提供所要求的过程、产品或能力，确定外部供方的评价、选择、绩效监视以及再评价的准则，并加以实施，以确保外部提供的过程、产品和服务不会对组织稳定地向顾客交付合格产品和服务的能力产生不利影响。

5. 生产和服务提供

（1）生产和服务提供的控制。组织应在受控条件下进行生产和服务提供，适用时，受控条件应包括：①可获得形成文件的信息；②可获得和使用适宜的监视和测量资源；③在适当阶段实施监视和测量活动，以验证是否符合过程或输出的控制准则以及产品和服务的接收准则；④为过程的运行提供适宜的基础设施和环境；⑤配备具备能力的人员，包括所要求的资格；⑥若输出结果不能由后续的监视或测量加以验证，应对生产和服务提供过程实现策划结果的能力进行确认和定期再确认；⑦采取措施防止人为错误；⑧实施放行、交付和交付后活动。

（2）标识和可追溯性。需要时，组织应采用适当的方法识别输出，以确保产品和服务合格，应在生产和服务提供的整个过程中按照监视和测量要求识别输出状态。若要求可追溯，组织应控制输出的唯一性标识，且应保留实现可追溯性所需的形成文件的信息。

（3）顾客或外部供方的财产。组织在控制或使用顾客或外部供方的财产期间，应对其妥善管理。对组织使用的或构成产品和服务一部分的顾客和外部供方财产，组织应予以识别、验证、保护和维护。

（4）防护。组织应在生产和服务提供期间对输出进行必要防护，以确保符合要求，防护可包括标识、处置、污染控制、包装、储存、传输或运输以及保护等。

（5）交付后的活动。组织应满足与产品和服务相关的交付后活动的要求，在确定交付后活动的覆盖范围和程度时，应考虑：①法律法规要求；②与产品和服务相关的潜在不期望的后果；③其产品和服务的性质、用途和预期寿命；④顾客要求；⑤顾客反馈。

（6）更改控制。组织应对生产和服务提供的更改进行必要的评审和控制，以确保稳定地符合要求，应保留形成文件的信息，包括有关更改评审结果、授权进行更改的人员以及根据评审所采取的必要措施。

6. 生产和服务的放行

组织应在适当阶段实施策划的安排，以验证产品和服务的要求已被满足。除非得到有关授权人员的批准，适用时得到顾客的批准，否则在策划的安排已圆满完成之前，不应向顾客放行产品和交付服务。组织应保留有关产品和服务放行的形成文件的信息，包括：①符合接收准则的证据；②授权放行人员的可追溯信息。

7. 不合格输出的控制

组织应确保对不符合要求的输出进行识别和控制，以防止非预期的使用或交付，应根据不合格的性质及其对产品和服务的影响采取适当措施。通过以下途径处置不合格输出：①纠正；②对提供产品和服务进行隔离、限制、退货或暂停；③告知顾客；④获得让步接收的授权。对不合格输出进行纠正后应验证其是否符合要求。

六、绩效评价

1. 监视、测量、分析和评价

组织应确定：①需要监视和测量的对象；②确保有效结果所需要的监视、测量、分析和评价方法；③实施监视和测量的时机；④分析和评价监视和测量结果的时机。并且，应评价质量管理体系的绩效和有效性。

（1）顾客满意。组织应监视顾客对其需求和期望获得满足的程度的感受，并确定这些信息的获取、监视和评审方法。

（2）分析与评价。组织应分析和评价通过监视和测量获得的适宜数据和信息，应利用分析结果评价：①产品和服务的符合性；②顾客满意程度；③质量管理体系的绩效和有效性；④策划是否得到有效实施；⑤针对风险和机遇所采取措施的有效性；⑥外部供方的绩效；⑦质量管理体系改进的需求。

2. 内部审核

组织应按照策划的时间间隔进行内部审核，以确定其质量管理体系是否得到有效的实施和保持，应：①依据有关过程的重要性、对组织产生影响的变化和以往的审核结果，策划、制订、实施和保持审核方案，包括审核频次、方法、职责、策划要求和报告；②规定每次审核的准则和范围；③选择可确保审核过程客观公正的审核员实施审核；④确保有关管理部门获得审核结果报告；⑤及时采取适当的纠正措施；⑥保留作为实施审核方案以及审核结果的证据的形成文件的信息。

3. 管理评审

最高管理者应按照策划的时间间隔对组织的质量管理体系进行评审，以确保其持续保持适宜性、充分性和有效性，并与组织的战略方向一致。管理评审输入应考虑：①以往管理评审所采取措施的实施情况；②与质量管理体系相关的内外部因素的变化；③有关质量管理体系绩效和有效性的信息，包括顾客满意和相关方的反馈、质量目标的实现程度、过程绩效以及产品和服务的符合性、监视和测量结果、审核结果、外部供方的绩效等；④资源的充分性；⑤应对风险和机遇所采取措施的有效性；⑥改进的机会。管理评审的输出应包括与下列事项相关的决定和措施：①改进的机会；②质量管理体系所需的变更；③资源需求。

七、改进

组织应确定并选择改进机会，采取必要措施，满足顾客要求和增强顾客满意，这应包括：①改进产品和服务以满足要求并关注未来的需求和期望；②纠正、预防或减少不利影响；③改进质量管理体系的绩效和有效性。

1. 不合格和纠正措施

若出现不合格，组织应：①对不合格作出应对，适用时包括采取措施予以控制和纠正、处置产生的后果等；②评价是否需要采取措施，以消除产生不合格的原因，包括评审和分析不合格、确定不合格的原因、确定是否存在或可能发生类似的不合格等；③实施所需的措施；④评审所采取的纠正措施的有效性；⑤需要时，更新策划期间确定的风险和机遇；⑥需要时，变更质量管理体系。纠正措施应与所产生的不合格的影响相适应。

2. 持续改进

组织应持续改进质量管理体系的适宜性、充分性和有效性，应考虑管理评审的分析、评审结果以及输出，确定是否存在持续改进的需求和机会。

第三节 质量管理体系的建立与实施

一、基本原则

1. 七项质量管理原则是基础

七项质量管埋原则体现了质量管理应遵循的基本原则，包括质量管理的指导思想和质量管理的基本方法，提出组织在质量管理中应处理好与顾客、员工和供方三者之间的关系。七项质量管理原则构成了 2015 版质量管理体系标准的基础，也是质量管理体系建立与实施的基础。

2. 领导作用是关键

最高管理者通过其领导作用及所采取的各种措施可以创造一个员工充分参与的内部环境，质量管理体系只有在这样的环境下才能确保其有效运行。领导作用特别是最高管理者的作用是质量管理体系建立与实施的关键。最高管理者应作出有关建立和实施质量管理体系并持续改进其有效性方面的承诺，并带头以提高顾客满意度为目的，确保顾客要求得到确定并予以满足。

3. 全员参与是根本

全员参与是质量管理体系建立与实施的根本，因为只有全员充分参与，才能使他们的才干为组织带来收益，才能确保最高管理者所作出的各种承诺得以实现。组织应采取措施确保在整个组织内提高满足顾客要求的意识，确保使每一位员工认识到所在岗位的相关性和重要性及如何为实现质量目标作出贡献。

4. 注重实效是重点

GB/T 19001—2015 标准所规定的质量管理体系要求是通用性要求，适用于各种类型、不同规模和提供不同产品的组织。因此，质量管理体系的建立与实施一定要结合本组织及其产品的特点，重点放在如何结合实际、如何注意实施上，重在过程、重在结果、重在有效性，既不要脱离现有的那些行之有效的管理方式而另搞一套，也不要不切实际地照抄他人的模式、死搬硬套、流于形式。尤其是在编制质量管理体系文件时，一定要依据质量策划的结果确定本组织对文件的需求。若确需文件，则文件一定要是有价值的、适用的。

5. 持续改进是永恒的目标

顾客需求和期望的不断变化、市场的竞争、科技的发展等，都促使组织持续改进，持续改进是组织的永恒目标。持续改进的目的在于提高顾客和其他相关方满意的程度。组织应通过各种途径促进质量管理体系的持续改进。尤其是在通过 GB/T 19001—2015 质量管理体系认证后，组织应进一步参照 GB/T 19004—2015 所提供的指南，持续改进组织的总体业绩与效率，不断提高顾客和其他相关方满意的程度，进而建立和实施一个有效且高效的质量管理体系。

二、基本步骤

1. 学习标准

应先组织各级员工，尤其是各管理层认真学习 2015 版 ISO 9000 族质量管理体系的核心标准，重点是学习质量管理体系的基本概念、基本术语和基本要求，通过学习，端正思想，找出差距，明确方向。

2. 确定质量方针和质量目标

应根据组织的宗旨、发展方向确定与组织的宗旨相适应的质量方针，对质量作出承诺，在质量方针提供的质量目标框架内规定组织的质量目标及相关职能和层次上的质量目标。质量目标应是可测量的。

3. 质量管理体系策划

组织应依据质量方针、质量目标，应用过程方法对组织应建立的质量管理体系进行策划，并确保质量管理体系的策划满足质量目标要求。在质量管理体系策划的基础上，进一步对产品实现过程及其他过程进行策划，确保这些过程的策划满足所确定的产品质量目标和相应的要求。

4. 确定职责和权限

组织应依据质量管理体系策划及其他策划的结果，确定各部门、各过程及其他与质量工作有关人员应承担的相应职责，赋予相应的权限并确保其职责和权限能得到沟通。

5. 编制质量管理体系文件

组织应依据质量管理体系策划及其他策划的结果确定质量管理体系文件的框架和内容，在质量管理体系文件的框架里确定文件的层次、结构、类型、数量、详略程度，规定统一的文件格式，编制质量管理体系文件。

6. 质量管理体系文件的发布和实施

质量管理体系文件在正式发布前应认真听取多方面意见，并经授权人批准发布。质量手册必须经最高管理者签署发布。质量手册的正式发布实施意味着质量手册所规定的质量管理体系正式开始实施和运行。

7. 学习质量管理体系文件

在质量管理体系文件正式发布或即将发布而未正式实施之前，认真学习质量管理体系文件对质量管理体系的真正建立和有效实施至关重要。各部门、各级人员都要通过学习，清楚地了解质量管理体系文件对本部门、本岗位的要求，以及对其他部门、岗位和相互关系的要求，只有这样才能确保质量管理体系文件在整个组织内得以有效实施。

8. 质量管理体系的运行

质量管理体系运行主要反映在两个方面：一是组织所有质量活动都在依据质量策划的安排及质量管理体系文件要求实施；二是组织所有质量活动都在提供证据，证实质量管理体系运行符合要求并得到有效实施和保持。

9. 质量管理体系内部审核

组织在质量管理体系运行一段时间后，应组织内审员对质量管理体系进行内部审核，以确保质量管理体系符合策划的安排、GB/T 19001—2015 标准要求及组织所确定的质量管理体系要求，并且得到有效实施和保持。内部审核是组织自我评价、自我完善机制的一种重要手段。组织应每年按策划的时间间隔坚持实施内部审核。

10. 管理评审

在内部审核的基础上，组织的最高管理者应就质量方针、质量目标，对质量管理体系进行系统的评审（管理评审），确保质量管理体系持续保持适宜性、充分性和有效性（评审也可包括效率，但不是认证要求）。管理评审包括评价质量管理体系改进的机会和变更的需要，包括质量方针、目标变更的需要。管理评审与内部审核都是组织自我评价、自我完善机制的一种重要手段，组织应每年按策划的时间间隔坚持实施管理评审。

通过内部审核和管理评审，在确认质量管理体系运行符合要求且有效的基础上，组织可向质量管理体系认证机构提出认证的申请。

质量改进

组织提供的产品、服务质量的好坏，决定了顾客的满意程度，要提高顾客的满意程度，就必须不断地进行质量改进。在改进过程中的各个环节，一方面，一旦出现问题，就应立即采取纠正措施；另一方面，通过积极寻找改进机会，也可以预防问题的发生。同时，持续的质量改进也是ISO 9000族标准中提出的七项质量管理原则之一。

第一节　质量改进的概念及意义

一、质量改进的概念

质量改进是建立在一些基本过程之上的，要弄清质量改进的概念，必须了解质量改进与质量控制、质量突破之间的关系。

1. 质量改进与质量控制

质量控制与质量改进是不同的，主要有以下区别和联系。

1）定义的区别

ISO 9000标准对质量改进与质量控制的定义分别如下。

质量改进是质量管理的一部分，致力于增强满足质量要求的能力。

质量控制是质量管理的一部分，致力于满足质量要求。

质量控制是消除偶发性问题，使产品质量保持在规定的水平，即质量维持；而质量改进是消除系统性问题，对现有的质量水平在控制的基础上加以提高，使质量达到一个新水平、新高度。

2）实现手段的区别

质量改进是通过不断采取纠正和预防措施来提高企业的质量管理水平，使产品的质量不断提高；而质量控制主要是通过日常的检验、试验调整和配备必要的资源，使产品质量维持在一定的水平。

3）两者的联系

质量控制与质量改进是互相联系的。质量控制的重点是防止差错或问题的发生，充分发挥现有的能力；而质量改进的重点是提高质量保证能力。要先搞好质量控制，充分发挥现有的控制系统能力，使全过程处于受控状态，然后在控制的基础上进行质量改进，使产品从设计、制造、服务到最终满足顾客要求，达到一个新水平。没有稳定的质量控制，质量改进的效果也无法保持。

著名质量专家朱兰的三部曲（质量策划、质量控制和质量改进）表明了质量控制与质量改进的关系（图 3-1）。

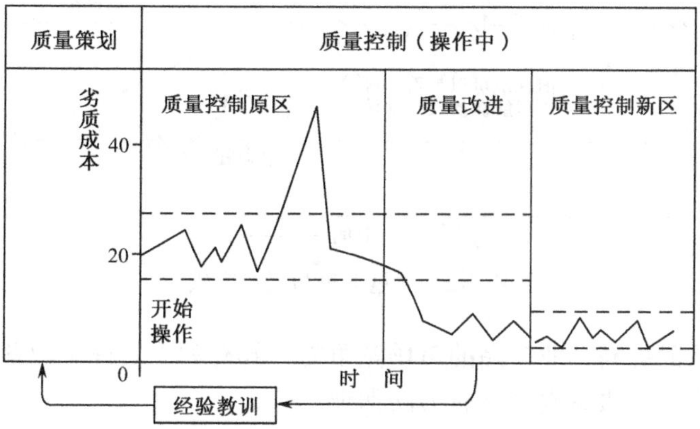

图 3-1 朱兰三部曲示意图

2. 质量改进与质量突破

质量改进与质量突破是密不可分的，同时两者之间又有区别。

1）质量突破与质量改进的目的相同

质量突破是消灭工作水平低的长期性原因（包括思想上的和管理上的原因），使现有的工作达到一个较高的水平，从而使产品质量也达到较高的水平；同样，质量改进也是为了实现质量水平的提高。

2）质量突破是质量改进的结果

质量突破的实现表明产品的质量水平得到了提高，质量突破是通过日常许多大大小小的质量改进来实现的。只有不断实施持续的质量改进，才能使产品质量水平提高，从而实现质量突破。

3）质量改进侧重过程，质量突破侧重结果

质量改进是一个过程，按 PDCA 循环进行，由于种种原因，每次改进质量的活动不一定都能取得好的效果，产品质量的水平不一定都能得到提高；但质量突破表明产品的质量水平得到了较大的提高，并取得了良好的效果（图 3-2）。

二、质量改进的意义

质量改进是质量管理的重要内容，其重要的意义包括以下几个方面：①质量改进具有很高的投资收益率；②可以促进新产品开发，改进产品性能，延长产品的生命周期；③通过对产品设计和生产工艺的改进，更加合理、有效地使用资金和技术力量，充分挖掘企业的潜力；④提高产品的制造质量，减少不合格品的发生，实现增产增效的目的；⑤通过提高

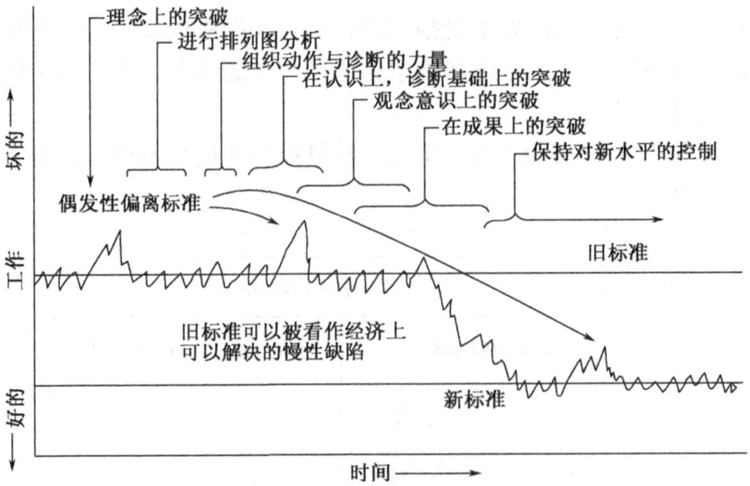

图 3-2　质量改进与质量突破

产品的适用性，从而提高企业产品的市场竞争力；⑥有利于发挥企业各部门的质量职能，提高工作质量，为产品质量提供强有力的保证。

第二节　质量改进的基本过程和步骤

质量改进是一个过程，要按照一定的规则进行，否则会影响改进的成效，甚至会徒劳无功。

一、质量改进的基本过程——PDCA 循环

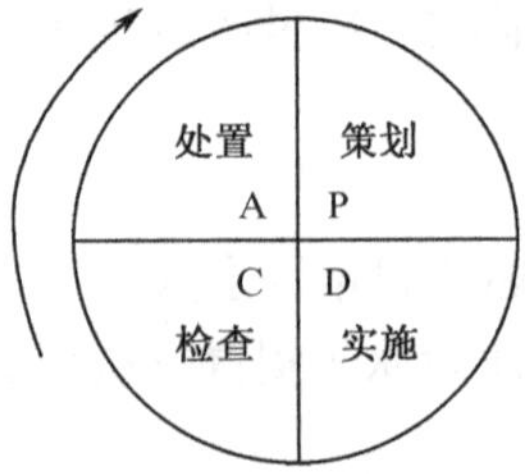

图 3-3　PDCA 循环图

任何一个质量改进活动都要遵循 PDCA 循环的原则，即策划（plan）、实施（do）、检查（check）、处置（action）。PDCA 的四个阶段如图 3-3 所示。

1. PDCA 的内容

第一阶段是策划：制定方针、目标、计划书、管理项目等。

第二阶段是实施：按计划实地去做，落实具体对策。

第三阶段是检查：对策实施后，把握对策的效果。

第四阶段是处置：总结成功的经验，实施标准化，以后就按标准进行。对于没有解决的问题，转入下一轮 PDCA 循环解决，为制订下一轮改进计划提供依据。

2. PDCA 的特点

（1）四个阶段一个也不能少。

（2）大环套小环，在某一阶段也会制订实施计划、落实计划、检查计划的实施进度和处理小 PDCA 循环（图 3-4）。

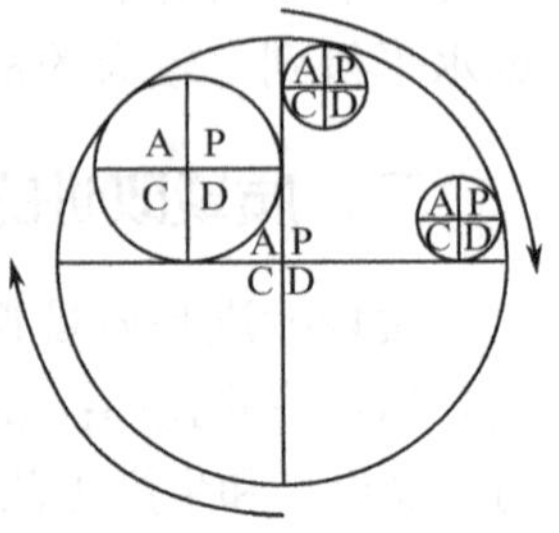

图 3-4　大环套小环图

（3）每循环一次，产品质量、过程质量或工作质量就提高一步，PDCA 是不断上升的循环（图 3-5）。

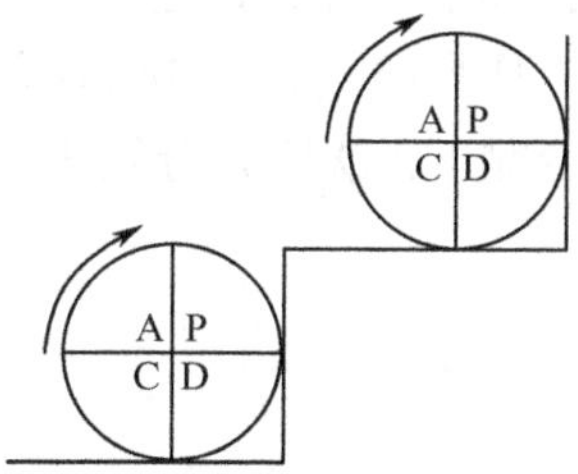

图 3-5 改进上升的示意图

二、质量改进的步骤

质量改进的步骤本身就是一个 PDCA 循环，可分为八个步骤完成。

质量改进的步骤为：①选择课题；②掌握现状；③分析问题原因；④拟定对策；⑤实施对策；⑥确认效果；⑦防止再发生和标准化；⑧总结。

1. 选择课题

组织需要改进的问题会有很多，经常提到的不外乎质量、成本、交货期、安全、激励、环境六个方面。选择课题时，通常也围绕六个方面来选，如降低不合格品率、降低成本、保证交货期等。

1）活动内容

活动内容包括：①明确所要解决的问题为什么比其他问题重要；②问题的背景是什么，到目前为止的情况是怎样的；③将不尽如人意的结果用具体的语言表达出来，有什么损失，并具体说明希望改进到什么程度；④正式选定任务负责人，若是改进小组就确定组长和组员；⑤如有必要，对改进活动的费用作出预算；⑥拟定改进活动的时间表，初步制订改进计划。

2）注意事项

应注意的事项有以下几点：①应该最大限度地灵活运用现有的数据，从众多的问题中选择一个主要课题，并说明其理由；②必须向有关人员说清楚解决问题的必要性，否则会影响解决问题的有效性，甚至半途而废、劳而无功；③设定目标的依据必须充分，目标值要具有挑战性，合理的目标值是经济上合理、技术上可行的；④要制订改进计划，明确解决问题的期限。

2. 掌握现状

质量改进课题确定后，就要了解、把握当前问题的情况。

1）活动内容

活动内容包括：①抓住问题的特征，需要调查若干要点，如时间、地点、问题的种类、问题的特征等；②若要解决质量问题，就要从人、机、料、法、环、测量等不同角度进行调查；③去现场收集数据中没有包含的信息。

2）注意事项

注意的事项有以下几点：①解决问题的突破口就在问题内部，如质量特征的波动太大，其影响因素也必然存在大的波动；②不管什么问题，都要调查时间、地点、种类、特征这四个方面，把握问题现状的有效工具是调查表；③解决问题应尽量依照数据进行，其他信息只能供参考，但在没有数据的情况下，就应充分发挥其他信息的作用；④调查者应深入现场，而不仅仅是“纸上谈兵”。

3. 分析问题原因

1）活动内容

分析问题原因是一个设立假说、验证假说的过程。

A. 设立假说（选择可能的原因）

设立假说包括：①搜集关于可能原因的全部信息；②运用“掌握现状”阶段掌握的信息，消去已确认为无关的因素，重新整理剩下的因素。

B. 验证假说（从已设定因素中找出主要原因）

验证假说包括：①搜集新的数据或证据，制订计划来确认原因对问题的影响；②综合全部调查到的信息，决定主要影响原因；③若条件允许，可以将问题再现一次。

2）注意事项

A. 因果图是建立假说的有效工具，图中所有因素都被假设为问题的原因

图中各影响因素应尽可能写得具体。要始终记住：因果图最终画得越小（影响因素少），往往越有效。并不是说因果图中所有因素引起质量问题的可能性都相同，应根据它们可能性的大小排列重要度。

B. 验证假说必须根据重新实验和调查所获得的数据有计划地进行

验证假说就是核实原因与结果间是否存在关系，关系是否密切。常使用排列图、相关及回归分析、方差分析等统计方法。

对所有影响因素都采取措施既不现实，也无必要，应先对主要因素采取对策。

利用质量问题的再现性实验（试验）来验证影响原因要慎重进行。虽然有意识地再现质量是验证假说的有效手段，但要考虑到人力、时间、经济性等多方面的制约条件。

日本玉川大学著名质量管理专家谷津进教授曾将质量改进这几个步骤的活动形象地用图表示出来（图 3-6）。

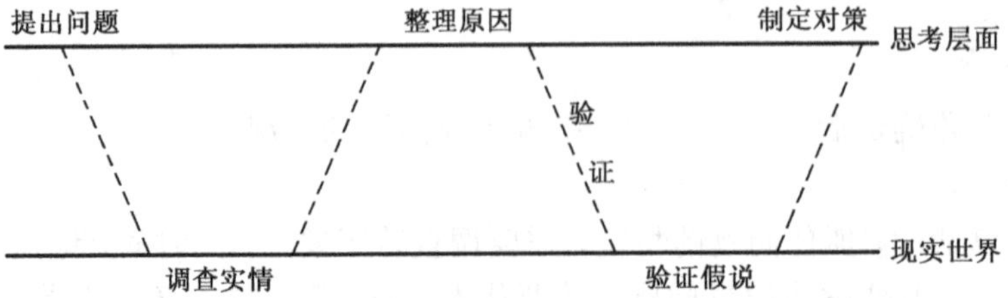

图 3-6　分析解决问题的过程

4. 拟定对策

原因分析出来以后，就要制定对策。

1）活动内容

活动内容包括：①将现象的排除（应急对策）与原因的排除（永久对策）严格区分开；②先准备好若干对策方案，调查各自利弊，选择参加者都能接受的方案。

2）注意事项

对策有两种（图 3-7）：一种是去除现象（应急对策）；另一种是消除引起结果的原因，防止再发生（永久对策）。

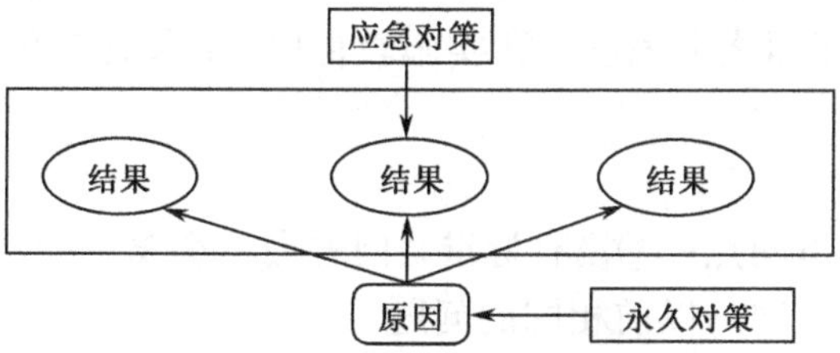

图 3-7 应急对策与永久对策

应急对策是一种临时措施，是在问题发生的根本原因尚未找到之前，为消除该问题而采取的临时应急措施；而永久对策是通过现象观察、数据分析等一系列手段，找到问题产生的根本原因之后所采取的对策。

评价各种对策的利弊，选择最佳策略。

5. 实施对策

1）活动内容

活动内容为实施对策。

2）注意事项

应注意的事项有以下几点：①采取对策后，常会引起其他的问题，因此，必须从多种角度对措施、对策进行彻底而广泛的评价；②采取对策时，有关人员必须通力合作。

6. 确认效果

对质量改进的效果要正确确认，确认失误会误认为问题已得到解决，从而导致问题再次发生。反之，也可能导致对质量改进的成果视而不见，从而挫伤了持续改进的积极性。

1）活动内容

活动内容包括：①使用同一种图表（如排列图、调查表等）将采取对策前后的质量特性值、成本、交货期等指标进行比较；②如果改进的目的是降低不合格品率或降低成本，则要将特性值换算成金额，并与目标值比较；③如果有其他效果，不管大小都要列举出来。

2）注意事项

应注意的事项有以下几点：①本阶段应确认在何种程度上做到了防止质量问题的再发生；②对企业经营者来说，将质量改进的成果换算成金额是重要的，也更直观；③采取对策后没有出现预期结果时，应该从以下两个方面来考虑——是否按计划实施了、计划是否有问题。

7. 防止再发生和标准化

对质量改进有效的措施，要进行标准化，纳入质量文件，以防止同样的问题再次发生。

1）活动内容

活动内容包括：①为改进工作，应再次确认 5W1H，即 what（什么）、why（为什么）、who（谁）、where（哪里）、when（何时做）、how（如何做），并将其标准化，制定成工作标准；②进行有关标准的准备及宣贯；③实施教育培训；④建立保证严格遵守标准的质量责任制。

2）注意事项

应注意的事项有以下两点：①没有标准，问题会再次发生；②没有明确的标准，新来的员工在作业中很容易出现与以前相同的问题。

8. 总结

对改进效果不显著的措施及改进实施过程中出现的问题，要予以总结，为开展新一轮的质量改进活动提供依据。

1）活动内容

活动内容包括：①总结本次质量改进活动过程中，哪些问题得到顺利解决，哪些尚未解决；②找出遗留问题；③考虑解决这些问题后下一步该怎么做。

2）注意事项

应注意的事项有以下两点：①在质量、成本、交货期、安全、激励和环境的改进活动中，将不合格品率降为零或一步就达到国际先进水平是不可能的，因此，质量改进活动要长期持久地开展下去；②应制订解决遗留问题的下一步行动方案和初步计划。

第三节 质量改进的组织与推进

一、质量改进的组织形式

质量改进的组织形式分为正式和非正式的，这主要取决于改进项目的规模（表 3-1）。

表 3-1 质量改进的组织形式

实例	指导组织	诊断组织
1. 降低汽车故障率	正式的可靠性委员会	正式的可靠性工程部
2. 减少铸件废品损失	经理加一名顾问的正式会议	正式的质量控制工程部
3. 提高青霉素的产量	工厂经理	工厂经理
4. 改进地毯毛条重量的均匀性	部门经理加一名顾问	一名质量控制工程师
5. 降低收音机的总装不合格率	QC 小组	QC 小组

二、质量改进的组织

质量改进的组织分为两个层次：一是从整体的角度为改进项目配备资源，这是管理层，即质量委员会；二是具体地实施改进项目，这是实施层，即质量改进团队，或称质量改进小组、QC 小组。

1. 质量委员会

质量改进组织工作的第一步是成立公司的质量委员会（或其他类似机构），委员会的基本职责是推动、协调质量改进工作并使其制度化。

质量委员会的主要职责为：①制定质量改进方针；②参与质量改进；③为质量改进团队配备资源；④对主要的质量改进成绩进行评估并给予公开认可。

2. 质量改进团队

质量改进团队不在公司的组织结构图中，是一个临时性组织，团队没有固定的领导。

组长的职责有：①与其他成员一起完成质量改进任务；②保证会议准时开始、结束；③做好会议日程、备忘录、报告等准备工作；④与质量委员会保持联系；⑤编写质量改进成果报告。

成员的职责有：①分析问题原因并提出纠正措施；②对其他团队成员提出的原因和纠正措施提出建设性建议；③防止质量问题发生，提出预防措施；④将纠正和预防措施标准化；⑤准时参加各种活动。

三、持续的质量改进

改进过程不是一次性工作，持续开展质量改进是非常重要的。持续改进必须做好以下几个方面的工作。

1. 使质量改进制度化

要使公司的质量改进活动制度化，应做到：①公司年度计划应包括质量改进目标，使质量改进成为员工岗位职责的一部分；②实施上层管理者审核制度，即 ISO 9000 质量体系中要求的管理评审，使质量改进进度和效果成为审核内容之一；③修改技术评定和工资、奖励制度，使其与质量改进的成绩挂钩。

2. 检查

上层管理者按计划定期对质量改进的成果进行检查是持续进行年度质量改进的一个重要内容。

1）检查结果

根据不同的结果，应该安排不同的检查方式。

2）检查的内容

检查的大部分数据来自质量改进团队的报告，通常要求质量改进成本报告明确下列内容：①改进前的废品或其他，如时间、效率的损失总量；②如果项目成功，预计可取得的成果；③实际取得的成果；④资本投入及利润；⑤其他方面的收获（如学习成果、团队凝聚力、工作满意度等）。

3）成绩评定

检查的目的之一是对成绩进行评定，这种评定除针对项目外，还包括个人。

3. 表彰

表彰使被表彰的员工了解自己的努力得到了承认和赞赏，并使他们以此为荣，获得别人的尊重。

4. 报酬

为了体现质量改进是岗位职责的一部分，评定中必须加进一项新指标，即持续质量改进指标。否则，员工工作表现的评定将仍根据其对传统目标的贡献，使持续质量改进得不到足够的重视而受挫。

5. 培训

培训的需求非常广泛，因为质量改进是公司质量管理的一项重要职能，对所有的人提出了新的任务，要承担这些新的任务，就需要大量的知识和技能培训。

第四节　质量改进的工具与技术

本节介绍质量改进的工具与技术，主要有以下两类。

全面质量管理的老七种工具中的四种工具：分层、调查表、因果图、排列图（另外三种工具——直方图、散布图、控制图属于统计技术，将在第五章中加以介绍）。

全面质量管理的新七种工具：头脑风暴法、树图、过程决策程序图（process decision program chart，PDPC）、网络图、矩阵图、亲和图及流程图。

此外，本节还介绍了水平对比法。

一、分层

1. 分层的概念

分层就是把收集的数据，按照数据来源、性质，根据使用目的和要求加以分类，把性质相同、在同一生产条件下收集的数据归在一起。它是数据分析与整理的一项基本工作。

造成数据分散的原因很多，人、机、料、法、环、测等因素都会引起数据波动。如果把不同变动原因同时影响下的杂乱无章的数据混在一起，不但不能解决问题，还掩盖真相，混淆不清。此时，就需要按不同原因将数据划分成若干个层次，从而进行深入细致的研究。

当分层分得不好时，会使图形的规律性隐蔽起来，还会造成假象。直方图分层不好时，就会出现双峰型或平顶型；排列图分层不好时，矩形高度差不多，无法区分主要因素、有影响因素和次要因素，也无法对主要因素作进一步分析；散布图分层不好时，会出现几簇互不关联的散点群；控制图分层不好时，无法反映工序的真实变化，不能找出数据异常的原因，不能作出正确的判断；因果图分层不好时，不能厘清大原因、中原因、小原因之间的真实传递途径。

一般来说，我们往往将分层与其他质量管理中的统计方法联用，即将性质相同、在同一生产条件下得到的数据归在一起，然后分别用其他方法制成分层排列图、分层直方图、分层散布图等。

在生产过程中，一定因素、条件构成数据的特定分布形态，如果不同因素和条件（如不同原材料、零部件）混在一起，在数学上叫多个总体、多种分布相混，会使原应显露出来的统计规律模糊不清。因此，进行数据整理、运用数理统计方法的第一步工作就是分层。

2. 分层原则

一般可按如下原则将数据进行分层。

按操作人员分层：如新老工人、男女工人、不同技术等级、文化水准等。

按工艺方法分层：如不同的切削用量、强度、速度、温度、压力等；不同的工序工种，如车、铣、刨、磨等。

按使用设备分层：如不同型号的机床、不同的夹具等。

按原材料分层：如不同的供应单位、不同批次、不同进货时间、不同成分的材料。

按不同时间分层：如早、中、夜班，天、星期、月、季度、年度等。

按不同的检验方法、手段、人员分层。

其他分层：如不同的协作单位、使用单位、使用条件、气候条件等。

分层的要求是：同一层内的数据要尽可能均匀，层间的区别要尽可能大。

3. 应用实例

【例 3-1】 在柴油机装配中经常发生气缸垫漏气现象，为解决这一质量问题，对该工序进行现场统计。

1）收集数据

n=50，漏气数 f=19。

$$\text{漏气率} p = \frac{f}{n} = \frac{19}{50} = 38\%$$

2）分析原因

通过分析，认为漏气有两个原因：①该工序涂密封剂的工人 A、B、C 三人的操作方法有差异；②气缸垫分别由甲、乙两厂供给，原材料有差异。

因此，采用分层法列成表 3-2、表 3-3 进行分析。

表 3-2 按工人分层的漏气情况

工人	漏气	不漏气	漏气率 p/%
A	6	13	32
B	3	9	25
C	10	9	53
合计	19	31	38

表 3-3 按工厂分层的漏气情况

工厂	漏气	不漏气	漏气率 p/%
甲厂	9	14	39
乙厂	10	17	37
合计	19	31	38

由表 3-2 和表 3-3 可知，降低气缸垫漏气率的办法是采用乙厂提供的气缸垫和工人 B 的操作方法。但实际结果表明，这样做漏气率非但没有降低，反而增加到 43%。这是什么原因呢？这是由于仅单纯地分别考虑操作者和原材料造成漏气的情况，没有进一步考虑不同工人用不同工厂提供的气缸垫造成漏气的情况。为此，需要进行更细致的综合分析（表 3-4）。

表 3-4 综合分析的漏气情况

工人		甲厂	乙厂	合计
A	漏气	6	0	6
	不漏气	2	11	13
	漏气率 p/%	75	0	32
B	漏气	0	3	3
	不漏气	5	4	9
	漏气率 p/%	0	43	25
C	漏气	3	7	10
	不漏气	7	2	9
	漏气率 p/%	30	78	53
合计	漏气	9	10	19
	不漏气	14	17	31
	漏气率 p/%	39	37	38

根据表 3-4 再次提出降低气缸垫漏气率的措施是：使用甲厂提供的气缸垫时，要采用工人 B 的操作方法；使用乙厂提供的气缸垫时，要采用工人 A 的操作方法。实践表明，上述的分层法及采用的措施十分有效，漏气率大大降低，理论上可以接近于零。

从表 3-4 还可以看出，采用乙厂提供的气缸垫和工人 B 的操作方法时漏气率为 43%，比原先的 38%还要高。

二、调查表

1. 调查表的概念

调查表是用于收集数据的规范化表格，即把产品可能出现的情况及其分类预先列成调查表，则检查产品时只需在相应分类中进行统计，并可从调查表中进行粗略的整理和简单的原因分析，为下一步的统计分析与判断质量状况创造良好条件。在设计调查表时应注意便于工人记录，把文字部分尽可能列入调查表中，工人只需简单地描点和打钩，以不影响操作为宜。

根据使用不同，常用的调查表有不良品调查表、缺陷位置调查表和成品质量调查表等。

2. 不良品调查表

不良品是产品生产过程中不符合图纸、工艺规程和技术标准的不合格品及缺陷品的总称。它包括废品、返修品、回用品和退赔品。

1）不良品统计管理记录卡

不良品统计管理记录卡如表 3-5 所示，记录前应明确检验内容和抽查间隔，由操作者、检查员、班长共同执行抽检的标准和规定。

表 3-5　不良品统计管理记录卡

检验内容	抽查间隔

______车间______班组，零件号______零件名称______

<table>
<tr><td rowspan="2">日期</td><td>首检</td><td rowspan="2">编号</td><td>首检结果</td><td colspan="2">不良品</td><td colspan="5">专、巡、检</td></tr>
<tr><td>时间内容</td><td>尺寸</td><td>现象</td><td>原因</td><td>时间</td><td>抽查数</td><td>不良品数</td><td>不良品现象</td><td>印记</td></tr>
<tr><td></td><td></td><td></td><td></td><td colspan="2"></td><td></td><td></td><td></td><td></td><td></td></tr>
<tr><td rowspan="2">备注</td><td colspan="5">首检内容代号</td><td colspan="5">不良品原因分类</td></tr>
<tr><td colspan="5">A：开始工作　D：检修机床后
B：更换刀具后　E：检修夹具后
C：调查刀具后</td><td colspan="5">a：操作不慎　d：工艺
b：机床原因　e：材料
c：刀具影响　f：其他</td></tr>
</table>

2）不良品项目调查表

为了调查生产过程中出现了哪些不良品及各种不良品的比例，可采用不良品项目调查表（表 3-6）。其中“不良品类型”一栏的内容，可以根据各行业具体情况填入表中。

表 3-6　不良品项目调查表

<table>
<tr><td rowspan="2">日期</td><td rowspan="2">交验数</td><td rowspan="2">合格数</td><td colspan="3">不良品</td><td colspan="3">不良品类型</td><td rowspan="2">不良品率/%</td></tr>
<tr><td>废品数</td><td>次品数</td><td>返修品数</td><td>废品类型</td><td>次品类型</td><td>返修品类型</td></tr>
<tr><td></td><td></td><td></td><td></td><td></td><td></td><td></td><td></td><td></td><td></td></tr>
</table>

检查员______

3）不良原因调查表

如果不良损失的责任工序、影响原因比较清楚，可以利用调查表进一步查明不良原因（表 3-7）。

表 3-7 某瓷厂检验报告

报告日期________年________月________日

品号	送检总数	合格品	合格率	瓷件损失原因分析													
				废品数	榨泥		成型			上釉		装出窑			烧窑		
					铁点	杂质	开裂	尺寸不合	变形	釉损	碰损	釉损	表面缺陷	碰损	炸裂	起泡	生烧

3. 缺陷位置调查表

很多产品中都存在“疵点”“外伤”“脏污”这类外观缺陷，一般采用缺陷位置调查表较好。此种调查表多是画成产品示意图或展开图。每当发生缺陷时，将其发生位置标记在图上，如电视机显像管外观检验，就是采用缺陷位置调查表。

如图 3-8 所示，把显像管屏幕划分为 A、B 区（屏幕中央垂直十等分的一半为半径，以圈心为中心所画的圆内为 A 区，其他地方为 B 区），分别拟定 A、B 区缺陷数的极限值。各种整机的机柜或装饰件都可以采用缺陷位置调查表。

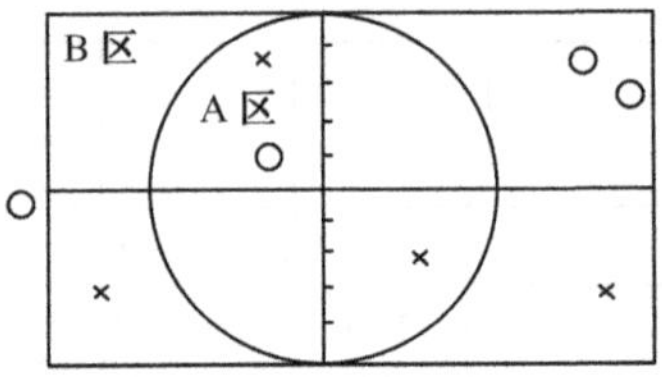

品种__________序号__________
A区缺陷数______B区缺陷数______
确定合格（√）、不合格（×）
检查员__________
年 月 日
备注：缺陷符号
○气泡 ×污点

图 3-8 缺陷位置调查表

缺陷位置调查表是工序质量分析中不可缺少的方法。掌握缺陷发生之处的规律，可以进一步分析为什么缺陷会集中在某一区域，从而追寻原因，采取对策。

使用缺陷位置调查表时，可以在草图上进行划区，分层研究。分区域时应按尺寸等分。

4. 成品质量调查表

成品质量检查项目繁多，为了不弄错、遗漏并便于记录整理，采用成品质量调查表（表 3-8）。

表 3-8 收音机功能调查表

<table>
<tr><td>日期</td><td></td><td>型号</td><td></td><td>批次号</td><td></td><td>检查员</td><td></td></tr>
<tr><td rowspan="4">重缺陷（影响正常收听）</td><td colspan="3">无声或声音时有时无</td><td rowspan="4">轻缺陷（能正常收听）</td><td colspan="3">任一功能件工作不正常</td></tr>
<tr><td colspan="3">声音小</td><td colspan="3">有明显机械传动杂音</td></tr>
<tr><td colspan="3">失真严重</td><td colspan="3">指示灯、照明灯不亮</td></tr>
<tr><td colspan="3">灵敏度太低</td><td colspan="3">电池弹簧卡松紧不合适</td></tr>
</table>

续表

重缺陷（影响正常收听）	严重串台	轻缺陷（能正常收听）	任一旋钮手感不适
	严重机震		开关手感不适
	任一功能件不起作用		插孔手感不适
	调谐传动机构卡死、打滑		
	调谐到头，造成可变电容器损坏		
	拉杆天线不能伸缩定位		
	接入耳机没有声音		

三、因果图

1. 因果图的概念

导致过程或产品出现问题可能有很多因素，通过对这些因素进行全面、系统的观察和分析，可以找出其因果关系。因果图就是一种简单易行的方法。

因果图又称特性要因图，是一种用于分析质量特性（结果）与可能影响质量特性的因素（原因）的工具。许多可能的原因可归纳成原因类别与子原因，画成形似于鱼刺的图，所以该工具又称鱼刺图（图 3-9）。

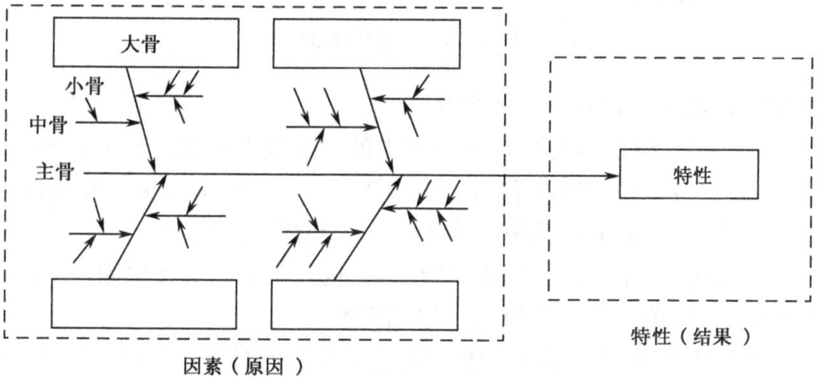

图 3-9　因果图的结构

1953 年，日本东京大学教授石川馨第一次提出了因果图，所以因果图又称石川图。石川馨教授和他的助手在研究活动中用这种方法分析影响质量问题的因素，因果图由于非常实用有效，在日本的企业中得到了广泛应用，很快又被世界上许多其他国家采用。因果图不仅用在解决产品质量问题方面，在其他领域也得到广泛应用。

因果图主要用于分析质量特性与影响质量特性的可能原因之间的因果关系，通过把握现状、分析原因、寻找措施来促进问题的解决。

2. 因果图的绘制

绘制因果图不是一件轻而易举的工作，可以说质量问题能够顺利解决，绘制因果图是关键。在介绍因果图的绘制方法之前，我们用一个示例来说明因果图的结构。

1）因果图示例

有关运动员比赛成绩不好的因果图示例如图 3-10 所示，由于篇幅有限，没有将影响原因具体描述。例如，“睡眠时间不够”表示为“时间”，“缺乏有效的训练计划”表示为“计划”，实际应用时应该描述完整、准确。

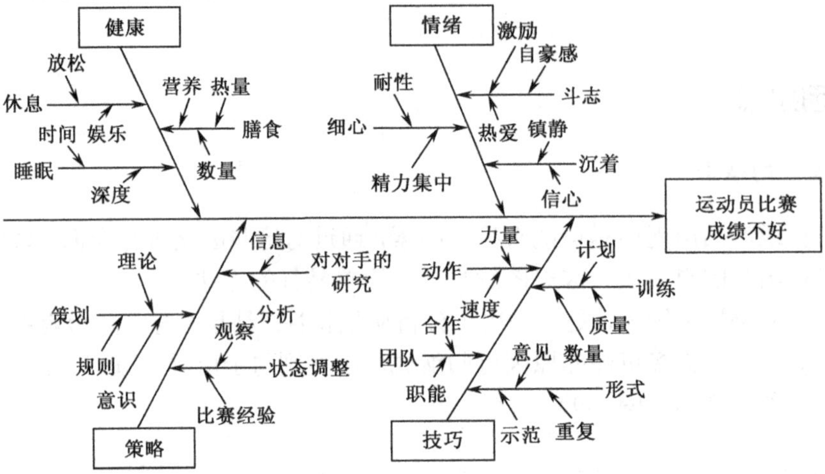

图 3-10 因果图示例

2）利用逻辑推理法绘制因果图的步骤

第一步，确定质量特性（结果），因果图中的“结果”可根据具体需要选择。

第二步，将质量特性写在纸的右侧，从左至右画一个箭头（主骨），将结果用方框框上；接下来，列出影响结果的主要原因作为大骨，也用方框框上。

第三步，列出影响大骨（主要原因）的原因，也就是第二层次原因，作为中骨；接着，用小骨列出影响中骨的第三层次的原因，如此类推。

第四步，根据对质量特性的影响的重要程度，将认为对质量特性有显著影响的重要因素标出来。

第五步，在因果图上记录必要的有关信息。

一开始使用这种方法可能感到比较困难，这时，最好的办法就是看一看质量特性有没有波动，如果数据表明存在波动，就要想想为什么会存在波动。

当要画某种不合格的因果图时，可能会在数据中发现每周内不同的日期里，这种不合格发生的次数有所不同，如果这种不合格在星期一发生的次数比其他日期次数多，就可以换个角度考虑，“为什么会产生不合格？”“为什么这种不合格在星期一发生的次数比其他日期多？”这样可以找出星期一与其他日期不同的原因，最终发现产生不合格的原因。

用这种思考方法，确定结果和第一层次原因（主骨）、大骨和中骨、中骨和小骨之间的关系，构成逻辑上的因果关系。

因果图完成以后，下一步就是要评价各因素的重要程度。因果图中所有的因素与结果不一定紧密相关，将对结果有显著影响的因素作出标记。

最后，在因果图上标明有关资料，如产品、工序或小组的名称，参加人员名单、日期等。

对于以上这种绘制因果图的方法我们称为“逻辑推理法”。

3）利用发散整理法绘制因果图的步骤

第一步，选题、确定质量特性。

第二步，尽可能找出所有可能会影响结果的因素。

第三步，找出各原因之间的关系，在因果图上以因果关系箭头连接起来。

第四步，根据对结果的影响的重要程度，将认为对结果有显著影响的重要因素标出来。

第五步，在因果图上标上必要的信息。

因果图方法的显著特点是包括两个活动：一个是找出原因；另一个是系统整理这些原因。

查找原因时，要求开放式的积极讨论，最有效的方法是头脑风暴法，用过去的说法就叫“诸葛亮会”。

绘制因果图时，对于影响结果的原因必须从小骨到中骨、从中骨到大骨进行系统整理归类。

对于以上介绍的这种因果图绘制方法我们可称为“发散整理法”，即先打开思路，采取开放式、发散式思维，然后根据概念的层次整理成因果图的形状。

这两种方法有时可以结合起来使用。

3. 因果图的注意事项

1）绘制因果图的注意事项

绘制因果图的注意事项包括：①确定原因时应通过大家集思广益，充分发扬民主，以避免疏漏；②确定原因，应尽可能具体；③有多少质量特性，就要绘制多少张因果图；④验证。

要使改进有效果，原因必须要细分，直至能采取措施为止。不能采取措施的因果图只能算是练习。

实际上，注意事项的内容分别要实现“重要的因素不要遗漏”和“不重要的因素不要绘制”两方面的要求。正如前面提到过，最终的因果图往往越小越有效。

2）使用因果图的注意事项

使用因果图的注意事项有：①在数据的基础上客观地评价每个因素的重要性；②因果图使用时要不断加以改进。

四、排列图

1. 排列图的概念

排列图是一种区分关键少数与次要多数的方法。它建立在帕累托原理的基础上，通过区分最重要的与较次要的项目，可以用最少的努力获取最佳的改进效果。

朱兰博士运用帕累托图将质量问题分为“关键的少数”和“次要的多数”，并将这种方法命名为“帕累托分析法”。朱兰博士指出，在许多情况下，多数不合格及其引起的损失是由相对少数的原因引起的。

2. 制作排列图的步骤

第一步，确定所要调查的问题及如何收集数据。

（1）选题，确定所要调查的问题是哪一类问题，如不合格项目、损失金额、事故等。

（2）确定问题调查的时间范围。

（3）确定哪些数据是必要的，以及如何将数据分类，如按不合格类型分、按不合格发生的位置分、按工序分、按机器设备分、按操作者分、按作业方法分等。数据分类后，将不常出现的项目归到“其他”项目。

（4）确定收集数据的方法以及在什么时候收集数据，通常采用检查表的形式收集数据。

第二步，设计一张数据记录表，如表3-9所示，这是某铸造企业在调查铸件质量问题时的案例。

表3-9 不合格项检查表

不合格类型	记号	小计
断裂	正正	10
擦伤	正正正正正正正正丅	42
污染	正一	6
弯曲	正正正正正正正正正正正正正正正正正正正正𤴓	104
裂纹	𤴓	4
砂眼	正正正正	20
其他	正正𤴓	14
合计		200

第三步，将数据填入表中并合计。

第四步，制作排列图数据表，表中列有各项不合格数、累计不合格数、各项不合格占比及累计占比（表3-10）。

表3-10 排列图数据表

不合格类型	不合格数/件	累计不合格数/件	各项不合格占比/%	累计占比/%
弯曲	104	104	52	52
擦伤	42	146	21	73
砂眼	20	166	10	83
断裂	10	176	5	88
污染	6	182	3	91
裂纹	4	186	2	93
其他	14	200	7	100
合计	200		100	

第五步，按数量从大到小的顺序，将数据填入数据表中。“其他”项的数据由许多数据很小的项目合并在一起，将其列在最后，而不必考虑“其他”项数据的大小。

第六步，画两根纵轴和一根横轴，左边纵轴标上件数（频数）的刻度，最大刻度为总件数（总频数）；右边纵轴标上比率（频率）的刻度，最大刻度为 100%。左边总频数的刻度与右边总频率的刻度（100%）高度相等。横轴上将频数从大到小依次列出各项。

第七步，在横轴上按频数大小画出矩形，矩形的高度代表各不合格项频数的大小。

第八步，在每个直方柱右侧上方，标上累计值（累计频率），描点，用实线连接，画累计频率折线（帕累托曲线）。

第九步，在图上记入有关必要事项，如排列图名称、数据、单位、作图人姓名及采集数据的时间、主题、数据合计数等。

根据表 3-10 的数据制作的排列图如图 3-11 所示。

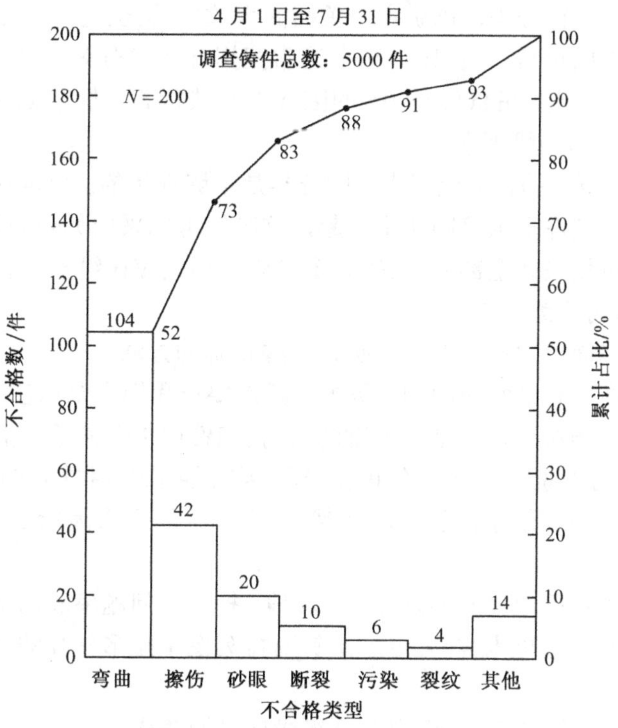

图 3-11　不合格项目排列图

3. 排列图的分类

正如前面所述，排列图是用来确定“关键的少数”的方法，根据用途，排列图可分为分析现象用排列图和分析原因用排列图。

1）分析现象用排列图

这种排列图与以下不良结果有关，用来发现主要问题。

质量：不合格、故障、顾客抱怨、退货、维修等。

成本：损失总数、费用等。

交货期：存货短缺、付款违约、交货期拖延等。

安全：发生事故、出现差错等。

2）分析原因用排列图

这种排列图与过程因素有关，用来发现主要问题。

操作者：班次、组别、年龄、经验、熟练情况及个人本身因素。

机器：设备、工具、模具、仪器。

原材料：制造商、工厂、批次、种类。

作业方法：作业环境、工序先后、作业安排。

4. 排列图的注意事项

1）制作排列图的注意要点

分类方法不同，得到的排列图不同。通过不同的角度观察问题，把握问题的实质，需要用不同的分类方法进行分类，以确定“关键的少数”，这也是排列图分析方法的目的。

为了抓住“关键的少数”，在排列图上通常把累计比率分为三类：在0～80%的因素为A类因素，即主要因素；在80%～90%的因素为B类因素，即次要因素；在90%～100%的因素为C类因素，即一般因素。

如果“其他”项所占的百分比很大，则分类是不够理想的。出现这种情况，是因为调查的项目分类不当，把许多项目归在了一起，这时应考虑采用另外的分类方法。

如果数据是质量损失（金额），画排列图时质量损失应在纵轴上表示出来。

2）使用排列图的注意要点

如果希望问题能简单地得到解决，必须掌握正确的方法。

排列图的目的在于有效解决问题，基本点就是要求我们只要抓住“关键的少数”就可以了。如果某项问题相对来说不是“关键的”，我们希望采取简单的措施就能解决。

引起质量问题的因素会很多，分析主要原因时经常使用排列图。根据现象制作出排列图，确定了要解决的问题之后，必然就明确了主要原因所在，这就是“关键的少数”。

排列图可用来确定采取措施的顺序。一般地，把发生问题率高的项目减少一半要比把发生问题的项目完全消除更为容易。因此，针对排列图中矩形柱高的项目采取措施能够事半功倍。

对照采取措施前后的排列图，研究各个组成项目的变化，可以对措施的效果进行验证。利用排列图不仅可以找到一个问题的主要原因，而且可以连续使用，找出复杂问题的最终原因。

5. 排列图和因果图结合使用

要解决质量问题，可将几种方法结合起来使用。将排列图和因果图结合起来特别有效，下面是一个典型的示例。

1）选题

【例3-2】某制造工序，用排列图确定主要不合格项目，收集了两个月（6月1日～7月

31 日）的不合格品数据，并对其进行了分类，发现尺寸不合格数量最大，占不合格品总数的 48.89%（图 3-12），因此就把重点放在减少尺寸不合格上。

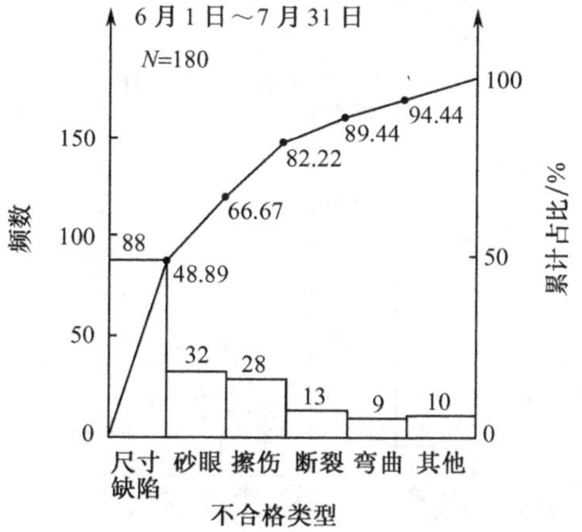

图 3-12　不合格原因排列图

2）分析和对策

车间所有人员都参与讨论尺寸波动的原因，画出了因果图，并调查了所有零件尺寸的波动情况，以评价各因素对不合格的影响程度（图 3-13）。从图 3-13 可以发现，装配位置对不合格发生次数影响最大。尽管操作标准中对装配位置有所规定，但装配方法没有用图表示出来，这使得装配位置不尽一致，导致产品尺寸不合格。于是，车间人员设计了适当的装配方法，用图表示出来，并进行了标准化，加到作业标准中。

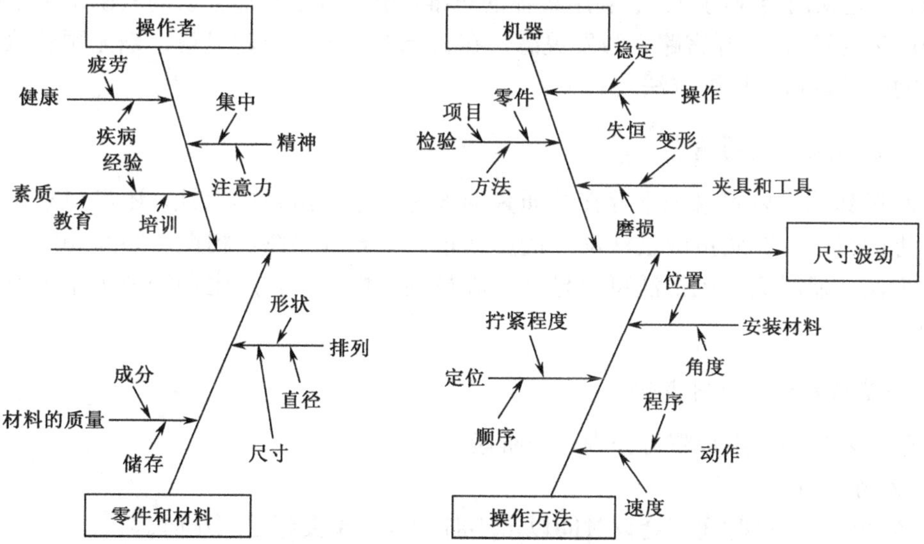

图 3-13　尺寸不合格的因果图

3）改进的效果

进行改进后，收集 9 月 1 日～10 月 31 日的数据，制作排列图来比较结果（图 3-14），图 3-14 中的两张排列图清晰地表明，经过改进，尺寸不合格的产品减少了，同样两个月的时间内，不合格的零件数由 180 件降低到 116 件。

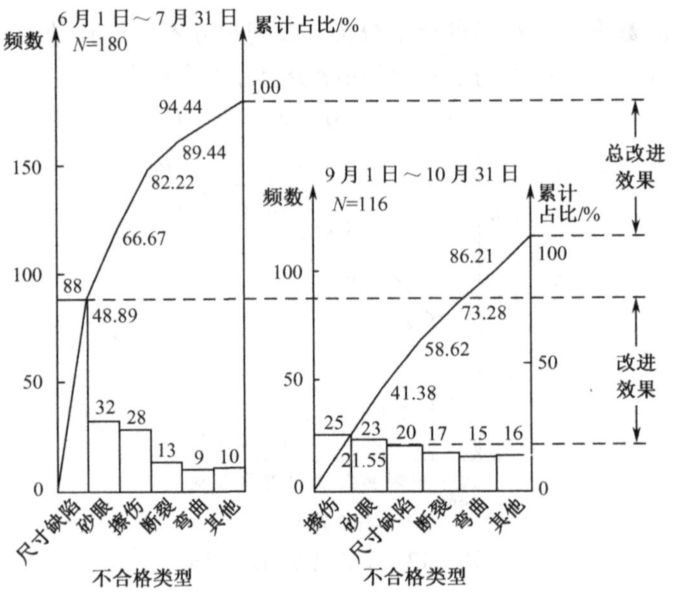

图 3-14　改进前后不合格原因排列图比较

五、头脑风暴法

1. 头脑风暴法的概念

头脑风暴法，又叫畅谈法、集思法等，是由美国奥斯本（Osborn）博士于 1941 年提出来的。它是采用会议的方式，利用集体的思维，引导每个参加会议的人围绕某个中心议题（如质量问题），广开言路、激发灵感，在自己的头脑中掀起风暴，毫无顾忌地发表独立见解的一种创造性思维方法。

2. 头脑风暴法的用途

头脑风暴法可以用来识别存在的质量问题并寻求其解决的办法，还可用来识别潜在质量改进的机会，在质量改进活动中的用途很大。画因果图、树图、亲和图时，就可运用这种方法。使用头脑风暴法可引导小组成员创造性思考，产生和澄清大量观点、问题或议题。

3. 头脑风暴法的应用步骤

头脑风暴法的应用步骤可分为三个阶段。

1）准备阶段

准备会场，安排时间。会议时间以一小时为宜，不要超过两小时。

确定会议组织者，明确会议议题和目的。要确定头脑风暴会议的组织者，明确阐述会议的目的。头脑风暴法的目的在于为与会者创造一个激发思想火花的氛围，让与会者都能“眉头一皱，计上心来”，积极发表自己的意见和看法，做到“知无不言，言无不尽”。

准备必要的用具，如大白纸 2～3 张，红色、黑色签字笔各 1 支，记录用纸若干，并选定记录人，在开会时将大家的创意要点迅速记录下来。

2）引发和产生创造性思维的阶段

在这个阶段，质量管理的领导者、推进者应先熟悉并重温头脑风暴法的意义、精神实质和做法，组织与会者讨论，产生创意思维。在这个阶段，要注意下列几点：①与会者都是平等的，无领导和被领导之分；②与会的成员依次发表意见；③成员可以相互补充各自的观点，但不能评论，更不能批驳别人的观点；④提出奔放无羁的创意，欢迎有不同角度的想法，因为能够脱离习惯上的想法，才能产生突出的创意；⑤要当场把每个人的观点毫无遗漏地记录下来；⑥持续到无人发表意见为止；⑦将每个人的意见重复一遍。

3）整理阶段

将每个人的观点重述一遍，使每个成员都知道全部观点的内容；去掉重复的、无关的观点；对各种见解进行评价、论证；集思广益，按问题进行归纳。评价、论证、归纳时要注意以下几点：①是否还有另外更好的方法；②是否可借用过去相似的创意；③是否可以变更；④是否可以代替。

六、树图

1. 树图的概念

树图能将事物或现象分解成树枝状，又称树型图或系统图。树图就是把要实现的目的与需要采取的措施或手段，系统地展开并绘制成图，以明确问题的重点，寻找最佳手段或措施。

在计划与决策过程中，为了达到某种目的，就需要选择和考虑某一种手段；而为了采取这一手段，又需要考虑它下一级的相应手段（图 3-15）。这样，上一级手段成为下一级手段的行动目的。如此要达到的目的和所需的手段按顺序层层展开，直到可以采取措施为止，并绘制成树图，就能对问题有一个全面的认识，然后从图形中找出问题的重点，提出实现预定目标的最理想途径。

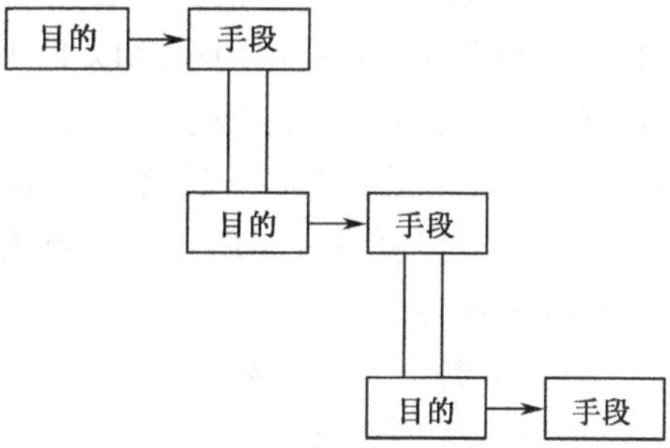

图 3-15 树图概念图

2. 树图的分类

在树图法中，所用的树图大体上可以分为两大类：一类是把组成事项展开，称为“构成因素展开型”；另一类是把为了解决问题和达到目的或目标的手段、措施加以展开，称为“措施展开型”。

3. 树图的主要用途

树图的主要用途有：①新产品研制过程中设计质量的展开；②制订质量保证计划，对质量保证活动进行展开；③方针、目标、实施事项的展开；④明确部门职能、管理职能；⑤对解决企业有关质量、成本、交货期等问题的创意进行展开。

4. 绘制树图的一般步骤

1）确定具体的目的或目标

在确定具体的目的或目标时，应该注意以下几点：①为了使任何人都能一目了然，必须把目的或目标的名词或短文以简洁的形式表示出来；②在达到目的、目标的过程中，如果存在制约事项，必须予以指明；③确定目的、目标时，首先要对已经确定的目的、目标，问几个“为什么”，也就是“为什么要实现该目的、目标”；④在确认了更高一级水平的目的、目标之后，还要确认原目的、目标是否恰当。

2）提出手段和措施

为了达到预定的目的、目标，必须召开会议集思广益，提出必要的手段、措施，并依次记录下来。提出这种手段、措施，有几种方法可供参考：①从水平高的手段、措施开始，按顺序边想边提；②先提出被认为是最低水平的手段、措施，一边编组，一边按顺序提出较高水平的手段、措施；③不管水平的高低，按随意想到的方式，提出手段、措施。

至于采用哪种方法，要视具体情况而定，不能一概而论。

3）对措施、手段进行评价

要对提出的手段、措施一一进行评价，即每项手段、措施是否适当、可行或是否需要经过调查才能确认。在有限制事项时，也要对该限制事项进行评价。

评价用○、△、×表示：○表示可行；△表示调查之后才能确认；×表示不可行。

对带有△的手段、措施，必须通过调查才能明确是○型（可行）还是×型（不可行）。在进行评价时，需要特别注意以下几点：①不要用粗浅的认识进行评价，轻易否定别人提出的手段、措施；对这些手段、措施，要反复推敲、思考和调查，有许多措施初看是不行的，实践证明是可行的。②越是离奇的思想和手段，越容易被否定。但是，实践证明，当离奇的思想和手段实现后，往往效果更好，因此更要慎重。③在进行评价的过程中，往往又会出现新的设想，要不断补充、完善。

4）绘制手段、措施卡片

把经过评价后提出的手段、措施，用通俗易懂的语言写在一张张卡片上。

5）形成目标手段的树状展开图

摊开一张白纸，把绘制的目的、目标卡片放在纸的左侧中间，若有限制事项，把这一限制事项记在目的、目标卡片的下方。

先对目的、目标卡片提出问题Ⅰ。

问题Ⅰ：为了实现这个目的、目标，需要采取什么手段、措施？

从绘制的手段、措施的卡片中，找出能回答这一问题的手段、措施卡片，把它安装在提出问题的目的、目标卡片的右侧，如果有 2 张以上的卡片，可以纵向排放，然后把达到的目的、目标与相应采取的手段、措施联系起来。但是，这些手段、措施一般还不能变为具体的行动。因此，为了实现上一水平的手段、措施，还必须对下一水平的手段、措施进行展开。

接着，又要对安排在这种目的、目标之后的各种手段、措施提出问题Ⅱ。

问题Ⅱ：把手段、措施作为目的、目标，为了实现这个目的、目标，又需要采取什么手段、措施？

从绘制的手段、措施卡片中，找出能够回答这一问题的手段、措施卡片，把它安排在提出问题的手段、措施卡片右侧以下，不断重复提问问题Ⅱ，把绘制成的所有手段、措施卡片按顺序排列在成为“目的”的手段、措施卡片的右侧，排列结束后，分别按“目的—手段”的关系，用线连接起来。

在树图绘制过程中，往往在绘制手段、措施的卡片工作还没完成时，就又会发现一些新的必要的手段、措施，必须一个个补充上去。同时，还要去掉那些不需要的或修改那些不清楚的手段、措施。特别需要注意的是，在树图法的应用过程中，绘制过程是最重要的一环，不能把全部精力放在整理这些手段、措施上，重要的是要仔细考虑如何更好地系统展开这些手段、措施，防止疏忽和遗漏。

6）确认目标能否充分地实现

虽然作出了树图，但还需要从“手段”出发，确认上一级水平的“手段”（目的）是否妥当，也就是说，先对作出的树图的最低水平（最右端）的手段提出问题Ⅲ。

问题Ⅲ：采用这些手段、措施，能否达到高一级水平的目的、目标？

如果回答“能”，那就依次对上一水平的“手段”（目的）提出同样的问题，并且确认所展开的手段、措施能否达到最近所确定的具体目的、目标。如果回答“不能”，意味着所展开的手段没有实现上一水平的“手段”（目的），必须增加所缺少的手段、措施。以上确认完成后，将为达到目的、目标所必需的所有手段、措施都进行系统展开，树图就绘制完成了。图 3-16 表示以上顺序的图示情况。

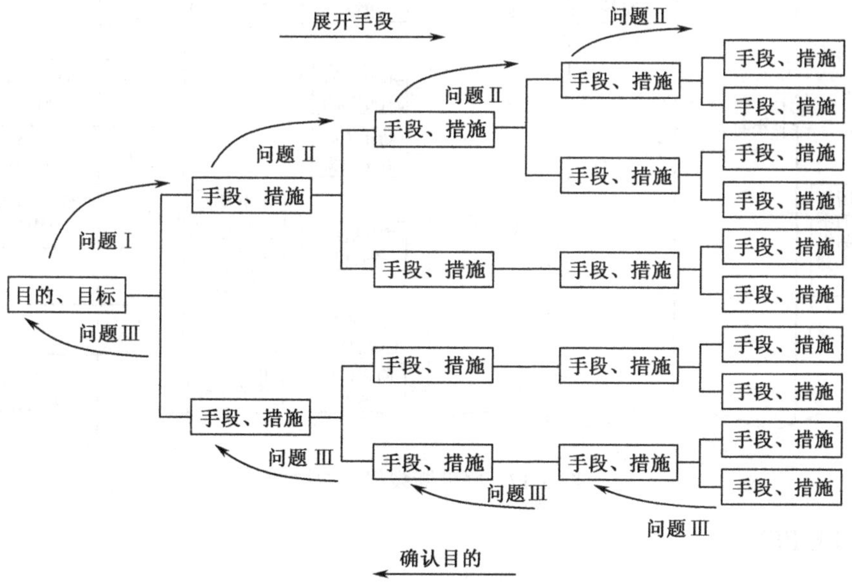

图 3-16 树图的绘制方法

7）制订实施计划

根据上述方案，制订实施计划。这时，要把树图最低水平的手段更加具体化，并确定具体的实施内容、日期和负责人等。

5. 树图法应用实例

这里就措施展开型树图举一例说明。

【例 3-3】某公司是从事书籍装订布生产的专业厂家，但在作业时，按布幅方向发生断裂的不合格品每月平均有 59 件。而一旦出现不合格品，与其相关的作业就必须停机，每一件不合格品就会造成 80～90 米的产品报废。

于是，可以将“把由断裂造成的不合格品损失降低到最小”设定为目标，进而分解为“不断裂”和“减少由断裂产生的损失”两个目标，根据各种不同的情况，以头脑风暴法形成对策，在评价对策的基础上，做成如图 3-17 所示的树图。对末端对策进行详细评价，确定具体的实施事项，并逐一实施。结果，从对策实施后 6 个月，平均每月的损失减少了 13.2 件，而每件不合格品的损失也只有 35～45 米，只有原来的一半。

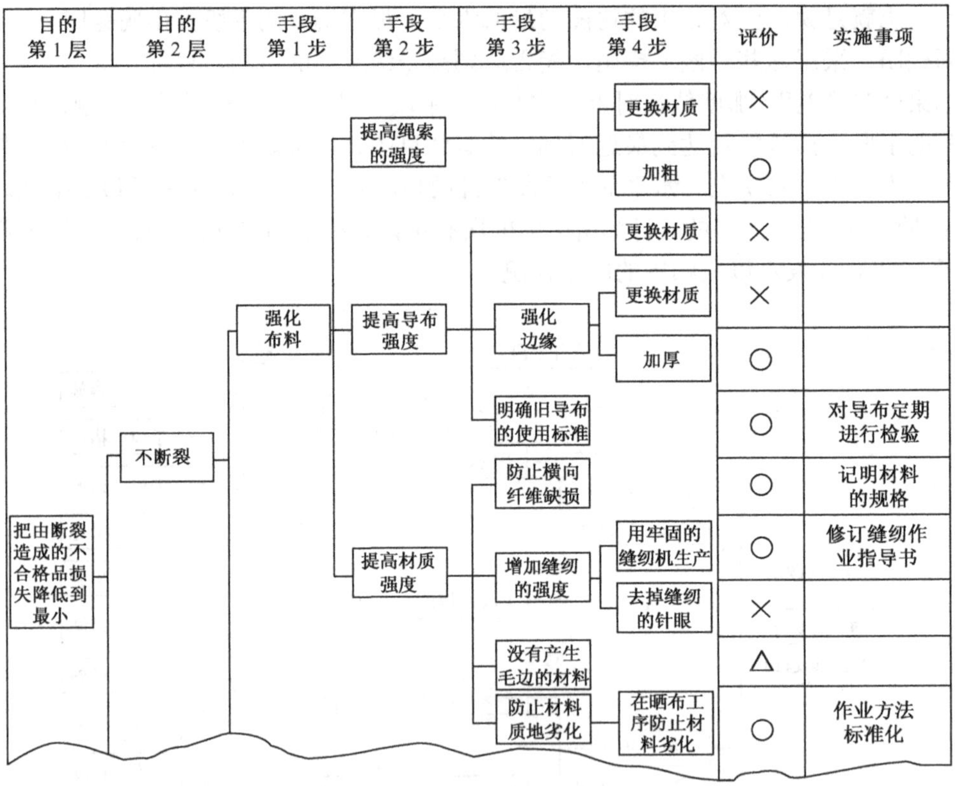

图 3-17 降低断裂损失的树图

七、PDPC

1. PDPC 法的概念

PDPC 法是运筹学中的一种方法，其工具就是 PDPC。PDPC 法，是为了完成某个任务或达到某个目标，在制订行动计划或进行方案设计时，预测可能出现的障碍和结果，并相应地提出多种应变计划的一种方法。这样，在计划执行过程中遇到不利情况时，仍能按第二、第三或其他计划方案进行，以便达到预定的计划目标。

制订计划时，不一定能把所有可能发生的问题全部考虑进去。实施时，随着工作的进展，原来没有考虑的问题逐渐暴露出来，或者原来没有想出的办法、方案已逐步形成。这时必须根据新的问题，再重新考虑措施，增加新的方案或活动。因此，PDPC 不是一成不变的，要根据具体情况，每隔一段时间修改一次。

PDPC 法的主要特征如下：①PDPC 法不是从局部，而是从全局、整体掌握系统的状态，因而可作全局性判断；②可按时间先后顺序掌握系统的进展情况；③可密切注意系统进程的动向，在追踪系统运转时，能掌握产生非理想状态的原因，同时，从某一输入出发，依次追踪系统的运转，也能找出“非理想状态”；④当出现过去没有想到的情况时，可不断补充、修订计划措施。

PDPC 法的概念图如图 3-18 所示。

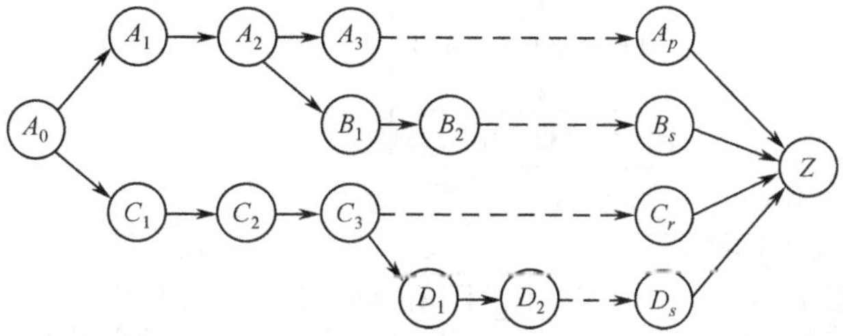

图 3-18 PDPC 法的概念图

2. 使用 PDPC 法的步骤

PDPC 法的基本步骤如下：①召集所有有关人员（要求尽可能广泛地参加）讨论所要解决的课题；②从自由讨论中提出达到理想状态的手段、措施；③对提出的手段和措施，列举出预测的结果，以及提出的措施方案行不通或难以实现时应采取的措施和方案；④将各研究措施按紧迫程度、所需工时、实施的可能性及难易程度予以分类，特别是对当前要着手进行的措施，应根据预测的结果，明确首先应该做什么，并用箭条向理想的状态方向连接起来；⑤决定各项措施实施的先后顺序，从一条线路得到的情报，要研究其对其他线路是否有影响；⑥落实实施负责人及实施期限；⑦不断修订 PDPC。按绘制的 PDPC 实施，在实施过程中可能会出现新的情况和问题，需要定期召开有关人员会议，检查 PDPC 的执行情况，并按照新的情况和问题修改 PDPC。

3. PDPC 法的用途

利用 PDPC 法，可从全局、整体掌握系统状态以作出全局性判断，可按时间顺序掌握系统的进展情况。在质量管理中，用 PDPC 法有助于在解决问题的过程中，恰当地提出所有可能的手段或措施，在实施过程中遇到困难时，能迅速采取对策。其具体用途如下：①制订方针目标管理中的实施计划；②制订科研项目的实施计划；③对整个系统的重大事故进行预测；④制定控制工序的措施。

4. PDPC 法应用实例

在技术开发方面，PDPC 法的应用很广，现仅举一个用于技术开发方面的实例进行说明。

【例 3-4】日本某厂试制成功的新产品在批量生产阶段出现了试制阶段没有预料到的重大缺陷，从而绘制出 PDPC（图 3-19）。

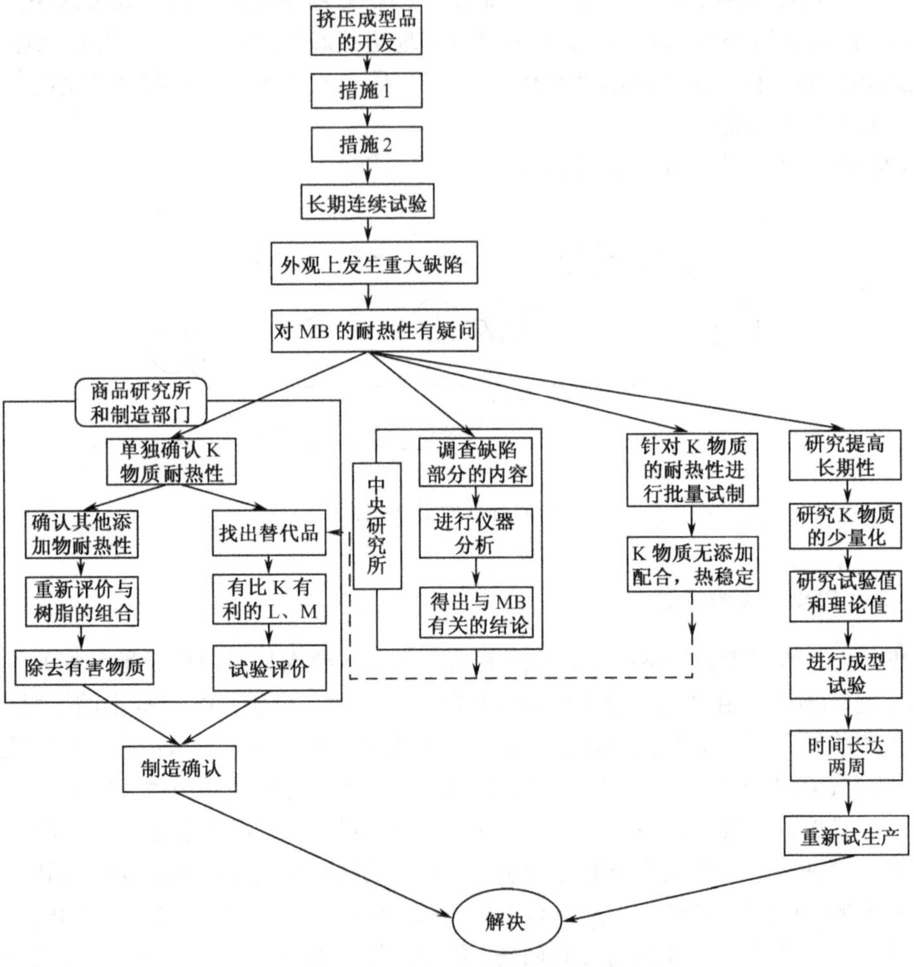

图 3-19 PDPC 法的应用

根据各方面的观察，我们认为出现重大缺陷与原料 MB 的耐热性有关。因此，需要由负责研究的商品研究所、中央研究所和制造部门三方共同研究协作。中央研究所负责对缺陷部分进行分析，并对造成缺陷的物质进行探索。商品研究所需要根据过去的经验确认 K 物质的耐热性。如果 K 物质的耐热性能良好，那么，就可以认为产生缺陷的原因与 K 物质和其他添加物的组合有关。在这种情况下，就要重新评价 K 物质和基本树脂的结合问题，若存在有害物质就应去除，如果是 K 物质本身的原因，就要寻找替代物，采用比 K 物质价格高的 L、M 物质作为代用品，但是，必须对 L、M 物质进行试验评价，如果没有任何问题，问题就解决了。制造部门从现场的角度依次进行确认。中央研究所的分析结果依次传递到商品研究所和制造部门（图 3-19 中用虚线标出）。通过三个部门的共同研究，查明了产生缺陷的原因，即开发阶段确定的 K 物质的添加量过多。减少了 K 物质的添加量，经过两周的连续试验就解决了问题。

八、网络图

1. 网络图的概念

网络图又称为网络计划技术，它是安排和编制最佳日程计划，有效地实施进度管理的一种科学管理方法，其工具是箭条图，故又称矢线图。

网络图是把推进计划所必需的各项工作，按其时间顺序和从属关系，用网络形式表示的一种矢线图。一项任务或工程，可以分解为许多作业，这些作业在生产工艺和生产组织上相互依赖、相互制约，网络图可以把各项作业之间的这种依赖和制约关系清晰地表示出来。通过网络图，能找出影响工程进度的关键和非关键因素，因而能进行统筹协调，合理地利用资源，提高效率与经济效益。

在日程计划与进度方面，人们常使用甘特图（Gantt chart）。例如，一家建筑施工企业将施工项目的管理做成甘特图（表 3-11）。

表 3-11　某施工项目管理甘特图

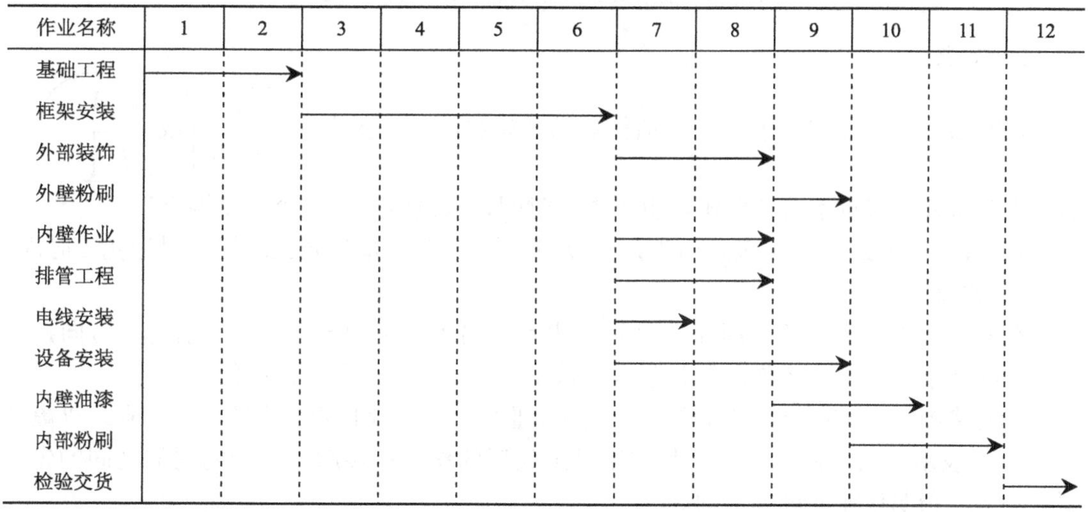

甘特图只能给出比较粗略的计划和简单的作业指示，表现不出作业间的从属关系，因而存在如下缺点：①难以给出极详细的计划；②在计划阶段不便于反复推敲与思考；③进入实施阶段后的情况变化与计划变更难以处理；④不能获得有关某项作业迟滞对整个计划影响的正确情报；⑤设计规模稍大就难以掌握计划全貌；⑥难以判断进度上的重点。

20 世纪 50 年代后期，美国海军在制订北极星导弹研制计划时，为弥补甘特图的不足，提出了一种新的计划管理方法，称为计划评审法（program evaluation and review technique，PERT），使该导弹研制任务提前两年多完成。1956 年，美国的杜邦和兰德公司为了协调公司内部不同业务部门的工作，提出了关键路线法（critical path method，CPM），取得显著效果。网络图法是这两种方法的结合。

2. 网络图的组成

网络图是一张有向无环图，由节点、作业活动组成（图 3-20）。

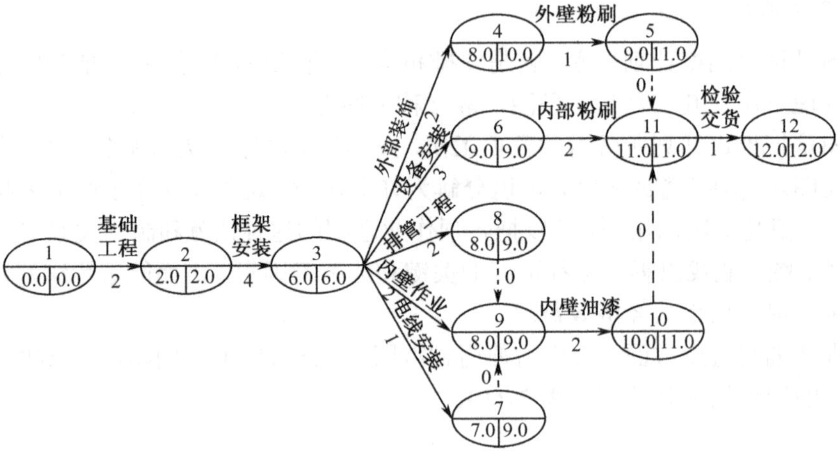

图 3-20　根据表 3-11 的甘特图画出的网络图

1）节点

在网络图中，节点是表示某一项作业的开始或结束，图中用 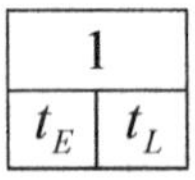 或 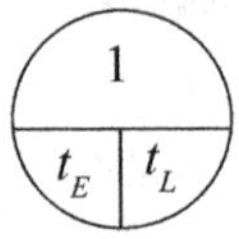 表示，也叫事件。节点不消耗资源，也不占用时间，只是时间的一个“交接点”。

其中，1（或 2、3 等）表示节点，t_E、t_L 分别表示节点最早开工时间和最迟完工时间。

2）作业

在网络图中，作业活动用箭条“→”表示，箭条所指的方向为作业前进的方向，箭条图上的文字表示作业名称，箭条下方的数字表示作业活动所需的时间。

在网络图中，还有一种“虚作业”，“虚作业”是指作业时间为零的一种作业，以虚箭条“⇢”表示，它不占用时间，其作用是把先后的作业连接起来，表明它们之间的先后逻辑关系，指明作业前进的方向。

3. 网络图绘制规则

网络图的基本绘制规则如下：①网络图中每一项作业都应有自己的节点编号，编号从小到大，不能重复；②网络图中不能出现闭环，也就是说，箭条不能从某一节点出发，最后又回到该节点上去；③相邻两个节点之间，只能有一项作业，也就是只能有一个箭条；④网络图只能有一个起始节点和一个终止节点；⑤绘制网络图时，不能有缺口，否则就会出现多起点或多终点的现象。

以上是绘制网络图必须遵循的基本规则，违背了这些规则，就不可能应用网络图法正确地解决问题。

4. 网络图中时间值的计算

1）计算的目的

（1）确定整个工程的工期。

（2）确定关键路线，便于控制工程进度。

关键路线是由关键工序组成的。关键工序就是在完成该工序的时间上，没有富裕时间，将关键工序连接起来，就是关键路线。

在网络图中，关键路线是路径最长的线路，它的长度代表完成整个工程的最短时间，称为总工期。只有压缩关键路线上的活动时间，才能使整个工期缩短，关键路线上的活动是影响整个工程的主要因素。

关键路线是网络图中一个极其重要的概念。关键路线又称为主要矛盾线，其周期决定了整个作业进度的周期。关键路线上的延迟或提前，将直接导致整个项目总工期的拖延或提前完成。关键路线上的作业称为关键作业。关键作业在时间上没有回旋的余地。因此，要缩短总工期，必须抓住关键路线上的薄弱环节，采取措施、挖掘潜力，以压缩工期。关键路线能使管理者对工程心中有数、明确重点。

（3）计算非关键工序的时差。

时差就是完成工序在时间上有富裕，有机动时间。有时差的工序是非关键工序，计算它的时差目的在于合理安排和调度劳动力、机器设备、物料及时间等资源。

2）节点时间值的计算方法

可以根据网络图依次计算各工序最早开工时间、最迟开工时间、最早完工时间、最迟完工时间。现以某工程项目网络（图 3-21）为例，计算各节点最早开工时间和最迟完工时间。

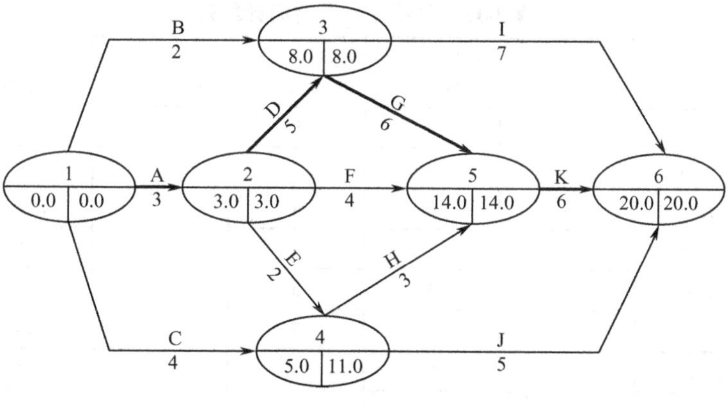

图 3-21 节点时间值计算示例

粗箭线表示关键路线

（1）计算节点最早开工时间值。从第一个节点开始依次往后逐一计算。

节点 1 从零开始，最早开工时间为零，即

$$t_E(1)=0$$

节点 2 的最早开工时间为

$$t_E(2)=t_E(1)+t(1,2)=0+3=3$$

节点 3 的最早开工时间为

$$t_E(3)=\max\begin{Bmatrix}t_E(2)+t(2,3)=3+5=8\\t_E(1)+t(1,3)=0+2=2\end{Bmatrix}=8$$

同理，可计算得到

$$t_E(4)=5,\ t_E(5)=14,\ t_E(6)=20$$

（2）计算节点最迟完工时间值。从最后一个节点开始依次反向逐一计算。

节点 6 的最迟完工时间为

$$t_L(6)=t_E(6)=20$$

节点 5 的最迟完工时间为

$$t_L(5)=t_L(6)-t(5,6)=20-6=14$$

节点 4 的最迟完工时间为

$$t_L(4)=\min\begin{Bmatrix}t_L(5)-t(4,5)=14-3=11\\t_L(6)-t(4,6)=20-5=15\end{Bmatrix}=11$$

同理，可计算得到

$$t_L(3)=8,\ t_L(2)=3,\ t_L(1)=0$$

类似地，也可以计算各节点最迟开工时间和最早完工时间。

3）作业时间的计算

为了便于计算时差，在表 3-12 中引入了“最早完工时间”和“最迟开工时间”术语。

表 3-12 网络图作业时间计算表

工序代号①	节点号②	作业时间③	最早开工时间④=t_E	最早完工时间⑤=④+③	最迟开工时间⑥=⑦–③	最迟完工时间⑦=t_L	总时差⑧=⑥–④
A	(1, 2)	3	0	3	0	3	0
B	(1, 3)	2	0	2	6	8	6
C	(1, 4)	4	0	4	7	11	7
D	(2, 3)	5	3	8	3	8	0
E	(2, 4)	2	3	5	9	11	6
F	(2, 5)	4	3	7	10	14	7
G	(3, 5)	6	8	14	8	14	0
H	(4, 5)	3	5	8	11	14	6
I	(3, 6)	7	8	15	13	20	5
J	(4, 6)	5	5	10	15	20	10
K	(5, 6)	6	14	20	14	20	0

网络图的时间计算比较麻烦，通常用专用软件进行运算比较方便。尤其对大而复杂的项目工程，专用软件更显示出其优越性。

4）关键路线的确定

总时差为零的工序是关键工序。从表 3-12 可以看出关键工序为 A、D、G、K，关键路线如图 3-21 所示。

5. 网络计划的优化

网络计划的优化是利用时差，不断改进网络计划的方法，使工期最短、资源利用最有效和费用最少的一种方法。

从网络图上可以看出各工序的时差越大，表明机动时间越多，优化的潜力就越大。计算和利用时差，为计划进度的安排提供了可供选择的可能性，利用时差，可以进一步挖掘潜力，求得计划安排和资源分配的合理方案。

6. 网络图的作用

总的来看，网络图具有以下作用：①制订详细的计划；②可以在计划阶段对方案进行仔细推敲，从而保证计划的严密性；③进入计划实施阶段后，对情况的变化和计划的变更都可以作出适当的调整；④能够具体而迅速地了解某项工作工期延迟对总体工作的影响，从而及早采取措施，计划规模越大，越能反映出该工具的作用。

九、矩阵图

1. 矩阵图的概念

矩阵图是一种利用多维思考去逐步明确问题的方法。其就是从问题的各种关系中找出成对要素 $L_1, L_2, \cdots, L_i, \cdots, L_n$ 和 $R_1, R_2, \cdots, R_j, \cdots, R_n$，用数学上矩阵的形式排成行和列，在其交点上标示出 L 和 R 各因素之间的相互关系，从中确定关键点的方法。

在分析质量问题的原因、整理用户需求、分解质量目标时，将问题、用户需求、质量目标（设为 L）放在矩阵图的左边，将问题的原因、用户需求转化来的质量目标或针对质量目标提出的质量措施（设为 R）列在矩阵图的上方，用不同的符号表示它们之间关系的强弱，通常用“◎”表示关系密切，“○”表示有关系，“△”表示可能存在关系（图 3-22）。通过在交点处给出行与列对应要素的关系及关系程度，可以从二元关系中探讨问题所在和问题的形态，并得到解决问题的设想。

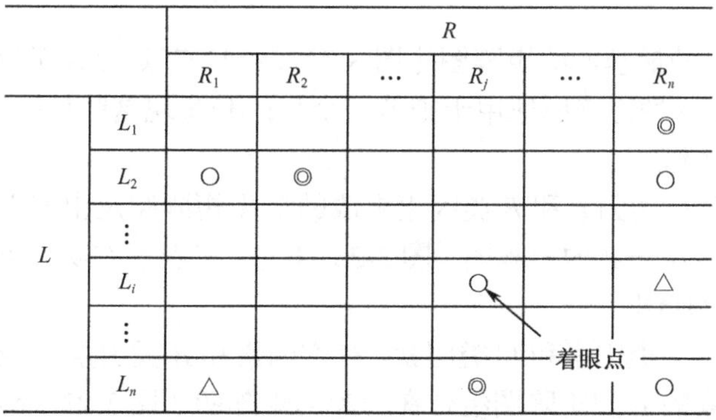

图 3-22 矩阵图的概念图

在寻求问题的解决手段时，若目的（或结果）能够展开为一元性手段（或原因），则可用树图法。然而，若有两种以上的目的（或结果），则其展开用矩阵图法较为合适。

2. 矩阵图的种类

在矩阵图法中，按矩阵图的形式可将矩阵图分为 L 型、T 型、X 型和 Y 型四种（图 3-23）。

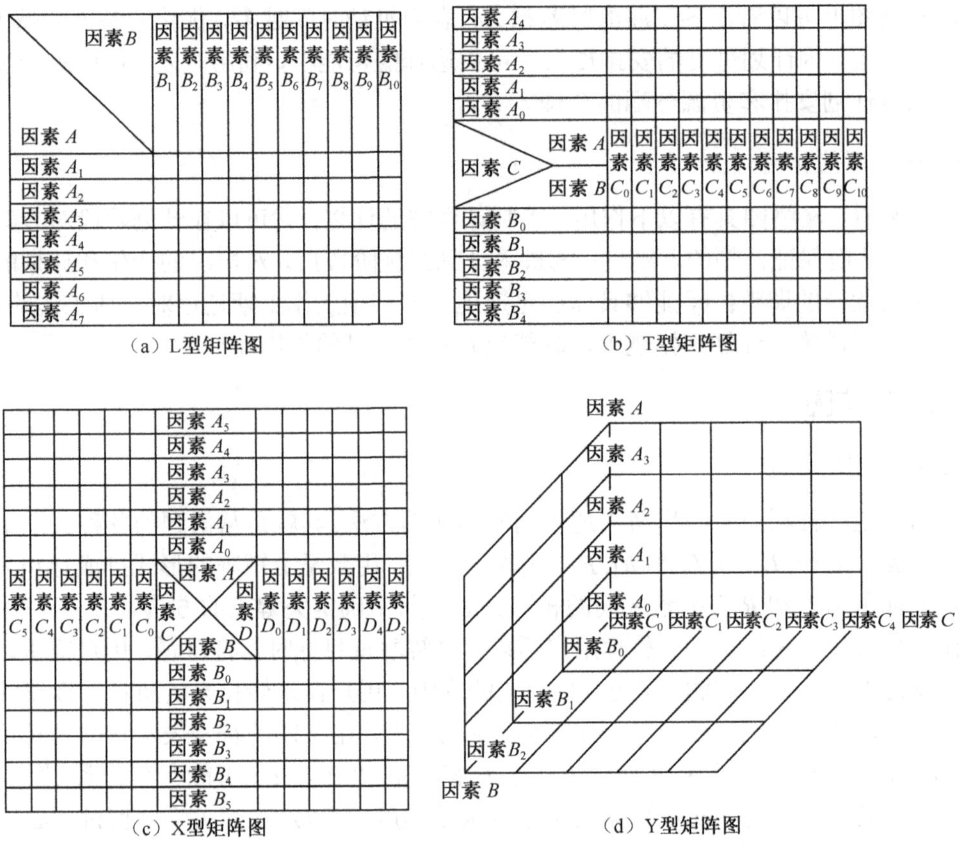

（a）L型矩阵图 （b）T型矩阵图 （c）X型矩阵图 （d）Y型矩阵图

图 3-23 矩阵图的类型

L 型矩阵图是一种最基本的矩阵图［图 3-23（a）］，它是由 A 类因素和 B 类因素二元配置组成的矩阵图。这种矩阵图适用于把若干个目的和实现这些目的的手段，或若干个结果及其原因之间关联起来。

T 型矩阵图是由 C 类因素和 B 类因素组成的 L 型矩阵图及由 C 类因素和 A 类因素组成的 L 型矩阵图组合在一起的矩阵图［图 3-23（b）］，即表示 C 类因素分别与 B 类因素和 A 类因素相对应的矩阵图。

X 型矩阵图是由 A 类因素和 C 类因素、C 类因素和 B 类因素、B 类因素和 D 类因素、D 类因素和 A 类因素的 L 型矩阵图组合在一起的矩阵图［图 3-23（c）］，即表示 A 和 C、D，C 和 A、B，B 和 C、D，D 和 A、B 四组因素分别对应的矩阵图。

Y 型矩阵图是由 A 类因素和 B 类因素、B 类因素和 C 类因素、C 类因素和 A 类因素组成的三个 L 型矩阵图［图 3-23（d）］，即表示 A 和 B、B 和 C、C 和 A 三对因素分别对应的矩阵图。

除以上介绍的四种矩阵图外，还有一种三维立体的 C 型矩阵图，但实际使用过程中，通常将其分解成几张平面矩阵图联合分析。

3. 矩阵图的主要用途

矩阵图的主要用途有：①确定系统产品开发、改进的着眼点；②产品质量展开及其他展开，被广泛应用于质量功能展开中；③系统核实产品的质量与各项操作乃至管理活动的关系，便于全面地对工作质量进行管理；④发现制造过程产生不良品的原因；⑤分析市场与产品的关联性，制定市场产品发展战略；⑥明确一系列项目与相关技术之间的关系；⑦探讨现有材料、元器件、技术的新应用领域。

4. 矩阵图应用实例

【例 3-5】调查不合格原因。

日本某公司印刷封面，经常因脏污报废太多而大伤脑筋。尤其是由于淡色品种的产品增多，脏污现象更加严重，最终不合格品率竟超过了 10%。于是，公司决定进行脏污不合格品的研究。先按照脏污的不同种类，把检验数据分类，制成了排列图（图 3-24）。

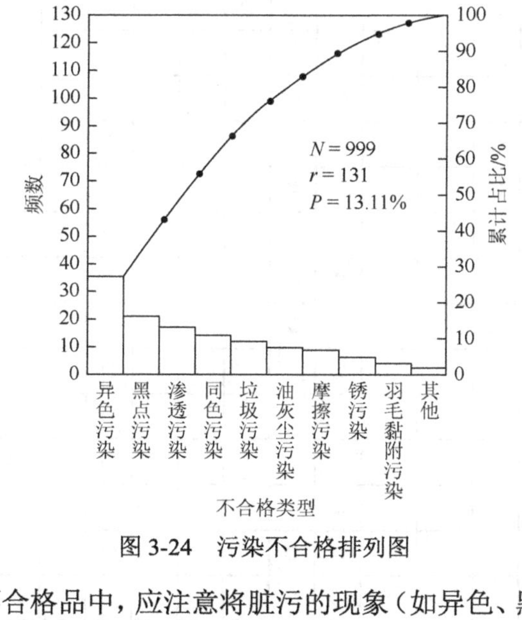

图 3-24 污染不合格排列图

在排列图的脏污不合格品中，应注意将脏污的现象（如异色、黑点等）和脏污原因（如油、锈、垃圾等）区别开来，然后，用矩阵图表示它们之间的相互关系，制成了表示脏污现象-原因-工序三者关系的 T 型矩阵图（图 3-25），以该矩阵图为中心，进行反复讨论，考虑对策，制成了“印刷封面脏污不合格对策一览表”（表 3-13）。表 3-13 中的第一次对策就是立即可以实施的对策；第二次对策就是需要费点时间进行研究或者要花费相当费用才能实现的对策；第三次对策就是需要进行长期研究或还没有具体对策而只有着眼点的对策。根据对策一览表，逐一把对策付诸实施，结果脏污不良品率很快降到5%以下，随后还将继续下降。

擦污	△							△					○	○				
异色污	◎	◎	◎	○	◎	◎		○	○	△	○	◎			△	○	○	△
同色污							△	○			○	○						
沾污	△	△								○								
黑点污	◎	◎	○		◎	◎									○	○	○	○
原因＼现象 工序（发生源）	油	锈	头脸（自己）	头脸（他人）	烟垢	垃圾	凹坑	质地	油丝	油水	沉淀物	绒毛	手垢	厚纸	纸屑	黑色涂料	静电	尘埃
搅拌器	○	◎		○	○													
滚筒		◎		◎														
原料			○			○												
作业			○															
开卷、卷取	○	○											○	○	○	○	◎	
泵架		○			○	○												
油墨辊		○					○			○	○					○		
导辊	○									○	○							
油缸					◎	◎					○							
压板	○	◎								○	○							
熟化	○	◎			◎	◎				○			○	○			○	
天棚		◎			◎	◎				○								
地面					◎	◎											○	
机架	○	◎			◎	◎				○								
管道	○	○			○	○				○								
冷却水	○									○	○							
喷雾	○	○								○		○				○		
水碾压机		◎			◎								○	○		○		
贴合	○	○			◎	◎				○	○						○	
消光	○				○	○				○				○				
单刀	○					○											○	
剪切机	○																	
SE	○					○												○

图3-25 追查印刷封面脏污原因矩阵图

◎表示关系密切；○表示有关系；△表示可能存在关系

表 3-13 印刷封面脏污不合格对策一览表

工艺	场所	原因	第一次对策	责任人	第二次对策	责任人	第三次对策	责任人
油墨调配	搅拌器	油	清理金属叶片					
		锈	定期更换滤布（每月两次），清理（特别是叶片）		全部用不锈钢做成滚筒			
		烟垢						
		头脸（他人）	清理（特别是叶片）					
	滚筒	锈	彻底清理凹部					
		头脸（他人）	一定要加盖					
	原料	头脸（自己）						
		垃圾						
	作业	头脸（自己）						
印刷机械	开卷、卷取	油	淡色时不要加油		使滚子的位置升高			
		锈						
		手垢						
		厚纸	切去边缘后再用					
		纸屑						
		黑色涂料						
		静电	铺设防静电台布		吸引微粒清理装置			
	泵架	锈						
		烟垢						
		垃圾						
	油墨辊	锈			干燥器角铁的生锈脱落使导辊直径变大			
		凹坑						
		油水	使印版略为湿润		将跳跃器内的金属改为轴承		考虑快速返回装置的方案	
		沉淀物						
		黑色涂料	用氨水擦胶辊					
	导辊	油	淡色时不要加油					
		油水						
		沉淀物						
	油缸	烟垢	定期空气吹净（每3个月一次）				修正接头凹部	
		垃圾						
		沉淀物	清洗油缸		改良排水管			
	压板	油	清洗盖子		防止向发热器飞散，在线夹上涂上聚四氟乙烯			
		锈						
		油水						
		沉淀物						

在分析上述的不合格现象与产生原因之间的关系时，如果能得到数据，当然可以用数理统计方法进行定量分析。但是，需要收集 1～2 个月的数据，需要耗费相当多的时间和精力。在矩阵图法中，用◎、○或△符号来表示不良现象及其原因与各因素之间的关联程度时，由于容易掺入评价者的主观见解，因此完全反映真实情况是比较困难的。但是，如果能够得到多数有经验者的一致意见，可以在短时间内得到由长期经验所证明的满意结果。

十、亲和图

1. 亲和图的概念

亲和图又称 KJ 法或 A 型图解法，是由日本学者川喜田二郎（Kawakita Jiro）于 1970 年前后研究开发并加以推广的方法，其工具是 A 型图解。这种方法是针对某一问题，充分收集各种经验知识、想法和意见等语言、文字资料，通过亲和图进行汇总，并按其相互亲和性归纳整理，使问题明晰起来，求得统一认识和协调工作，以利于问题解决的一种方法。

亲和图适合解决那些需要时间慢慢解决、不容易解决而非解决不可的问题，不适用于简单的、需要快速解决的问题（图 3-26）。

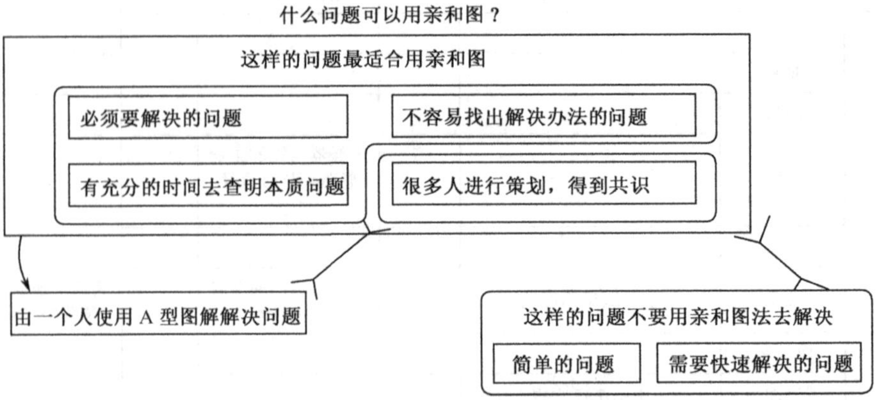

图 3-26　亲和图的应用场合

2. 亲和图的绘制步骤

1）确定课题

具体选择时，应参照图 3-26。

2）收集语言资料

在亲和图的使用过程中，资料的收集是重要的一环。应按照客观事实，找出原始资料和发现思想火花，收集语言资料。

（1）语言文字资料的收集方法随亲和图的用途与目的不同而异（表 3-14）。

表 3-14 语言文字资料收集方法

目的	直接观察法	文献调查法	面谈阅读法	头脑风暴法	回忆法	内省法
认识事物	●	○	○	○	◎	×
归纳思想	●	◎	●	◎	◎	●
打破常规	●	◎	◎	●	●	●
参与计划	×	×	×	●	◎	◎
贯彻方针	×	×	×	●	◎	◎

注：●表示常用；◎表示使用；○表示不常使用；×表示不用

直接观察法：亲自到现场去听、去看，亲手去摸，直接掌握情况，增强感性认识。质量管理是根据事实进行决策，十分重视掌握实际情况。而亲和图更强调掌握事实的重要性，所以用直接观察法收集语言资料是非常重要的。

文献调查法和面谈阅读法：这两种方法包括查阅文献资料、直接征求别人的意见及启发多数人新构思的集体创造性思考方法。因为直接到现场去接触实物是有限度的，所以，为了广泛收集情况，这种间接调查方法也是有效的。并且征求别人的意见或新构思也只有用这个方法。

头脑风暴法：其是采用会议的方式，引导每个参加会议的人围绕某个中心议题广开言路，激发灵感，在自己的头脑中掀起思想风暴，毫无顾忌地发表独立见解的一种办法。

回忆法和内省法：这两种方法又称“个人头脑风暴法”，是个人对自己过去的经验进行回忆，探索自己内心的状态的方法。采用这种方法时，要边思考、边把想到的东西记在笔记本上，然后反复阅读所记的笔记，以它作为扩展思路的触媒。

（2）可根据亲和图的不同用途和目的，采取不同的语言资料（表 3-15）。

表 3-15 语言资料选择

目的	事实资料	意见资料	设想资料
认识事物	●	×	×
归纳思想	◎	●	●
打破常规	●	◎	●
参与计划	○	●	○
贯彻方针	○	●	◎

注：●表示常用；◎表示使用；○表示不常使用；×表示不用

3）将语言资料制成卡片

将收集的语言资料按内容逐个进行分类，并分别用独立的、简洁的语言写在一张张卡片上。注意不要用抽象化的语言表述，而应尽量采用形象生动的、让大家都能理解的语言来表示。否则，这些卡片在下一阶段就会失去应有的作用。

4）整理综合卡片

卡片汇在一起以后，将卡片逐张展开，用一定的时间反复阅读几遍。在阅读卡片的过程中，要将那些内容相似或比较接近的卡片汇总在一起，编成一组，并命名。

整理卡片时，对无法归入任何一组的卡片，可以独立地编为一组。

5）制图

卡片编组整理后，将它们的总体结构用容易理解的亲和图来表示。

6）应用

绘制出亲和图后，可以反复观看，也可以采用小组的形式，组内轮流讲解，还可以就亲和图写一些报告，在这些活动过程中，就逐步达到了使用亲和图的目的。

3. 亲和图的主要用途

认识事物：对未知的事物或领域，认真收集实际资料，并从杂乱无章的资料中整理出事物的相互关系和脉络，就某件事情达成一致。

打破现状、提出新的方针：由于根据以往的经验，形成了一种固有的观念，阻碍了事物的发展，而有时经验往往是不可靠的，因此，就要打破旧框架，创造新思想。固有的观念体系一经破坏、崩溃，思想观念又处于混沌状态，这时，用亲和图法，重新确立自己的思想，提出新的方针。

促进协调、统一思想：持不同观点的人们集中在一起，很难统一意见。最好能由相互理解的人员组成计划小组，为了共同的目标，小组成员提出自己的经验、意见和想法，然后将这些资料编成卡片并利用亲和图法进行整理。

贯彻方针：向下级贯彻管理人员的想法，靠强迫命令不会取得好结果。亲和图可以帮助人们举行讲座，充分讨论，集思广益，从而将方针自然贯彻下去。

4. 亲和图法实例

【例 3-6】我国某企业在整理醪液浓度和蒸汽用量的关系时使用的亲和图为图 3-27，通过图 3-27 可以整理思想，把握现状，寻求突破。

十一、流程图

1. 流程图的概念

流程图就是将一个过程（如工艺过程、检验过程、质量改进过程等）的步骤用图的形式表示出来的一种图示技术。通过对一个过程中各步骤之间的关系的研究，能发现故障存在的潜在原因，知道哪些环节需要进行质量改进。流程图可以用于从材料直至产品销售和售后服务全过程的所有方面。流程图可以用来描述现有的过程，也可用来设计一个新的过程。流程图在质量改进活动中有着广泛的用途。流程图是由一系列容易识别的标志构成，一般使用的标志如图 3-28 所示。

2. 流程图应用程序

流程图的应用程序如下：①判别过程的开始和结束；②设想、观察或判断从开始到结束的整个过程；③规定在该过程中的步骤（输入、活动、判断、决定、输出）；④画出表

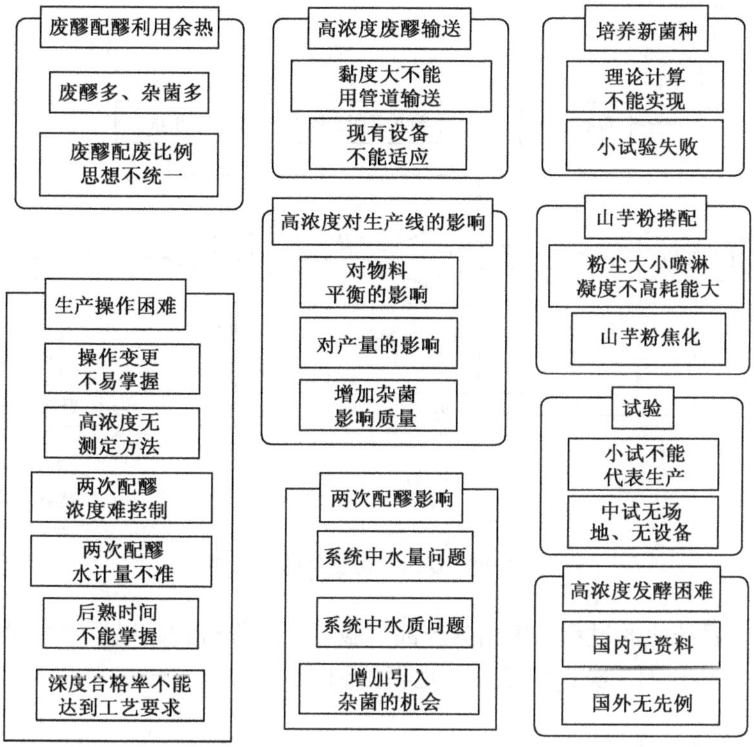

图 3-27 亲和图实例

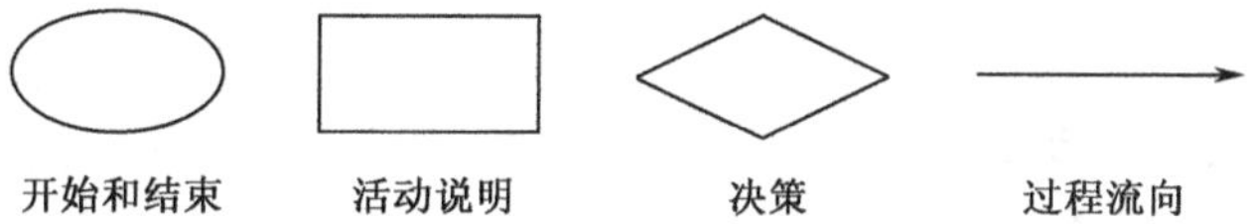

图 3-28 流程图的符号

示该过程的流程图的草图；⑤与该过程的有关人员共同评审该草图；⑥根据评审结果，改进流程图草图；⑦与实际过程比较，验证改进后的流程图；⑧注明正式流程图的形成日期，以备将来使用和参考（可用作过程实际运作的记录，也可用来判别质量改进的程度、机会）。

3. 流程图应用实例

复印一份文件的流程图如图 3-29 所示。

十二、水平对比法

1. 水平对比法的概念

水平对比法就是组织将自己的产品和服务的过程及性能与公认的领先对手进行比较，以识别质量改进的机会的方法。组织为了进行改进，针对一些被认定为最佳作业典范的组

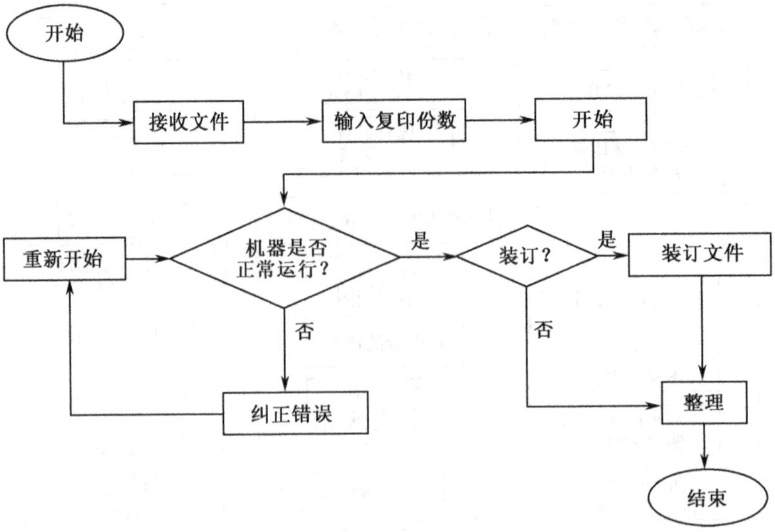

图 3-29　复印一份文件的流程图

织，以持续的、系统化的过程，评估其产品、服务和工作流程。根据水平对比法使用的频率不同，可以将其分为三类：单独的、定期的和连续的。

2. 水平对比法的用途

使用水平对比法，可有助于认清目标和确定计划编制的优先顺序，以使自己在市场竞争中处于有利地位。

3. 水平对比法的应用步骤

水平对比法通常可按以下步骤进行。

1）选择用来进行水平比较的项目或课题

要明确自己的产品或服务的过程或性能在哪些方面领先对手，在满足顾客需求方面存在的差距，将其作为进行水平比较的项目或课题。

选择课题时应注意，用来进行水平比较的项目或课题应是影响产品或服务的关键特性。

要注意的是比较的项目或课题不能过于庞大，不然会导致最后无法实施。

2）确定对比的对象

比较的项目或课题确定后，要选择领先对手，领先对手可能是竞争对手，也可能不是竞争对手，但在对比项目上是公认的领先者。

3）收集数据

可通过直接接触、考察、访问、人员调查或公开刊物等途径获取有关过程性能数据和顾客需求的数据。需要时，可以组成小组开展活动，要让小组成员都清楚自己的任务。数据的收集方法有直接法和间接法（表 3-16）。

表 3-16 数据的收集方法

项目	数据收集	
	直接法	间接法
内部水平比较	对过程直接观察 内部材料研究	内部水平比较通常不用间接法
外部水平比较	现场调查 问卷调查	市场分析 文化研究 会议 咨询 经验交流

4）归纳对比分析数据

将获得的数据进行分析对比，以明确与领先对手的差距，针对有关项目制定最佳的实践目标。

5）实施改进

根据顾客的需求和领先对手的绩效确定质量改进的机会，并制订实施计划予以实施。

第五节 QC 小组活动

一、质量管理与 QC 小组活动

1. QC 小组的概念和特点

1）QC 小组的概念

QC 小组是指在生产或工作岗位上从事各种劳动的职工，围绕企业的经营战略、方针目标和现场存在的问题，以改进质量、降低消耗、提高人的素质和经济效益为目的组织起来，运用质量管理的理论和方法开展活动的小组。

QC 小组是企业中群众性质量管理活动的一种有效的组织形式，是职工参加企业民主管理的经验同现代科学管理方法相结合的产物。QC 小组同企业中的行政班组、传统的技术革新小组有所不同。

QC 小组与行政班组主要有以下三个不同点。

组织的原则不同：行政班组一般是企业根据专业分工与协作的要求，按照效率原则，自上而下建立的，是基层的行政组织；QC 小组通常是根据活动课题涉及的范围，按照兴趣感情的原则，自下而上或上下结合组建的群众性组织，带有非正式组织的特性。

活动的目的不同：行政班组活动的目的是组织职工完成上级下达的各项生产经营任务与技术经济指标；而 QC 小组则是以提高人的素质、改进质量、降低消耗和提高经济效益为目的而组织起来开展活动的小组。

活动的方式不同：行政班组的日常活动通常是在本班组内进行的；而 QC 小组可以在行政班组内组织，也可以是跨班组甚至跨部门、跨车间组织起来的多种组织形式，以便于开展活动。

QC 小组与传统的技术革新小组也有所不同。虽然有的 QC 小组也是一种“三结合”

的进行技术革新的组织，但传统的技术革新小组侧重用专业技术进行攻关；而QC小组不仅活动的选题要比技术革新小组广泛得多，而且在活动中强调运用全面质量管理的理论和方法，强调活动程序的科学化。

2）QC小组的特点

明显的自主性：QC小组以职工自愿参加为基础，实行自主管理，自我教育，互相启发，共同提高。

广泛的群众性：参加QC小组的成员不仅仅包括领导人员、管理人员、技术人员，要注重吸引生产、服务工作第一线的员工参加。广大员工在QC小组活动中群策群力，分析问题，解决问题。

高度的民主性：QC小组组长可以是民主推选的，也可以由QC小组成员轮流担任；在QC小组内部讨论问题、解决问题时，小组成员是平等的，不分职务与技术等级高低，高度发扬民主，各抒己见，互相启发，集思广益。

严密的科学性：QC小组在活动中遵循科学的工作程序，步步深入地分析问题、解决问题；在活动中坚持用数据说明事实，用科学方法分析与解决问题。

2. QC小组在实施全面质量管理中的作用

QC小组充分体现了全面质量管理的全员参与和持续改进的特点，遵循PDCA循环的科学程序，运用统计方法和其他科学方法分析问题、解决问题。因此，QC小组活动是实施全面质量管理的有效手段，是全面质量管理的群众基础和活力源泉。实施全面质量管理，可以通过QC小组的形式，把广大职工群众发动和组织起来，不断发现问题、分析问题和解决问题，以不断夯实质量管理的基础工作，促进质量管理水平的不断提高。

二、QC小组活动的启动

1. 组建QC小组的原则

自愿参加，上下结合；实事求是，灵活多样。

2. 组建QC小组的程序

组建QC小组的程序包括：①了解其他QC小组的活动情况；②阅读有关QC小组的出版物；③与有关领导交谈、沟通；④组建QC小组，小组成员一般要控制在10名以内；⑤选举QC小组组长；⑥给小组命名。

3. QC小组的注册登记

为了便于管理，组建QC小组应认真做好注册登记工作。注册登记表由企业QC小组活动主管部门负责发放、登记编号和统一保管。QC小组的注册登记不是一劳永逸的，每年要进行一次重新登记，以便确认该QC小组是否还存在，或有什么变动。

这里要注意，QC小组的注册登记每年进行一次；而QC小组活动课题的注册登记，则应是每选下一个活动课题，在开展活动之前都要进行一次。两者不可混淆。在QC小组注册登记时，如果上一年度的活动课题没有结束，还不能注册登记新课题时，应向主管部门书面说明情况。

三、QC 小组活动的推进

1. QC 小组组长的职责及对其要求

QC 小组组长的基本职责就是组织领导 QC 小组有效地开展活动。其具体职责可概括为以下三个方面。

（1）抓好 QC 小组的质量教育。开展 QC 小组活动，应自始至终抓好教育不放松。通过教育，增强全体组员的质量意识、问题意识、改进意识、参与意识，加深对 QC 小组活动宗旨的理解。

（2）制订小组活动计划，按计划组织好小组活动。

（3）做好 QC 小组的日常管理工作。

QC 小组组长在 QC 小组中的地位与职责，决定了要做好一个 QC 小组组长所应该具备的一些条件，也就是对他的一些要求：①是推行全面质量管理的热心人；②业务知识较丰富；③具有一定的组织能力。

2. 推进 QC 小组活动应做好的工作

企业管理者要有效地推进本企业 QC 小组活动深入持久开展，主要应抓好如下工作：①自始至终抓好质量教育；②制定企业年度的 QC 小组活动推进方针与计划；③提供开展活动的环境条件；④对 QC 小组活动给予具体指导；⑤建立健全企业 QC 小组活动管理办法。

四、QC 小组活动在全企业的推广

组织好 QC 小组活动成果的发表交流，是在全企业推广 QC 小组活动的有效方法。参与发表交流活动的不仅仅是 QC 小组成员，应该做到组织领导者、管理部门和全体员工都参加。

1. QC 小组活动成果发表的作用

QC 小组活动成果的发表主要具有以下作用：①交流经验，相互启发，共同提高；②鼓舞士气，满足小组成员自我实现的需要；③现身说法，吸引更多职工参加 QC 小组活动；④使评选优秀 QC 小组和优秀成果具有广泛的群众基础；⑤提高 QC 小组成员科学总结成果的能力。

2. 组织好成果发表的注意事项

要组织好成果发表应注意以下几点：①发表形式服从于发表目的；②发表会的主持人要积极启发，倡导听众对发表的成果提出问题，由发表人进行答辩，这样可以活跃会场气氛，起到相互交流、共同探讨、互相学习、共同提高的作用；③每个成果发表答辩后，应由担任评委的专家给予客观的讲评；④领导亲临现场，如有可能，请领导人为获奖的优秀 QC 小组颁奖，并与发表成果的小组合影留念等。

3. 对QC小组的激励

采用恰当的方式对取得成果的QC小组进行激励，不仅可以激发其继续活动的热情，而且可以吸引更多的职工参加QC小组活动。

激励的手段是多种多样的，应根据职工的实际需要与企业的实际情况选择恰当的手段，以收到实效。

物质激励：这是最基本的激励手段，包括奖金、加薪和各种福利。

精神激励：①荣誉激励是满足人们尊重需要的激励手段，包括授予荣誉称号、颁发荣誉证书等；②培训激励是满足职工特别是青年职工求知需要的激励手段，包括系统的知识培训、外出参加较高层次的发表交流活动等；③组织激励是指运用组织责任和权利对职工进行激励，包括得到提拔和调到更重要的岗位工作等；④关怀与支持激励是指企业领导亲自关心和支持职工的QC小组活动，包括参加QC小组活动成果发表会、为优秀QC小组颁奖、与优秀QC小组合影留念等。

五、QC小组活动成果的评审

评审标准由现场评审和发表评审两个部分组成。

1. 现场评审

QC小组活动开展得如何，最真实的体现是活动现场。因此，对现场的评审是QC小组活动成果评审的重要方面。评审的参考项目及内容见表3-17。

表3-17 QC小组活动成果现场评审表

小组名称：______________ 课题名称：______________

序号	评审项目	评审内容	配分	得分
1	QC小组的组织	要按有关规定进行小组登记和课题登记；小组活动时，小组成员的出勤情况；小组成员参与分担组内工作的情况	7～15分	
2	活动情况与活动记录	活动过程需按QC小组活动程序进行；取得数据的各项原始记录要妥善保存；活动记录要完整、真实，并能反映活动的全过程；每一阶段的活动能按计划完成；活动记录的内容与发表资料的一致性	15～30分	
3	活动成果及成果的维持、巩固	对成果内容进行核实和确认，并已达到所制定的目标；取得的经济效益已得到财务部门的认可；改进的有效措施已纳入有关标准；现场已按新的标准作业，并把成果巩固在较好的水准上	20～40分	
4	QC小组教育	QC小组成员对QC小组活动程序的了解情况；QC小组成员对方法、工具的了解情况	7～15分	
总体评价			总得分	

评委：__________

现场评审的时间一般安排在小组取得成果后两个月左右为宜。相隔时间太短，不能很好地看出效果的维持和巩固情况；相隔时间太长，则不利于更好地调动小组成员的积极性。

现场评审时，企业主管部门应组织熟悉QC小组活动的有关人员组成评审组，参照表3-17“QC小组活动成果现场评审表”的内容进行评审。评审组成员应不少于五人。

2. 发表评审

在QC小组活动成果发表时，为了互相启发、学习交流、肯定成绩、指出不足，以及评选优秀QC小组，还要对成果进行发表评审。发表评审的项目及内容见表3-18。

表3-18　QC小组活动成果发表评审表

小组名称：________________　　课题名称：________________

序号	评审项目	评审内容	配分	得分
1	选题	所选课题应与上级方针目标相结合，或是本小组亟须解决的问题。 课题名称要简洁明确地直接针对所存在的问题。 现状已清楚掌握，数据充分，并通过分析已明确问题的症结所在。 现状已为制定目标提供了依据。 目标设定不要过多，并有量化的目标值和一定依据	8～15分	
2	原因分析	应针对问题的症结来分析原因，因果关系要明确、清楚，原因要分析透彻，一直分析到可直接采取对策的程度。 主要原因要从末端因素中选取。 应对所有末端因素进行要因确认，并用数据、事实客观地证明确实是主要原因。 工具运用正确、适宜	13～20分	
3	对策与实施	应针对所确定的主要原因，逐条制定对策。 对策应按5W1H的原则制定，每条对策在实施后都能检查是否已完成（达到目标）及有无效果。 要按对策表逐条实施，且实施后的结果都有所交代。 大部分的对策是由本组成员来实施的，遇到困难能努力克服。 工具运用正确、适宜	13～20分	
4	效果	取得效果后与原状比较，确认其改进的有效性，与所制定的目标比较，看其是否已达到。 取得经济效益的计算实事求是、无夸大。 已注意了对无形效果的评价。 改进后的有效方法和措施已纳入有关标准，并按新标准实施。 改进后的效果能维持、巩固在良好的水准，并用图表表示出巩固期的数据	13～20分	
5	发表	发表资料要系统分明、前后连贯、逻辑性好。 发表资料应以图、表、数据为主，避免通篇文字、照本宣读。 发表资料要通俗易懂，不用专业性特别强的词句和内容，在不可避免时进行深入浅出的解释。 发表时要从容大方，不做作，口齿清楚并有礼貌地讲成果。 回答提问时诚恳、简要、不强辩	13～20分	
6	特点	课题具体务实。 活动过程（包括发表）生动、活泼、有新意，具有启发性	0～5分	
总体评价			总得分	

评委：__________

发表评审可在企业举办的 QC 小组成果发表会上进行。由企业主管部门聘请熟悉 QC 小组活动的有关人员组成评审组，一般不少于五人，可以参照表 3-18 的内容进行评审计分。在企业开展 QC 小组活动的不同阶段，每个项目的分值可以作适当调整，以突出不同阶段的重点。

把现场评审和发表评审两项综合起来，就是对该 QC 小组活动成果评审的总成绩。企业评审的重心应放在审核成果的真实性及有效性上，因此现场评审的成绩占总成绩的 60%为宜。

第四章

六西格玛管理

第一节　六西格玛管理的起源和发展

一、六西格玛管理的起源

在戴明、朱兰的帮助下，以及费根堡姆 TQC 概念和理论的引导下，日本人结合其国情对质量管理进行了大量的实践和创新。20 世纪 70～80 年代，经过多年的持续改进，日本产品的质量显著提高，占领了大部分美国市场，美国企业的产品逐步失去自己的市场，许多美国企业面临生死存亡的问题。

20 世纪 70 年代初期，摩托罗拉已经成为全球无线通信产品的领导者，并与得克萨斯仪器公司以及英特尔公司一起争夺半导体产品的最大销售商位置。1974 年，8 个最大的半导体厂商有 5 个来自美国，3 个来自欧洲。但很快半导体市场的竞争变得异常激烈，仅仅在 5 年后的 1979 年，8 个最大的芯片生产商中就有 2 个来自日本。摩托罗拉在 1974 年将电视机业务卖给了日本松下，1980 年在日本竞争者面前又失去了音响市场。日本人也对摩托罗拉在美国寻呼机市场的领导地位构成了威胁。于是摩托罗拉公司开始反思自己的问题，认识到提高产品质量实质上会降低成本，并不是当时绝大部分美国公司所认为的提高质量会多花美元。于是摩托罗拉公司决定认真采取质量战略，开始了其质量改进之路。在时任首席执行官鲍勃·高尔文（Bob Galvin）的领导下，一个特别工作组开始为摩托罗拉的创新和业务增长制订计划。这项工作因阿特·萨恩德赖（Art Sundry）而得到加速发展，因为他得到了摩托罗拉通信产品用户的意见反馈，并大声疾呼“我们的质量糟糕透了”。鲍勃·高尔文的工作组和阿特·萨恩德赖的研究使一个四点计划产生并于 1980 年实施，其目的在于确保摩托罗拉在全球的领导地位。

（1）全球竞争力。通过与竞争对手进行水平对比，设计面向全球市场的产品，确保优胜地位。

（2）参与式管理。吸取全面质量管理的精华，将 QCC（quality control circle，质量控制圈）的原则和方法引入摩托罗拉的企业文化，在全公司广泛推进顾客完全满意（total customer satisfaction，TCS）小组活动。

（3）质量改进。将改进目标定为 5 年内改进 10 倍，将质量目标与所有管理人员的奖励计划挂钩。

（4）摩托罗拉培训与教育中心。其是摩托罗拉大学的雏形，主要任务是通过培训提升员工能力，以满足质量流程与管理方式变化的需求。

经过几年的实践和酝酿，摩托罗拉在 1987 年全面推行六西格玛管理。迈克尔·哈瑞（Mikel Harry）、比尔·史密斯（Bill Smith）和理查德·施罗德（Richard Schroeder）等是六西格玛方法最重要的创始人。在当时的首席执行官鲍勃·高尔文的大力支持下，六西格玛在全公司范围内得到了广泛推广。六西格玛管理产生的强大动力使得摩托罗拉制定了以前看上去几乎不可能实现的目标：20 世纪 80 年代早期的目标是每 5 年改进 10 倍，后来改为每 2 年改进 10 倍，到 1992 年产品和服务质量达到六西格玛质量水平。

二、六西格玛管理的推广

不论走到哪里，鲍勃·高尔文总要提到六西格玛的目标和成功的故事。在他的听众中就有拉里·博西迪（Larry Bossidy），其是通用电气公司原副总裁，是通用电气公司原首席执行官杰克·韦尔奇（Jack Welch）的助手与最要好的朋友。1991 年，拉里·博西迪结束了他在通用电气公司的任职，接手了刚刚由若干公司合并而成的联合信号公司（Allied Signal），出任首席执行官。从通用电气公司这样一个“言出必践”的公司来到联合信号公司，拉里·博西迪吃惊地发现，表面上看起来，联合信号公司和通用电气公司有着相似的核心业务和管理流程，但在联合信号公司，这些流程大都只是一些空洞的形式，没有实际效果或效率很低。人们很少关注“提高生产力、扩大市场份额、提高产品质量”等具体方面。尽管有着很多聪明和勤奋的员工，但是在计划和行动之间存在很大的差距。更糟糕的是，企业的人员、战略和运行都采用了各自为政的方式，每个业务部门都强调自己的文化，不肯融入联合信号公司中。拉里·博西迪面临的最重要的问题是如何将联合信号公司真正整合成一个整体，并且快速地改变公司的“执行”能力和“执行”文化。听了摩托罗拉的故事，他马上意识到，六西格玛管理正是他想要的可以将联合信号公司塑造成他心目中企业的方法。

1992 年，拉里·博西迪将六西格玛管理引入联合信号公司。“我们不但要给人们提出目标，还要提供合适的工具和方法”，联合信号公司的管理层这样说。人们从各地赶来，学习六西格玛方法，然后回到自己的岗位，将所学用于解决实际问题。事实上，对联合信号公司来说，其不仅需要改进质量，更需要变革人们做事的方式。不论人们来自哪个公司，具有什么样的企业文化背景，在联合信号公司就要形成统一的语言和文化。为了使六西格玛更好地适合联合信号公司的目的，在拉里·博西迪的带领下，许多被称为“软工具”的内容补充到六西格玛方法中，其中包括大量的关于组织变革、领导力提升和变革企业文化方面的内容。

拉里·博西迪成功了。六西格玛改变了联合信号公司的经营与运作方式，公司的业绩出现了快速增长的势头，销售额和利润持续实现每年两位数的增长。公司的收益从 1991 年的 3.42 亿美元增长到 1997 年的 11.7 亿美元，在短短的 6 年内几乎翻了两番。而且连续 31 个季度保持每股利润 13%以上的增长，公司的股价增长了 8 倍。正是因为拉里·博西迪和联合信号公司，华尔街第一次听说了六西格玛。此后，得克萨斯仪器等一批公司相继引入了六西格玛，同样取得了成功。

通用电气公司在20世纪70～90年代制订的战略计划取得了成功，这使得通用电气公司适应了公司规模和经营多样化的发展，获得了巨大利益。在这个时期，通用电气公司重点关注的是业务的高速增长、效率的提高，质量问题排在后面，产品质量为3～4个西格玛水平。随着业务的高速增长，质量问题越来越不容乐观，杰克·韦尔奇在其自传中回忆说：1995年4月在通用电气公司内部员工调查中发现，质量问题已经为许多员工所担忧。

1995年夏，杰克·韦尔奇见到了他的朋友拉里·博西迪，他们谈到了联合信号公司成功的原因。这次谈话给杰克·韦尔奇留下了深刻的印象。上任以后，杰克·韦尔奇已经对通用电气公司进行了一系列大刀阔斧的变革，使通用电气公司在其所有业务领域几乎都是“数一数二”的。但杰克·韦尔奇希望通用电气公司能够永远成功。杰克·韦尔奇意识到，把通用电气公司打造成六西格玛企业，将是他2001年退休时给通用电气公司留下的最宝贵的资产。

在杰克·韦尔奇的带领下，通用电气公司开始了它的六西格玛之旅。但是，在杰克·韦尔奇眼中，此时的六西格玛已经不是彼时的六西格玛。它不仅仅是关于统计学的，尽管它需要统计技术；它也不仅仅是关于改进质量的，尽管它最终使质量大幅度提升。杰克·韦尔奇要将六西格玛提升到打造通用电气公司核心竞争力的战略层次。在1996年1月通用电气公司高层会议上，他将六西格玛称为通用电气公司前所未有的最雄心勃勃的工作，他说：“质量可以真正地使通用电气公司从最了不起的公司之一这个位置上升到全球商界绝对最了不起的公司。这个房间的所有人都必须抓质量，这个问题是没有投机可言的，摩托罗拉用10年时间办到的，我们必须在5年内实现，不是通过走捷径，而是通过学习他人。”

杰克·韦尔奇认为六西格玛的含义远远超出了质量和统计学，它通过提供应对难题的方法，驱使领导层把工作做得更好，六西格玛的核心是使一个公司彻底转变。在他看来，六西格玛是通用电气公司从来没有经历过的最重要的发展战略。1995年底，随着200个六西格玛项目的实施，这种管理方法在通用电气公司大规模地开展起来。1997年，这样的项目超过了6000个。根据通用电气公司2000年度的报告，1999年通用电气公司的利润为107亿美元，比1998年增长了15%。其中，实施六西格玛获得的收益就达到了15亿美元。到21世纪初，这个数字达到了50亿美元。2000年，在通用电气公司获得绿带认证的员工已达到90%以上，公司中层以上的经理中有过六西格玛黑带经历的人员已达15%。

在通用电气公司，六西格玛方法演变为一个管理系统。六西格玛作为公司四大战略（全球化、服务、六西格玛和电子商务）之一来实施；公司建立了从“倡导者”（champion）、“黑带主管”（master black belt，MBB）、“黑带”（black belt，BB）到“绿带”（green belt，GB）的六西格玛组织结构；六西格玛实施结果与管理人员晋升和奖金紧密结合。

杰克·韦尔奇领导通用电气公司的20年时间里，通用电气公司的股票市值增长了30多倍，达到了4500亿美元，排名从世界第十位提升到了第二位，在他的带领下这个“百年老店”焕发了前所未有的青春活力。

在通用电气公司应用六西格玛取得巨大成功之后，六西格玛被全世界企业特别是许多《财富》世界500强企业关注、认识并接受。很多企业发现六西格玛同样可以对自己产生深远而重大的影响，它们也开始大力推行六西格玛，包括福特、卡特彼勒、陶氏、杜邦、阿西布朗勃法瑞公司（ABB）、3M、东芝、惠而浦、三星、LG、西门子、爱立信、洛克希德•马丁、庞巴迪、花旗银行、J.P. 摩根、美国运通、英特尔、微软等跨国公司。如今，六西格玛的应用已经从摩托罗拉、通用电气公司走向了全世界，从西方走向了东方，从世界 500 强跨国公司走向了普通企业乃至中小企业，从电子、机械、化工等制造业走向了银行、保险、航空、电子商务等服务业。

六西格玛诞生于全面质量管理蓬勃发展的 20 世纪 80 年代中期，是对全面质量管理特别是质量改进理论的继承和新发展。多年来，六西格玛已经走过了很长的发展路程，作为一种减少缺陷的方法，它在实践中得到了不断的充实和发展，六西格玛不再仅是一种质量改进的方法，已经发展成可以使企业持续改进、增强综合领导能力、不断提高顾客满意度及经营绩效并带来巨大利润的一整套管理理念和系统方法。

第二节　六西格玛管理的概念和作用

一、六西格玛管理的概念

1. 西格玛

σ 是希腊字母表里的一个字母，读作“西格玛”，在数理统计中表示“标准差”，用来表征一组数据或过程输出结果的离散程度，是评估产品和过程特性波动大小的参数，西格玛数值大表示离散程度大。

2. 西格玛水平

西格玛水平是将过程输出的平均值、标准差与质量要求的目标值、规格界限联系起来进行比较，表征为“目标值到规格界限的距离是标准差的倍数”，是对过程满足质量要求的能力的一种度量。西格玛水平越高，过程满足质量要求的能力就越强；西格玛水平越低，过程满足质量要求的能力就越低。

六西格玛管理就是指达到六西格玛质量水平的管理，可以从三个层次去理解：微观层次，是过程能力的测量指标，代表 100 万次出错机会中只有 3.4 个缺陷的质量水平，接近完美和零缺陷；中观层次，是聚焦顾客、关注流程、基于数据和事实决策来追求完美的方法论，包括过程设计和过程改进；宏观层次，是一套管理哲学或核心价值观。

二、六西格玛管理的作用

实施六西格玛管理是多赢的战略选择，其好处多种多样，包括减少成本、提高生产力、增加市场份额、留住顾客、减少运作周期时间、减少错误、改变公司文化、改进产品和服务等。

1. 解决关键难题，降低不良质量成本

追求卓越的公司首先要明确自己的定位、未来的发展愿景以及行为准则，即确立公司的使命、愿景和核心价值观。其次，要基于使命、愿景和核心价值观，确定自己的战略目标和战略方案。最后，要设立能驱动战略目标实现、监测战略规划的关键绩效指标，并将关键绩效指标横向分解到相关职能部门和过程，纵向层层分解到团队和员工。

这些关键绩效指标对公司应对动态的竞争环境、取得长期的成功至关重要。然而，达成关键绩效指标常常是富有挑战性的，有些还涉及困扰公司多年、导致外部及内部顾客不满意的复杂问题，包括产品和服务质量问题、运营成本问题、生产率、流程周期问题、市场和顾客流失问题、环境和安全问题等。要解决这些难题，必须由高层领导自上而下地推进，必须由一些具有很强的问题解决能力的人员通过科学的流程，应用精确的数理统计技术和其他管理工具来解决。

2. 全面提升公司的核心竞争力和经营管理成熟度

六西格玛管理作为公司战略，主要通过以下作用来实现公司的战略目标。

（1）提高顾客满意度，增加市场份额。随着各个行业竞争的日趋激烈以及顾客要求的不断提高，仅仅提供“好的”或“合格的”产品和服务已经不能保证企业的成功。六西格玛以顾客为真正的关注中心，这就意味着要学会辨析哪些价值对顾客是有意义的及计划如何给顾客提供这些价值同时又能盈利。顾客决定市场，而顾客的选择标准是产品质量，因此六西格玛质量具有强劲的市场竞争力。

（2）减少缺陷错误，降低风险和成本。所有的缺陷错误都包含了风险，但风险不一定体现在缺陷错误上。六西格玛管理的目的在于降低风险，并非仅仅降低由缺陷引起的不合格率。六西格玛管理强调基于事实和数据，通过数据分析寻找问题并分析原因，不仅降低了顾客购买产品时要承担的风险，还降低了提供产品的企业的风险。六西格玛还通过有效的方法查找不良质量成本，从而降低风险和成本。

（3）改进产品及服务，使企业获得持续的成功。六西格玛管理是能够给企业提供不断创新的技巧和文化的方法，通过不断地革新和开发新产品、开拓新市场、改进组织结构，企业价值能够实现最大化，顾客满意度提高，最终达到提高生产力、增加市场竞争力的目的，从而使企业得到持续的发展。

（4）加快改进的速度。摩托罗拉将 1987～1991 年“4 年改进 100 倍”的成效归功于六西格玛管理的实施。顾客的需求是动态变化的，随着现代社会生活节奏的加快，人们对产品性能改进的需求越来越强，六西格玛管理通过借鉴其他学科的工具和思维，可以帮助企业在改进绩效的同时加速改进流程。

3. 建立持续改进和创新的企业文化

六西格玛不仅仅是一个解决问题的技术方法，也是一种处世和处事的哲学，它的标准就是“完美”，在更广泛的意义上讲是一种文化，一种持续改进和创新的文化。它在不断地转变着人们的工作方式。随着六西格玛的推进，企业文化也会不断得到完善，会形成一种同心协力克服障碍，人人积极关注、参与改进和创新的文化氛围。

企业的核心业务流程就像一条横向流淌的河，现有的职能式组织结构犹如纵向的大坝，部门之间由于业务目标的差异产生了沟通壁垒，这种沟通壁垒又大大地影响了流程运行的效率和效果。实施六西格玛管理还有助于消除沟通壁垒，增进无边界合作。六西格玛扩展了跨职能合作的机会，消除了部门间及上下级间的障碍，促进了组织内部横向和纵向的合作。六西格玛项目往往是跨职能的，在六西格玛跨职能团队中，团队成员有着共同的团队使命和目标，并且能意识到自己的职责与企业的使命、愿景、战略目标和关键绩效指标的关系，业务流程各部分的相互依赖性，能够创造出一种能真正支持团队合作的管理结构和环境。这种无边界合作的“纽带”正是有着强大使命感的黑带，黑带要想成功就必须打破部门之间的障碍。

4. 培养下一代领导者，促进员工职业发展

通用电气公司将六西格玛管理与人力资源管理密切结合。1997 年 3 月 22 日，杰克・韦尔奇专门向通用电气公司全球的管理人员发送了一份传真，明确规定管理人员的提升将直接与六西格玛管理挂钩。1997 年 5 月 22 日，杰克・韦尔奇与他的两位副董事长联合签发了一条关于将六西格玛培训结果与晋升机会相联系的命令。1998 年 1 月 1 日，通用电气公司新版本的管理人员晋升制度正式生效：即日起，基层管理人员必须事先通过六西格玛绿带或黑带的培训，才能够获得晋升中级管理职位或高级管理职位的资格。从此，六西格玛管理成为通用电气公司未来领导人的摇篮，一大批训练有素、擅长基于数据与事实解决问题和进行决策的人员走上了通用电气公司各层次的管理岗位，为通用电气公司多年来的强劲发展奠定了良好的人力资源基础。

第三节　六西格玛管理的经营哲学

一、六西格玛管理的核心价值观

六西格玛管理的价值观即六西格玛管理的理念、经营哲学，是企业推进六西格玛管理的指导原则和行为准则。经过多年的实践和提炼，六西格玛管理逐渐形成了以下六个方面的核心价值观。

1. 以顾客为中心

“以顾客为中心”不仅是六西格玛管理最基本的价值观，也是现代企业管理理论和实践的基本原则。企业依存于顾客，获得高的顾客满意度和忠诚度是企业所追求的主要目标。然而，顾客只有在其需求和期望得到充分理解并获得满足后，才会满意和忠诚。企业应当深入了解顾客当前和未来的要求与期望，并关注其动态变化，以此驱动质量改进，消除缺陷，为顾客解决问题，满足顾客要求并争取超越顾客期望，从而建立良好的顾客关系，不断提高顾客满意度和忠诚度。在六西格玛管理中，以顾客为中心是最优先的事，强调倾听顾客的声音（voice of customer，VOC）。六西格玛管理从倾听顾客的声音开始，基于顾客要求驱动改进和评价改进的效果，即一切以顾客满意和为顾客创造价值为中心。

2. 基于数据和事实的管理

“基于数据和事实的管理”是现代管理与传统经验管理的分水岭。越来越多的企业开始重视信息系统建设和知识管理，但是它们作出的许多经营决策仍然是基于感觉和经验的，或是一些自以为是的观点和假设。六西格玛管理把“基于数据和事实的管理”的理念

和实践提到了一个更高的层次。六西格玛管理最大的特点之一就是强调一切用数据和事实说话，一开始就界定和测量过程输出关键绩效指标及其基线值，然后应用统计方法进行数据的分析和探测，确定显著影响关键绩效指标的过程因素，并通过改进获得优化的结果。

3. 聚焦过程改进

理解过程，精研过程，聚焦于过程改进，为顾客创造价值，是建立竞争优势的有效方法。

在六西格玛管理中，过程是采取改进行动的主要对象。设计产品和服务，测量绩效并进行分析、改进和控制，甚至经营企业等，都是通过过程进行的。在六西格玛中，过程管理是实现成功的关键因素。一切活动都是过程，所有的过程都有变异，六西格玛帮助我们有效减少过程的变异。

4. 积极有预见性的管理

“积极”是指主动地在事情发生之前进行管理，而不是被动地处理那些令人忙乱的危机，或称为“救火”。“积极有预见性的管理”意味着我们应当关注那些常被忽略的业务运作，并养成习惯：确定远大的目标并且经常加以检视；确定清晰的工作优先次序；注重预防问题而不是疲于处理已发生的危机；经常质疑我们做事的目的，而非不加分析地维持现状。六西格玛管理包括一系列工具和方法，它用动态的、即时反应的、有预见的、积极的管理方式取代那些被动的习惯，促使企业在当今追求几乎完美的质量水平而不容出错的竞争环境下，能够快速向前发展。

5. 无边界合作

“无边界合作”是企业消除职能之间、层级之间乃至合作伙伴之间的沟通壁垒，面向业务流程，提高过程运作效率和效果的关键。基于跨职能团队改进的六西格玛管理扩展了“无边界合作”的机会，而联结这种无边界合作的“纽带”就是那些有着强烈使命感的黑带。由于黑带是项目改进团队的负责人，而黑带项目往往是跨部门的，要想获得成功就必须由黑带率领他的团队打破部门间的障碍，通过“无边界合作”完成六西格玛项目。当人们确认了如何使自己的职责与企业的愿景相适应时，就会意识到并且能够衡量出工作流程各部分的相互依赖性。在六西格玛管理中无边界合作并不意味着无条件的个人牺牲，而是要在为顾客创造价值的基础上，使各利益相关方同时受益。由于六西格玛管理是建立在广泛沟通基础上的，因此六西格玛管理能够营造一种真正支持团队合作的管理结构和环境。

6. 追求完美，容忍失败

作为一个以追求卓越为目标的管理方法，六西格玛管理为企业提供了一个近乎完美的努力方向，不存在不执行新方法、贯彻新理念就能实施六西格玛管理的企业，但这样做总会带来风险。在推行六西格玛管理的过程中，可能会遇到挫折和失败，企业应建立鼓励创新和变革、容忍失败的文化环境，以积极应对挑战的心态，敢于面对失败并从中汲取经验教训，为成功奠定基础。

二、六西格玛管理的核心价值观与企业文化变革

高层领导最基本的职能定位就是确定组织未来的发展方向和绩效期望，即确定组织的使命、愿景和核心价值观，一种促使人们为了实现目标而全力以赴的组织文化氛围。使命是指组织的角色、任务或总体功能，反映了一个组织存在的理由和价值，任何一个组织只有明确自己独特的使命，才能着力“做正确的事”；愿景是指组织所渴望的未来图景和境界，是组织发展的理想状态和最高目标；价值观是指指导组织及其员工行为和运作的核心原则或行为准则，是指导组织及其员工“做人处事”的基本准则。企业文化最核心的部分是其价值观。将六西格玛价值观融入企业原有的价值观中，就是一场企业文化的变革。

当企业推行六西格玛管理时，高层领导应当将六西格玛管理的价值观融入企业原有的价值观，变革企业文化和基因密码，使员工的信念、态度和期望与六西格玛管理同步；六西格玛卓越的价值观可以强化企业好的文化，变革不利于企业的风气。例如，六西格玛强调通过运用严谨的科学方法和工具，对数据和事实进行分析，为决策提供依据，而不是“拍脑袋”。当六西格玛成为企业通用的一种语言时，将从根本上消除企业会议和决策争论中产生的“对人还是对事”的矛盾。它要求不断地质疑企业的信条和传统的工作方法，勇于尝试，在追求完美的同时容忍失败，能够接受和处理偶然的挫折。

这种文化的变革也是六西格玛管理取得成功所必需的。企业文化是一个组织长期以来形成并沉淀下来为大家所共识并遵循的“做事方式”。试想，没有做事方式的改变，哪有经营业绩的持久改进？当你试图改变人们的做事方式时，文化便显示出巨大的阻力，因为当战略与文化冲突时，文化恒胜；当企业文化与变革的精神不相容时，变革的努力将遭到失败。

六西格玛管理主要聚焦于提升企业的经营业绩，但最终要变革企业的文化。那些成功地实施了六西格玛管理的企业不仅在运行层面（包括过程、管理活动、系统和技术等）推动变革，而且在更深的层次（涉及整个企业意识形态的变化）推动变革。六西格玛为企业带来的不仅是工作过程或经营业绩的改善，更是组织各个层面人们工作方式的改变：怎样确定他们的工作目标，怎样测量他们的工作业绩，他们的工作内容如何构成；如何处理组织内部的关系，怎样处理与顾客、供应商的关系等。这些变革涉及组织中的每一个人、每一个部门。企业要实施六西格玛管理，就意味着必须改变人们的工作方式，这就是企业面临的挑战：企业文化的变革。

第四节　六西格玛管理的方法论

六西格玛管理是一种旨在提高顾客满意度、降低经营成本和缩短周期的过程改进方法，它是通过提高组织核心过程的运行质量，进而提升企业盈利能力的管理方式，具体来说是一种聚焦顾客、关注流程、基于数据和事实决策来追求完美的方法论，包括六西格玛改进的方法论和六西格玛设计的方法论。

一、六西格玛改进的方法论

DMAIC 代表了六西格玛改进模式的五个阶段：界定（define）阶段、测量（measure）阶段、分析（analyze）阶段、改进（improve）阶段、控制（control）阶段。

每个阶段又由若干个步骤组成。

DMAIC 是一个逻辑严密的过程循环，它是在总结了全面质量管理几十年的发展及实践经验的基础上产生的，与 PDCA 循环遵循相同的逻辑，是由项目管理技术、统计分析技术、现代管理方法等综合而成的系统方法。DMAIC 强调以顾客（外部和内部）为关注焦点，将持续改进与顾客满意以及企业经营目标紧密地联系起来；它强调以数据的语言来描述产品或过程绩效，依据数据进行管理，并充分运用定量分析和统计思想；它追求的是打破旧有习惯、有真正变化的结果和带有创新的问题解决方案，以适应持续改进的需要；它强调面向过程，并通过减少过程的变异或缺陷实现降低风险、成本与缩短周期等目的。

1. 界定阶段

界定阶段的主要工作内容：确认顾客的关键需求并识别需要改进的产品或流程，组成项目团队，制订项目计划，决定要进行测量、分析、改进和控制的关键质量特性（critical to quality，CTQ），将改进项目界定在合理的范围内等。

界定阶段的常用工具和方法：头脑风暴法、亲和图、树图、流程图、SIPOC①图、平衡计分卡、因果图、QFD 等。

界定阶段的主要交付成果：项目授权书、项目计划、流程图、“快赢”机会、客户关键要求、准备就绪的项目团队等。

2. 测量阶段

测量阶段的主要工作内容：通过对现有过程的测量和评估，制定期望达到的目标及绩效衡量标准，识别影响过程输出 Y 的输入 X_s，并验证测量系统的有效性，确定过程基线。

测量阶段的常用工具和方法：排列图、因果图、散布图、流程图、测量系统分析、FMEA（failure mode and effects analysis，失效模式和效应分析）、过程能力指数、水平对比法、直方图、趋势图、检查表、抽样计划等。

测量阶段的主要交付成果：数据收集形式和计划、稳定有效的测量系统、过程业绩的西格玛水平等。

3. 分析阶段

分析阶段的主要工作内容：通过数据分析确定影响输出 Y 的关键 X_s，即确定过程的关键影响因素。

分析阶段的常用工具和方法：头脑风暴法、因果图、FMEA、方差分析、试验设计、假设检验、回归分析等。

分析阶段的主要交付成果：数据分析报告、经确认的根本原因等。

4. 改进阶段

改进阶段的主要工作内容：针对确认的根本原因提出改进方案，评估并筛选改进方案，

① SIPOC 是 supplier（供应商）、input（输入）、process（流程）、output（输出）和 customer（客户）的缩写。

制订实施经确认的改进方案计划，根据计划实施改进方案，制订验证实施结果计划，按计划验证实施结果。

改进阶段的常用工具和方法：头脑风暴法、试验设计、响应曲面法、调优运算、FMEA、过程改进等。

改进阶段的主要交付成果：经验证的改进方案、流程图、实施计划、改进的影响和收益等。

5. 控制阶段

控制阶段的主要工作内容：制订控制计划、实施控制计划、固化改进方案、推广项目成果、项目结题并移交等。

控制阶段的常用工具和方法：防错设计、标准操作程序、统计过程控制、过程能力指数、抽样检验等。

控制阶段的主要交付成果：过程控制系统、标准和程序、小组评估、结题报告、成功的故事、经培训的相关人员、方案推广等。

二、六西格玛设计的方法论

企业通过实施 DMAIC 流程所能取得的改进成果是有限度的。当过程的西格玛水平接近 5 时，进一步改进的空间就变得非常狭隘。仅靠 DMAIC 流程本身的力量，通常无法达到六西格玛水平的改进目标，有时通过大幅增加投入，确实能够提高绩效，甚至能够达到 5.5 西格玛水平，但是如此巨大的投入会使得成本增加，回报率大幅降低，结果得不偿失，违背了六西格玛管理的“低成本、高质量”的理念。

如果一个企业希望自己的绩效更上一层楼，这时就应该放弃原来的流程，对原流程进行重新设计，这种重新设计过程的方法就是六西格玛设计（design for six sigma，DFSS），其就是按照合理的流程，运用科学的方法，准确理解和把握顾客需求，对新产品或流程进行稳健设计（robust design，又称健壮设计），使产品或流程本身具有抵抗各种干扰的能力，从而在低成本下实现六西格玛甚至更高的质量水平。

六西格玛改进注重的是简化生产和业务流程，以消除错误、提高效率、节约资金。六西格玛设计启动得更早，它提前一步对流程本身进行设计或重新设计，从而把问题消灭在初始阶段，以便从体制上防止后面各环节中可能出现的错误。如果说六西格玛改进是对流程的修补，六西格玛设计则是提供一个更加稳定可靠、效果更好、无懈可击的全新的流程。

与六西格玛改进中的 DMAIC 流程一样，DFSS 也有自己的流程，但目前还没有统一的模式。迄今，研究者已提出的 DFSS 流程有多种。例如，DMADV 流程，即界定（define）、测量（measure）、分析（analyze）、设计（design）、验证（verify）；DMADOV 流程，在 DMADV 流程的基础上增加了优化（optimize）环节；DCCDI 流程，指的是界定（define）、识别顾客需求（customer）、概念设计（concept）、产品和过程设计（design）、实现（implement）；DMEDI 流程，指的是界定（design）、测量（measure）、调查（explore）、开发（develop）、实现（implement）。虽然这些流程的表述不同，但内容大同小异，我们重点介绍在业界广泛应用的由美国质量管理专家乔杜里（Chowdhury）提出的 IDDOV 流程，即识别（identify）、界定（define）、开发（develop）、优化（optimize）、验证（verify）。

1. 识别

DFSS 在识别阶段的主要任务是收集和确定待开发产品的顾客需求，并论证即将开展的 DFSS 项目的可行性。DFSS 的特点之一是产品设计之初就充分考虑顾客的需求，聆听顾客的声音，利用评价工具对顾客需求进行识别和优先级排序，以保证设计出的产品满足顾客的需要。在此基础上系统地考虑外部环境、市场和企业内部满足项目开发所需的资源等，如市场上竞争对手的产品状况、企业的工艺水平、人员情况、开发费用等，以确定项目的可行性。这一阶段对整个 DFSS 项目是非常重要的，若此阶段不能充分收集和分析顾客的需求、客观评价项目的可行性，将给项目带来致命的打击。在此阶段的成果一般包括：顾客的需求分析报告、项目的成本分析及可行性报告、产品的功能要求等资料。

2. 界定

界定阶段是 DFSS 实施的核心过程，此阶段的任务是进一步细化展开顾客的要求，并将海量的、具有模糊和不确定性甚至矛盾的 VOC 利用一些模糊信息处理技术转化为准确 VOC，再通过质量功能展开将 VOC 逐层展开为设计要求、工艺要求、生产要求，并提炼出顾客的关键需求，准确地识别、量化顾客需求和期望并针对需求和期望进行产品设计，最后生成产品的设计方案和工艺要求说明书。

3. 开发

在 DFSS 的开发阶段，所做的工作是对新产品进行详细的局部设计，在前期工作给定的解决方案框架下，应依据关键质量特性和关键过程特性（critical to process，CTP）进行新产品的设计，即可以把设计过程看作满足一定功能约束与设计约束的优化过程。本阶段结束后应完成样品的设计，并为采购、生产和售后服务提供一定的参考标准供后面的阶段讨论，如原材料和产品的验收准则、规定安全和正常使用所必需的产品特性以及初步的售后质保体系等。

4. 优化

此阶段是对产品和过程设计参数的优化，其目标是在质量、成本和交付时间允许的基础上达到企业利益的最大化。首先，设计应该是稳健的，在 DFSS 中强调预防和稳健性；其次，设计应尽量消除产品或服务失效的潜在可能，通过 FMEA 分析潜在的失效模式和功能变异性，从而在设计阶段尽量减少产品和过程失效的可能。此阶段结束后应有详细的产品生产流程图，并对生产的各环节有相应的生产要求标准、完善的售后质保体系。

5. 验证

DFSS 验证阶段的任务是确认产品设计是否满足顾客的要求，并确保达到了预期的质量标准。通过试生产等手段营造一个仿真的生产环境，测试设计的能力、稳健性和可靠性。最后提交设计的验证报告和 DFSS 项目的总报告。

虽然DFSS有固定的流程可以遵循，但在实施的过程中也不可拘泥于流程或工具的运用，而要从DFSS的本质上把握其精髓，根据产品和流程的差异有选择地应用DFSS中的工具。此外，在产品设计的过程中还必须考虑并行的产品和过程设计，利用并行工程的思想并行设计产品和过程，每个阶段的工作都要充分考虑其后续阶段，在相邻的阶段之间需要有一定的交叉。

第五节　六西格玛管理的组织和推进

一、六西格玛管理的组织结构

企业实施六西格玛活动的首要关键任务是创建一个致力于流程改进的专家团队，并确定团队内的各种角色及其责任，形成六西格玛的组织体系。这是实施六西格玛管理的基本条件和必备的资源。以黑带团队为基础的六西格玛组织是实施六西格玛管理的成功保障。图4-1是六西格玛管理的组织结构。

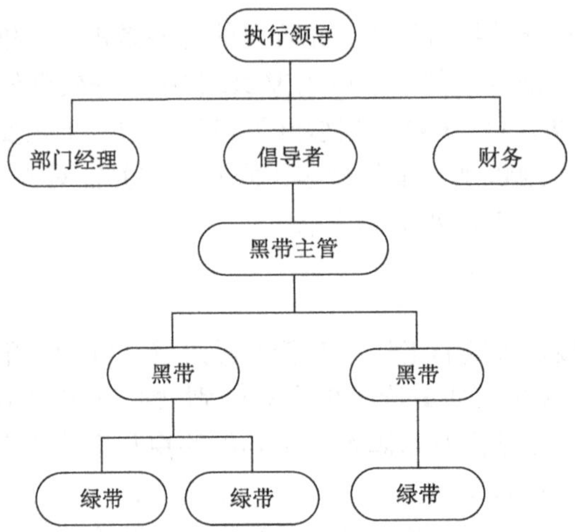

图4-1　六西格玛管理的组织结构

1. 执行领导

（1）制定目标。根据组织战略目标和实际发展状况，寻求最佳改进机会，设定目标。

（2）选择项目，建立团队。正确选择六西格玛项目是实现目标的基础，而选择合适的项目领导者和团队成员是六西格玛项目顺利实施的保证。

（3）提供支持，积极参与。因为六西格玛管理是自上而下推行的，最终将对组织文化的变革产生影响，所以高层领导的参与程度至关重要。主管领导要提供必要的资源和管理支持，营造良好的六西格玛氛围，监督并保证项目的正常运行。

2. 倡导者

进行项目规划，确定任务实施顺序；定期检查，监督项目实施情况；合理分配资源，保证项目顺利实施；管理、支持和领导黑带的工作；定期向主管领导汇报项目执行情况；了解六西格玛工具和技术的使用方法。

3. 黑带主管

帮助倡导者选择合适的人员，提供六西格玛管理咨询；培训黑带和绿带，为其使用技术工具提供指导与支持；协调和指导跨职能的六西格玛项目；为团队收集数据、统计分析、试验设计等方面提供意见和帮助。

4. 黑带

领导项目团队，实施六西格玛项目；确定每一步需要完成的任务，为组员提供一对一的支持；发现改进机会，协助黑带主管解决一些有关资源的问题；对绿带进行培训，提供技术帮助；在各种形式的培训、案例研究、工作座谈会和交流活动中将新的战略和新的工具方法传递给团队的其他成员；向管理层报告项目进展状况；通过与其他组织的合作来寻找商业机会；拥有良好的人际交往能力，令团队保持积极的工作状态和高昂的士气。

5. 绿带

建立绿带团队，领导小范围内的项目；参与黑带项目讨论并贡献个人意见；执行计划以实现目标；保持团队士气。

6. 项目保证人

项目保证人是六西格玛项目所在部门的负责人；在所辖部门内调动资源，负责为六西格玛项目提供必要的资源支持；协调项目的实施。

7. 过程所有人

过程所有人是六西格玛项目改进或建立的过程的负责人；在六西格玛项目完成后，负责过程的操作或运行。

总之，六西格玛项目团队应由合适的人选组成，倡导者、黑带主管和黑带都是六西格玛推进活动的领导人，项目所涉及的技术、生产、采购、销售、财务等职能人员都是团队成员。团队领导和团队成员对于项目目标及实施必须达成共识，只有这样才能保证六西格玛项目的正常实施。

推行六西格玛管理要求整个企业从上至下使用同样的六西格玛语言和采用同样的六西格玛工具，对从事六西格玛管理的人员必须予以专门培训。

二、六西格玛管理的推进步骤

企业推行六西格玛管理一般可分四个阶段，即导入期、加速期、成长期和成熟期，可用4～5年的时间完成从导入期到成熟期的全过程。

在六西格玛推进的过程中，每一阶段都会遇到三类阻力：技术阻力（对方法的恐惧、技术力量的不足等）、管理阻力（部门间的沟通壁垒、激励机制和资源缺乏等）和文化阻力（观念上不认同、靠经验和感觉做决策、变革动力缺失等）。当推进的动力难以抵御这三方面阻力的合力时，就会出现“关键转折点”。如果不能有效地增进动力、降低阻力，六西格玛管理就会在某一阶段“夭折”。而如果成功地越过这些转折点，六西格玛就能在企业深入、持久地开展下去，为企业创造越来越多的效益以及越来越强劲的能力。

1. 导入期

导入期又可分为起步、培训与改进实践、坚持不懈与获得成功等步骤。

（1）起步。当企业决定要实施六西格玛时，会打破企业看似平静的现状。为了确保顺利推行，需要以下条件：首先，公司高层领导，包括首席执行官和总裁，必须支持六西格玛并成为其坚定的信仰者；其次，公司应已拥有或准备培养相当于倡导者和黑带主管的内部推动者，或者选择一个经验丰富的咨询服务方来协助实施。有了领导层的坚定承诺，公司为实施六西格玛建立了清晰的愿景，并找到了一个切实可行的实施路径；同时将六西格玛定为公司达成战略目标的战略举措，或者制订一个具体的六西格玛推进行动计划，拟定首批项目和黑带培训种子人选，有初期投入的财务预算。

（2）培训与改进实践。六西格玛管理的培训与项目实践是嵌套式的、融为一体的。一般先培训第一批黑带“种子选手”，再由这些种子选手负责培训绿带。培训内容主要有六西格玛管理的理念、工具箱、项目选择和团队合作等。

（3）坚持不懈与获得成功。在首批黑带培训和绿带培训完成后，应有一部分项目已经完成，也会有一批项目正在进行中。在这一时段内，贵在坚持和有恒心。只要坚持到底，就能够在年内收获一批成功的果实。只要初期投入不是太大，都能在年内收回所有投入并获得一定量的回报。

当高层领导一时还未对六西格玛管理作出承诺，企业难以采用上述的全面导入方式时，可以采用局部驱动方式，即在一些部门、区域或产品上小范围推行，为将来的全面展开积累经验、作出示范，用其成果说服企业中的其他人。这种方式的特点是：容易起步，仅需要有限的管理层关注，所需投入的资源比较少，因此风险也较小。这种方式只是作为将六西格玛引入企业的一种切入方式，只有及时转向在全公司范围的充分展开，六西格玛管理才能枝繁叶茂、硕果累累，并取得长期的成功。

局部导入也有两种方法：一是选派3～5名黑带或绿带外出培训，结合培训实施若干六西格玛项目，但需要克服缺乏直接的项目辅导的困难，同时要注意对项目相关人员的六西格玛宣导，以便获得相应的理解和支持；二是引入外部咨询顾问，进行小范围的绿带或黑带培训，结合培训辅导实施若干六西格玛项目，同时对管理层和项目相关人员进行六西格玛导入培训。

2. 加速期

第一年导入期的成功之日，也是新的转折之时。虽然经过第一轮项目工作，企业获得了初步的结果，也有了实施的热情和积极的参与者，一些冷眼观望乃至反对的人也开始转变原有的观念，但这时是一个关键的转折点。如果没有下一步的正确部署，六西格玛就会是一个短期的流行并走向失败，而且一旦热情冷却，就犹如一盘“冷饭”，今后要再次“蒸热”的难度会更大。在这一转折点上应当引入“加速实施过程”，使六西格玛从试验性实施向企业的一项长期管理活动过渡。

要实现这一转折，企业应当：制定六西格玛财务预算、核算和审计办法，使财务人员介入六西格玛活动；建立项目成果发布、分享、认可和奖励制度，激励六西格玛黑带和团队；加大培训力度，形成六西格玛倡导者、黑带主管和黑带这一关键群体，以传递六西格玛领导力，促进六西格玛在公司的广泛实施；建立六西格玛管理程序，包括六西格玛组织结构以及项目选择、立项、跟踪和总结评估的全过程管理程序。

3. 成长期

对于一个导入了六西格玛管理并成功实施了约两年的企业，仍然会出现六西格玛管理“断流”的趋势。所有实施六西格玛的企业都会遇到这样的困难，其中最重要的一个原因是经营环境在不断变化，总有新技术、新方法和新政策等出现。为了获得持续发展，需要不断地将六西格玛工作拓展到公司的所有方面，包括用六西格玛促进新技术的应用、创新和新市场的开发。要成功地在这一点上实现转换，公司必须完善其支持基础：完善六西格玛管理的组织结构，将其对六西格玛的管理职能充分展开，强化最高管理层对六西格玛管理的系统、定期评审，并使已关闭的项目持续产生效益。拓展六西格玛的实施领域，如加大六西格玛管理方法在非制造领域的应用，用六西格玛设计促进创新和开发工作，将六西格玛管理沿供应链向供应商和顾客延伸等。完善六西格玛培训体系，扩大培训范围，提高黑带、绿带占员工总数的比例。使六西格玛管理与企业战略策划、部署和经营过程结合，强化六西格玛与顾客要求和市场发展趋势的结合。

4. 成熟期

最后一个转折也许是最困难的。将六西格玛融入企业，成为人们的一种工作和思维方式，确实是很难用时间表来预计其实现时间的。实际上，前面几个阶段的努力都是在为这个阶段打基础。这个转折的关键是将六西格玛与公司其他管理活动有效地整合，进一步强化经营管理过程，建立完善的绩效改进体系。要实现这一转折，公司应当：使六西格玛价值观与公司的使命、愿景和核心价值观高度融合，强化人们观念和行为方式的改变；将六西格玛与组织的其他管理战略、管理体系和改进方法整合，建立高度整合的全面质量管理或卓越绩效管理体系，以及高度整合的持续改进、创新和知识分享体系；使六西格玛成为日常工作的一部分。

第五章

质量管理中的统计技术

数理统计方法在质量管理中有极其重要的应用，在质量形成的每一个阶段——顾客需求识别、产品开发设计、制造工艺优化、过程控制、产品检验、营销及售后服务，均可应用数理统计方法来发现问题、解决问题、实现持续改进。

本章主要介绍直方图与过程能力指数、方差分析与回归分析、实验设计、控制图、统计抽样等及其在质量管理中的应用。本书将上述统计方法统称为统计技术。

第一节　直方图与过程能力指数

一、直方图的概念

直方图是用于对大量计量值数据进行整理加工，找出其统计规律，即分析数据的分布形态，以便对其总体的分布特征进行统计推断的方法。

直方图的使用条件是：计量值数据，数据个数 $n \geqslant 50$。

直方图的用途是：判断数据所来自的总体（过程）是否正常，如果不正常可进一步发现异常的原因，采取对策措施。

二、直方图的作图步骤

直方图的制作过程分八个步骤，下面通过一个案例加以说明。

【例 5-1】生产某种滚珠，要求其直径 x 为 15.0±1.0 毫米，试用直方图法对生产过程进行统计分析。

（1）收集数据。

在 5M1E（人、机、料、法、测量及生产环境）充分固定并加以标准化的情况下，从该生产过程收集 n 个数据。n 应不小于 50，最好在 100 以上。

本例测得 50 个滚珠的直径见表 5-1。

（2）找出数据中的最大值 L、最小值 S 和极差 R。

$$L = \max_{1 \leqslant i \leqslant 5} L_i = 15.9$$

$$S = \min_{1 \leqslant i \leqslant 5} S_i = 14.2$$

表 5-1 滚珠直径 x 单位：毫米

i	1	2	3	4	5	6	7	8	9	10	L_i	S_i
1	15.0	15.8	15.2	15.1	15.9	14.7	14.8	15.5	15.6	15.3	15.8	14.7
2	15.1	15.3	15.0	15.6	15.7	14.8	14.5	14.2	14.9	14.9	15.7	14.2
3	15.2	15.0	15.3	15.6	15.1	14.9	14.2	14.6	15.8	15.2	15.8	14.2
4	15.9	15.2	15.0	14.9	14.8	14.5	15.1	15.5	15.5	15.1	15.9	14.5
5	15.1	15.0	15.3	14.7	14.7	15.5	15.0	14.7	14.6	14.2	15.5	14.2

注：L_i为第 i 行数据的最大值；S_i为第 i 行数据的最小值

$$R = L - S = 15.9 - 14.2 = 1.7 \tag{5-1}$$

区间$[S,L]$称为数据的散布范围，记作 B，全体数据在散布范围 B 内变动。本例 B=[14.2,15.9]。

（3）确定数据的大致分组数 k。

建议分组数参照表 5-2 选取，或按下述经验公式确定：

$$k = 1 + 3.322\lg n$$

本例取 k=7。

表 5-2 分组数参照表

数据个数 n	分组数 k
50～99	6～7
100～250	7～12
250 以上	10～20

经验证明，组数太少会掩盖各组内数据的变动情况；组数太多会使各组的高度参差不齐，从而看不出明显的规律。

（4）确定各组组距 h。

$$h = \frac{R}{k} = \frac{L-S}{k} = \frac{1.7}{6} = 0.3 \tag{5-2}$$

（5）计算各组上、下限。

先确定第一组下限值，应注意使最小值 S 被包含在第一组中，且使数据观测值不落在上、下限上。故第一组下限值为

$$S - \frac{h}{2} = 14.2 - 0.15 = 14.05$$

然后依次加入组距 h，即可得到各组上、下限值。第一组的上限值为第二组的下限值，第二组的下限值加上 h 为第二组的上限值，其余类推，最后一组应包含最大值 L。

（6）计算各组中心值 b_i。

各组的中心值按式（5-3）计算：

$$b_i = \frac{\text{第}i\text{组下限值} + \text{第}i\text{组上限值}}{2} \tag{5-3}$$

本例各组中心值见表 5-3。

表 5-3 各组指标

组序	组界限	中心值 b_i	频数 f_i	频率 p_i
1	14.05～14.35	14.2	3	0.06
2	14.35～14.65	14.5	4	0.08
3	14.65～14.95	14.8	11	0.22
4	14.95～15.25	15.1	16	0.32
5	15.25～15.55	15.4	8	0.16
6	15.55～15.85	15.7	6	0.12
7	15.85～16.15	16.0	2	0.04
合计			50	1

（7）制作频数（频率）数据采集表。

频数 f_i 就是 n 个数据中落入第 i 组的数据个数，而频率 $p_i = f_i/n$ 。本例中的频数（频率）数据采集表见表 5-4。

表 5-4 频数（频率）数据采集表

产品名称		操作者		设备名称	
零件名称	滚珠	生产日期		检测仪器	
过程要求		制表者		检测者	
技术标准	直径为 15.0±1.0 毫米	制表日期		抽样方法	

（8）绘制直方图。

以频数（或频率）为纵坐标，数据观测值为横坐标，以组距为底边，数据观测值落入各组的频数 f_i（或频率 p_i）为高，画出一系列矩形，这样得到的图形为频数（或频率）直方图，简称为直方图（图 5-1）。在图的右上方记上数据个数，并在图上标明标准界限。

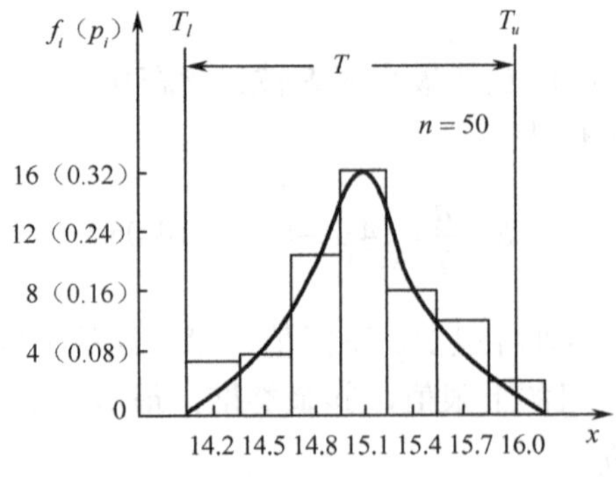

图 5-1 频数（或频率）直方图

三、直方图的观察与分析

从直方图可以直观地看出产品质量特性的分布形态，便于判断过程是否处于统计控制状态，以决定是否采取相应对策措施。我们可以观察图形本身的形状，并与标准（公差）相比较，从而得出结论。

1. 判断分布类型

直方图从分布类型上来说，可分为正常型和异常型。

正常型是指过程处于稳定（统计控制状态）的图形。它的形状是“中间高、两边低，左右近似对称”。“近似”是指一般直方图有点参差不齐，主要看整体形状。图 5-2 即为正常型直方图，这是观测值来自正态总体的必要条件。

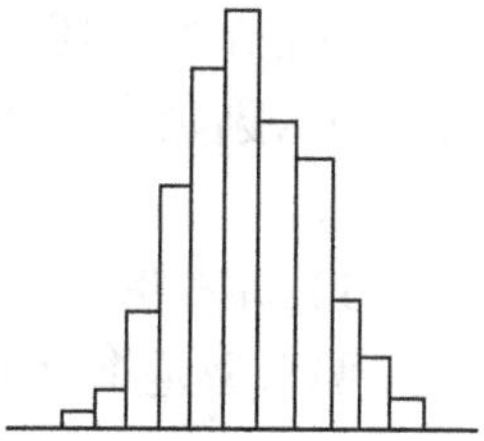

图 5-2 正常型直方图

作完直方图后，要先判断它是正常型还是异常型。如果是异常型，还要进一步判断它属于哪类异常型，以便分析原因，加以处理。

下面介绍六种异常频数直方图。

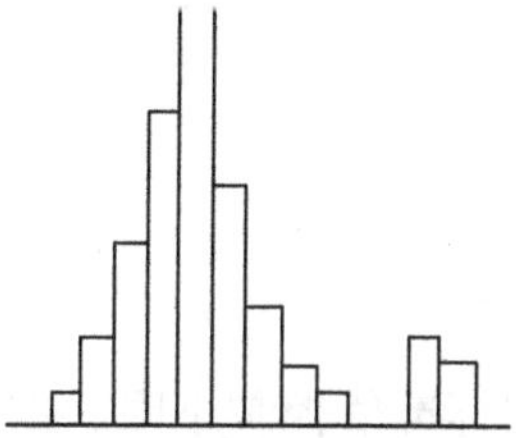

图 5-3 孤岛型直方图

1）孤岛型

孤岛型是指在直方图旁边有孤立的小岛出现，如图 5-3 所示。当过程中有异常情况，如原料发生变化、在短期内由不熟练工人替班加工、测量有错误等，都会造成孤岛型分布。此时应查明原因，采取措施。

2）双峰型

双峰型是指直方图中出现两个峰（正常状态只有一个峰），如图 5-4 所示，这是由观测值来自两个总体、两个分布，数据混合在一起造成的。例如，两种有一定差别的机床（或原料）所生产的产品混在一起，或者两个工厂的产品混在一起。此时应当加以分层。

3）折齿型

折齿型是指直方图出现凹凸不平的形状，如图 5-5 所示。这是由作直方图时数据分组太多、测量仪器误差过大、观测数据不准确等造成的。此时应重新收集和整理数据。

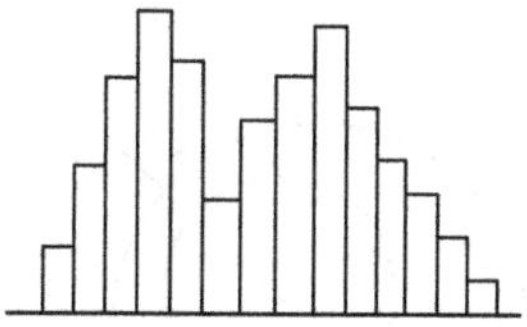

图 5-4 双峰型直方图

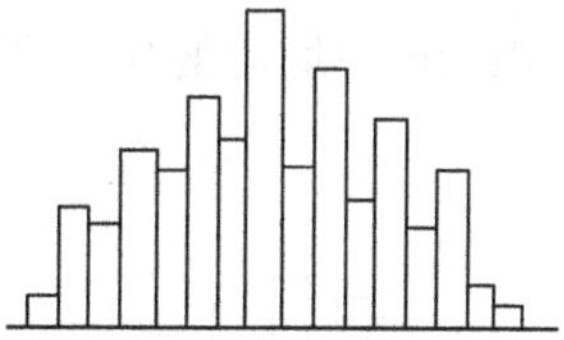

图 5-5 折齿型直方图

4）陡壁型

陡壁型是指直方图像高山上的陡壁，向一边倾斜，如图 5-6 所示。

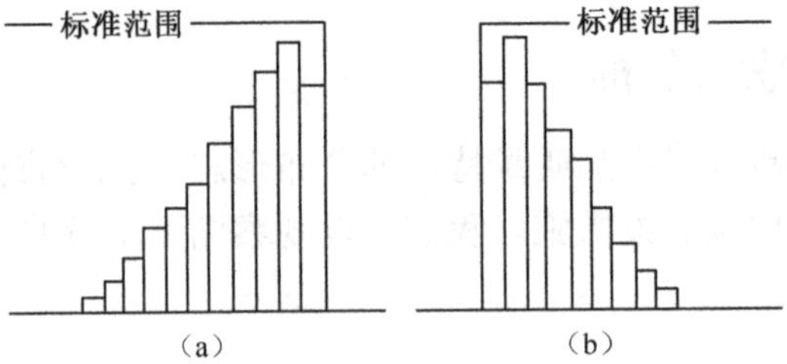

图 5-6　陡壁型直方图

通常在产品质量较差时，为得到符合标准的产品，需要进行全数检查，以剔除不合格品。当用剔除了不合格品的产品数据作频数直方图时容易产生这种陡壁型，这是一种非自然形态。

5）偏态型

偏态型是指直方图的顶峰偏向一侧，有时偏左，有时偏右，如图 5-7 所示。

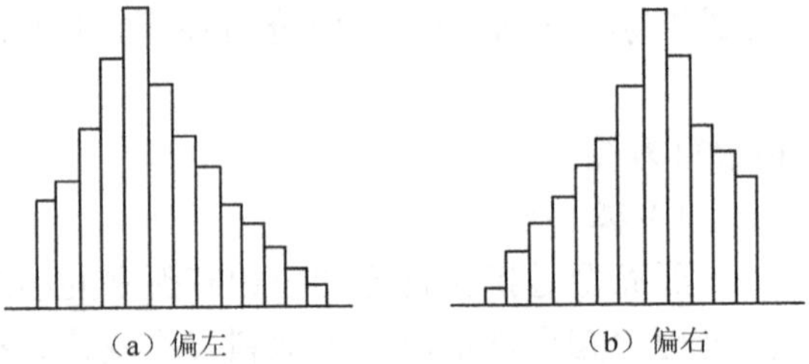

图 5-7　偏态型直方图

由于某种原因，下限受到限制时，容易发生“偏左型”。例如，用标准值控制下限、摆差等形位公差、不纯成分接近 0，或由于加工习惯（如孔加工往往偏小），都会形成偏左型。

由于某种原因，上限受到限制时，容易发生“偏右型”。例如，用标准值控制上限、纯度接近 100%、合格率接近 100%，或由于加工习惯（如轴外圆加工往往偏大），都会形成偏右型。

6）平顶型

平顶型是指直方图没有突出的顶峰，呈平顶型，如图 5-8 所示。一般可能是以下原因造成的：①与双峰型类似，多个总体、多种分布混在一起；②生产过程中某种缓慢的倾向在起作用，如工具的磨损、操作者的疲劳等；③质量指标在某个区间中均匀变化，如偏心角 A 在区间[0,2π]中均匀变化（图 5-9）。

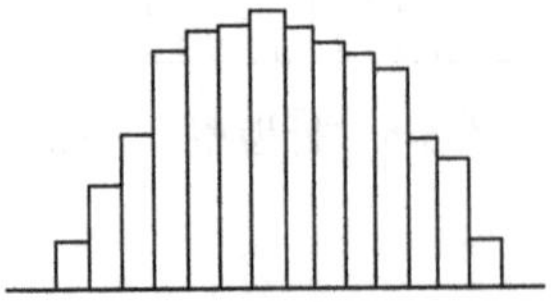

图 5-8　平顶型直方图

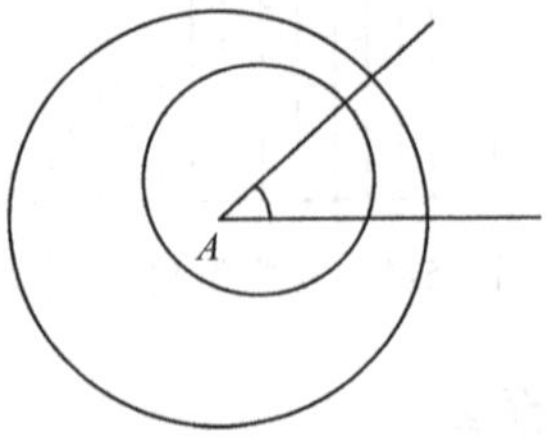

图 5-9　偏心角在[0,2π]中均匀变化

2. 直方图与规格范围比较

1）观测值分布符合规格的直方图

观测值分布符合规格的直方图有以下几种情况。

散布范围 B 在规格范围 $T=[T_l,T_u]$内，两边略有余量，是理想直方图（图 5-10）。

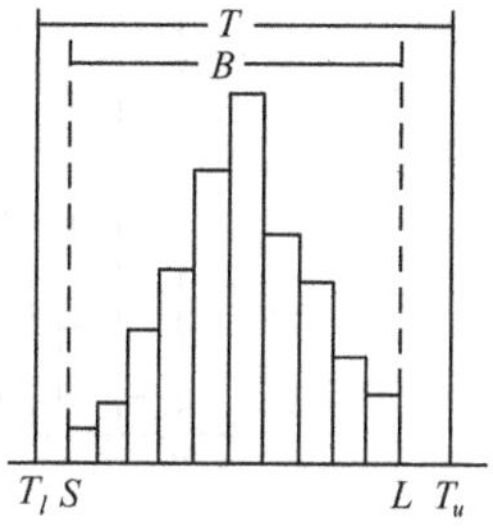

图 5-10　理想直方图

B 位于 T 内，一边有余量，一边重合，分布中心偏移规格中心。这时应采取措施使两者重合，否则一侧无余量，稍不注意就会超差，出现不合格品（图 5-11）。

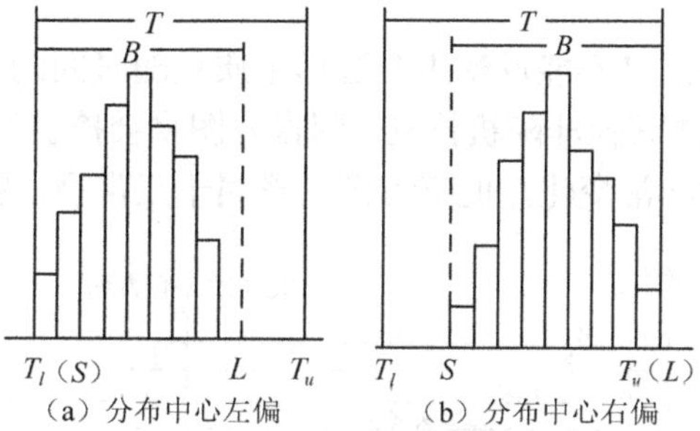

图 5-11　不理想的直方图

B 与 T 完全一致，由于两侧无余量，很容易出现不合格品，应加强管理，设法提高过程管理能力（图 5-12）。

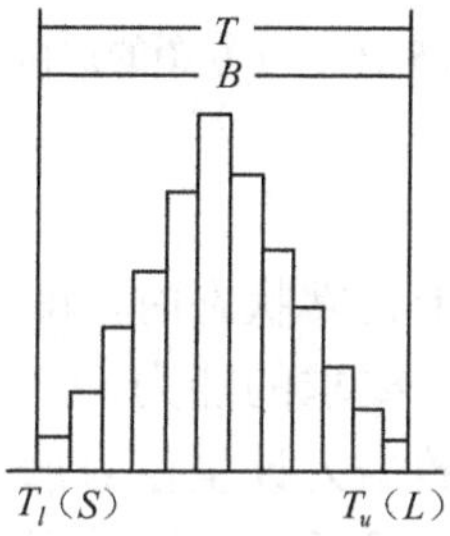

图 5-12　两侧无余量

2）观测值分布不符合规格的直方图

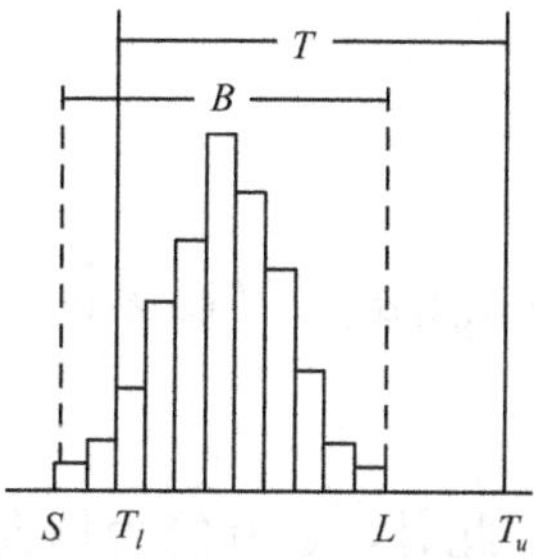

图 5-13　分布中心偏移规格中心

观测值分布不符合规格的直方图有以下几种情况。

（1）分布中心偏移规格中心，一侧超出规格范围，出现不合格品（图 5-13），这时应减少偏移，使两者重合，消除不合格品。

（2）散布范围 B 大于 T，两侧超出规格范围，均出现不合格品（图 5-14），这时应缩小产品质量散布范围。

（3）B 完全不在 T 内，产品全部不合格，应停产检查（图 5-15）。

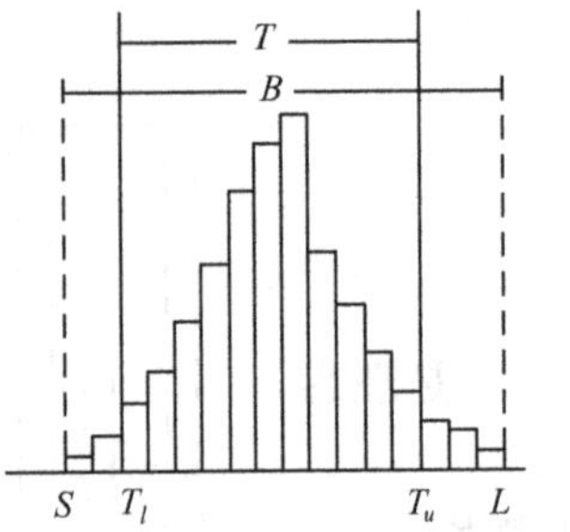

图 5-14 散布范围 B 大于 T

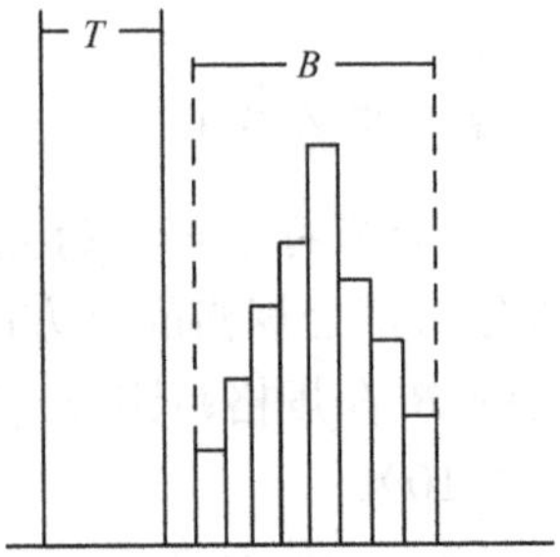

图 5-15 B 完全不在 T 内

3. 直方图的局限性

直方图的一个主要缺点是不能反映生产过程中质量随时间的变化。如果存在时间倾向，如工具的磨损，或存在某些其他非随机排列，则直方图将会掩盖这种信息。如图 5-16 所示，在时间进程中存在趋向性异常变化，但直方图图形属于正常型，掩盖了这种信息。

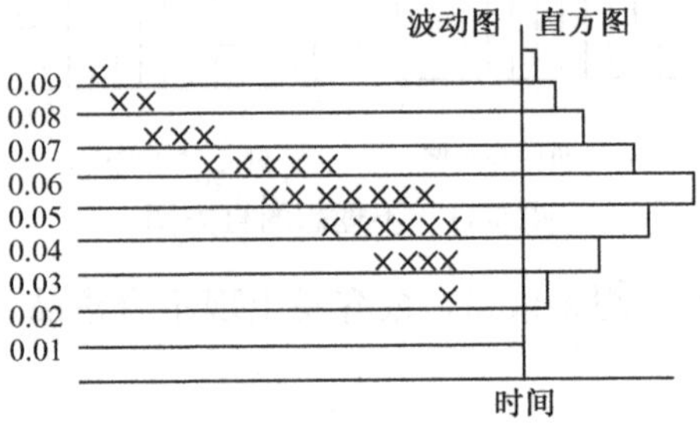

图 5-16 直方图的局限性

四、过程能力指数的概念

过程能力指数用来反映过程处于正常状态时，即人、机、料、法、测量和环境充分固定时所表现出来的过程保证产品满足要求的能力。

过程能力指数的使用条件是：数据为计量值且服从正态分布。

过程能力指数的用途是：评价数据所来自的过程（总体）、保证产品满足要求的能力。

过程能力指数有 C_p、C_{pk}、C_{pu}、C_{pl} 之分，分别适用于不同的场合。

五、过程能力指数的计算方法

下面分四种情况介绍过程能力指数的计算方法。

1. 过程无偏时：$\mu=T_m$ 的情形

设 X 为过程质量特性，当过程处于正常状态时，可认为 $X \sim N(\mu, \sigma^2)$。又设 X 的规格限为(T_l,T_u)，称 $T_m=\frac{1}{2}(T_u+T_l)$ 为规格中心，$T=T_u-T_l$ 为公差。

若 X 的分布中心等于规格中心 T_m，则称此过程是无偏的。此时，过程能力指数按式（5-4）计算：

$$C_p = \frac{T}{6\sigma} \tag{5-4}$$

【例 5-2】已知某零件加工标准为 148±2 毫米，对 100 个样品算得 $\overline{x} = \frac{1}{n}\sum_i x_i = 148$ 毫米，$S = \sqrt{\frac{1}{n-1}\sum_i (x_i - \overline{x})^2} = 0.48$ 毫米，求过程能力指数。

判定过程是否有偏：$\mu = \overline{x} = 148$毫米，$T_m = 148$毫米，$\mu = T_m$，过程无偏。

计算过程能力指数：

$$C_p = \frac{T}{6\sigma} = \frac{T}{6S} = \frac{4}{6 \times 0.48} = 1.39$$

2. 过程有偏时：$\mu \neq T_m$ 的情形

若过程质量特性 X 的分布中心 μ 不等于规格中心 T_m，则称此过程是有偏的。此时，计算修正后的过程能力指数，即

$$C_{pk} = (1-k)C_p \tag{5-5}$$

式中，C_p 的计算公式如式（5-4）所示，而

$$k = \frac{|\mu - T_m|}{T/2} \tag{5-6}$$

称为偏移系数。

【例 5-3】（续例 5-1）由例 5-1 可知，滚珠直径的加工标准为 15.0±1.0 毫米，任取 n=50 个，求得 $\overline{x}$=15.1 毫米，S=0.44 毫米，求修正后的过程能力指数。

判定过程是否有偏：$\mu = \overline{x} = 15.1$毫米，$T_m = 15.0$毫米，$\mu \neq T_m$，过程有偏。

求 C_p 值：

$$C_p = \frac{T}{6\sigma} = \frac{T}{6S} = \frac{2.0}{6 \times 0.44} = 0.76$$

求偏移系数 k：

$$k = \frac{|\mu - T_m|}{T/2} = \frac{|\overline{x} - T_m|}{T/2} = \frac{|15.1 - 15.0|}{1} = 0.1$$

求修正后的过程能力指数 C_{pk}：

$$C_{pk} = (1-k)C_p = (1-0.1) \times 0.76 = 0.68$$

3. 只有单侧上规格限 T_u 时：$X < T_u$ 产品合格的情形

有些过程质量特性越小越好，若规定 $X < T_u$ 时，产品合格，此时，过程能力指数计算公式为

$$C_{pu} = \frac{T_u - \mu}{3\sigma} \tag{5-7}$$

【例 5-4】某产品规定表面粗糙度 $X \leqslant 0.2$ 微米为合格品，现任抽 5 件，测得表面粗糙度为 0.162、0.184、0.178、0.167、0.188，求过程能力指数 C_{pu} 值。

求平均值 $\overline{x}$ 、标准差 S：

$$\overline{x}=\frac{1}{n}\sum_{i=1}^{n}x_i=0.176$$

$$S=\sqrt{\frac{1}{n-1}\sum_{i=1}^{n}(x_i-\overline{x})^2}=0.011$$

求 C_{pu} 值：

$$C_{pu}=\frac{T_u-\mu}{3\sigma}=\frac{T_u-\overline{x}}{3S}=\frac{0.2-0.176}{3\times0.011}=0.73$$

4. 只有单侧下规格限 T_l 时：$X>T_l$ 产品合格的情形

有些过程质量特性越大越好，若规定 $X>T_l$ 时，产品合格，此时，过程能力指数计算公式为

$$C_{pl}=\frac{\mu-T_l}{3\sigma} \tag{5-8}$$

【例 5-5】 某绝缘材料，规定其击穿电压不低于 1400 伏，随机抽取 20 个样品，经试验得 $\overline{x}$=1460 伏，S=28 伏，求过程能力指数。

求 C_{pl} 值：

$$C_{pl}=\frac{\mu-T_l}{3\sigma}=\frac{\overline{x}-T_l}{3S}=\frac{1460-1400}{3\times28}=0.71$$

六、过程能力指数与过程不合格品率之间的关系

上述四种过程能力指数与过程不合格品率 p 之间的关系如下。

（1）C_p 与 p 的关系：

$$p=2\times[1-\Phi(3C_p)] \tag{5-9}$$

（2）C_{pk} 与 p 的关系：

$$p=2-\Phi(3C_{pk})-\Phi[3C_p(1+k)] \tag{5-10}$$

当 k=0 时，式（5-10）变为式（5-9）。

（3）C_{pu} 与 p 的关系：

$$p=1-\Phi(3C_{pu}) \tag{5-11}$$

（4）C_{pl} 与 p 的关系：

$$p=1-\Phi(3C_{pl}) \tag{5-12}$$

【例 5-6】 求例 5-2 至例 5-5 中的过程不合格品率。

例 5-2 求得 C_p=1.39，过程不合格品率 p 为

$$\begin{aligned}p&=2\times[1-\Phi(3C_p)]\\&=2\times[1-\Phi(3\times1.39)]\\&=2\times[1-\Phi(4.17)]=2\times[1-0.999\,985]=3\times10^{-5}\end{aligned}$$

例 5-3 求得 C_{pk}=0.68，且 k=0.1，C_p=0.76，过程不合格品率 p 为

$$\begin{aligned}p&=2-\Phi[3C_p(1-k)]-\Phi[3C_p(1+k)]\\&=2-\Phi[3\times0.76\times0.9]-\Phi[3\times0.76\times1.1]\\&=2-\Phi(2.05)-\Phi(2.51)\\&=2-0.9798-0.9940\\&=2.62\%\end{aligned}$$

例 5-4 求得 C_{pu}=0.73，过程不合格品率 p 为

$$\begin{aligned}p&=1-\Phi(3C_{pu})\\&=1-\Phi(3\times0.73)\\&=1-\Phi(2.19)=1-0.9857=1.43\%\end{aligned}$$

例 5-5 求得 C_{pl}=0.71，过程不合格品率 p 为

$$\begin{aligned}p&=1-\Phi(3C_{pl})\\&=1-\Phi(3\times0.71)\\&=1-\Phi(2.13)=1-0.9834=1.66\%\end{aligned}$$

七、过程能力指数的应用程序

过程能力指数的应用程序可分为下述六个步骤。

（1）确定分析的质量特性。质量特性值必须为计量值，且过程正常时，该质量特性值必须服从正态分布。

（2）判定过程是否处于正常状态。过程不稳定时，或者虽然稳定，但过程质量特性不服从正态分布时，均不能使用过程能力指数。

（3）收集数据，并计算样本平均值 $\bar{x}$ 和标准差 S。

（4）计算过程能力指数。

（5）计算过程不合格品率 p。

（6）判断过程保证质量的能力。

第二节　方差分析与回归分析

一、方差分析与回归分析的概念

1. 方差分析的概念

方差分析是通过比较因素的方差与试验误差的方差，来检验因素对试验指标的影响是否显著。其实质是假定多个总体方差相等的情况下，判断它们的均值是否相等。

方差分析是一种因素分析方法，广泛应用于优化设计、理化分析、绩效考核中。

方差分析有单因素方差分析和多因素方差分析之分，本节只介绍单因素方差分析方法。

2. 回归分析的概念

回归分析是通过对两个或多个变量的大量观测，收集数据，建立变量间的数学模型（统计规律），利用此模型解决预测和控制问题。

回归分析有一元回归与多元回归之分，也有线性回归与非线性回归之分，本节只介绍一元线性回归。

二、单因素方差分析

1. 问题的提出

【例 5-7】 有四种产品：A_1——国外同类产品；A_2——本厂产品；A_3——国内甲厂产品；A_4——国内乙厂产品。在 A_1、A_2、A_3、A_4 四种产品中分别取出 6 个产品，做了 300 小时的连续磨损老化试验，得到磨损量数据，见表 5-5。

表 5-5　磨损量数据表　　单位：毫米

A 的水平	试验数据 y_{ij}						和	均值
A_1	12	14	15	13	16	12	82	13.7
A_2	20	18	19	17	15	16	105	17.5
A_3	26	19	26	28	23	25	147	24.5
A_4	24	25	18	22	27	24	140	23.3

试问这四种产品的磨损量有无显著差异？

本例中，试验指标是磨损量，记为 Y；影响该指标的可控因素是品种，记为 A；四种不同的产品代表 A 的四个水平，分别记为 A_1、A_2、A_3、A_4。由于我们只考察了一个因素，故称此试验为单因素试验。

解决上述问题的方法通常有两种：直观分析法与方差分析法。直观分析法就是直接比较四种产品的平均磨损量。由表 5-5 可知，A_1 的均值 13.7 最小，A_3 的均值 24.5 最大。因而判定品种 A_1 最好，A_3 最差。这种方法虽然简单易行，但有时会出差错。倘若我们对本厂产品再取 6 个进行同样的试验，得到平均磨损量为 20.0 毫米。那么，如何解释同是本厂产品的两个不同平均磨损量 17.5 毫米和 20.0 毫米呢？事实上，除了品种以外，还有一些未考察的其他因素（统称为试验误差）对磨损量有影响。直观分析法的弊端就在于不能合理区别可控因素和试验误差对试验指标的影响。方差分析法的基本思想是，将试验数据的总波动分解为可控因素引起的波动和试验误差引起的波动，然后比较它们的平均波动，构造方差比，建立 F 检验统计量，判定因素的影响是否显著。这种方法虽然也可能产生误判，但是误判的可能性（概率）可以预先指定，做到心中有数。

2. 方差分析法

为了给出方差分析法的一般计算公式，我们抽出表 5-5 的具体内容，改写成下面的数据表（表 5-6）。

表 5-6　单因素试验数据表

项目	1　2　…　n	和	平均
1	y_{11}　y_{12}　…　y_{1n}	T_1	$\overline{T_1}$
2	y_{21}　y_{22}　…　y_{2n}	T_2	$\overline{T_2}$
⋮	⋮　⋮　⋮	⋮	⋮

续表

项目	1　2　…　n	和	平均
k	y_{k1}　y_{k2}　…　y_{kn}	T_k	$\overline{T_k}$
和		T	$\overline{T}$

各符号定义如下：

$$\begin{cases} T_i = \sum_{j=1}^{n} y_{ij} \\ \overline{T_i} = \frac{T_i}{n} = \frac{1}{n}\sum_{j=1}^{n} y_{ij} \\ T = \sum_{i=1}^{k} T_i = \sum_{i=1}^{k}\sum_{j=1}^{n} y_{ij} \\ N = kn \end{cases} \tag{5-13}$$

1）总波动平方和 S_T 及其自由度 f_T

我们定义 N 个数据 y_{ij} 的总波动平方和为

$$\begin{aligned} S_T &= \sum_{i=1}^{k}\sum_{j=1}^{n}(y_{ij} - \overline{T})^2 \\ &= \sum_{i=1}^{k}\sum_{j=1}^{n} y_{ij}^2 - \mathrm{CT} \end{aligned} \tag{5-14}$$

式中，CT 为修正项，其计算式如下：

$$\mathrm{CT} = \frac{T^2}{N} \tag{5-15}$$

总波动平方和的大小，反映了试验数据相对于数据均值离散程度（即波动）的大小。

在 S_T 中，我们称

$$y_{ij} - \overline{T}\ (i = 1,2,\cdots,k;\ j = 1,2,\cdots,n) \tag{5-16}$$

为离差，S_T 中共有 N 个离差，不难验证，它们满足如下关系式：

$$\sum_{i=1}^{k}\sum_{j=1}^{n}(y_{ij} - \overline{T}) = 0 \tag{5-17}$$

式（5-17）被称为约束条件。由于 N 个离差满足一个约束条件，那么能够自由变化的离差只有 N–1 个。事实上，只要 N–1 个离差任意给定，剩下的一个离差可以由约束条件式（5-17）唯一确定。下面，我们引入自由度的概念。

自由度是波动平方和中可以自由变化的离差个数，通常以符号 f 表示。

自由度 f 的计算公式如下：

$$f = \text{离差个数} - \text{约束条件个数} \tag{5-18}$$

由式（5-18）易知，总波动平方和 S_T 的自由度为

$$f_T = N - 1 \tag{5-19}$$

2）因素 A 引起的波动平方和 S_A 及其自由度 f_A

在因素 A 的各水平下，数据均值 $\overline{T}_i$（$i=1,2,\cdots,k$）互不相同，它们之间的差异主要由因素 A 的水平变化所致。这些均值之间的离差平方和被称为因素 A 引起的波动平方和，记为 S_A。其计算公式如下：

$$S_A=\sum_{i=1}^{k}\sum_{j=1}^{n}(\overline{T}_i-\overline{T})^2$$

$$=\frac{1}{n}\sum_{i=1}^{k}T_i^2-\text{CT} \tag{5-20}$$

在 S_A 中有 k 个不同的离差 $\overline{T}_i-\overline{T}$（$i=1,2,\cdots,k$），它们满足如下约束条件：

$$\sum_{i=1}^{k}(\overline{T}_i-\overline{T})=0 \tag{5-21}$$

所以，S_A 的自由度为

$$f_A=k-1 \tag{5-22}$$

3）误差引起的波动平方和 S_e 及其自由度 f_e

考察因素 A 的第 i 水平的 n 个数据：

$$y_{i1},y_{i2},\cdots,y_{in}$$

它们也互不相同，这些差异是由除了因素 A 以外的其他试验误差所引起的。我们称在因素 A 为同一水平的情况下，n 个数据之间的离差平方和为误差引起的波动平方和，记为 S_e。

其计算公式如下：

$$S_e=\sum_{i=1}^{k}\sum_{j=1}^{n}(y_{ij}-\overline{T}_i)^2 \tag{5-23}$$

S_e 中有 $N=kn$ 个不同的离差 $y_{ij}-\overline{T}_i$（$i=1,2,\cdots,k$；$j=1,2,\cdots,n$），不难验证它们满足下述 k 个约束条件：

$$\sum_{j=1}^{n}(y_{ij}-\overline{T}_i)=0\ (i=1,2,\cdots,k) \tag{5-24}$$

因此，S_e 的自由度为

$$f_e=N-k \tag{5-25}$$

4）分解公式

前面我们介绍了数据的总波动平方和 S_T，以及因素 A 引起的波动平方和 S_A 和误差引起的波动平方和 S_e。从直观上看，引起数据总波动的原因，不外乎因素 A 及除因素 A 以外的其他试验误差。所以，应当有 $S_T=S_A+S_e$。事实上，下面的推导验证了这种猜想是正确的。

$$S_T=\sum_{i=1}^{k}\sum_{j=1}^{n}(y_{ij}-\overline{T})^2$$

$$=\sum_{i=1}^{k}\sum_{j=1}^{n}[(y_{ij}-\overline{T}_i)+(\overline{T}_i-\overline{T})]^2$$

$$=\sum_{i=1}^{k}\sum_{j=1}^{n}(y_{ij}-\overline{T}_i)^2+\sum_{i=1}^{k}\sum_{j=1}^{n}(\overline{T}_i-\overline{T})^2$$

$$=S_e+S_A \tag{5-26}$$

我们称式（5-26）为波动平方和分解公式。相应的自由度分解公式为

$$f_T = f_A + f_e \tag{5-27}$$

为了计算方便，通常用分解公式来计算误差波动平方和及自由度，即

$$\begin{cases} S_e = S_T - S_A \\ f_e = f_T - f_A \end{cases} \tag{5-28}$$

5）*方差分析*

将上面的计算公式整理为下面的方差分析表（表 5-7）。

表 5-7　单因素方差分析表

来源	波动平方和 S	自由度 f	方差 V	F 值
A	$S_A = \frac{1}{n}\sum_{i=1}^{k} T_i^2 - \mathrm{CT}$	$f_A = k-1$	$V_A = \frac{S_A}{f_A}$	$F = \frac{V_A}{V_e}$
e	$S_e = S_T - S_A$	$f_e = f_T - f_A$	$V_e = \frac{S_e}{f_e}$	
T	$S_T = \sum_{i=1}^{k}\sum_{j=1}^{n} y_{ij}^2 - \mathrm{CT}$	$f_T = N-1$		

在表 5-7 中，方差 V 等于波动平方和除以自由度，即平均波动。F 值是两个方差 V_A 与 V_e 之比。倘若 F 值较大，则认为因素 A 对试验指标的影响相对于试验误差的影响是显著的；倘若 F 值较小，则认为因素 A 的影响是不显著的。前面曾指出，这种方法有时也会产生误判。在实际问题中，人们比较关心的是：本来因素 A 的影响不显著，误判为影响显著的可能性有多大？为此，我们预先指定这种误差的概率不超过小概率 $\alpha\,(0<\alpha<1)$。根据 F 检验表，由第一自由度 $f_1 = f_A$ 和第二自由度 $f_2 = f_e$ 查出临界限 $F_{f_2}^{f_1}(1-\alpha)$，若 $F > F_{f_2}^{f_1}(1-\alpha)$，则判定因素 A 的影响是显著的；若 $F \leqslant F_{f_2}^{f_1}(1-\alpha)$，则判定因素 A 的影响是不显著的。我们称预先指定的小概率 α 为显著水平。通常 α 取 0.05 或 0.01，并作如下规定：①$F > F_{f_2}^{f_1}(0.99)$ 时，因素 A 高度显著，记为**；② $F_{f_2}^{f_1}(0.99) \geqslant F > F_{f_2}^{f_1}(0.95)$ 时，因素 A 显著，记为*；③$F \leqslant F_{f_2}^{f_1}(0.95)$ 时，因素 A 不显著。

【例 5-8】（续例 5-7）用方差分析法判定四种产品的磨损量有无显著差异。

解：由表 5-5 可知，

$$k=4,\ n=6,\ N=4\times 6=24$$

（1）求修正项 CT。

$$\begin{aligned} \mathrm{CT} &= \frac{T^2}{N} \\ &= \frac{1}{24}\times(82+105+147+140)^2 \\ &= \frac{474^2}{24} = 9361.50 \end{aligned}$$

（2）求总波动平方和 S_T。

$$S_T=\sum_{i=1}^{4}\sum_{j=1}^{6}y_{ij}^2-\text{CT}$$
$$=(12^2+14^2+\cdots+27^2+24^2)-9361.50$$
$$=592.50$$
$$f_T=N-1=23$$

（3）求因素 A 引起的波动平方和 S_A。

$$S_A=\frac{1}{n}\sum_{i=1}^{4}T_i^2-\text{CT}$$
$$=\frac{1}{6}\times(82^2+105^2+147^2+140^2)-9361.50$$
$$=464.83$$
$$f_A=k-1=3$$

（4）求误差引起的波动平方和 S_e。

$$S_e=S_T-S_A$$
$$=592.50-464.83$$
$$=127.67$$
$$f_e=f_T-f_A=20$$

（5）制作方差分析表（表 5-8）。

表 5-8　例 5-8 的方差分析表

来源	波动平方和 S	自由度 f	方差 V	F 值
A	464.83	3	154.94	24.49**
e	127.67	20	6.38	
T	592.50	23		

**表示“高度显著”，即显著水平 α=1%

因为 $F>F_{20}^{3}(0.99)$，所以因素 A 高度显著。这说明各种产品的磨损量有高度显著差异，或者说有明显差别。

3. 不等重复试验的情形

以上我们假定：在因素 A 的每一水平下，进行 n 次重复试验，这种情形被称为等重复试验的情形。在实际问题中，有时由于客观条件的限制，可能出现不等重复试验的情形。例如，在例 5-8 中，倘若国外同类产品（A_1）只有两个，本厂产品（A_2）可以再多取几个，如取 10 个，对于国内甲厂产品（A_3）、国内乙厂产品（A_4），仍各取 6 个做试验，这样就出现了不等重复试验的情形。

对于不等重复试验的情形，其方差分析表见表 5-9。表 5-9 中各符号意义如下：n_i 为 A_i 水平下试验次数（i=1, 2, ⋯, k）；$N=\sum_{i=1}^{k}n_i$ 为试验总次数；其他符号同前。

表 5-9　不等重复试验的方差分析表

来源	波动平方和 S	自由度 f	方差 V	F 值
A	$S_A=\sum_{i=1}^{k}\frac{1}{n_i}T_i^2-\mathrm{CT}$	$f_A=k-1$	$V_A=\frac{S_A}{f_A}$	$F=\frac{V_A}{V_e}$
e	$S_e=S_T-S_A$	$f_e=f_T-f_A$	$V_e=\frac{S_e}{f_e}$	
T	$S_T=\sum_{i=1}^{k}\sum_{j=1}^{n_i}y_{ij}^2-\mathrm{CT}$	$f_T=N-1$		

三、一元线性回归

1. 数学模型

设试验指标为 y，因素为 x，倘若不存在试验误差时，y 为 x 的线性函数，即

$$y=\alpha+\beta x \tag{5-29}$$

对 x 在水平 $x_1,x_2,\cdots,x_n$ 上进行试验，由于存在试验误差，相应的 y 的试验数据表现为随机变量 $y_1,y_2,\cdots,y_n$。设

$$y_i=\alpha+\beta x_i+\varepsilon_i,\ \ i=1,2,\cdots,n \tag{5-30}$$

式中，α、β 为未知参数；ε_i 为第 i 次试验中的误差，是不可观测的随机变量；y_i 为试验数据，是可观测的随机变量。

不失一般性，可以进一步假定：①ε_1，ε_2，…，ε_n 相互独立；②ε_1，ε_2，…，ε_n 均服从正态分布 $N(0,\sigma^2)$。

我们称满足条件①、②的结构式（5-30）为一元线性回归模型。“一元”是指自变量（因素）只有一个；“线性”是指不存在试验误差时，y 与 x 之间的关系为线性关系，即式（5-29）。

一元线性回归所要解决的问题是：判别 x 与 y 之间是否存在线性关系，这等价于检验下述假设。

$$H_0:\ \beta=0 \tag{5-31}$$

倘若 x 与 y 之间存在线性关系，则求出这种关系：

$$\hat{y}=a+bx \tag{5-32}$$

式中，a、b 分别为 α、β 估计。我们称式（5-32）为回归方程（图 5-17）。

给定 $x=x_0$，求 $y_0=\alpha+\beta x_0+\varepsilon_0$ 的预测区间。

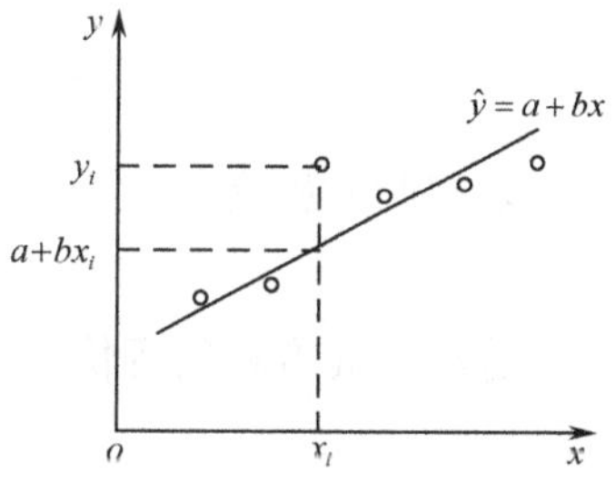

图 5-17　y 对 x 的回归直线

2. 回归方程的建立

前面我们假定 $y=\alpha+\beta x$，α、β 为未知参数，建立回归方程就是根据试验结果 $\{(x_i,y_i)=1,2,\cdots,n\}$ 求 α、β 的估计。我们使用最小二乘法，求 α、β 的估计。

$$Q=\sum_{i=1}^{n}[y_i-(a+bx_i)]^2 \tag{5-33}$$

称为残差平方和。根据 $Q(a, b)$=min，求 a、b。

易见，a、b 满足下述方程组：

$$\begin{cases} \dfrac{\partial Q}{\partial a}=0 \\ \dfrac{\partial Q}{\partial b}=0 \end{cases} \tag{5-34}$$

式（5-34）被称为规范方程组。根据微积分知识，式（5-33）的解为

$$a=\hat{y}-b\hat{x} \tag{5-35}$$

$$b=\frac{\sum_{i=1}^{n}x_i y_i-n\overline{x}\,\overline{y}}{\sum_{i=1}^{n}x_i^2-n\overline{x}^2}=\frac{\sum_{i=1}^{n}(x_i-\overline{x})(y_i-\overline{y})}{\sum_{i=1}^{n}(x_i-\overline{x})^2} \tag{5-36}$$

式中，

$$\begin{cases} \overline{x}=\dfrac{1}{n}\sum_{i=1}^{n}x_i \\ \overline{y}=\dfrac{1}{n}\sum_{i=1}^{n}y_i \end{cases} \tag{5-37}$$

为了书写简便，引入下述符号：l_{xx}、l_{yy}、l_{xy}。

$$\begin{cases} l_{xx}=\sum_{i=1}^{n}(x_i-\overline{x})^2=\sum_{i=1}^{n}x_i^2-\dfrac{1}{n}\left(\sum_{i=1}^{n}x_i\right)^2 \\ l_{yy}=\sum_{i=1}^{n}(y_i-\overline{y})^2=\sum_{i=1}^{n}y_i^2-\dfrac{1}{n}\left(\sum_{i=1}^{n}y_i\right)^2 \\ l_{xy}=\sum_{i=1}^{n}(x_i-\overline{x})(y_i-\overline{y}) \\ \quad\;=\sum_{i=1}^{n}x_i y_i-\dfrac{1}{n}\left(\sum_{i=1}^{n}x_i\right)\left(\sum_{i=1}^{n}y_i\right) \end{cases} \tag{5-38}$$

则

$$\begin{cases} a=\overline{y}-b\overline{x} \\ b=\dfrac{l_{xy}}{l_{xx}} \end{cases} \tag{5-39}$$

而所求回归方程为

$$\hat{y}=a+bx \tag{5-40}$$

不难看出，此方程的等价形式为

$$\hat{y}-\overline{y}=b(x-\overline{x}) \tag{5-41}$$

这说明回归直线（图 5-17）通过数据的散布中心($\overline{x}$, $\overline{y}$)，且斜率为 b。

【例 5-9】 设某化工厂产品收率 y 与反应温度 x 之间存在直线关系，测得五对数据，如表 5-10 所示。

表 5-10　产品收率 y 与反应温度 x 的关系

x_i /℃	70	80	90	100	110
y_i /%	11.25	11.28	11.65	11.70	12.14

试求 y 与 x 之间的回归直线。

（1）作散布图（相关图）。

先在直角坐标中，由每对数据(x_i,y_i)描出所对应的点，称为散布图（或相关图）。从散布图上可以看出 x 与 y 大致呈直线关系，故适宜选配回归直线（图 5-18）。

（2）列表计算回归直线（表 5-11）。

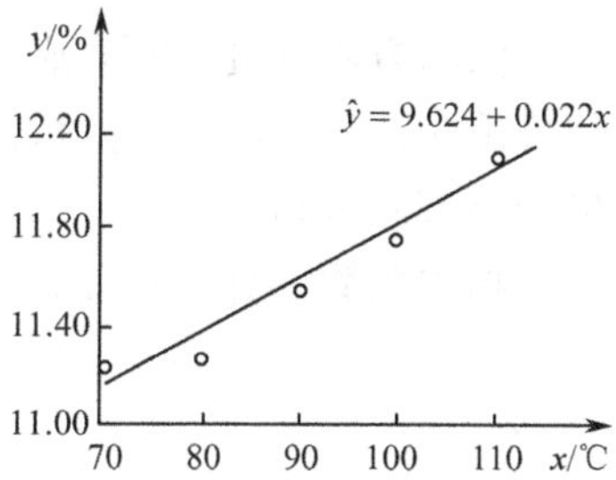

图 5-18　例 5-9 的散布图

表 5-11　回归直线计算表

i	x_i	y_i	x_i^2	y_i^2	x_iy_i
1	70	11.25	4 900	126.562 5	787.5
2	80	11.28	6 400	127.238 4	902.4
3	90	11.65	8 100	135.722 5	1 048.5
4	100	11.70	10 000	136.890 0	1 170.0
5	110	12.14	12 100	147.379 6	1 335.4
合计	450	58.02	41 500	673.793 0	5 243.8
平均	90	11.604			

$$l_{xy}=\sum_{i=1}^{n}x_iy_i-\frac{1}{n}\left(\sum_{i=1}^{n}x_i\right)\left(\sum_{i=1}^{n}y_i\right)$$

$$=5243.8-\frac{1}{5}\times450\times58.02$$

$$=22$$

$$l_{xx}=\sum_{i=1}^{n}x_i^2-\frac{1}{n}\left(\sum_{i=1}^{n}x_i\right)^2$$

$$=41\,500-\frac{1}{5}\times450^2=1000$$

$$l_{yy}=\sum_{i=1}^{n}y_i^2-\frac{1}{n}\left(\sum_{i=1}^{n}y_i\right)^2$$

$$=673.7930-\frac{1}{5}\times(58.02)^2=0.5289$$

$$b=\frac{l_{xy}}{l_{xx}}=0.022$$

$$a=\overline{y}-b\overline{x}$$

$$=11.604-0.022\times90=9.624$$

于是，所求回归直线为

$$\hat{y} = 9.624 + 0.022x$$

3. 相关分析

回归方程建立以后，必须对回归方程的有效性进行检验，通常有两种方法：其一，相关分析法；其二，方差分析法。这两种方法是等价的。本部分介绍相关分析法，下一部分再介绍方差分析法。

相关系数的计算如下。

$$r = \frac{l_{xy}}{\sqrt{l_{xx}l_{yy}}} \tag{5-42}$$

称为相关系数，其绝对值的大小度量了 x、y 之间线性相关的程度。若$|r| > r_\alpha$，则拒绝 H_0，即 x 和 y 线性相关，回归直线有效。否则，线性无关，回归直线无效。若$|r| > r_{0.01}$，则认为高度显著线性相关；若 $r_{0.05} < |r| < r_{0.01}$，则认为显著线性相关；若$|r| < r_{0.05}$，则认为线性无关。

【例 5-10】（续例 5-9）试检验反应温度 x 与收率 y 之间是否线性相关。

（1）计算相关系数。

$$r = \frac{l_{xy}}{\sqrt{l_{xx}l_{yy}}} = \frac{22}{\sqrt{1000 \times 0.5289}} = 0.957$$

（2）相关系数检验。

$$H_0\text{：} r = 0$$

由自由度 $\upsilon = n - 2 = 3$，查相关系数临界值得

$$r_{0.01}=0.959\text{，}r_{0.05}=0.878$$

因为$|r| > r_{0.05}$，所以 x 和 y 之间有显著的直线关系，回归直线有效。

4. 回归直线的方差分析

1）总波动平方和 S_T 及自由度 f_T

$$\begin{cases} S_T = l_{yy} \\ f_T = n - 1 \end{cases} \tag{5-43}$$

2）自变量（回归）所引起的波动平方和 $S_{回}$ 及自由度 $f_{回}$

$$\begin{cases} S_{回} = b^2 l_{xx} \\ f_{回} = 1 \end{cases} \tag{5-44}$$

3）试验误差（e）引起的波动平方和 S_e 及自由度 f_e

$$\begin{cases} S_e = S_T - S_{回} \\ f_e = f_T - f_{回} = n - 2 \end{cases} \tag{5-45}$$

4）方差分析

将上述计算公式整理为方差分析表（表 5-12）。

表 5-12　回归直线的方差分析表

来源	S	f	V	F
x	$S_回=b^2l_{xx}$	1	$V_回=S_回$	$F=\frac{V_回}{V_e}$
e	$S_e=S_T-S_回$	$n-2$	$V_e=\frac{S_e}{n-2}$	
T	$S_T=l_{yy}$	$n-1$		

经过 F 检验，若判为显著或高度显著，则表明 H_0：$\beta=0$ 不成立，说明 x 与 y 之间存在直线关系，因而适宜选配回归直线。否则，不宜选配回归直线。

【例 5-11】（续例 5-9）试判别 x 与 y 之间是否存在直线关系。

（1）计算各种波动平方和及自由度。

$$S_T=l_{yy}=0.5289$$

$$f_T=n-1=4$$

$$S_回=b^2l_{xx}=(0.022)^2\times1000=0.4840，f_回=1$$

$$S_e=S_T-S_回=0.5289-0.4840=0.0449$$

$$f_e=n-2=3$$

（2）方差分析（表 5-13）。

表 5-13　本例回归直线的方差分析表

来源	S	f	V	F
x	0.4840	1	0.4840	32.27*
e	0.0449	3	0.0150	
T	0.5289			

注：$F_3^1(0.95)=10.13$，$F_3^1(0.99)=34.12$

* 表示显著（即 $\alpha=5\%$时判为显著）

由于 $F>F_3^1(0.95)$，所以判为显著，说明 x 与 y 之间存在直线关系。

5. 预测问题

1）一般提法

预测问题就是给定自变量 $x=x_0$，以一定的置信水平 $1-\alpha$，预测因变量 y 的取值范围。

2）预测区间

区间中点：

$$\hat{y}(x_0)=a+bx_0 \tag{5-46}$$

区间半径：

$$\delta=\sqrt{F_{n-2}^1(1-\alpha)V_e\left[1+\frac{1}{n}+\frac{(x_0-\bar{x})^2}{l_{xx}}\right]} \tag{5-47}$$

预测区间：

$$a + bx_0 \pm \delta = (a + bx_0 - \delta, a + bx_0 + \delta) \tag{5-48}$$

这说明自变量$x=x_0$时，有$1-\alpha$的把握可以预测因变量y在区间$(a + bx_0 - \delta, a + bx_0 + \delta)$范围内。

【例 5-12】（续例 5-9）给定反应温度$x = 95$℃，置信水平$1-\alpha=95\%$，求收率y的预测区间。

（1）求区间中点。

$$\hat{y}(x_0) = a + bx_0 = 9.624 + 0.022 \times 95 = 11.714\ (\%)$$

（2）求区间半径。

$$\begin{aligned}\delta &= \sqrt{F_{n-2}^{1}(1-\alpha)V_e\left[1+\frac{1}{n}+\frac{(x_0-\overline{x})^2}{l_{xx}}\right]} \\ &= \sqrt{F_3^1(0.95)V_e\left[1+\frac{1}{n}+\frac{(x_0-\overline{x})^2}{l_{xx}}\right]} \\ &= \sqrt{10.13\times0.015\times\left[1+\frac{1}{5}+\frac{(95-90)^2}{1000}\right]} \\ &= 0.431\ (\%)\end{aligned}$$

（3）求收率y的95%预测区间。

$$a+bx_0\pm\delta=11.714\%\pm0.431\%=(11.283\%,12.145\%)$$

这说明当反应温度为95℃时，有95%的把握可以预测收率y在区间(11.283%, 12.145%)内。

第三节 实验设计

一、实验设计的概念

实验设计是一种多因素的选优方法，它广泛用于产品开发设计、工艺优化、配方研制。早在20世纪20年代英国著名统计学家费雪（Fisher）首创了“实验设计法”，并首先应用在农业中，第二次世界大战后英国、美国将实验设计广泛应用于工业生产中，20世纪60年代“正交实验设计”产生，70年代日本著名质量工程学家田口玄一博士发明了稳健设计，80年代我国数学家王元和方开泰教授又发明了均匀设计。此外，专门研究配方的“混料设计”及将正交设计和回归分析结合在一起的“正交回归设计”等均应运而生，并且得到广泛应用。

本节只介绍“正交实验设计”，它利用一种规格化的表——“正交表”，科学地挑选试验条件，合理地分析试验结果。正交设计的特点是：①多，可以考虑多因素、多指标的选优问题；②快，试验周期短，试验方案一气呵成；③好，可以找到最佳方案；④省，减少试验次数，节省试验经费；⑤易，方法简易、规范化、易于普及推广。

二、正交表简介

正交表是一套已经制作好的规格化表格，是正交实验设计的基本工具。

正交表按其类型划分，有水平数相等的正交表、交互作用表与水平数不等的正交表（也称为混合水平正交表），现分别介绍。

1. 水平数相等的正交表

水平数相等的正交表按水平数的多少又分为二水平正交表，如 $L_4(2^3), L_8(2^7), \cdots$，三水平正交表，如 $L_9(3^4), L_{27}(3^{13}), \cdots$，等等。下面以 $L_8(2^7)$为例，说明水平数相等的正交表的共同特点。

正交表 $L_8(2^7)$中，L 表示正交表之意；8 为表的行数；2 为水平数，意指该表为二水平正交表，表中值由数码 1 和 2 组成；7 为表的列数。由正交表记号 $L_8(2^7)$可以一目了然地看出，该表有 8 行，用它来安排试验共要做 8 次试验；该表为二水平正交表，只能安排二水平因素；该表有 7 列，最多可以安排 7 个因素。

观察表 5-14 不难看出正交表 $L_8(2^7)$有如下两个特点。①每一列都恰有 4 个 1 和 4 个 2，这说明每一列各水平记号重复次数相等。②任两列同一横行形成的 8 个数字对中，(1,1)、(1,2)、(2,1)、(2,2)这四种搭配方式各出现两次。这说明任两列水平的各种搭配方式重复次数也相等。

表 5-14 正交表 $L_8(2^7)$

试验号	列号						
	1	2	3	4	5	6	7
1	1	1	1	1	1	1	1
2	1	1	1	2	2	2	2
3	1	2	2	1	1	2	2
4	1	2	2	2	2	1	1
5	2	1	2	1	2	1	2
6	2	1	2	2	1	2	1
7	2	2	1	1	2	2	1
8	2	2	1	2	1	1	2

以上两个特点是所有正交表的共性，称为正交表的正交性。正是因为这种正交性，用正交表安排的试验具有均衡分散、整齐可比的特点，进而具有很强的代表性。

一般的水平数相等的正交表，可以用记号 $L_n(t^q)$表示，其中各字母的意义如图 5-19 所示。

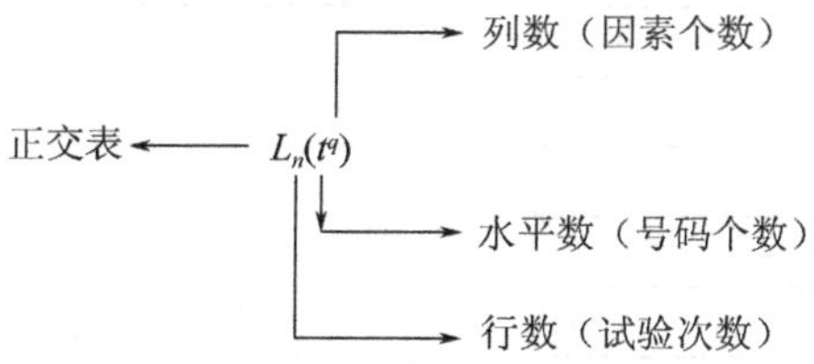

图 5-19 正交表记号示意图

水平数 t 只能为素数或素数的幂，且一般情况下 n、t、q 满足下面的关系式：

$$n-1=q(t-1) \tag{5-49}$$

式中，n–1 为正交表的总自由度；t–1 为每一列的自由度。式（5-49）表明，正交表的总自由度等于各列自由度之和。

2. 交互作用表

若因素 A 对试验指标的影响与因素 B 的水平有关，反之亦然，则称因素 A 与因素 B 之间存在交互作用，并记为 $A\times B$。

在多因素的试验中，若考虑交互作用，必须按交互作用表设计表头。

每一张水平数相等的正交表后面均有一张交互作用表。例如，$L_8(2^7)$的交互作用表见表 5-15。

表 5-15　$L_8(2^7)$两列间交互作用表

列号	1	2	3	4	5	6	7
	（1）	3	2	5	4	7	6
		（2）	1	6	7	4	5
			（3）	7	6	5	4
				（4）	1	2	3
					（5）	3	2
						（6）	1

在多因素试验中，当考虑交互作用时，可以用交互作用表来设计表头和安排试验。例如，若用 $L_8(2^7)$安排试验，如因素 A 排在第 1 列，因素 B 排在第 2 列，则交互作用 $A\times B$ 必须排在第 3 列。

3. 水平数不等的正交表

下面以正交表 $L_8(4^1\times2^4)$为例（表 5-16），说明水平数不等的正交表的特点。正交表 $L_8(4^1\times2^4)$的第一列为 4 水平列，其余 4 列均为 2 水平列。它有 8 行，共要做 8 次试验。

表 5-16　正交表 $L_8(4^1\times2^4)$

试验号	列号				
	1	2	3	4	5
1	1	1	1	1	1
2	1	2	2	2	2
3	2	1	1	2	2
4	2	2	2	1	1
5	3	1	2	1	2
6	3	2	1	2	1
7	4	1	2	2	1
8	4	2	1	1	2

不难验证 $L_8(4^1\times2^4)$ 也有前面所述的正交性。类似式（5-49），其自由度分解公式为

$$8-1=(4-1)\times1+(2-1)\times4$$

最后，需要补充说明两点。

（1）有些特殊的正交表不满足自由度分解公式，这类正交表称为不完备的正交表，如 $L_{18}(2^1\times3^7)$。

（2）正交设计中，有时可控因素与可控因素之间虽然存在交互作用，但可不考虑。这样就希望选用交互作用均匀配列于所有列上的正交表，而 $L_{12}(2^{11})$、$L_{18}(2^1\times3^7)$、$L_{36}(2^{11}\times3^{12})$ 基本满足这一要求。因此，用它们来安排试验，可以不考虑交互作用。

三、二水平正交试验

本节用一个实例说明二水平正交试验的一般步骤和基本原理。

【例 5-13】乙酰胺苯磺化反应的正交试验。

乙酰胺苯是一种药品原料，希望通过正交试验来提高它的收率。

（1）试验方案的设计。试验方案的设计可以分为以下几个步骤。

步骤一，明确目的、确定指标。

试验目的：提高收率。

试验指标：收率 y 越大越好。

步骤二，制定因素水平表。根据生产实践和专业知识，影响收率的因素有：反应温度（A）、反应时间（B）、硫酸浓度（C）、操作方法（D）。

因为反应温度与反应时间的搭配方式对收率也有影响，于是还考虑了交互作用 $A\times B$。

每个因素均取两个水平，其因素水平见表 5-17。

表 5-17　乙酰胺苯磺化反应因素水平表

水平	因素			
	A	B	C	D
1	50℃	1 小时	17%	搅拌
2	70℃	2 小时	27%	不搅拌

在制定因素水平表时，必须注意挑选那些对指标可能影响较大，但又没有把握的因素；因素水平的间隔要适当，在可能范围内尽可能拉大间距。因素水平表制定得是否合适，直接关系到试验的成败。

步骤三，设计试验方案。

正交试验利用正交表来设计方案，可以按下述程序进行。

第一，选表。根据水平数的多少选表的类型。本例各因素均为二水平，故选用二水平表；根据因素及交互作用个数选表的大小。本例共有四个因素及一个交互作用（两个二水平因素的交互作用 $A\times B$ 只占一列），故选用的正交表应至少有 5 列。

综上所述，选用 $L_8(2^7)$ 来设计试验方案。

第二，表头设计。不考虑交互作用的试验，因素可以按顺序排列；考虑交互作用的试

验，必须按交互作用表设计表头。

第三，试验方案设计。在正交表 $L_8(2^7)$中，将排有因素的各列（即 1、2、4、7 列）中的水平记号，换成各因素的具体水平，抽去其他列，这样填写以后，正交表就变成一张试验方案表（表 5-18）。试验方案一经确定，试验的先后顺序可以任意，不必按表中的试验号为序，有条件时还可以将各号试验同时进行。

表 5-18 乙酰胺苯磺化反应试验方案表

试验号	因素（列号）				收率 y/%
	A 1	B 2	C 4	D 7	
1	1（50℃）	1（1 小时）	1（17%）	1（搅拌）	65
2	1	1	2（27%）	2（不搅拌）	74
3	1	2（2 小时）	1	2	71
4	1	2	2	1	73
5	2（70℃）	1	1	2	70
6	2	1	2	1	73
7	2	2	1	1	62
8	2	2	2	2	67

每一号试验的结果——收率 y 填写至表 5-18 的最后一栏。

（2）试验结果的直观分析。从表 5-18 可以看出，在用正交表安排的 8 个试验方案中，第 2 号试验方案所得收率 74%最大。因此，直接来看最好方案为第 2 号方案，相应的试验条件为 $A_1B_1C_2D_2$。

（3）试验结果的极差分析。极差分析，就是通过极差的大小来判断因素的主次，并探索最佳试验方案。其具体步骤如下。

步骤一，列表计算下列各值（表 5-19）。

表 5-19 乙酰胺苯磺化反应试验统计分析表

试验号	A 1	B 2	$A\times B$ 3	C 4	5	6	D 7	y_i/%
1	1	1	1	1	1	1	1	65
2	1	1	1	2	2	2	2	74
3	1	2	2	1	1	2	2	71
4	1	2	2	2	2	1	1	73
5	2	1	2	1	2	1	2	70
6	2	1	2	2	1	2	1	73
7	2	2	1	1	2	2	1	62
8	2	2	1	2	1	1	2	67
T_1	283	282	268	268	276	275	273	T=555
T_2	272	273	287	287	279	280	282	
R	11	9	19	19	3	5	9	CT=38 503.125
S	15.125	10.125	45.125	45.125	1.125	3.125	10.125	S_T= 129.875

总和 T：

$$T=\sum_{i=1}^{n}y_i=65+74+\cdots+67=555$$

每一列的部分和 T_1、T_2：

$$\begin{cases}T_1=1\ \text{水平对应的数据和}\\T_2=2\ \text{水平对应的数据和}\end{cases}$$

以第一列为例：

$$T_1=y_1+y_2+y_3+y_4=65+74+71+73=283$$

$$T_2=y_5+y_6+y_7+y_8=70+73+62+67=272$$

每一列的极差：

$$R=|T_1-T_2|$$

如 $R_1=283-272=11$。

步骤二，按极差大小，判断因素的影响大小。

极差越大，因素的影响越大，本例中各因素对收率 y 的影响为

$$\begin{array}{ccc}\text{主} & \longrightarrow & \text{次}\\ A\times B & A & B\\ C & & D\end{array}$$

步骤三，最佳工艺的确定。

主要因素（或主要交互作用）选取最优水平（或最佳搭配）；次要因素任选，或参考其他条件（如缩短周期、减少成本）等选取。

C 的水平确定：比较 C 所在列的 T_1、T_2 值，可选出其最优水平。因为收率越大越好，所以 C 取水平 C_2。

$A\times B$ 的最佳搭配：为选取 $A\times B$ 的最佳搭配，先计算二元配置表（表 5-20）。

表 5-20　A、B 的二元配置表

$A\times B$	B_1	B_2
A_1	139	144
A_2	143	129

可见，A 和 B 的最佳搭配方式为 A_1B_2。

D 的水平确定：无论从提高收率或操作方便哪一个角度出发，均应选取 D_2。

最佳工艺条件：综合上面的结论，可得最佳工艺条件为 $A_1B_2C_2D_2$。

（4）试验结果的方差分析。方差分析，就是将试验数据的总波动平方和分解成各因素的交互作用及试验误差的波动平方和，并比较它们的方差，以判断因素影响的显著性，其具体步骤如下。

修正项的计算：

$$\mathrm{CT}=\frac{T^2}{n}=\frac{(555)^2}{8}=38\,503.125 \tag{5-50}$$

总波动平方和 S_T 及自由度 f_T：

$$\begin{aligned}S_T&=\sum_{i=1}^{n}(y_i-\overline{y})^2\\&=\sum_{i=1}^{n}y_i^2-\mathrm{CT}\\&=(65^2+74^2+\cdots+67^2)-38\,503.125\\&=129.875\end{aligned} \tag{5-51}$$

$$f_T=n-1=7 \tag{5-52}$$

各列波动平方和 S_j 及自由度 f_j：

$$S_j=\frac{1}{n}(T_1-T_2)^2,\ j=1,2,\cdots,7 \tag{5-53}$$

$$f_j=2-1=1$$

可以证明各列波动平方和之和等于 S_T，即

$$\sum S_j=S_T \tag{5-54}$$

下面以第一列为例，

$$S_1=S_A=\frac{1}{8}\times(283-272)^2=15.125$$

先计算试验误差波动平方和 S_e 及自由度 f_e。可以利用空列来计算试验误差引起的波动平方和：

$$S_e=S_5+S_6=1.125+3.125=4.250 \tag{5-55}$$

$$f_e=f_5+f_6=2$$

然后进行方差分析，将上述计算结果整理为方差分析表（表 5-21）。

表 5-21　方差分析表

来源	S	f	V	F 值
A	15.125	1	15.125	7.12
B	10.125	1	10.125	4.76
$A\times B$	45.125	1	45.125	21.24*
C	45.125	1	45.125	21.24*
D	10.125	1	10.125	4.76
e	4.250	2	2.125	
T	129.875	7		

注：$F_2^1(0.99)=98.49$，$F_2^1(0.95)=18.51$

*表示因素显著

方差分析表明交互作用 $A\times B$ 及因素 C 对收率有显著影响（$\alpha=5\%$），其他因素均无显著影响，这一结论与极差分析法是一致的。

最佳工艺的确定也与前面相同。

（5）主效应图。通过作图的方法，可以更直观地看出各因素影响试验指标的规律性，本例主效应图见图 5-20。

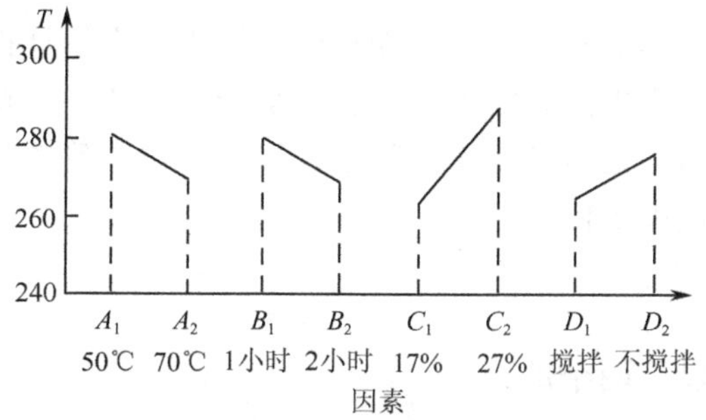

图 5-20　乙酰胺苯磺化反应试验效应图

（6）工程平均收率的估计。对于最佳工艺 $A_1B_2C_2D_2$，我们可以估计工艺下的平均收率，其计算公式为

$$
\begin{aligned}
\hat{\mu}_{佳} &= \overline{T} + \text{显著效应} \\
&= \overline{T} + (\overline{A_1B_2} - \overline{A_1} - \overline{B_2} + \overline{T}) + (\overline{C_2} - \overline{T}) \\
&= \overline{A_1B_2} - \overline{A_1} - \overline{B_2} + \overline{C_2} + \overline{T}
\end{aligned}
\tag{5-56}
$$

式中，$\overline{T} = T/n$ 为试验数据的总平均；$\overline{A_1B_2} = A_1B_2$ 为搭配下数据的均值；$\overline{A_1} = A_1$ 为水平下数据的均值。

所以，

$$
\begin{aligned}
\hat{\mu}_{佳} &= \frac{144}{2} - \frac{283}{4} - \frac{273}{4} + \frac{287}{4} + \frac{555}{8} \\
&= 74.125\ (\%)
\end{aligned}
\tag{5-57}
$$

以上结论说明，若按最佳工艺 $A_1B_2C_2D_2$ 进行乙酰胺苯磺化反应，可预期平均收率为 74.125%。

（7）验证试验。最佳工艺 $A_1B_2C_2D_2$ 不在已做的 8 个试验之中，因此应进行验证试验，以便证实该工艺的最优性。

第四节　控　制　图

一、控制图的概念

控制图是对生产过程中产品质量状况进行适时控制的统计工具，是质量控制中最重要的方法。人们对控制图的评价是：“质量管理始于控制图，也终于控制图。”

早在 1924 年，休哈特博士就开始把数理统计应用于工业生产中，制作了世界上第一张工序质量控制图。自控制图问世以来，它把产品质量控制从事后检验改变为事前预防，为保证产品质量、降低生产成本、提高生产率开辟了广阔的前景，因此它在世界各国得到了广泛的应用。我国已经制定了有关控制图的国家标准，称为“常规控制图”。

1. 控制图的用途

控制图的主要用途如下。

（1）分析判断生产过程的稳定性，从而使生产过程处于统计控制状态。

（2）及时发现生产过程中的异常现象和缓慢变异，预防不合格品发生。

（3）查明生产设备和工艺装备的实际精度，以便作出正确的技术决定。

（4）为评定产品质量提供依据。

2. 基本格式

控制图的内容包括以下两个部分。

1）标题部分

标题部分包括产品名称，工作令编号，质量特性，观测方法，规范界限或要求，数据收集期间，抽样间隔、数量，设备编号，观测仪器编号，车间，操作员，检验员等。通常将上述内容编成表格的形式（表 5-22）。

表 5-22　控制图的标题

产品名称		工作令编号			数据收集期间	
质量特性		车间				
观测方法		规定日产量			设备编号	
规范界限或要求		抽样	间隔		操作员	
			数量			
规范编号		观测仪器编号		检验员		
生产过程质量要求						

2）控制图部分

控制图的基本格式如图 5-21 所示。横坐标为样本序号，纵坐标为质量特性。图中有三条平行线：实线 CL——中心线；虚线 UCL——上控制界限线；虚线 LCL——下控制界限线。

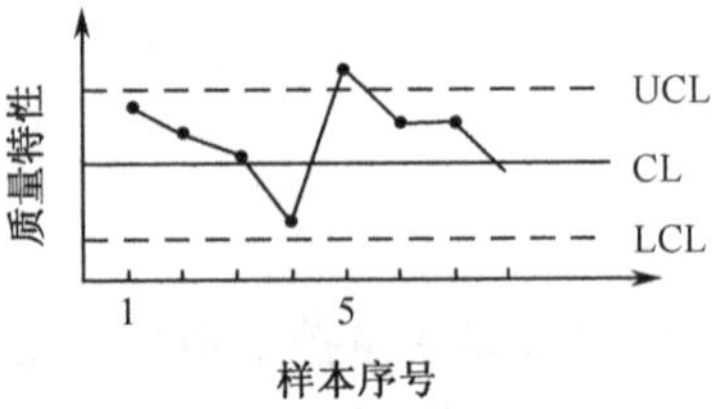

图 5-21　控制图

在生产过程中，定时抽取样本，把测得的点子一一描在控制图上。如果点子落在两条控制界限线之间，且点子排列无缺陷（参见下面“控制图的判断规则”部分），则表明生产过程正常，过程处于统计控制状态。如果点子越出控制界限线，或点子排列有缺陷，则表明生产条件发生了异常变化，过程已处于非统计控制状态。此时，必须对过程采取措施，加强管理，使生产过程恢复正常。

3. 控制图的设计原理

控制图的设计原理可用四句话来表述，即正态性假定、3σ 准则、小概率原理和反证法思想（图 5-22）。

1）正态性假定

任何生产过程生产出来的产品的质量特性值总会存在一定程度的波动，当过程稳定或者受控时，这些波动主要是由5M1E，即人、机器、原材料、工艺方法、测量及生产环境等的微小变化造成的随机误差。此时，绝大多数质量特性值均服从或近似服从正态分布。这一假定被称为正态性假定。

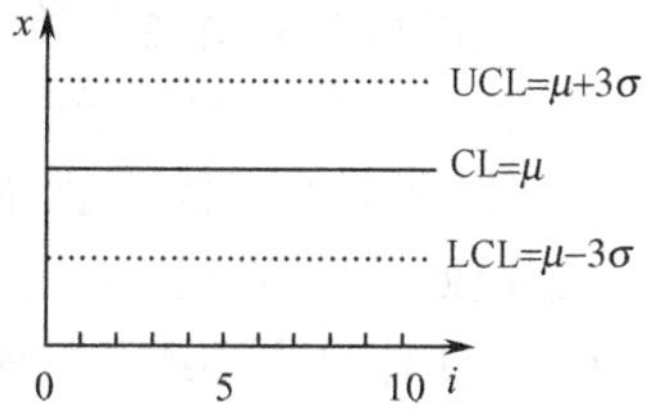

图5-22　控制图的设计原理

2）3σ准则

若质量特性X服从正态分布$N(\mu, \sigma^2)$，则根据正态分布的概率性质，有

$$P\{\mu-3\sigma < X < \mu+3\sigma\}=99.73\% \tag{5-58}$$

即$(\mu-3\sigma,\mu+3\sigma)$是$X$的实际取值范围。

据此原理，若对X设计控制图，则中心线CL=μ，上、下控制界限线分别为UCL=$\mu+3\sigma$，LCL=$\mu-3\sigma$。中心线用实线表示，上、下控制界限线用虚线表示。

3）小概率原理

小概率原理，即认为小概率事件一般是不会发生的。由3σ准则可知，若X服从正态分布$N(\mu, \sigma^2)$，则X的可能值超出控制界限的可能性只有0.27%。因此，一般认为不会超出控制界限。

小概率原理符合人们的推理思想，故又称为实际推断原理，当然运用小概率原理也可能导致错误，但犯错误的可能性恰好就是此小概率。

4）反证法思想

一旦控制图上点子越出界限线或其他小概率事件发生，则怀疑原生产过程失控，即不稳定，此时要从5M1E去找原因，看是否发生了显著性变化。

4. 控制图的种类

按产品质量的特性来分类，控制图可分为计量值控制图与计数值控制图。

1）计量值控制图

其适用于产品质量特性为计量值的情形。例如，长度、重量、时间、强度、含量及收率等连续变量。常用的计量值控制图有下面几种。

（1）均值-极差控制图（$\bar{x}$-R图）。

（2）中位数-极差控制图（$\tilde{x}$-R图）。

（3）单值-移动极差控制图（x-R_s图）。

（4）均值-标准差控制图（$\bar{x}$-S图）。

2）计数值控制图

其适用于产品质量特性为计数值的情形。例如，不合格品数、不合格品率、缺陷数、单位缺陷数等离散变量。常用的计数值控制图有下面几种。

（1）不合格品率控制图（p图）。

（2）不合格品数控制图（pn图）。

（3）单位缺陷数控制图（u图）。

（4）缺陷数控制图（c图）。

按控制图的用途分类，控制图可分为分析用控制图与控制用控制图。

分析用控制图用于分析生产过程是否处于统计控制状态。若经分析后，生产过程处于统计控制状态且满足质量要求，则把分析用控制图转为控制用控制图；若经分析后，生产过程处于非统计控制状态，则应查找过程失控的异常原因，并加以消除，去掉异常数据点，重新计算中心线和控制界限线。若异常数据点比例过大，则应改进生产过程，再次收集数据，计算中心线和控制界限线；若经分析后，生产过程虽然处于统计控制状态，但不满足质量要求，则应调整生产过程的有关因素，直到满足要求方能转为控制用控制图。

控制用控制图由分析用控制图转化而成，用来对生产过程进行连续监控。按照确定的抽样间隔和样本大小抽取样本，计算统计量数值并在控制图上描点，判断生产过程是否异常。控制用控制图在使用一段时间以后，应根据实际情况对中心线和控制界限线进行修改。

5. 控制图的判断规则

1）分析用控制图

分析用控制图上的点子同时满足下面的两条规则，则认为生产过程处于统计控制状态。

规则 1：绝大多数点子在控制界限内，即连续 25 点中没有 1 点在控制界限外；连续 35 点中最多有 1 点在控制界限外；连续 100 点中最多有 2 点在控制界限外。

规则 2：点子排列无下述异常现象。①一个点落在三倍标准差以外，即超出了控制界限；②连续 9 点或更多点在中心线同一侧（9 点链）；③连续 6 点或更多点单调上升或单调下降（6 点趋势）；④连续 14 点中相邻点交替上下；⑤连续 3 点中至少有 2 点落在中心线同一侧的二倍标准差以外；⑥连续 5 点中至少有 4 点落在中心线同一侧的一倍标准差以外；⑦连续 15 点落在中心线两侧的一倍标准差与二倍标准差之间；⑧连续 8 点落在中心线两侧且无 1 点落在一倍标准差以内。

2）控制用控制图

控制用控制图上的点子同时满足下面的两条规则，才认为生产过程处于统计控制状态。

规则 1：每一个点子均落在控制界限内。

规则 2：控制界限内点子的排列无异常现象（参见分析用控制图判断规则 2）。

必须指出，以上判断规则仅适用于质量特性 X 的观测值服从正态分布的 $\bar{x}$-R 图和 $\bar{x}$-S 图。

控制图上非随机的模式，可能表明过程均值或过程波动性发生了细微变化，这些变化可能不够显著，不足以像点子落在控制界限外那样快速显示过程的异常。图 5-23 给出了波动可查明原因的四种检验模式。

二、均值–极差控制图（$\bar{x}$-R 图）

$\bar{x}$-R 图是 $\bar{x}$ 图（均值控制图）和 R 图（极差控制图）联合使用的一种控制图，$\bar{x}$ 图主要用于判断生产过程的均值是否处于或保持在所要求的受控状态；R 图用于判断生产过程的标准差是否处于或保持在所要求的受控状态。$\bar{x}$-R 图通常在样本大小 $n \leqslant 10$ 时使用，是一种常用的计量值控制图，下面举例说明其制作方法。

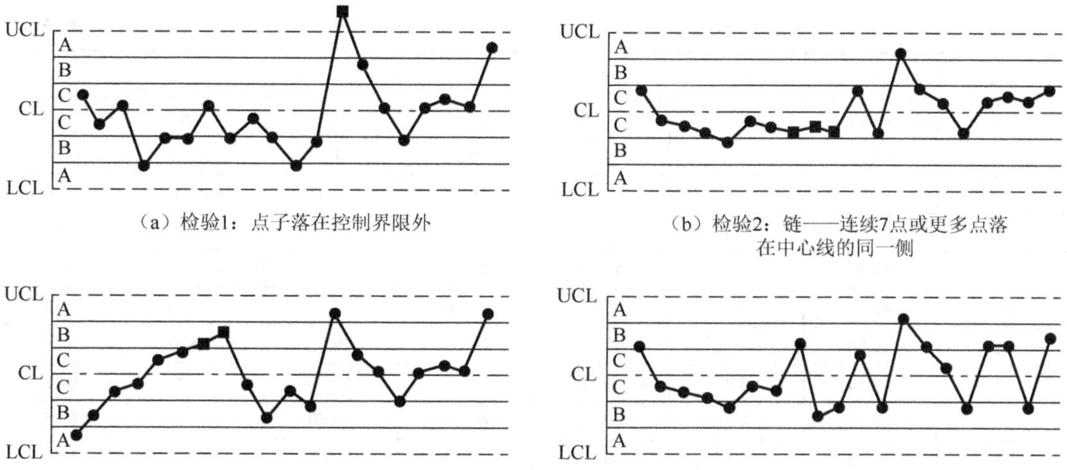

（a）检验1：点子落在控制界限外

（b）检验2：链——连续7点或更多点落在中心线的同一侧

（c）检验3：趋势——连续7点递增或递减

（d）检验4：任何明显的非随机模式

图 5-23　波动可查明原因的四种检验模式

不同行业可能会使用不同的检验模式；对于下控制界限被设置为零的 p 图、pn 图、c 图和 u 图，不能在中心线与下控制界限线之间设置三个一西格玛的区域

【例 5-14】某厂生产一种零件，其长度要求为 49.50±0.10 毫米，生产过程质量要求为过程能力指数不小于 1，为对该过程实施连续监控，试设计 $\bar{x}$-R 图。

（1）收集数据并加以分组。在 5M1E 充分固定并标准化的情况下，从生产过程中收集数据。

本例每隔 2 小时，从生产过程中抽取 5 个零件，测量其长度值，组成一个大小为 5 的样本，一共收集 25 个样本，数据见表 5-23。

表 5-23　某零件长度值数据表　　单位：毫米

样本序号	X_{i1}	X_{i2}	X_{i3}	X_{i4}	X_{i5}	$\bar{x}_i$	R_i
1	49.47	49.46	49.52	49.51	49.47	49.485	0.06
2	49.48	49.53	49.55	49.49	49.53	49.516	0.07
3	49.50	49.53	49.47	49.52	49.48	49.500	0.06
4	49.47	49.53	49.50	49.51	49.47	49.496	0.07
5	49.47	49.55	49.45	49.53	49.56	49.530	0.11
6	49.45	49.49	49.49	49.53	49.57	49.506	0.12
7	49.50	49.45	49.49	49.53	49.55	49.504	0.10
8	49.50	49.50	49.53	49.51	49.47	49.502	0.06
9	49.50	49.45	49.51	49.57	49.50	49.506	0.12
10	49.50	49.48	49.57	49.55	49.53	49.526	0.09
11	49.47	49.44	49.54	49.55	49.50	49.500	0.11
12	49.49	49.50	49.50	49.52	49.55	49.512	0.06
13	49.46	49.48	49.53	49.50	49.50	49.494	0.07
14	49.53	49.57	49.55	49.51	49.47	49.526	0.10
15	49.45	49.47	49.49	49.52	49.54	49.490	0.09

续表

样本序号	X_{i1}	X_{i2}	X_{i3}	X_{i4}	X_{i5}	$\overline{x}_i$	R_i
16	49.48	49.53	49.50	49.51	49.50	49.504	0.05
17	49.50	49.48	49.52	49.55	49.50	49.510	0.07
18	49.50	49.51	49.47	49.53	49.52	49.506	0.06
19	49.50	49.49	49.52	49.50	49.54	49.510	0.05
20	49.50	49.52	49.53	49.45	49.51	49.502	0.08
21	49.52	49.47	49.57	49.50	49.52	49.516	0.10
22	49.50	49.52	49.49	49.53	49.47	49.502	0.06
23	49.50	49.47	49.48	49.56	49.50	49.502	0.09
24	49.48	49.50	49.49	49.53	49.50	49.500	0.05
25	49.50	49.55	49.57	49.54	49.46	49.524	0.11
合计						1237.669	2.00
平均						49.5068	0.08

一般来说，制作$\overline{x}$-R图，每组样本大小n≤10，组数k≥25。

（2）计算每组的样本均值和样本极差：

$$\overline{x}_i = \frac{1}{n}\sum_{j=1}^{n} X_{ij},\quad i = 1,2,3,\cdots,k \tag{5-59}$$

$$R_i = \max_{1\leqslant j\leqslant n}\{X_{ij}\} - \min_{1\leqslant j\leqslant n}\{X_{ij}\} \tag{5-60}$$

其计算结果也填写在表 5-23 中。

（3）计算总平均和极差平均：

$$\overline{\overline{x}} = \frac{1}{k}\sum_{i=1}^{k}\overline{x}_i = 49.5068 \tag{5-61}$$

$$\overline{R} = \frac{1}{k}\sum_{i=1}^{k} R_i = 0.0800 \tag{5-62}$$

（4）计算控制线：

$$\overline{x}图\begin{cases}\mathrm{UCL} = \overline{\overline{x}} + A_2\overline{R} = 49.5068 + 0.577\times 0.0800 = 49.5530\\ \mathrm{CL} = \overline{\overline{x}} = 49.5068\\ \mathrm{LCL} = \overline{\overline{x}} - A_2\overline{R} = 49.5068 - 0.577\times 0.0800 = 49.4606\end{cases} \tag{5-63}$$

$$R图\begin{cases}\mathrm{UCL} = D_4\overline{R} = 2.115\times 0.0800 = 0.1692\\ \mathrm{CL} = \overline{R} = 0.0800\\ \mathrm{LCL} = D_3\overline{R} < 0\end{cases} \tag{5-64}$$

式中，A_2、D_4、D_3均从控制图系数表中查得，当n=5 时，A_2=0.577，D_3<0，D_4=2.115。

（5）制作控制图。在方格纸上分别作$\overline{x}$图和R图，两张图必须画在同一页纸上，这样以便对照分析。$\overline{x}$图在上，R图在下，纵轴在同一直线上，横轴相互平行，并且刻度对齐。本例由于 R 图的下限为负值，但极差 R 不可能为负值，所以 R 的下控制界限线可以省略（图 5-24）。

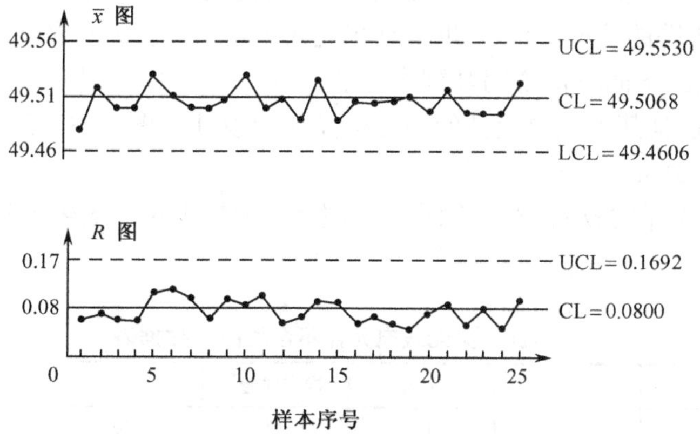

图 5-24　零件长度的 $\bar{x}$-R 图

（6）描点。根据各样本的 $\bar{x}_i$ 和 R_i 在控制图上描点。

（7）分析生产过程是否处于统计控制状态。根据分析用控制图的判断规则，分析生产过程是否处于统计控制状态。经分析，本例生产过程处于统计控制状态。

（8）计算过程能力指数。

求 C_p 值：

$$C_p = \frac{T}{6\sigma} = \frac{T}{6R/d_2(n)} = \frac{0.20}{6\times 0.08/2.326} = 0.97$$

式中，$d_2(n)$查控制图系数表，$n = 5$ 时，$d_2(n)$=2.326。

求修正系数 k：

$$k = \frac{|\mu - T_m|}{T/2} = \frac{|\bar{\bar{x}} - T_m|}{T/2} = \frac{|49.5068 - 49.50|}{0.20/2} = 0.068$$

求修正后的过程能力指数 C_{pk}：

$$C_{pk} = (1-k)C_p = (1-0.068)\times 0.97 = 0.90$$

倘若过程质量要求为过程能力指数不小于 1，则显然不满足要求，于是不能将分析用控制图转化为控制用控制图，应采取措施，提高加工精度。

（9）求过程平均不合格品率 p。

根据过程平均不合格品率 p 与过程能力指数的关系，计算 p 值如下：

$$\begin{aligned}p &= 2 - \Phi[3C_p(1-k)] - \Phi[3C_p(1+k)]\\ &= 2 - \Phi[3\times 0.97\times(1-0.068)] - \Phi[3\times 0.97\times(1+0.068)]\\ &= 2 - \Phi(2.71) - \Phi(3.11)\\ &= 2 - 0.9966 - 0.9991 = 0.43\%\end{aligned}$$

三、不合格品率控制图（p 图）

p 图用于判断生产过程不合格品率是否处于或保持在所要求的受控状态。它虽然适用于样本大小 n_i 不相等的情况，但 n_i 也不宜相差太大，否则控制图的上、下限不是一条直线，而是阶梯式的。下面举例说明其制作方法。

【例 5-15】为控制某无线电元件的不合格品率而设计 p 图。生产过程质量要求为平均不合格品率不超过 2%。

（1）收集数据。在 5M1E 充分固定并标准化的情况下，从生产过程中收集数据，见表 5-24。

表 5-24　某无线电元件不合格品率数据表

样本序号 i	n_i	k_i	p_i/%	样本序号 i	n_i	k_i	p_i/%
1	835	8	1.0	15	830	14	1.7
2	808	12	1.5	16	798	7	0.9
3	780	6	0.8	17	813	9	1.1
4	504	12	2.4	18	818	7	0.9
5	860	14	1.6	19	581	8	1.4
6	600	5	0.8	20	550	6	1.1
7	822	11	1.3	21	807	11	1.4
8	814	8	1.0	22	595	7	1.2
9	618	10	1.6	23	500	12	2.4
10	703	8	1.1	24	760	7	0.9
11	850	19	2.2	25	620	10	1.6
12	709	11	1.6	合计	17 775	248	
13	700	10	1.4	平均	711		1.40
14	500	16	3.2				

注：n_i 为样本大小；k_i 为样本中的不合格品数；$p_i = k_i/n_i$ 为样本中的不合格品率

（2）计算样本中的不合格品率 p_i：

$$p_i = \frac{k_i}{n_i},\quad i = 1,2,\cdots,k \tag{5-65}$$

（3）求过程平均不合格品率 $\overline{p}$：

$$\overline{p} = \sum_{i=1}^{k} k_i \Big/ \sum_{i=1}^{k} n_i = \frac{248}{17\,775} = 1.40\% \tag{5-66}$$

（4）计算控制线：

$$p\text{图}\begin{cases} \mathrm{UCL} = \overline{p} + \dfrac{3}{\sqrt{n_i}}\sqrt{\overline{p}(1-\overline{p})} \\ \mathrm{CL} = \overline{p} \\ \mathrm{LCL} = \overline{p} - \dfrac{3}{\sqrt{n_i}}\sqrt{\overline{p}(1-\overline{p})} \end{cases} \tag{5-67}$$

从式（5-67）可以看出，当 n_i 不相等时，UCL、LCL 随 n_i 的变化而变化，其图形为阶梯式的折线而非直线。为方便计算，若

$$\begin{aligned} n_{\max} &\leqslant 2\bar{n} \\ n_{\min} &\geqslant \bar{n}/2 \end{aligned} \tag{5-68}$$

同时满足，即 n_i 相差不大时，可以令 $n_i=\bar{n}$，使得上、下限仍为常数，其图形仍为直线。

本例中 $\bar{n}=711$，各个 n_i 满足条件式（5-68），所以

$$p\text{图}\begin{cases} \text{UCL}=\bar{p}+\dfrac{3}{\sqrt{\bar{n}}}\sqrt{\bar{p}(1-\bar{p})} \\ \quad =0.0140+\dfrac{3}{\sqrt{711}}\times\sqrt{0.0140\times(1-0.0140)}=2.72\% \\ \text{CL}=\bar{p}=1.40\% \\ \text{LCL}=\bar{p}-\dfrac{3}{\sqrt{\bar{n}}}\sqrt{\bar{p}(1-\bar{p})} \\ \quad =0.0140-\dfrac{3}{\sqrt{711}}\times\sqrt{0.0140\times(1-0.0140)}=0.08\% \end{cases}$$

（5）制作控制图。以样本序号 i 为横坐标，样本不合格品率 p_i 为纵坐标，作 p 图，如图 5-25 所示。

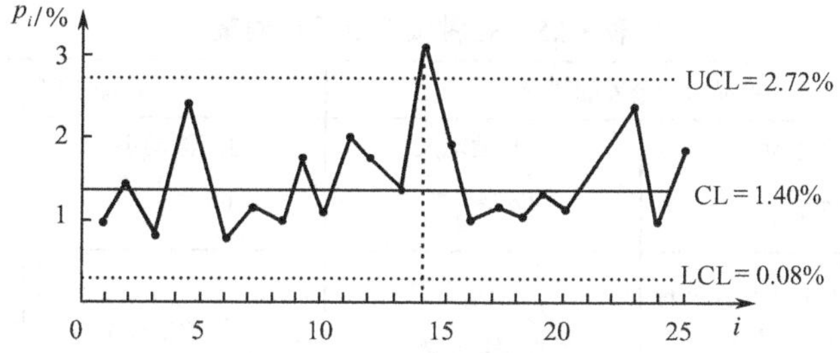

图 5-25　某无线电元件的 p 图

（6）描点。根据每个样本中的不合格品率 p_i 在图上描点。

（7）分析生产过程是否处于统计控制状态。

在图 5-25 中可见，序号 14 对应点超出控制上界，出现异常现象，说明生产过程处于失控状态。

尽管 $\bar{p}<2\%$，但由于生产过程失控，即不合格品率波动大，不能将此分析用控制图转化为控制用控制图，应查明第 14 点失控的原因，并制定纠正措施。

四、控制图的使用程序

1. 控制图的观察与分析

在使用控制图时，除了根据上述判断规则对生产过程作出正确判断，下面所列举的几种观察和分析方法也是十分重要的。

1）几种常见的图形原因分析

（1）点子出现上、下循环移动的情形：对于 $\bar{x}$ 图，其原因可能是季节性环境影响或操作人员的轮换；对于 R 图，其原因可能是维修计划安排上的问题或操作人员的疲劳。

（2）点子出现朝单一方向变化的趋势：对于 $\bar{x}$ 图，其原因可能是工具磨损，设备未按期进行检验；对于 R 图，其原因可能是原材料的均匀性变好或变坏。

（3）连续若干点集中出现在某些不同的数值上：对于 $\bar{x}$ 图，其原因可能是机器、操作人员、原材料或定位的变化；对于 R 图，原因同 $\bar{x}$ 图。

（4）$\bar{x}$ 图（或 x 图）与 R 图（或 R_s 图）的关联变化：若 $\bar{x}$ 图的变化与 R 图的变化（或 x 图与 R_s 图的变化）趋于同一方向，则说明数据所来自的总体的分布是正偏斜的，即在大的一边，密度曲线的尾巴长。若 $\bar{x}$ 图的变化与 R 图的变化（或 x 图与 R_s 图的变化）趋于相反方向，则说明数据所来自的总体的分布是负偏斜的，即在小的一边，密度曲线的尾巴短。

（5）太多的点子接近中心线。若连续 15 点以上落在中心线附近 $\pm\sigma$ 的带形区域内，此为小概率事件，出现这一情况也应判为异常。其原因有三：控制图使用太久而没有加以修改，以致失去控制作用；数据不真实；数据分组有误。

2）各种情形下应采取的措施

根据美国著名质量管理专家朱兰博士的建议，控制图在下述各种情形下，应采取相应的对策，如表 5-25 所示。

表 5-25　各种情况及相应对策

过程状态	产品符合公差的要求		产品不符合公差的要求	
	过程波动小 $6\sigma<\frac{1}{3}T$	过程波动大 $6\sigma>\frac{2}{3}T$	过程波动小 $6\sigma<\frac{1}{3}T$	过程波动大 $6\sigma>\frac{2}{3}T$
生产过程处于受控状态	可考虑降低对过程精度的要求，以减少成本。让设计人员加严公差，以提高产品的等级	一般不要采取措施	过程平均数定位不当，一般不难加以校正	过程可能定位不当，且太分散，先校正定位。采用较精密的生产方法，或放宽公差，或对产品加以挑选，并比较其经济效益
生产过程处于失控状态	一般不要采取措施	研究失控的原因，根据纠正措施的经济效果来决定纠正措施	过程可能定位不当或游移不定，或二者皆有，先校正定位；检查失控原因，可考虑采用较精密的生产方法，或放宽公差，或对产品加以挑选，看哪一种经济上更有利	

2. 控制图的使用步骤

使用控制图可归纳为以下几个步骤。

（1）选定产品的质量特性及所用的控制图。

（2）收集预备数据作分析用控制图。

（3）用分析用控制图判断生产过程是否处于统计控制状态，若发现有异常，需针对异常找出原因，并将异常数据剔除，重新计算控制线；或者重新收集数据，重复步骤（2）～（3）。

（4）判断生产过程是否能够满足规定质量要求，如能够满足，则可将此时的分析用控制图转化为控制用控制图，否则应重新调整生产过程的有关要素，直至生产过程能够满足规定要求，方可将分析用控制图转化为控制用控制图。

（5）用控制用控制图对生产过程进行监控。在生产过程中取样，并将其结果在控制图上画点，用判断规则对生产过程状态进行判断，一旦发现生产过程处于非统计控制状态，则要针对异常数据点，查明原因，并加以消除。

（6）修改控制图。控制图使用一段时间后，如出现下述情况之一，应重新计算中心线和控制界限线：①大修或停产；②工况发生较大变化；③质量发生明显改进，原控制界限显得太宽，已失去控制作用。

第五节 统计抽样

一、统计抽样的概念

1. 用途

统计抽样是对成批产品进行质量检验（包括原材料的进货检验、在制品的过程检验和成品的最终检验）的一种科学方法，它以数理统计为基础，通过抽取少量的产品进行质量检验以判断成批产品的质量情况，既经济又可靠。

早在 20 世纪 20 年代就开始了利用数理统计方法制定抽样检验表的研究。1944 年美国统计学家道奇和罗米克发表了他们合写的专著《一次和二次抽样检验表》，这套抽样检验表目前在国际上仍被广泛应用。工农业生产的发展，特别是现代化大生产的需要，推动了抽样检验的发展，并且其越来越趋于国际标准化。

2. 术语

统计抽样有许多名词术语，这里只介绍几个最基本的术语。

（1）批。汇集在一起的一定数量的某种产品、材料或服务，称为“批”。

这里所说的“批”都是交验批或检验批，批分连续批和孤立批。在同一生产过程中连续生产的一系列批，只要 5M1E 基本相同，一般来说可定为连续批。连续批的统计特征是现时的抽样检验结果包含前后一些批的有关被检质量特性的有用信息。不能定为连续批的批可定为孤立批。例如，单个批、少数的几个批、一系列质量信息相互独立的交验批等。

（2）单位产品。可单独描述和考察的事物，称为单位产品。例如，一个有形的实体；定量的材料；一项服务、一次活动或一个过程；一个组织或个人；上述项目的任何组合。

（3）样本。从批中随机抽取的供检验用的一部分单位产品，称为样本。为了使样本最佳地代表批，必须按随机抽样的方法获得样本。随机抽样就是要求批中每个单位产品被抽到的机会均等。抽签法、掷骰子法及随机数表法均是简单可行的随机抽样方法。

（4）批量 N 与样本量 n。批中所包含的单位产品个数称为批量，用 N 表示；样本中单位产品的数量称为样本量，用 n 表示。若 $n/N \ll 1$，则可以认为批量是无限的；反之，认为批量是有限的。

（5）抽样检验。利用所抽取的样本对产品或过程进行的检验，称为抽样检验。这里所指的抽样检验是利用样本对批进行的检验。

（6）抽样（检验）方案。所使用的样本量和有关批接收准则的组合，称为抽样检验方案，或简称为抽样方案。

（7）接收质量限（acceptance quality limit，AQL）。当一个连续系列批被提交验收抽样时，可允许的最差过程平均质量水平，称为接收质量限。

（8）不合格与不合格品。不满足规范的要求，称为不合格。通常按不合格的严重程度将它们分为：①A 类不合格，是指认为最被关注的一种类型的不合格。在验收抽样中，将给这种类型不合格指定一个很小的 AQL 值。②B 类不合格，是指认为关注程度比 A 类稍低的一种类型的不合格。如果存在第三类（C 类）不合格，可以给 B 类不合格指定比 A 类不合格大但比 C 类不合格小的 AQL 值，其余不合格以此类推。不合格的程度用不合格品百分数或每百单位产品不合格数表示。具有一个或一个以上不合格的产品，称为不合格品。不合格品通常按不合格的严重程度分类。①A 类不合格品：包含一个或一个以上 A 类不合格，同时还可能包含 B 类和（或）C 类不合格的产品。②B 类不合格品：包含一个或一个以上 B 类不合格，同时还可能包含 C 类不合格，但不包含 A 类不合格的产品。③C 类不合格品：包含一个或一个以上 C 类不合格，但不包含 A 类和 B 类不合格的产品。

（9）缺陷。不满足预期的使用要求，称为缺陷。要求包括合理的期望及与安全性有关的要求。

（10）转移得分。在正常检验情况下，用于确定当前的检验结果是否足以允许转移到放宽的一种指示数，称为转移得分。

（11）接收得分。对于分数接收数抽样方案，用于确定批接收性的一种指示数，称为接收得分。

（12）两类风险 α 和 β。由于抽样检验的随机性，将本来合格的批误判为拒收的可能性，称为第 I 类风险或生产方风险，并用 α 表示。由于抽样检验的随机性，将本来不合格的批误判为接收的可能性，称为第 II 类风险或使用方风险，并用 β 表示。一个合理的抽样检验方案，应有 $\alpha \leqslant 5\%$，$\beta \leqslant 10\%$。

（13）逐批检验。对每批都进行检验（并判断是否接收），称为逐批检验。如果不是对每批都进行检验，则称为跳批检验。本书所说的均指逐批检验。

3. 抽样方案的分类

抽样方案有很多种，从不同的角度可以进行不同的分类。

（1）按产品的质量特性来分类，抽样方案有两大类：①计数抽样方案。这种抽样方案是为研究单位产品质量特性为计点值（缺陷数）和计件值（不合格品数）而制订的。②计量抽样方案。这种抽样方案是为研究单位产品质量特性为计量值（如尺寸、强度等）而制订的。本书未讨论计量抽样方案。

（2）按抽样方案的制订原理来分类，抽样方案有三种类型：①标准型抽样方案。这种抽样方案是为保护生产方利益，同时又保护使用方利益，预先限制生产方风险 α 和使用方风险 β 的大小而制订的。②挑选型抽样方案。这类抽样方案规定，对经检验判为接收的批，只需替换样本中的不合格品；而对于经检验判为拒收的批，必须全检，并将所有不合格品全替换成合格品，故称为挑选型抽样方案。易见挑选型抽样方案仅适用于非破坏性检验的场合，本书未介绍此类方案。③调整型抽样方案。这类抽样方案适用于连续批产品的交验，它由一组抽样方案（正常方案、加严方案和放宽方案）和一套转移规则组成，并且依据过去的检验资料及时调整方案的宽严，故称为调整型抽样方案。调整型抽样方案可以刺激生产方主动改进产品的质量。

（3）按抽样的程序来分类，抽样方案分类如下：①一次抽样方案。仅需抽取一个样本，便可对批作出接收与否的判断。②二次抽样方案。抽样可能分两次进行，对第一个样本检验后，可能有三种结论：接收、拒收、继续抽样。只有在第三种结论时，才抽取第二个样本，然后最终作出接收与否的判断。二次抽样方案与一次抽样方案相比较，在两类风险 α、β 相同的情况下，二次抽样方案的平均抽检量小。③多次抽样方案。抽样可能要多次进行，抽样分级的次数越多，平均抽检量越小，但手续越麻烦。所以，通常采用一次或二次抽样方案。④序贯抽样方案。这类抽样方案规定，每次仅抽检一个单位产品，并且每次均有三种可能结论：接收、拒收、继续抽检。可以证明，在进行有限次抽检后，最终可作出接收与否的判断。序贯抽样方案的平均抽检量最小。

本节仅介绍计数标准型一次抽样方案，以及计数调整型抽样方案。

二、计数标准型一次抽样方案

1. 基本概念

1）接收上界 p_0 与拒收下界 p_1

设交验批的不合格品率为 p，则当 $p \leqslant p_0$ 时，交验批为合格批，应予接收。故称 p_0 为接收上界，也称之为可接收的不合格品率。而当 $p \geqslant p_1$ 时，交验批为不合格批，应予拒收。故称 p_1 为拒收下界，或称之为允许的极限不合格品率。

2）一次抽样方案$(n; A)$

一次抽样方案$(n; A)$由样本大小 n 和合格判定数 A 组成，其实施程序如图 5-26 所示。

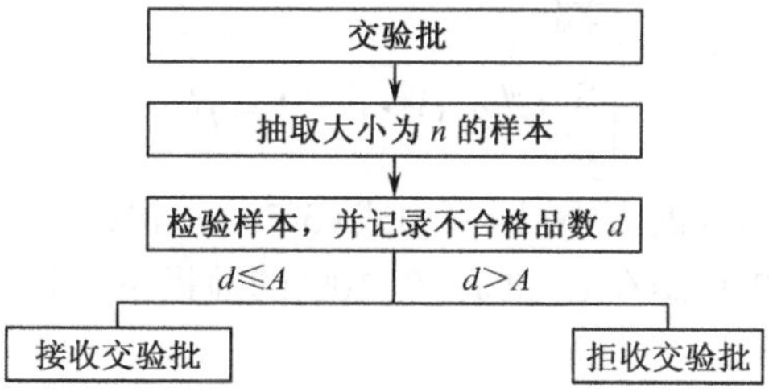

图 5-26　一次抽样方案$(n; A)$

3）灵敏度 $\dfrac{p_1}{p_0}$

$\dfrac{p_1}{p_0}$ 被称为抽样方案的灵敏度，反映了抽样方案的鉴别能力。$\dfrac{p_1}{p_0}$ 越接近于 1，抽样方案的灵敏度越高，鉴别能力越强，但样本大小 n 越大。

若要求 $\dfrac{p_1}{p_0}=1$，则势必导致 n 无限大，即只能全检，因而不存在灵敏度为 1 的抽样方案。

4）OC 函数

OC 函数也称为操作特性函数，它表明不合格品率为 p 的交验批被抽样方案$(n; A)$判为接收的可能性，其计算公式如下：

$$P_\alpha(p) = P(d \leqslant A) = \sum_{d=0}^{A} C_n^d p^d (1-p)^{n-d} \tag{5-69}$$

OC 函数具有如下性质：①$P_\alpha(0)=1$。当交验批没有不合格品时，应被百分之百地接收。②$P_\alpha(1)=0$。当交验批全部为不合格品时，应被百分之百地拒收。③$P_\alpha(p)$为 p 的减函数。当交验批的不合格品率变大时，被接收的概率应相应减小。

OC 函数的图形如图 5-27 所示，称为 OC 曲线。

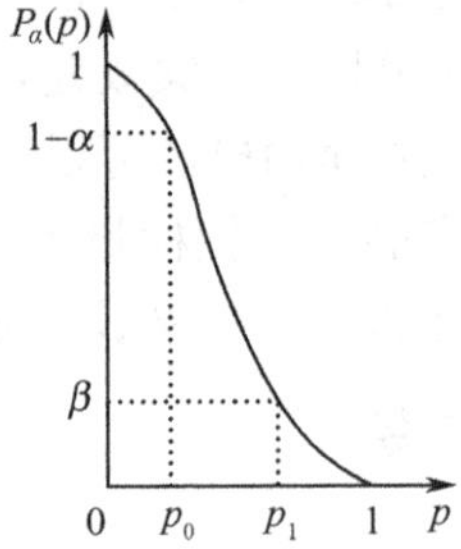

图 5-27 OC 曲线

2. 制订原理

如前所述，标准型抽样方案是在预先限制两类风险 α 和 β 的前提下制订的，即要求：①$p \leqslant p_0$ 时，$P_\alpha(p) \geqslant 1-\alpha$；②$p \geqslant p_1$ 时，$P_\alpha(p) \leqslant \beta$。

根据 OC 函数 $P_\alpha(p)$的递减性，上述要求等价于$(n; A)$满足下述方程组：

$$\begin{cases} \sum_{d=0}^{A} C_n^d p_0^d (1-p_0)^{n-d} = 1-\alpha \\ \sum_{d=0}^{A} C_n^d p_1^d (1-p_1)^{n-d} = \beta \end{cases} \tag{5-70}$$

于是，只要预先给定 α、β 的大小，即可由式（5-70）求得计数标准型一次抽样方案$(n; A)$。国家标准 GB/T 13262 正是在 α=5%、β=10%的前提下，按式（5-70）制定的。

3. 制订程序

下面我们举例说明，制订计数标准型一次抽样方案。

【例 5-16】 一批产品交验，规定 p_0=1%，p_1=10%，α=5%，β=10%，求标准型一次抽样方案$(n; A)$。

（1）查抽样表检索方案。p_0=1%在 0.901%～1.00%范围内，p_1=10%在 9.01%～10.0%范围内，查得$(n; A)$=(39; 1)。

（2）求方案(39; 1)的 OC 函数。

$$P_\alpha(p) = \sum_{d=0}^{1} C_{39}^d P^d (1-p)^{39-d} = (1-p)^{39} + 39p(1-p)^{38}$$

给定 p 等于 0、1%、5%、10%、100%计算 $P_\alpha(p)$，所得结果如表 5-26 所示。

表 5-26　给定 p 值计算 $P_\alpha(p)$

p	0	1%	5%	10%	100%
$P_\alpha(p)$	1	0.94	0.41	0.09	0

由表 5-26 可知，方案(39; 1)的两类风险实际值为

$$\alpha = 1 - P_\alpha(0.01) = 1 - 0.94 = 6\%$$

$$\beta = P_\alpha(0.10) = 9\%$$

$P_\alpha(p)$的图形如图 5-28 所示。

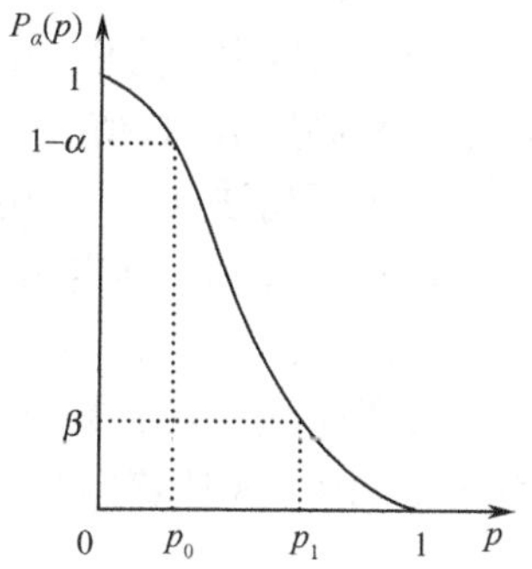

图 5-28　方案(39; 1)的 OC 曲线

【例 5-17】（续例 5-16）其他条件与例 5-16 相同，但 p_1=5%，求计数标准型一次抽样方案(n; A)。

（1）查抽样表检索方案。p_0=1%在 0.901%～1.00%范围内，p_1=5%在 4.51%～5.00%范围内，查得(n; A)= (140; 3)。

（2）比较方案(140; 3)与方案(39; 1)。方案(140; 3)与方案(39; 1)两类风险基本相同，即 α=5%，β=10%。它们的差别在于，方案(140; 3)的鉴别能力强，其 $\dfrac{p_1}{p_0}=5$，而方案(39; 1)的 $\dfrac{p_1}{p_0}$ 是 10。但灵敏度的提高导致样本量迅速增大，n 从 39 增加到 140。

最后，我们将计数标准型一次抽样方案的制订程序概述如下：①规定单位产品的质量特性。②规定质量特性不合格的分类与不合格品的判断准则。③双方商定 p_0、p_1 与 α、β 的大小。④组成交验批。⑤检索抽样方案(n; A)。⑥随机抽取大小为 n 的样本。⑦检验样本，并记录样本中的不合格品数 d。⑧交验批的判断，若 $d \leqslant A$，接收交验批；若 $d > A$，拒收交验批。⑨交验批的处置。

三、计数调整型抽样方案

1. 基本概念

1）AQL

AQL 是当一个连续系列批被提交验收抽样时，可允许的最差过程平均质量水平。

值得注意的是，AQL 不是对某一批产品或某一个抽样方案的描述，而是生产方和使用方商定的最差过程平均质量水平。

确定 AQL 是实施抽样表的关键，也是难点之一。在合同环境下，当有供需双方时，AQL 的大小应由双方协商而定，力求合理，AQL 值太大，需方得不到质量满意的产品，造成使用方风险太大；AQL 值过小时，生产成本增加，造成生产方风险太大。在非合同环境下，企业也要认真而慎重地选择 AQL。

AQL 的确定方法通常有下述几种。

（1）按使用方要求确定 AQL。使用方根据自己的技术要求和经济承受能力，提出可允许的最差过程平均质量水平，即 AQL 值。

（2）根据不合格的类别确定 AQL。致命或严重不合格会导致生命安全或重大经济损失，其 AQL 应小；相反，一般或轻微不合格的 AQL 应大一些。A 类不合格的 AQL 值应比 B 类不合格的 AQL 值小，B 类又比 C 类小。例如，美国海军部规定，致命不合格的 AQL=0.1%，轻微不合格的 AQL=2.5%。综上所述，确定 AQL 值的一般原则是：①超特殊军用品 AQL＜特殊军用品 AQL＜一般军用品 AQL；②重要检验项目 AQL＜次要检验项目 AQL；③A 类不合格 AQL＜B 类不合格 AQL＜C 类不合格 AQL；④电气性能 AQL＜力学性能 AQL＜外观质量 AQL；⑤检验项目少 AQL＜检验项目多 AQL。

（3）根据生产方能力的最大值来确定。当无任何参考资料借鉴时，可以采用“过程平均法”来确定 AQL 值。

过程平均法（一）：用全数检验数批产品的质量，取其平均值，即过程平均不合格品率 $\bar{p}$，在此基础上确定 AQL。此方法是通过实际统计测量数据计算出 AQL 值，是一种很实用的方法。

过程平均法（二）：根据历史资料估计产品的过程平均不合格品率 $\bar{p}$，再选择适当的系数 k，由下式计算出产品的 AQL 为

$$\text{AQL} \approx \bar{p} + k\sqrt{\frac{p(1-p)}{\sum_{i=1}^{N} n_i}}$$

式中，$\bar{p}$ 为产品的过程平均不合格品率；N 为批次数，一般 N 为 10～20；n 为样本量；k 为系数，一般 k 为 2～3。

值得注意的是，AQL 不应取过程平均不合格品率 $\bar{p}$，否则将会导致 $\alpha \approx 50\%$，即几乎一半的交验批会被拒收。

（4）双方协商确定 AQL。根据需方接收和使用一个不合格品所造成的损失费用与供方为检验和剔除一个不合格品所花的费用的比例大小来确定 AQL 值，也称损益平衡法。损益平衡点的计算公式为

$$\text{损益平衡点} f = \frac{\text{检验和剔除一个不合格品所需费用}}{\text{接收和使用一个不合格品造成的损失费用}} \times 100\%$$

一般来说，f 越大，则 AQL 值也越大。使用 AQL 时，需注意以下几点：①抽样表中 AQL 共分 26 个等级，从 0.010 到 1000，前 16 个等级即 AQL 从 0.010 到 10 适用于交验批质量水平表示为不合格百分数的情况，所有 26 个等级均适用于交验批质量水平表示为每百单位产品不合格数的情况。②抽样表中给出的 AQL 值是优先的 AQL 系列。对于任何产品，如果指定的 AQL 值不是抽样表中的数值中的某一个，则不能用该标准的各个表，即 AQL 要标准化。③AQL 是抽样计划的一个参数，不应与描述制造过程操作水平的过程平均相混淆，在抽样系统下，为了避免过多的批产品被拒收，要求过程平均比 AQL 更好。④可以给不合格组（包含 A 类和 B 类不合格）或单个的不合格（只包含某一类不合格）指定不同的 AQL。

2）检验水平

反映批量 N 与样本大小 n 之间的等级对应关系的指标为检验水平。抽样表中把检验水平分为七个等级，依次为 S-1、S-2、S-3、S-4、Ⅰ、Ⅱ、Ⅲ。检验水平从低向高选取，抽样比例 n/N 从小到大变化，判断能力也由低向高变化。

S-1～S-4 为特殊检验水平，适用于军品检验或破坏性检验、检验费用高、检验时间特别长的场合。

Ⅰ、Ⅱ、Ⅲ为一般检验水平，适用于一般民品的检验，且常选用一般检验水平Ⅱ。

综上可知，检验水平高，样本量增加；样本量大，判断能力强。所以，不要盲目追求高的检验水平，防止增加检验费用。

3）样本大小字码

为简化抽样表，在调整型抽样方案中，样本大小 n 用一组字码表示，而字码的检索取决于批量 N 和检验水平的等级。样本大小字码见表 5-27。

表 5-27 计数调整型抽样字码表

批量范围	特殊检验水平				一般检验水平		
	S-1	S-2	S-3	S-4	Ⅰ	Ⅱ	Ⅲ
2～8	A	A	A	A	A	A	B
9～15	A	A	A	A	A	B	C
16～25	A	A	B	B	B	C	D
26～50	A	B	B	C	C	D	E
51～90	B	B	C	C	C	E	F
91～150	B	B	C	D	D	F	G
151～280	B	C	D	E	E	G	H
281～500	B	C	D	E	F	H	J
501～1 200	C	C	E	F	G	J	K
1 201～3 200	C	D	E	G	H	K	L
3 201～10 000	C	D	F	G	J	L	M
10 001～35 000	C	D	F	H	K	M	N
35 001～150 000	D	E	G	J	L	N	P
150 001～500 000	D	E	G	J	M	P	Q
≥500 001	D	E	H	K	N	Q	R

4）转移规则

调整型抽样方案根据连续交验批的产品质量及时调整方案的宽严。当交验批的质量水平处于 AQL 时，采用正常方案；当交验批质量稳定提高时，采用放宽方案；而当交验批质量明显下降时，则采用加严方案。正是通过调整方案的宽严来刺激生产方主动、积极地不断改进质量。转移规则和程序如图 5-29 所示。

转移得分是在正常检验情况下，用于确定当前的检验结果是否足以允许转移到放宽检验的一种指示数。

除非负责部门另有规定，在正常检验一开始就应计算转移得分。

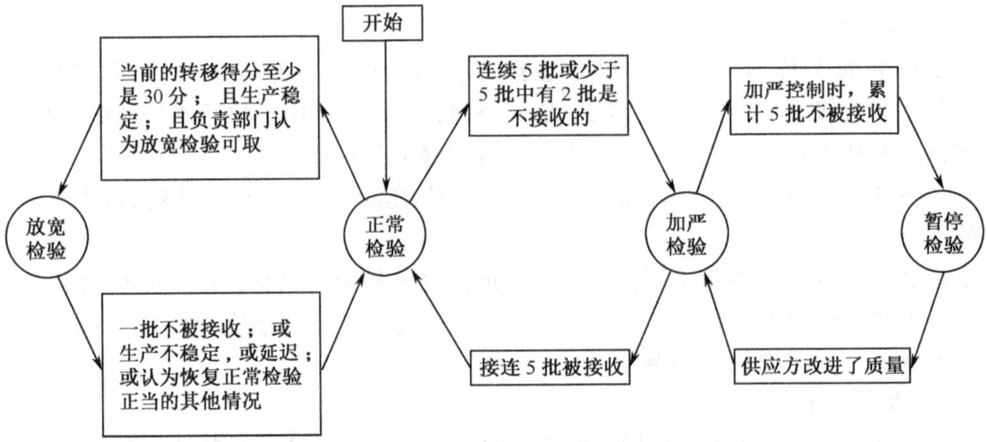

图 5-29 调整型抽样方案的转移规则简图

在正常检验开始时，应将转移得分设定为 0，而在检验每个后继的批以后应更新转移得分。

对于一次抽样方案，转移得分的评定方法如下。

（1）当接收数等于或大于 2 时，如果当 AQL 值加严一级后该批被接收，则给转移得分加 3 分；否则，将转移得分重新设定为 0。

（2）当接收数为 0 或 1 时，如果该批被接收，则给转移得分加 2 分；否则，将转移得分重新设定为 0。

对于二次和多次抽样方案，转移得分的评定方法如下。

（1）当使用二次抽样方案时，如果该批在检验第一样本后被接收，给转移得分加 3 分；否则，将转移得分重新设定为 0。

（2）当使用多次抽样方案时，如果该批在检验第一样本或第二样本后被接收，则给转移得分加 3 分；否则，将转移得分重新设定为 0。

转移得分的用法如表 5-28 所示。

表 5-28 不固定抽样方案的例子（Ⅱ水平，AQL=1%不合格品）

批的序号	批量 N	样本量 n	给定的 Ac	接收得分（检验前）	可使用的 Ac	不合格品数 d	接收性	接收得分（检验后）	转移得分	下一批将执行的检验严格度
1	180	G	32	1/2	5	0	A	5	2	继续正常
2	200	G	32	1/2	10	1	A	0	4	继续正常
3	250	G	32	1/2	5	1	R	0	0	继续正常
4	450	H	50	1	7	1	A	0	2	继续正常
5	300	H	50	1	7	1	A	0	4	继续正常
6	80	E	13	0	0	1	R	0	0	转到加严
7	800	J	80	1	7	1	A	0	—	继续加严
8	300	H	50	1/2	5	0	A	5	—	继续加严
9	100	F	20	0	5	0	A	5	—	继续加严

续表

批的序号	批量 N	样本量 n	给定的 Ac	接收得分（检验前）	可使用的 Ac	不合格品数 d	接收性	接收得分（检验后）	转移得分	下一批将执行的检验严格度
10	600	J	80	1	12	0	A	12	—	继续加严
11	200	G	32	1/3	15	1	A	0*	—	恢复正常
12	250	G	32	1/2	5	0	A	5	2	继续正常
13	600	J	80	2	12	1	A	0	5	继续正常
14	80	E	13	0	0	0	A	0	7	继续正常
15	200	G	32	1/2	5	0	A	5	9	继续正常
16	500	H	50	1	12	0	A	12	11	继续正常
17	100	F	20	1/3	15	0	A	15	13	继续正常
18	120	F	20	1/3	18	0	A	18	15	继续正常
19	85	E	13	0	18	0	A	18	17	继续正常
20	300	H	50	1	25	1	A	0	19	继续正常
21	500	H	50	1	7	0	A	7	21	继续正常
22	700	J	80	2	14	1	A	0	24	继续正常
23	600	J	80	2	7	0	A	7	27	继续正常
24	550	J	80	2	14	0	A	0*	30	转到放宽
25	400	H	20	1/2	5	0	A	5	—	继续放宽

注：Ac 表示接收数；A 表示接收；R 表示拒收

*表示转移后的接收得分

在每种检验水平（共七种）下，应运用转移规则来要求正常、加严和放宽检验。检验水平的选择与三种检验的严格度完全无关，因此，当正常、加严和放宽检验间进行转移时，已规定的检验水平应保持不变。

标准的目的是通过批不接收，供方在经济上和心理上产生压力，促使其将过程平均至少保持在和规定的 AQL 一样好的水平，而同时给使用方偶尔接收劣质批的风险提供一个上限。

5）*抽样方案*

抽样方案是所使用的样本量和有关批接收准则的组合。

一次抽样方案是样本量 n、接收数 Ac 和拒收数 Re 的组合［n, Ac, Re］，一般表示为［n, Ac］。

二次抽样方案是两个样本量，第一样本的接收数 Ac_1 和拒收数 Re_1 及联合样本的接收数 Ac_2 和拒收数 Re_2 的组合：$\begin{bmatrix} n_1 & Ac_1 & Re_1 \\ n_2 & Ac_2 & Re_2 \end{bmatrix}$。

2. 制订程序

下面举例说明如何制订计数调整型抽样方案。

【例 5-18】已知批量 N=1000，交验批质量指标为不合格百分数，取 AQL=2.5%，采用一般检验水平Ⅱ，试制订计数调整型一次抽样方案。

（1）检索样本大小字码。N=1000，一般检验水平为Ⅱ，样本大小字码为 J。

（2）检索一次正常抽样方案。由样本大小字码 J、AQL=2.5%，查得一次正常抽样方案为(80, 5, 6)。

（3）检索一次加严抽样方案。由样本大小字码 J、AQL=2.5%，查得一次加严抽样方案为(80, 3, 4)。

（4）检索一次放宽抽样方案。由样本大小字码 J、AQL=2.5%，查得一次放宽抽样方案为(32, 3, 4)。

（5）组成调整型一次抽样方案组。将上述三个方案，连同一套转移规则组成下述的调整型一次抽样方案组（表 5-29）。

表 5-29 调整型一次抽样方案组

方案宽严	样本大小	Ac，Re	转移规则
正常方案	80	5，6	（略）
加严方案	80	3，4	
放宽方案	32	3，4	

【例 5-19】（续例 5-18）条件同例 5-18，试制订计数调整型二次抽样方案。根据类似的方法，可以求得调整型二次抽样方案组，见表 5-30。

表 5-30 调整型二次抽样方案组

方案宽严	样本大小	Ac，Re	转移规则
正常方案	n_1=50 n_2=50	2，5 6，7	（略）
加严方案	n_1=50 n_2=50	1，3 4，5	
放宽方案	n_1=20 n_2=20	1，3 4，5	

以二次正常方案(50, 50|2, 5; 6, 7)为例，其程序框图如图 5-30 所示。

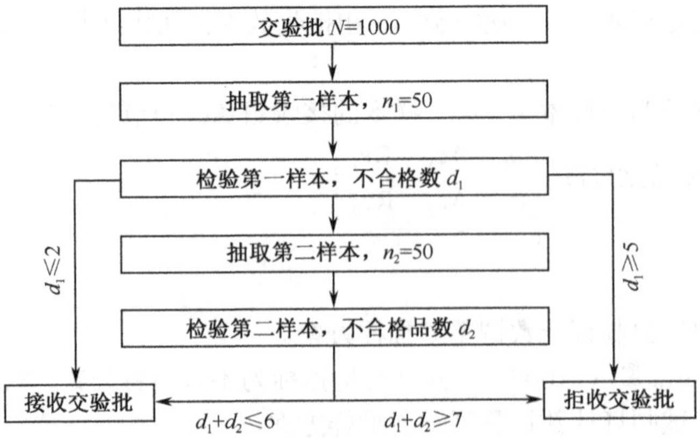

图 5-30 (50, 50|2, 5; 6, 7)的程序框图

最后，我们将计数调整型抽样方案的制订程序概述如下。①规定质量特性：解决检验产品的“什么”的问题。②确定不合格类别：规定质量特性不合格的分类与不合格品的判断准则。③确定AQL，即确定AQL应考虑的因素和方法。④规定检验水平，即确定提交批的批量与样本量的等级对应关系。⑤规定检验严格度，即确定交验批接受检验的宽严程度。⑥选择抽样方案：选择合适的抽样类型。⑦检索抽样方案：由AQL和样本量字码及确定的抽样方案类型检索抽样方案。⑧提交抽样产品批：企业应对如何组批、如何交验作出规定并形成文件。⑨抽取样本：检验员应按抽样方案规定的样本量，从提交批产品中随机抽取样本。⑩检验样本：检验员根据样本产品图样、技术标准、生产工艺、订货合同对单位产品规定的检验项目逐个对样本进行检验，并累计不合格品总数。⑪判定：对不同抽样方案按照相应的原则作出接收或不接收的判定。⑫处置：对接收批和不接收批作出相应的处置。⑬进一步的信息：到⑫处置这一阶段，过程完毕，进一步的信息是对检验作进一步深入的研究，获得更多的信息，如研究抽样方案的OC曲线、研究过程平均、研究平均检查质量及其上限等（图5-31）。

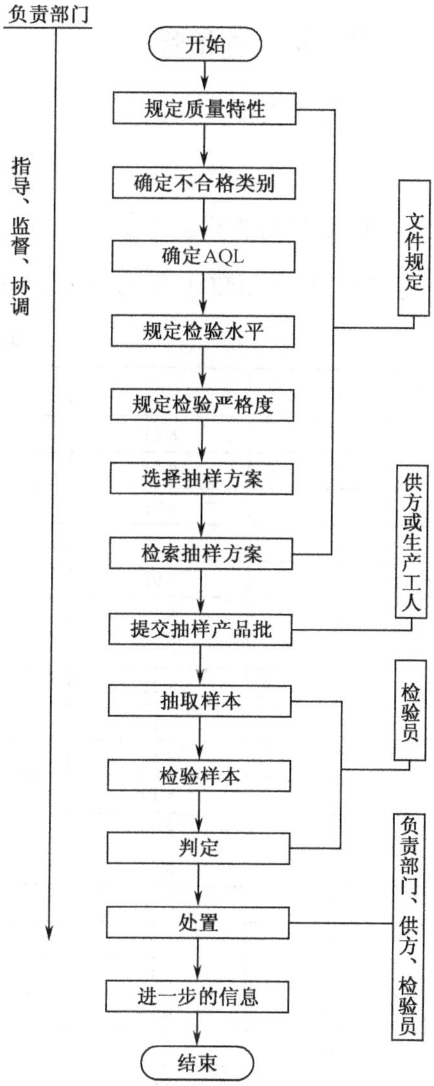

图5-31　计数调整型抽样方案的制订程序

第六节　综合案例——污水pH的统计分析

一、问题的提出

某化工厂有两个排污口，按环保要求，排出的污水pH必须在6～9，测得5月两个排污口污水pH如表5-31所示，试进行统计分析。

表5-31　排污口污水pH表

日期	5.1	5.2	5.3	5.4	5.5	5.6	5.7	5.8	5.9	5.10
$x(1^{\#})$	8.25	8.74	8.58	8.64	8.98	8.23	8.19	8.22	8.16	8.44
$y(2^{\#})$	8.33	8.64	8.73	8.44	8.09	8.00	8.09	8.16	8.70	8.84
日期	5.11	5.12	5.13	5.14	5.15	5.16	5.17	5.18	5.19	5.20
$x(1^{\#})$	8.19	8.82	8.04	8.94	8.51	8.36	8.53	8.32	8.08	8.15
$y(2^{\#})$	8.63	7.62	7.65	7.93	8.05	8.34	8.24	8.84	8.84	7.79

二、相关性检验

1. 提出假设

$$H_0: \rho=0 \leftrightarrow H_1: \rho \neq 0$$

2. 制作相关系数计算表

制作相关系数计算表，如表 5-32 所示。

表 5-32　相关系数计算表

i	x_i	y_i	x_i^2	y_i^2	$x_i y_i$
1	8.25	8.33	68.0625	69.3889	68.7225
2	8.74	8.64	76.3876	74.6496	75.5136
3	8.58	8.73	73.6164	76.2129	74.9034
4	8.64	8.44	74.6496	71.2336	72.9216
5	8.98	8.09	80.6404	65.4481	72.6482
6	8.23	8.00	67.7329	64.0000	65.8400
7	8.19	8.09	67.0761	65.4481	66.2571
8	8.22	8.16	67.5684	66.5856	67.0752
9	8.16	8.70	66.5856	75.6900	70.9920
10	8.44	8.84	71.2336	78.1456	74.6096
11	8.19	8.63	67.0761	74.4769	70.6797
12	8.82	7.62	77.7924	58.0644	67.2084
13	8.04	7.65	64.6416	58.5225	61.5060
14	8.94	7.93	79.9236	62.8849	70.8942
15	8.51	8.05	72.4201	64.8025	68.5055
16	8.36	8.34	69.8896	69.5556	69.7224
17	8.53	8.24	72.7609	67.8976	70.2872
18	8.32	8.84	69.2224	78.1456	73.5488
19	8.08	8.84	65.2864	78.1456	71.4272
20	8.15	7.79	66.4225	60.6841	63.4885
合计	168.37	165.95	1418.9887	1379.9821	1396.7511
平均	8.42	8.30			

3. 求相关系数

$$\hat{\rho} = r = \frac{l_{xy}}{\sqrt{l_{xx} l_{yy}}}$$

$$l_{xy} = \sum x_i y_i - \frac{1}{n}\left(\sum x_i\right)\left(\sum y_i\right)$$

$$= 1396.7511 - \frac{1}{20} \times 168.37 \times 165.95$$

$$= -0.2990$$

$$l_{xx}=\sum x_i^2-\frac{1}{n}\left(\sum x_i\right)^2=1418.9887-\frac{1}{20}\times(168.37)^2=1.5659$$

$$l_{yy}=\sum y_i^2-\frac{1}{n}\left(\sum y_i\right)^2=1379.9821-\frac{1}{20}\times(165.95)^2=3.0120$$

$$r=\frac{-0.2990}{\sqrt{1.5659\times3.0120}}=-0.14$$

4. 查临界限 r_α

$\alpha=5\%$，自由度 $\upsilon=n-2=18$，查临界限 $r_\alpha=0.444$。

5. 推断

$|r|<r_\alpha\Rightarrow x,y$ 线性无关，从而相互独立。

三、方差齐性检验

1. 提出假设

$$H_0:\ \hat{\sigma}_x^2=\hat{\sigma}_y^2\leftrightarrow H_1:\ \hat{\sigma}_x^2\neq\hat{\sigma}_y^2$$

2. 参数估计

$$\hat{\mu}_x=\overline{x}=8.42,\ \hat{\sigma}_x=s_x=0.2871$$
$$\hat{\mu}_y=\overline{y}=8.30,\ \hat{\sigma}_y=s_y=0.3982$$

3. 构造检验统计量

$$F=\frac{\hat{\sigma}_y^2}{\hat{\sigma}_x^2}=\frac{s_y^2}{s_x^2}=\left(\frac{0.3982}{0.2871}\right)^2=1.92$$

取 $\alpha=5\%$，$\upsilon_1=\upsilon_2=n-1=19$，查临界值 $F_{\alpha/2}=2.46$。
因为 $F<F_{\alpha/2}$，所以接受 H_0，即认为方差相等。

四、均值相等的检验

1. 提出假设

$$H_0:\ \mu_x=\mu_y\leftrightarrow H_1:\ \mu_x\neq\mu_y$$

2. 公共方差估计

$$\sigma^2=\frac{(n-1)\hat{\sigma}_x^2+(n-1)\hat{\sigma}_y^2}{2(n-1)}$$
$$=\frac{1}{2}(\hat{\sigma}_x^2+\hat{\sigma}_y^2)$$
$$=\frac{1}{2}\times(0.2871^2+0.3982^2)=0.1205$$
$$\hat{\sigma}=\sqrt{0.1205}=0.3471$$

3. 构造检验统计量

$$T=\frac{\bar{x}-\bar{y}}{\hat{\sigma}\sqrt{\frac{1}{n}+\frac{1}{n}}}=\frac{\bar{x}-\bar{y}}{\hat{\sigma}\sqrt{\frac{2}{n}}}=\frac{8.42-8.30}{0.3471\times\sqrt{\frac{2}{20}}}=1.09$$

4. 查临界限 $t_{1-\frac{\alpha}{2}}$

显著水平 α=5%，自由度 υ=2(n−1)=2×19=38，查临界限 $t_{1-\frac{\alpha}{2}}=2.02$。

5. 推断

因为 $|T|<t_{1-\frac{\alpha}{2}}$，所以接受 H_0，即认为 $\mu_x=\mu_y$。

五、直方图

1. 求最小值 S，最大值 L

$$S=7.62，L=8.98$$

2. 计算极差 R

$$R=L-S=8.98-7.62=1.36$$

3. 计算分组数 k

$$k=1+3.322\lg n=1+3.322\lg 40=6$$

4. 计算组距 h

$$h=\frac{R}{k}=\frac{1.36}{6}=0.23$$

5. 制作频数频率分布表

制作频数频率分布表，如表 5-33 所示。

表 5-33 频数频率分布表

序号	组上、下限	组中值 b_i	频数 f_i	频率 p_i
1	7.505～7.735	7.62	2	0.050
2	7.735～7.965	7.85	2	0.050
3	7.965～8.195	8.08	11	0.275
4	8.195～8.425	8.31	8	0.200
5	8.425～8.655	8.54	8	0.200
6	8.655～8.885	8.77	7	0.175
7	8.885～9.115	9.00	2	0.050

6. 制作频数频率分布直方图

制作频数频率分布直方图，如图 5-32 所示。

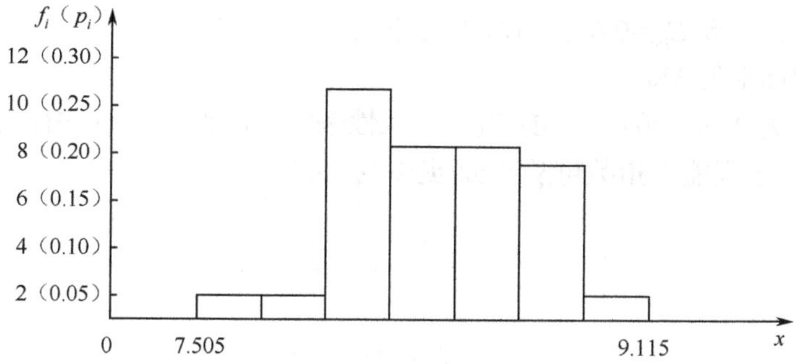

图 5-32　频数频率分布直方图

六、过程能力指数

$$C_{pk} = (1-k)C_p$$

$$C_p = \frac{T}{6\sigma} = \frac{T_u - T_l}{6\hat{\sigma}} = \frac{9-6}{6\times 0.3471} = 1.44$$

$$k = \frac{|\mu - T_m|}{T/2} = \frac{|\hat{\mu} - T_m|}{T/2} = \frac{\left|\frac{8.42+8.30}{2} - \frac{6+9}{2}\right|}{(9-6)/2} = \frac{|8.36-7.5|}{1.5} = 0.57$$

$$C_{pk} = (1-0.57)\times 1.44 = 0.62$$

七、过程超标率

1. 求过程达标率

$$q = P\{T_l < X < T_u\} = P\{6 < X < 9\}$$

由于两个排污口 pH 独立同分布，故可以将它们的数据合并成一个大样本，此时可认为 pH 服从正态分布 $N(8.36, 0.3471^2)$。

$$\begin{aligned} q &= P\{6 < X < 9\} \\ &= \Phi\left(\frac{9-8.36}{0.3471}\right) - \Phi\left(\frac{6-8.36}{0.3471}\right) \\ &= \Phi(1.84) - \Phi(-6.80) = \Phi(1.84) = 0.97 \end{aligned}$$

2. 求超标率

$$p = 1 - q = 1 - 0.97 = 3\%$$

八、几点结论

（1）两个排污口排出的污水中 pH 无显著差异，且可以看作独立同分布的正态总体。

（2）污水中 pH 平均值为 8.36，标准差为 0.3471，平均值偏高。

（3）过程能力指数 C_{pk}=0.62，过程能力不足。

（4）过程超标率为 3%。

（5）质量改进措施：污水中 pH 偏高，碱性偏大，应设法减小 pH，加酸中和，使之调整为 7.5，这样过程能力指数可从 0.62 提高到 1.44。

获取更多内容

稳健设计（田口方法）

稳健设计（田口方法）是日本著名质量工程学家田口玄一博士于20世纪70年代创立的新的优化设计技术，广泛应用于技术开发、产品开发和工艺开发。1985年，本书编著者将田口方法引入我国，并且首先应用于我国国防工业领域，对于提高产品研制质量、缩短产品研制周期、节省产品研制费用发挥了很大作用。

第一节　基本概念

望目特性：存在固定目标值，希望质量特性围绕目标值波动，且波动越小越好，这样的质量特性称为望目特性。

望小特性：不取负值，希望质量特性越小越好（理想值为 0），且波动越小越好，这样的质量特性称为望小特性。

望大特性：不取负值，希望质量特性越大越好（理想值为∞），且波动越小越好，这样的质量特性称为望大特性。

动态特性：目标值可变的望目特性，称为动态特性（与此相反，望目特性、望小特性、望大特性统称为静态特性）。

外干扰（外噪声）：使用条件及环境条件（如温度、湿度、位置、输入电压、磁场、操作者等）的波动或变化，将引起产品质量特性值的波动，这称为外干扰，也称为外噪声。

内干扰（内噪声）：产品在储存或使用过程中，随着时间的推移，发生材料变质等老化、劣化现象，从而引起产品质量特性值的波动，这称为内干扰，也称为内噪声。

产品间干扰（产品间噪声）：在相同生产条件下，生产制造出来一批产品，机器、材料、加工方法、操作者、测量误差和生产环境（5M1E）等生产条件的微小变化，引起产品质量特性值的波动，这称为产品间干扰，也称为产品间噪声。

可控因素：在试验中水平可以人为加以控制的因素，称为可控因素。

标示因素：在试验中水平可以指定，但使用时不能加以挑选和控制的因素，称为标示因素。

误差因素：引起产品质量特性值波动的外干扰、内干扰、产品间干扰统称为误差因素。

稳定因素：对信噪比有显著影响的可控因素，称为稳定因素。

调整因素：对信噪比无显著影响，但对灵敏度有显著影响的可控因素，称为调整因素。

次要因素：对信噪比及灵敏度都无显著影响的可控因素称为次要因素。

信号因素：在动态特性的稳健设计中，为实现人变动着的意志或赋予不同目标值而选取的因素，称为信号因素。

稳健性：指质量特性的波动小、抗干扰能力强。

信噪比：稳健设计中用以度量产品质量特性的稳健程度的指标。

灵敏度：稳健设计中用以表征质量特性可调整性的指标。

稳健设计：以信噪比为指标，以优化稳健性为目的的设计方法体系。

内设计：在稳健设计中，将可控因素与标示因素安排在同一张正交表内，进行试验方案的设计。相应的正交表称为内表（内侧正交表），所对应的设计称为内设计。

外设计：在稳健设计中，将误差因素和信号因素安排在同一张正交表内，进行试验方案的设计。相应的正交表称为外表（外侧正交表），所对应的设计称为外设计。

第二节　信噪比与灵敏度计算公式

一、信噪比

1. 望目特性信噪比

1）定义式

设质量特性 y 的期望值为 μ，方差为 σ^2，称

$$\eta = \frac{\mu^2}{\sigma^2} \tag{6-1}$$

为望目特性信噪比。

2）计算式

测得质量特性 y 的 n 个数据为 $y_1, y_2, \cdots, y_n$，望目特性信噪比估计公式为

$$\eta = 10\lg \frac{\frac{1}{n}(S_m - V_e)}{V_e} \tag{6-2}$$

式中，

$$S_m = n\overline{y}^2,\ \overline{y} = \frac{1}{n}\sum_{i=1}^{n} y_i,\ V_e = \frac{1}{n-1}\sum_{i-1}^{n}(y_i - \overline{y})^2 \tag{6-3}$$

2. 望小特性信噪比

1）定义式

设质量特性 y 的期望值为 μ，方差为 σ^2，称

$$\eta = \frac{1}{\mu^2 + \sigma^2} \tag{6-4}$$

为望小特性信噪比。

2）计算式

测得质量特性 y 的 n 个数据为 $y_1, y_2, \cdots, y_n$，望小特性信噪比估计公式为

$$\eta = -10\lg\frac{1}{n}\sum_{i=1}^{n} y_i^2 \tag{6-5}$$

3. 望大特性信噪比

设质量特性 y 为望大特性，则 $\frac{1}{y}$ 为望小特性。经过倒数变换将望大特性转换为望小特性。

测得质量特性 y 的 n 个数据为 $y_1, y_2, \cdots, y_n$，望大特性信噪比估计公式为

$$\eta = -10\lg\frac{1}{n}\sum_{i=1}^{n}\frac{1}{y_i^2} \tag{6-6}$$

4. 动态特性信噪比

1）定义式

输出特性 y 与信号因素 M 有线性关系：

$$y = \alpha + \beta M + \varepsilon \tag{6-7}$$

式中，ε 服从正态分布 $N(0, \sigma^2)$，称

$$\eta = \frac{\beta^2}{\sigma^2} \tag{6-8}$$

为动态特性信噪比。

2）计算程序

设信号因素 M 取 k 个水平：$M_1, M_2, \cdots, M_k$。在 M 的每一水平下进行了 r_0 次试验，试验数据见表 6-1。

表 6-1　试验数据表

信号因素水平	1	2	…	r_0	和
M_1	y_{11}	y_{12}	…	y_{1r_0}	T_1
M_2	y_{21}	y_{22}	…	y_{2r_0}	T_2
⋮	⋮	⋮		⋮	⋮
M_k	y_{k1}	y_{k2}	…	y_{kr_0}	T_k
合计					T

计算总波动平方和：

$$S_T = \sum_{i=1}^{k}\sum_{j=1}^{r_0}(y_i - \overline{y})^2 = \sum_{i=1}^{k}\sum_{j=1}^{r_0} y_{ij}^2 - \text{CT} \tag{6-9}$$

式中，

$$\mathrm{CT}=\frac{T^2}{N}=\frac{1}{kr_0}\left(\sum_{i=1}^{k}\sum_{j=1}^{r_0}y_{ij}\right)^2 \tag{6-10}$$

计算有效除数：

$$r=r_0\sum_{i=1}^{k}(M_i-\bar{M})^2 \tag{6-11}$$

式中，

$$\bar{M}=\frac{1}{k}\sum_{i=1}^{k}M_i \tag{6-12}$$

计算信号因素线性效应引起的波动平方和：

$$S_\beta=\frac{1}{r}\left[\sum_{i=1}^{k}(M_i-\bar{M})T_i\right]^2 \tag{6-13}$$

计算误差波动平方和及自由度：

$$S_e=S_T-S_\beta \tag{6-14}$$

$$f_e=f_T-f_\beta=kr_0-2 \tag{6-15}$$

计算误差方差 σ^2 的估计：

$$V_e=\frac{S_e}{f_e}=\frac{S_T-S_\beta}{kr_0-2} \tag{6-16}$$

计算信噪比：

$$\eta=10\lg\frac{\frac{1}{r}(S_\beta-V_e)}{V_e} \tag{6-17}$$

二、灵敏度

1. 静态特性灵敏度

1）定义式

设产品的质量特性 y 的期望值为 μ，则称

$$S=\mu^2 \tag{6-18}$$

为灵敏度。

2）计算式

灵敏度 μ^2 估计公式为

$$S=10\lg\frac{1}{n}(S_m-V_e) \tag{6-19}$$

2. 动态特性灵敏度

1）定义式

输出特性 y 与信号因素 M 有线性关系，$y=\alpha+\beta M+\varepsilon$，称

$$S=\beta^2 \tag{6-20}$$

为动态特性灵敏度。

2）计算式

灵敏度计算公式为

$$\eta=10\lg\frac{1}{r}(S_\beta-V_e) \tag{6-21}$$

第三节　稳健设计原理

稳健设计是以追求产品质量特性的稳健性、抗干扰性为目的的一种新的优化设计方法，其基本原理如下。

（1）以信噪比作为稳健性指标，信噪比最大的设计方案就是抗干扰性最强、稳健性最好的设计方案。

（2）以误差因素模拟三种干扰，特别是模拟内干扰、外干扰。

（3）设计分三个阶段进行，即系统设计—参数设计—容差设计，系统设计是基础，参数设计是核心。

（4）在参数设计阶段，先进行信噪比分析，优选稳定因素，使设计方案稳健性最好。再进行灵敏度分析，通过调整因素，来调整设计的系统偏差。

（5）以正交表为工具进行内设计、外设计，以此来大幅度地减少试验次数。

（6）在容差设计阶段，谋求质量与成本的最佳平衡，以此来合理确定参数的公差范围。

第四节　稳健设计基本程序

稳健设计的基本程序为系统设计、参数设计、容差设计。实际应用时，可根据具体情况进行必要的裁减。

1. 系统设计

对静态特性而言，系统设计是指对市场研究后纳入公司规划的产品所进行的功能模型系统的设计。

动态特性的系统设计是指对适用于系列产品的通用技术或适用于动态工艺要求的工艺技术所进行的功能模型系统的设计。

2. 参数设计

参数设计就是应用参数组合与输出质量特性的非线性关系，通过对试验数据的定量统计分析，找出成本最低、稳定性最好的参数组合的过程。

参数设计的基本手段如下。

（1）正交表设计试验方案，正交表尽量采用田口先生所推荐的正交表。

（2）用信噪比来衡量各试验方案的稳健性，信噪比最大的设计将是最佳方案。

（3）使用波动大的元器件或最宽的工艺条件进行参数设计，以使成本和稳健性同时得到改善。

3. 容差设计

若经参数设计的质量特性的稳定性仍不满足要求，此时只有压缩误差因素的波动范围。容差压缩势必带来高成本，容差设计就是在参数设计基础上，在总成本最小的原则下，采取最佳决策确定误差因素的最合理容差的过程。

对产品开发而言，一般要进行以上三个阶段设计的全部程序。

对技术开发而言，通常不进行容差设计。当产品规划确定后，针对具有确定质量要求的产品再进行容差设计。

第五节　静态特性稳健设计方法

静态特性的稳健设计适用于质量特性为望目、望大或望小特性的场合。其设计程序如下。

（1）系统设计。

（2）参数设计：①制定可控因素水平表；②内设计；③制定内表各号试验误差因素水平表；④外设计；⑤获得质量特性数据；⑥计算内表各号试验的信噪比与灵敏度；⑦内表统计分析；⑧确定最优稳健性设计方案；⑨确定最佳平均水平设计方案；⑩验证试验。

（3）容差设计：①制定相应于最佳条件的误差因素水平表；②对最佳条件进行外设计并获取试验数据；③最佳条件试验数据的方差分析；④建立质量损失函数；⑤确定备选容差设计方案；⑥比较各容差设计方案的损失和成本；⑦确定最佳容差设计方案。

第六节　动态特性稳健设计方法

动态特性稳健设计方法适用于质量特性为动态特性的场合。其设计程序有：①系统设计；②研究基本功能与理想功能；③明确信号因素与计测特性；④制定可控因素水平表；⑤内设计；⑥选定误差因素及水平；⑦对内表各号试验进行外设计；⑧计算内表各号试验的信噪比和灵敏度；⑨内表统计分析；⑩确定最优稳健性设计方案；⑪确定最佳平均水平设计方案；⑫验证试验。

第七节　静态特性稳健设计案例

一、问题的提出

设计一个电感电路，此电路由电阻 R（单位：Ω）和电感 L（单位：H）组成。当输入交流电压为 V（单位：V）和电源频率为 f（单位：Hz）时，输出电流强度 y（单位：A）为 $y=\dfrac{V}{\sqrt{R^2+(2\pi fL)^2}}$。至此完成系统设计。该电感电路要求输出电流 y=10A，波动越小越好，故也为望目特性。

二、参数设计

1. 制定可控因素水平表

可控因素是电阻 R 和电感 L，它们的初始值由设计人员根据专业知识确定，其水平表见表 6-2。

表 6-2　初始数据表

因素	水平		
	1	2	3
R/Ω	0.5	5.0	9.5
L/H	0.01	0.02	0.03

2. 内设计

选用正交表 $L_9(3^4)$进行内设计。设计方案见表 6-3。

表 6-3　内设计方案

序号	R_1	L_2
1	1（0.5）	1（0.01）
2	1	2（0.02）
3	1	3（0.03）
4	2（5.0）	1
5	2	2
6	2	3
7	3（9.5）	1
8	3	2
9	3	3

3. 制定误差因素水平表

误差因素有 4 个，它们是电压V'、频率f'、电阻R'和电感L'。根据外界客观环境，电压和频率的水平选为

$$V_1'=90\text{V}，V_2'=100\text{V}，V_3'=110\text{V}$$

$$f_1'=50\text{Hz}，f_2'=55\text{Hz}，f_3'=60\text{Hz}$$

电阻R'和电感L'采用三级品，波动为±10%，其水平如下：

第一水平＝内表给出的中心值

第二水平＝内表给出的中心值×0.9

第三水平＝内表给出的中心值×1.1

以上 9 个方案的误差因素水平表见表 6-4。

表 6-4 误差因素水平表

内表方案号	水平号	误差因素			
		R'	*L'*	*V'*	*f'*
1	1	0.45	0.009	90	50
	2	0.50	0.010	100	55
	3	0.55	0.011	110	60
2	1	0.45	0.018	90	50
	2	0.50	0.020	100	55
	3	0.55	0.022	110	60
3	1	0.45	0.027	90	50
	2	0.50	0.030	100	55
	3	0.55	0.033	110	60
4	1	4.50	0.009	90	50
	2	5.00	0.010	100	55
	3	5.50	0.011	110	60
5	1	4.50	0.018	90	50
	2	5.00	0.020	100	55
	3	5.50	0.022	110	60
6	1	4.50	0.027	90	50
	2	5.00	0.030	100	55
	3	5.50	0.033	110	60
7	1	8.55	0.009	90	50
	2	9.50	0.010	100	55
	3	10.45	0.011	110	60
8	1	8.55	0.018	90	50
	2	9.50	0.020	100	55
	3	10.45	0.022	110	60
9	1	8.55	0.027	90	50
	2	9.50	0.030	100	55
	3	10.45	0.033	110	60

4. 外设计

选用正交表 $L_9(3^4)$进行外设计，采用内外表直积法，其方案见表 6-5。

表 6-5 外设计直积法方案

<table>
<tr><td colspan="2" rowspan="5"></td><td>因素</td><td>试验号 K</td><td>1 2 3 … 9</td></tr>
<tr><td>R'</td><td>1</td><td rowspan="4">$L_9(3^4)$
外表</td></tr>
<tr><td>L'</td><td>2</td></tr>
<tr><td>V'</td><td>3</td></tr>
<tr><td>f'</td><td>4</td></tr>
<tr><td>试验号 i</td><td>R L …
1 2 3 4</td><td>η_i/dB</td><td>S_i/dB</td><td>y_{i1} y_{i2} y_{i3} … y_{i9}</td></tr>
<tr><td>1</td><td rowspan="4">$L_9(3^4)$
内表</td><td>η_1</td><td>S_1</td><td>y_{11} y_{12} y_{13} … y_{19}</td></tr>
<tr><td>2</td><td>η_2</td><td>S_2</td><td>y_{21} y_{22} y_{23} … y_{29}</td></tr>
<tr><td>⋮</td><td>⋮</td><td>⋮</td><td>⋮ ⋮ ⋮ ⋮</td></tr>
<tr><td>9</td><td>η_9</td><td>S_9</td><td>y_{91} y_{92} y_{93} … y_{99}</td></tr>
</table>

5. 获得质量特性数据

电流强度可以计算，故由 $y=\dfrac{V}{\sqrt{R^2+(2\pi fL)^2}}$ 直接求出质量特性 y。

现以内表第 1 号方案为例说明其计算过程。先给出第 1 号方案的外设计方案表（表 6-6）。

表 6-6 第 1 号方案外设计方案

序号	列号因素				y_i
	R' 1	L' 2	V' 3	f' 4	
1	1（0.45）	1（0.009）	1（90）	1（50）	31.44
2	1	2（0.010）	2（100）	2（55）	28.70
3	1	3（0.011）	3（110）	3（60）	26.37
4	2（0.50）	1	2	3	29.16
5	2	2	3	1	34.58
6	2	3	1	2	23.47
7	3（0.55）	1	3	2	34.83
8	3	2	2	3	23.62
9	3	3	1	1	28.58

然后对外表各号方案求质量特性。例如，外表中的第 2 号方案，其电流强度 y_2 为

$$y_2=\frac{V}{\sqrt{R^2+(2\pi fL)^2}}=\frac{100}{\sqrt{0.45^2+(2\pi\times55\times0.01)^2}}=28.70\text{（A）}$$

其余 8 个方案的电流强度见表 6-6 右侧 y_i 对应列。

仿照上述过程，分别求出内表中其余 8 个方案的质量特性（表 6-7）。

表 6-7 设计方案质量特性表

序号	y_{i1}	y_{i2}	y_{i3}	y_{i4}	y_{i5}	y_{i6}	y_{i7}	y_{i8}	y_{i9}
1	31.44	28.70	26.37	29.16	34.58	23.47	34.83	23.62	28.58
2	15.87	14.44	13.24	14.70	17.45	11.81	17.62	11.91	14.42
3	10.60	9.64	8.84	9.81	11.66	7.88	11.77	7.95	9.63
4	16.93	17.62	17.98	16.55	18.63	14.33	17.41	13.50	15.40
5	10.45	12.03	11.66	11.86	13.70	9.89	13.25	9.64	11.32
6	9.37	8.85	8.31	8.82	10.31	7.23	10.16	7.16	8.52
7	9.99	10.84	11.58	9.91	10.99	8.80	10.09	8.10	9.09
8	8.78	9.10	9.23	8.57	9.66	7.40	9.05	9.98	7.89
9	7.47	7.44	7.29	7.18	8.22	6.06	7.85	5.84	6.79

6. 计算信噪比和灵敏度

对内表每号方案下得到 9 个质量特性值 $y_{i1}, y_{i2}, \cdots, y_{i9}$，可利用下列公式计算出 S_i 和 η_i。

$$S_{mi} = \frac{1}{9}(y_{i1} + y_{i2} + \cdots + y_{i9})^2$$

$$V_{ei} = \frac{1}{8}\left(\sum_{j=1}^{9} y_{ij}^2 - S_{mi}\right)$$

$$S_i = 10\lg\frac{1}{9}(S_{mi} - V_{ei})$$

$$\eta_i = 10\lg\frac{\frac{1}{9}(S_{mi} - V_{ei})}{V_{ei}}$$

以内表第 1 号方案为例，进行计算。

$$S_{m1} = \frac{1}{9}\times(31.44 + 28.70 + \cdots + 28.58)^2 = 7553.95$$

$$V_{e1} = \frac{1}{8}\times[(31.44^2 + 28.70^2 + \cdots + 28.58^2) - 7553.95] = 17.21$$

$$S_1 = 10\lg\frac{1}{9}\times(7553.95 - 17.21) = 29.23$$

$$\eta_1 = 10\lg\frac{\frac{1}{9}\times(7553.95 - 17.21)}{17.21} = 16.87$$

仿此可求出内表第 2～9 号方案的灵敏度 S_i 和信噪比 η_i。具体结果见表 6-8。

7. 内表统计分析

对内表进行统计分析，结果见表 6-8。

表 6-8 内表统计分析结果

序号 i		因素列号 j				η_i/dB	S_i/dB
		R 1	L 2	(e) 3	(e) 4		
1		1	1	1	1	16.87	29.23
2		1	2	2	2	16.78	23.28
3		1	3	3	3	16.76	19.77
4		2	1	2	3	19.58	24.34
5		2	2	3	1	18.74	21.41
6		2	3	1	2	17.90	18.83
7		3	1	3	2	18.95	19.93
8		3	2	2	3	19.59	18.61
9		3	3	1	1	19.22	17.05
信噪比分析	T_{1j}	50.41	55.40	54.36	54.83	$T=164.39$ $\bar{\eta}=18.27$ $CT=3002.67$ $S_T=11.65$	
	T_{2j}	56.22	55.11	55.58	53.63		
	T_{3j}	57.76	53.88	54.45	55.93		
	S_j	10.32	0.44	0.31	0.89		
灵敏度分析	T_{1j}	72.28	73.50	66.67	67.69	$T=192.45$ $CT=4115.22$ $S_T=111.62$	
	T_{2j}	64.58	63.30	64.67	62.04		
	T_{3j}	55.59	55.65	61.11	62.72		
	S_j	46.52	53.47	5.29	6.34		

1）信噪比 η 的方差分析

信噪比 η 的方差分析见表 6-9。

表 6-9 信噪比 η 方差分析表

来源	S	f	V	F	S'	ρ/%
R	10.02	2	5.01	18.56**	9.48	81.4
L	0.44	2	0.22			
e	1.19	4	0.30			
($\tilde{e}$)	(1.63)	(6)	0.27		2.17	18.6
T	11.65	8			11.65	100

注：$F_{0.99}(2,6)=10.92$

**表示该因素非常显著

修正项：

$$CT=T^2/n=164.39^2/9=3002.67$$

总波动平方和 S_T:

$$S_T=\sum_{i=1}^{9}\eta_i^2-CT=(16.87^2+\cdots+19.22^2)-3002.67=11.65$$

$$f_T=9-1=8$$

电阻和电感引起的波动平方和 S_R 与 S_L：

$$S_R = \frac{1}{3} \times (50.41^2 + 56.22^2 + 57.76^2) - 3002.67 = 10.02$$

$$f_R = 3 - 1 = 2$$

$$S_L = \frac{1}{3} \times (55.40^2 + 55.11^2 + 53.88^2) - 3002.67 = 0.44$$

$$f_L = 3 - 1 = 2$$

误差波动平方和 S_e：

$$S_e = S_T - (S_R + S_L) = 11.65 - (10.02 + 0.44) = 1.19$$

$$f_e = f_T - (f_R + f_L) = 8 - (2 + 2) = 4$$

将上述结果填入方差分析表中，进行方差分析。由于 $V_L < V_e$，故把 S_L 并入 S_e 中。

2）灵敏度的方差分析

修正项：

$$\mathrm{CT} = \frac{T^2}{n} = \frac{192.45^2}{9} = 4115.22$$

总波动平方和 S_T：

$$S_T = \sum_{i=1}^{9} S_i^2 - \mathrm{CT} = 4226.84 - 4115.22 = 111.62$$

$$f_T = 9 - 1 = 8$$

电阻和电感引起的波动平方和 S_R 与 S_L：

$$S_R = \frac{1}{3} \times (72.28^2 + 64.58^2 + 55.59^2) - 4115.22 = 46.52$$

$$S_L = \frac{1}{3} \times (73.50^2 + 63.30^2 + 55.65^2) - 4115.22 = 53.47$$

$$f_R = 3 - 1 = 2$$

$$f_L = 3 - 1 = 2$$

误差波动平方和 S_e：

$$S_e = S_T - (S_R + S_L) = 111.62 - (46.52 + 53.47) = 11.63$$

$$f_e = f_T - (f_R + f_L) = 8 - (2 + 2) = 4$$

将上述结果填入方差分析表（表 6-10）中，进行方差分析。

表 6-10　灵敏度 S 方差分析表

来源	S	f	V	F	S'	ρ/%
R	46.52	2	23.26	7.99*	40.70	36.5
L	53.47	2	26.74	9.19*	47.65	42.7
e	11.63	4	2.91		23.27	20.8
T	111.62	8			111.62	100

注：$F_{0.05}(2,4)=6.94$，$F_{0.01}(2,4)=18.00$

*表示显著

由表 6-9 和表 6-10 可得因素分类表（表 6-11）。

表 6-11　因素分类表

因素类别	信噪比分析	灵敏度分析	因素名称
1	**	*	稳定因素 R
2	*	—	稳定因素（无）
3	—	*	调整因素 L
4	—	—	次要因素（无）

**表示非常显著；*表示显著；—表示不显著

由表 6-11 可知，电阻 R 为稳定因素，它对信噪比 η 值具有显著影响；而电感 L 为调整因素，可以对因素 L 进行调整，使最佳参数设计方案的期望值趋近目标值。

3）*确定最佳参数设计方案*

下面进行信噪比分析和灵敏度分析。

信噪比分析：由信噪比方差分析表可以看出，电阻 R 为高度显著因素，电感 L 为次要因素。从表 6-8 可见，R 的最优水平（η 分析中 T_{i1} 最大相应的水平）为 R_3，L 的最优水平为 L_1（因素 L 的水平可任意选择），因此最优水平组合为 R_3L_1，它使信噪比 η 值最大，是稳定性最好的设计方案。

从表 6-8 中还可以看出，内表的第 8 号条件 R_3L_2 的信噪比 η=19.59dB，是 9 个方案中的最大值。因此，我们也可选 R_3L_2 为最优水平组合。

灵敏度分析：从灵敏度 S 方差分析表可以看出，电感 L 与电阻 R 都是显著因素，但电感 L 的 F 值（或贡献率 ρ）更大一些。由表 6-11 可知，电感 L 为调整因素。当最优水平组合的响应没有达到目标值时，可通过调整因素 L 进行调整。

4）验证试验

本例为计算性项目，数据可根据公式计算而得。表 6-12 是原方案 R_2L_2 与最优水平组合 R_3L_2 的统计特性的比较。

表 6-12　原方案与新方案比较表

序号	原方案（R_2=5Ω，L_2=0.02H）	新方案（R_3=9.5Ω，L_2=0.02H）
1	10.45	9.99
2	12.03	10.84
3	11.66	11.58
4	11.86	9.91
5	13.70	10.99
6	9.89	8.80
7	13.25	10.09
8	9.64	8.10
9	11.32	9.09
η_i	18.74	18.95
$\bar{y}_i$	11.77	9.93
V_i	1.85	1.26

由于 R_3L_2 下的电流强度的均值为 9.93A，与目标值 10A 相差不大，故不进行均值校正。若调整均值，调整因素电感 L 来进行校正。

三、容差设计

1. 最佳条件误差因素水平表

最佳条件误差因素水平表见表 6-13。

表 6-13 最佳条件误差因素水平表

水平	因素			
	V'/V	f'/Hz	R'/Ω	L'/H
1	90	50	8.55	0.009
2	100	55	9.50	0.010
3	110	60	10.45	0.011

2. 最佳条件的外设计

最佳条件下仍选 $L_9(3^4)$为外表，其结果见表 6-14。

表 6-14 最佳条件的外表及输出特性值

序号	因素列号				y_i	$y_i' = y_i - 10$
	V' 1	f' 2	R' 3	L' 4		
1	1（90）	1（50）	1（8.55）	1（0.009）	9.99	−0.01
2	1	2（55）	2（9.50）	2（0.010）	8.90	−1.10
3	1	3（60）	3（10.45）	3（0.011）	8.01	−1.99
4	2（100）	1	2	3	9.89	−0.11
5	2	2	3	1	9.17	−0.83
6	2	3	1	2	10.70	0.70
7	3（110）	1	3	2	10.08	0.08
8	3	2	1	3	11.76	1.76
9	3	3	2	1	10.90	0.90
T_1	26.90	29.96	32.45	30.06	T=89.4	T'=−0.6
T_2	29.76	29.83	29.69	29.68		
T_3	32.74	29.61	27.26	29.66		

注：T_1、T_2、T_3 表示各水平下的数据和

以第 1 号条件为例，输出特性为

$$y_1 = \frac{V}{\sqrt{R^2 + (2\pi fL)^2}} = \frac{90}{\sqrt{8.55^2 + (2\pi \times 50 \times 0.009)^2}} = 9.99\text{（A）}$$

仿此可计算其他各号试验的 y 值。

3. 输出特性的方差分析

1）进行方差分析

下面对表 6-14 所列输出特性进行方差分析。

总偏差平方和 $S_{T'}$ 的计算：

$$S_{T'}=\sum_{i=1}^{n}(y_i-m)^2=\sum_{i=1}^{9}(y_i-10)^2=(-0.01)^2+\cdots+0.9^2=10.28$$

$$f_{T'}=n=9$$

$S_{T'}$ 的分解公式为

$$S_{T'}=\sum_{i=1}^{n}(y_i-m)^2=n(\overline{y}-m)^2+\sum_{i=1}^{n}(y_i-\overline{y})^2$$

记 $S_m=n(\overline{y}-m)^2(f_m=1)$ 为系统偏差引起的平方和。

记 $S_T=\sum_{i=1}^{n}(y_i-\overline{y})^2(f_T=n-1)$ 为随机误差引起的平方和。

将 S_T 进一步分解：

$$S_T=S_{V'}+S_{f'}+S_{R'}+S_{L'}+S_e$$

式中，S_e 为除了误差因素 V'、R'、f'、L'以外，其他误差因素引起的波动平方和。

注意到各误差因素的水平是等间隔的，还可以用正交多项式回归进一步分解，如

$$S_{V'}=S_{V'l}+S_{V'q}$$

因此，可得总偏差平方和 $S_{T'}$ 的分解公式为

$$S_{T'}=S_m+(S_{V'l}+S_{V'q})+(S_{f'l}+S_{f'q})+(S_{R'l}+S_{R'q})+(S_{L'l}+S_{L'q})+S_e$$

下面对组成 $S_{T'}$ 的各项进行分别计算。

各种波动平方和的计算：

$$S_m=n(\overline{y}-m)^2=\frac{1}{n}\left[\sum(y_i-m)\right]^2=\frac{T'^2}{9}=\frac{(-0.6)^2}{9}=0.04，f_m=1$$

$$S_{V'l}=\frac{(-T_1+0+T_3)^2}{3\times 2}=\frac{(-26.9+32.74)^2}{6}=5.68，f_{V'l}=1$$

$$S_{V'q}=\frac{(T_1-2T_2+T_3)^2}{3\times 6}=\frac{(26.9-2\times 29.76+32.74)^2}{18}=8\times 10^{-4}，f_{V'q}=1$$

仿此可算得 $S_{f'l}$、$S_{f'q}$、$S_{R'l}$、$S_{R'q}$、$S_{L'l}$、$S_{L'q}$。

将上述结果整理为最佳条件方差分析表（表 6-15）。

表 6-15　最佳条件方差分析表

来源	S	f	V	S'	ρ/%
m	0.04	1	0.04	0.0364	0.35
$V'l$	5.68	1	5.68	5.6764	55.22
$V'q$	8×10^{-4}	1			
$f'l$	0.02	1	0.02	0.0164	0.16

续表

来源	S	f	V	S'	ρ/%
$f'q$	4.5×10^{-4}	1			
$R'l$	4.49	1	4.49	4.4864	43.64
$R'q$	6.05×10^{-3}	1			
$L'l$	0.03	1	0.03	0.0264	0.26
$L'q$	7.2×10^{-3}	1			
e	0	0	0		
($\tilde{e}$)	(0.0145)	(4)	(0.0036)	0.0380	0.37
T'	10.28	9	1.14	10.28	100

本例无空列，所以 S_e=0、f_e=0。为了估计试验误差方差，将其中方差较小项合并为误差项($\tilde{e}$)。

方差分析表明，V'、R'贡献率较大，为显著因子，且均为线性关系。

2）进行容差设计

（1）损失函数建立。本例用户对电流强度的容许范围为 10±4A，即 Δ=4A，若超出此范围的善后服务损失 160 元，则损失函数为

$$\bar{L}(y)=\frac{A_0}{4^2}(y-10)^2=10(y-10)^2$$

n 件产品的平均损失为

$$\bar{L}(y)=10\frac{1}{n}\sum_{i=1}^{n}(y_i-10)^2=10V_{T'}$$

（2）确定备选容差设计方案：①电阻 R 采用三级品；②电阻 R 采用二级品；③电阻 R 采用一级品。

（3）容差设计方案比较：当 R 采用三级品时，由最佳条件方差分析表可知，$V_{T'}$=1.14。故平均质量损失为

$$\bar{L}(y)=10\times1.14=11.40\text{（元）}$$

当 R 采用二级品时，其容差为三级品的一半，即从原来的 Δ=4，变为 Δ'=2，此时误差因素 R'的贡献率将缩小为三级品的 1/4。故平均质量损失为

$$\begin{aligned}\tilde{L}(y)&=10V_{T'}\\&=10\left(\rho_m+\rho_{V'l}+\rho_{f'l}+\frac{1}{4}\rho_{R'l}+\rho_{L'l}+\rho_e\right)V_{T'}\\&=10\left(\frac{1}{4}\times43.64\%+56.36\%\right)\times1.14\\&=10\times0.7669=7.67\text{（元）}\end{aligned}$$

R 采用二级品时，成本增加 3 元，故净增益为

$$\text{净增益}=\bar{L}(y)-\tilde{L}(y)-3=11.40-7.67-3=0.73\text{（元）}$$

当 R 采用一级品时，其容差为三级品的 1/10，即从原来的 $\Delta=4$，变为 $\Delta'=0.4$，此时误差因素 R' 的贡献率将缩小为三级品的 1/100。故平均质量损失为

$$\begin{aligned}\tilde{L}(y)&=10V_{T'}\\&=10\left(\frac{1}{100}\times 43.64\%+56.36\%\right)\times 1.14\\&=10\times 0.6475=6.48\text{（元）}\end{aligned}$$

R 采用一级品时，成本增加 5 元，故净增益为

$$\text{净增益}=\bar{L}(y)-\tilde{L}(y)-5=11.40-6.48-5=-0.08\text{（元）}$$

综上所述，应选二级品电阻，容许范围 $R=9.5\pm 0.475$（Ω）。选用三级品电感，容许范围 $L=0.01\pm 0.001$（H）。

第八节　动态特性稳健设计案例

一、问题的提出

高性能钢的数控（numerical control，NC）机械加工一直是机械工业亟待解决的技术问题。由于材质和材料硬度的变化，在 NC 机械上获得稳定的加工能力是一项难以解决的课题。在实际生产中，遇到了如下难题：对传动和操纵等系统中使用的高强度和耐久性零件，以往都是采取先用容易切削的低碳钢进行粗加工，然后进行渗碳处理使其达到要求的强度和硬度，最后进行精加工的工艺方法。渗碳处理用的材料的洛氏硬度几乎接近于 0，切削性能极好，但渗碳处理需要 10 小时，能源耗费大，生产成本高，生产效率低。因此，逐渐改为处理时间仅为约 1 分钟的高频淬火处理。这种热处理方法使生产效率大大提高。但经高频淬火的材料的洛氏硬度接近于 30，切削性能大大降低。采用高频淬火方法进行的齿轮加工中产品表面粗糙度不合格和工具寿命短成为两个主要的质量问题。本案例运用稳健性技术开发方法解决了这一难题。

本案例的直接目的：增加齿轮表面粗糙度和延长工具寿命。间接目的：提高适用于一定尺寸范围、各种形状的高强度、难切削材料的 NC 机械加工性能。

二、确定基本功能与理想功能、信号因素

表面粗糙度和工具寿命都是反映表面现象的质量特性。提高加工表面的均匀性是解决表面粗糙度和工具寿命问题的根本。而提高加工表面均匀性的技术根源在于提高加工系统（NC 机床）的加工精度。NC 机床加工精度的基本功能就是尺寸与尺寸的转换，即输入（信号）是尺寸，输出也是尺寸。假若找到了适合加工各种形状、各种尺寸、各种硬度、各种材质的加工精度都很高的 NC 机床切削条件，难切削材料的切削加工技术就已开发成功。齿轮的粗糙度和工具寿命问题也就迎刃而解了。其理想功能为

$$y=M$$

式中，y 为输出尺寸；M 为输入尺寸（信号因素）。

三、试验件设计

本案例为了开发难切削材料的加工技术，开发研究必须抛开齿轮这一具体产品而转换为特殊设计的试验件。试验件设计的原则如下。

（1）采用容易加工和测量的形状。直线的加工和测量是最容易的。而且，只有能顺利地切削直线，才能正确地切削面。基于以上考虑，试验件可采用正方体或长方体，并以其顶点间输入、输出尺寸反映其基本功能。

（2）选择信号因素水平尽量宽的形状。信号因素，即输入尺寸可根据 NC 机床的加工范围或可能加工的各种产品尺寸范围确定，并以此设计试验件尺寸。在此，试验件选择三个尺寸不同的长方形。在试验件设计中，信号因素间隔是否相等，并不是十分重要，因而不用着重考虑。

（3）试验件能反映各种产品的形状特征。为了使加工的各种形状的产品与目标形状相符，要求试验件不仅能反映 NC 机床几个直接切削方向上的尺寸精度，而且能反映各个方向（多维）的切削加工的基本功能。只有这样，才能使技术开发得到的信噪比增益在加工各种形状产品时得以重现。为此，构思了如图 6-1 所示的试验件——3 个摆放角度不同的长方体的联结体。

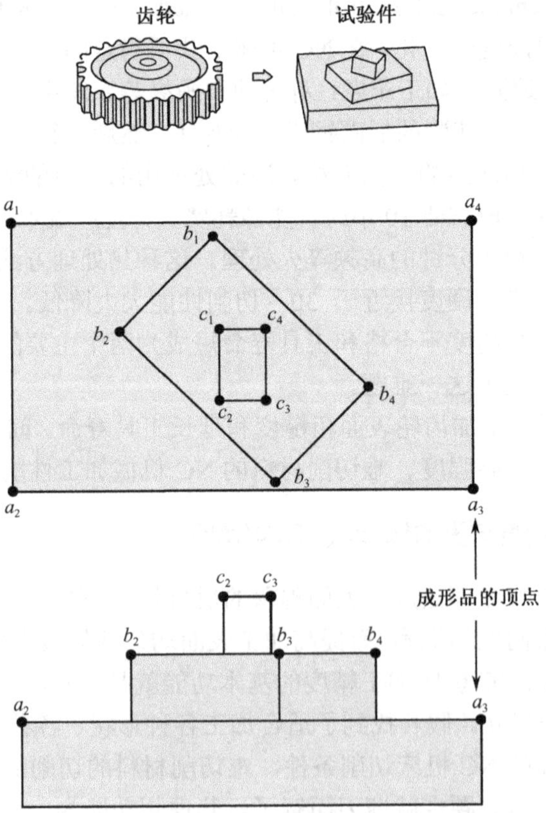

图 6-1　开发切削加工技术试验件平剖面图

本案例的试验方法如下。

（1）确定如图 6-1 所示的试验件各顶点坐标；计算出各顶点间所有的直线距离，并以此作为信号因素各水平。如图 6-1 所示，顶点共有 12 个，因此信号因素水平数（各顶点间直线距离数）为 $C_{12}^{2}=12\times11/2=66$。

（2）将信号因素各水平输入 NC 机床，加工试验件。

（3）用三坐标测量仪读出各顶点坐标值(x,y,z)。

（4）由顶点坐标测量值计算各顶点间直线距离，作为与信号因素各水平相对应的输出值。

四、确定可控因素及水平

在机械加工中，机床加工条件和刃具的材质、形状是可控因素的主要来源。本案例根据实践经验和实地观察，选定了对加工精度和刃具寿命影响大的 8 个因素。表 6-16 中，*A*、*B*、*C*、*H* 属于机床加工条件因素，*D*、*E*、*F*、*G* 属于刃具部分因素。除此之外，本案例中还有一些可控因素属于企业技术秘密没有公开。在本试验中，采用无切削油加工。其原因是，如果能开发出不使用切削油也能顺利切削的技术，在实际生产现场使用切削油时，就更能够顺利切削。

表 6-16 难切削材料切削加工中的因素与水平

因素		水平		
		1	2	3
控制因素	*A* 切削方向	往上	往下	—
	B 切削速度/（米/分钟）	慢	标准	快
	C 进刀速度/（米/分钟）	慢	标准	快
	D 刃具材料	软	标准	硬
	E 刃具刚性	低	标准	高
	F 扭转角	小	标准	大
	G 斜角	小	标准	大
	H 进刀量	小	标准	大
误差因素	材料硬度	软	硬	—

可控因素水平的选择应反映尽可能宽的范围。

五、确定误差因素及水平

在进行产品功能技术开发时，误差因素一般只考虑环境条件和老化两个方面；在计算机辅助设计时，常以可控因素各水平值左右的波动代替误差因素；在生产工程技术的开发中，误差因素的选取一般考虑材料的变动和工厂环境条件两个方面。材料的材质和硬度是主要的误差因素。通常使用的方法是从所有可能加工的材质、硬度的材料中，选择硬度的两个水平和材质的两个水平，然后将其综合为综合误差因素的两个水平：N_1——负侧最坏条件（使加工尺寸变小的条件）；N_2——正侧最坏条件（使加工尺寸变大的条件）。

本案例的误差因素选取了材料硬度一项，并设想了实际生产现场所有的加工情况，选定了材料硬度的最大值和最小值两个水平。

六、进行内设计和外设计

进行内设计和外设计，如表 6-17、表 6-18 所示。

表 6-17 内设计

序号	因素								信噪比	灵敏度
	A	*B*	*C*	*D*	*E*	*F*	*G*	*H*		
1	1	1	1	1	1	1	1	1	31.41	−0.0022
2	1	1	2	2	2	2	2	2	39.70	0.0058
3	1	1	3	3	3	3	3	3	39.68	0.0028
4	1	2	1	1	2	2	3	3	9.25	0.0073
5	1	2	2	2	3	3	1	1	44.56	−0.0001
6	1	2	3	3	1	1	2	2	42.04	0.0020
7	1	3	1	2	1	3	2	3	33.75	0.0057
8	1	3	2	3	2	1	3	1	44.59	0.0003
9	1	3	3	1	3	2	1	2	19.18	0.0114
10	2	1	1	3	3	2	2	1	42.80	0.0011
11	2	1	2	1	1	3	3	2	30.55	0.0145
12	2	1	3	2	2	1	1	3	26.41	0.0166
13	2	2	1	2	3	1	3	2	25.86	0.0148
14	2	2	2	3	1	2	1	3	35.21	0.0056
15	2	2	3	1	2	3	2	1	42.52	0.0022
16	2	3	1	3	2	3	1	2	41.01	−0.0009
17	2	3	2	1	3	1	2	3	2.63	0.1801
18	2	3	3	2	1	2	3	1	39.30	0.0025

表 6-18 第 1 号方案的外设计

误差因素	信号因素			
	M_1 $a_1 \sim a_2$ 71.000	M_2 $a_1 \sim a_3$ 84.599	…	M_{66} $c_1 \sim c_3$ 11.000
N_1	70.992	84.607	…	10.958
N_2	70.991	84.607	…	10.955
合计	141.983	169.214	…	21.913

七、计算内表各号试验的信噪比和灵敏度

以表 6-18 中第 1 号方案为例。

1）总平方和 S_T

$$S_T = \sum_{i=1}^{k}\sum_{j=1}^{r_0} y_{ij}^2 = 70.992^2 + 84.607^2 + \cdots + 10.958^2 = 250\,021.740\,39$$

2）有效除数

$$r = r_0 \sum_{i=1}^{k} M_i^2 = 2 \times (71^2 + 84.599^2 + \cdots + 11^2) = 250\,146.969\,85$$

3）信号因素引起的线性波动平方和 S_β

$$S_\beta = \frac{1}{r}\left(\sum_{i=1}^{k} M_i T_i\right)^2$$
$$= \frac{1}{250\,146.969\,85} \times (71 \times 141.983 + 84.599 \times 169.214 + \cdots + 11 \times 21.913)^2$$
$$= 250\,021.645\,75$$

4）计算 S_e、V_e

$$S_e = S_T - S_\beta = 250\,021.740\,39 - 250\,021.645\,75 = 0.094\,64$$

$$f_e = f_T - f_\beta = 132 - 1 = 131$$

$$V_e = \frac{S_e}{f_e} = \frac{0.094\,64}{131} = 0.000\,72$$

5）计算信噪比和灵敏度

$$\eta = 10\lg \frac{\frac{1}{r}(S_\beta - V_e)}{V_e}$$
$$= 10\lg \frac{\frac{1}{250\,146.969\,85} \times (250\,021.645\,75 - 0.000\,72)}{0.000\,72} = 31.41\ (\text{dB})$$

$$S = 10\lg \frac{1}{r}(S_\beta - V_e)$$
$$= 10\lg \frac{250\,021.645\,75 - 0.000\,72}{250\,146.969\,85} = -0.0022\ (\text{dB})$$

仿此可计算其他各号条件下的信噪比。

6）最佳条件分析及效应预测

A. 信噪比的分析及预测

根据表 6-19 和图 6-2，信噪比大的最佳条件为 $A_1B_1C_3D_3E_1F_3G_2H_1$。选定与信噪比总平均值（32.80）差异大的因素 B、D、F、H，进行信噪比工程平均估计。

表 6-19　难切削材料切削试验信噪比和灵敏度辅助计算表

控制因素	信噪比			灵敏度		
	1	2	3	1	2	3
切削方向（A）	33.79	31.81	—	0.011	0.0263	—
切削速度（B）	35.09	33.24	30.08	0.0065	0.0162	0.0332
进刀速度（C）	30.68	32.88	34.85	0.0153	0.0344	0.0063
刃具材料（D）	22.59	34.93	40.89	0.0465	0.0076	0.0018

续表

控制因素	信噪比			灵敏度		
	1	2	3	1	2	3
刃具刚性（E）	35.38	33.91	29.12	0.0047	0.0162	0.0350
扭转角（F）	28.82	30.91	38.68	0.0353	0.0166	0.0040
斜角（G）	32.97	33.90	31.54	0.0051	0.0328	0.0018
进刀量（H）	40.86	33.05	24.49	0.0006	0.0079	0.0473
总平均值	32.80			0.0186		

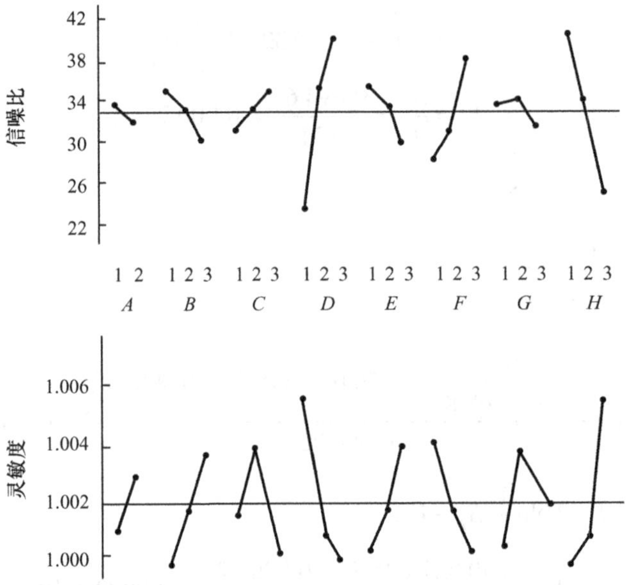

图 6-2　难切削材料切削试验信噪比和灵敏度的因素效应图

$$
\begin{aligned}
\hat{\eta}_{\text{最佳条件}} &= \overline{B}_1 + \overline{D}_3 + \overline{F}_3 + \overline{H}_1 - 3\overline{T} \\
&= 35.09 + 40.89 + 38.68 + 40.86 - 3 \times 32.80 = 57.12 \text{（dB）}
\end{aligned}
$$

因初始条件为

$$A_1B_2C_2D_2E_2F_2G_2H_2$$

其信噪比工程平均估计为

$$
\begin{aligned}
\hat{\eta}_{\text{初始条件}} &= \overline{B}_2 + \overline{D}_2 + \overline{F}_2 + \overline{H}_2 - 3\overline{T} \\
&= 33.24 + 34.93 + 30.91 + 33.05 - 3 \times 32.80 = 33.73 \text{（dB）}
\end{aligned}
$$

B. 灵敏度的分析及预测

本案例稳健设计的目的是求得基本功能的稳定性，即提高尺寸精度，灵敏度并不重要。因此灵敏度的估计是在信噪比最佳的条件下进行的。当只考虑对总平均值（0.0186）影响较大的因素 B、D、E、F、H 时：

$$\hat{S}_{最佳条件}=\bar{B}_1+\bar{D}_3+\bar{E}_1+\bar{F}_3+\bar{H}_1-4\bar{T}$$
$$=0.0065+0.0018+0.0047+0.0040+0.0006-4\times 0.0186$$
$$=-0.0568（dB）$$

根据灵敏度定义 $S=10\lg\beta^2$，反求 β 的估计值：

$$\hat{\beta}_{最佳条件}=10^{\frac{-0.0568}{10\times 2}}=0.9935$$

$$\hat{S}_{初始条件}=\bar{B}_2+\bar{D}_2+\bar{E}_2+\bar{F}_2+\bar{H}_2-4\bar{T}$$
$$=0.0162+0.0076+0.0162+0.0166+0.0079-4\times 0.0186$$
$$=-0.0099（dB）$$

$$\hat{\beta}_{初始条件}=10^{\frac{-0.0099}{10\times 2}}=0.9989$$

C. 验证试验

对最佳条件和初始条件进行验证试验。对验证试验的测量数据（省略）分别计算信噪比和灵敏度，并与试验估计值比较，结果见表 6-20。

表 6-20 验证试验结果表

条件	信噪比		灵敏度	
	估计	验证结果	估计	验证结果
最佳条件	57.12	54.09	0.9935	0.9939
初始条件	33.73	34.71	0.9989	0.9992
增益	23.39	19.38	—	—

$$\hat{\eta}_{最佳条件}-\hat{\eta}_{初始条件}=10\lg\frac{\beta^2/\sigma^2_{佳}}{\beta^2/\sigma^2_{原}}=20（dB）$$

$$\sigma_{原}/\sigma_{佳}=\sqrt{10^{\frac{20}{10}}}=10$$

可以看出信噪比大约有 20dB 的改善，且再现性很高。这意味着最佳条件的标准差缩小到初始条件的 1/10 大大提高了基本功能的稳定性。

第七章

质量功能展开

第一节　概　　述

QFD 是把顾客（用户、使用方法）对产品的需求进行多层次的演绎分析，转化为产品的设计要求、零部件特性、工艺要求、生产要求的质量策划、分析、评估的工具，可用来指导产品的稳健设计和质量保证。这一技术产生于日本，后在美国得到进一步发展，并在世界范围内得到广泛应用。QFD 产生初期，主要用于产品设计和生产的质量保证，但 10 多年来，它不断向管理、服务业等各个领域渗透，表现出广泛的适应性。广义的 QFD，可以理解为一种采用矩阵的形式，量化评估目的和手段相互关系的分析工具。

本章介绍的 QFD 方法，是兼并日本、美国两国 QFD 应用的精华，消化吸收，根据我国国情和大量工程实践经验而形成的。本章侧重介绍适用于中小规模产品开发的 QFD 方法。

第二节　QFD 的基本方法

为了适应市场竞争，必须以顾客需求为导向进行产品开发。QFD 的基本原理就是用“质量屋”（quality house）的形式，量化分析顾客需求与工程措施间的关系度，经数据分析处理后找出对满足顾客需求贡献最大的工程措施，即关键措施，从而指导设计人员抓住主要矛盾，开展稳定性优化设计，开发出顾客满意的产品。

下面以圆珠笔的开发为例，使读者对 QFD 有一个初步的了解。圆珠笔是最通用的书写工具，其书写的字迹质量与用碳素墨水钢笔的书写质量接近，字迹流畅、均匀、牢固、不褪色，适合长期或永久保留，因此可在任何正式的场合使用。国产圆珠笔的质量与国外先进水平相比，还有很大差距。为了提高国产圆珠笔质量，进军国际市场，采用 QFD 方法进行出口圆珠笔的开发。

一、质量屋的建立

为了用 QFD 指导圆珠笔的开发，要先明确质量屋的概念。

质量屋也称质量表（quality chart 或 quality table），是一种形象直观的二元矩阵展开图表。图 7-1 是在分析、比较、综合国外各种形式质量屋的基础上，结合国情，根据我国自己的实践经验设计的中国化的质量屋方案。在大量工程应用中，该方案具有良好的适用性。其基本结构要素如下。

（1）左墙——顾客需求及其重要度。

（2）天花板——工程措施（设计要求或质量特性）。

（3）房间——关系矩阵。

（4）地板——工程措施的指标及其重要度。

（5）屋顶——相关矩阵。

（6）右墙——市场竞争能力评估矩阵。

（7）地下室——技术竞争能力评估矩阵。

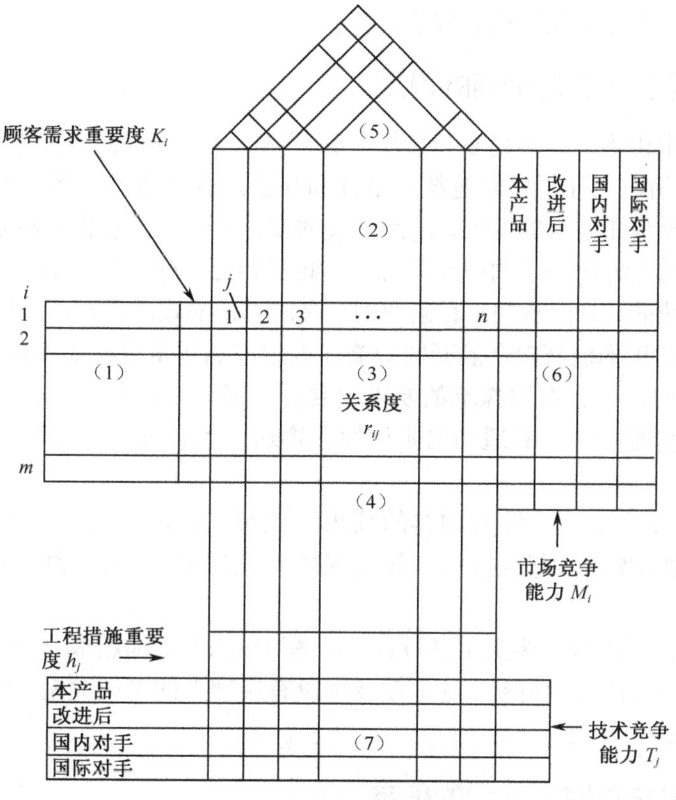

图 7-1 质量屋的结构

在实践中，质量屋的结构可以灵活地进行剪裁或扩充。

质量屋的结构借用了建筑上的术语，好懂易记，并形象地喻示 QFD 方法的结果是使顾客可以在质量大厦的庇护下，满意地享用他们所需要的产品或服务。采用质量屋的形式进行矩阵展开，不但直观易懂，具有吸引力，而且在分析和处理的信息量方面，以及在处理的深入程度和量化程度上比其他的质量控制工具（如因果图等）要好得多。

为了建立质量屋，开发人员必须掌握第一手的市场信息，整理出对该产品的顾客需求，评定各项需求的重要程度，填入质量屋的左墙。

从技术角度，为满足上述顾客需求，提出对应的工程措施（产品设计要求），明确产品应具备的质量特性，整理后填入质量屋的天花板。

质量屋的房间用于记录顾客需求与工程措施之间的关系矩阵，其取值 r_{ij} 代表第 i 项顾客需求与第 j 项工程措施的关系度，关系越密切，取值越大。

屋顶用于评估各项工程措施之间的相关程度。主要是因为各项工程措施可能存在交互作用（包括互相叠加强化或互相抵触削弱），在选择工程措施及指标时必须考虑交互作用的影响。

在质量屋的地板上填入工程措施的指标及其重要度。

给产品的市场竞争能力和技术竞争能力进行评估打分，填入质量屋右墙和地下室的相应部分。这样，质量屋的建造就完成了。

二、顾客需求与工程措施的设定

本章第一节中讲到，为了建立质量屋，必须先收集顾客信息，整理得出顾客需求。

顾客或市场的需求往往比较笼统、定性和朴素，有些意见可能有局限性。另外，随着时间的推移、经济和技术的发展、消费环境的变化，市场需求也是不断变化的。应当尽可能完整、及时地收集第一手的市场信息。在此基础上，对这些原始信息进行整理、加工和提炼，形成系统的、有层次的、有条理的、有前瞻性的顾客需求。这项工作是极其重要的，它是一个企业正确地制定产品开发战略、设定产品质量目标的基础。

经过广泛调研，顾客对圆珠笔的要求主要有：书写要流利，字迹永不褪色，外形美观，使用方便，价格适中，有适当的耐用性。将这六条整理后作为顾客需求填入质量屋左墙。

从技术的角度出发，应针对顾客的需求，进行产品质量特性（设计要求）的展开（需要时可以把质量特性划分层次），按隶属关系整理成表格，形成质量屋中的天花板部分。

圆珠笔的设计要求包括笔尖组件设计、油墨浓度选择、油墨成分的确定、收放机构设计、外形设计、成本控制和材料。这七项要求没有层次上的隶属关系，作为同级工程措施并列填入质量屋的天花板。

三、关键措施与瓶颈技术的确定

为了从上述七项工程措施中挑选出具有关键意义的几项，首先，要对顾客需求进行评估，给出各项需求的重要度值；其次，确定顾客需求与工程措施两两之间的关系度（关系矩阵）；最后，分别计算每项工程措施与全部顾客需求的加权关系度之和并进行比较。加权系数即相应的顾客需求的重要度。加权关系度之和大（即对满足顾客需求贡献大）的那些工程措施就是关键措施。我们将每项工程措施对顾客需求的加权关系度之和称为工程措施的重要度，根据该重要度明确重点，集中力量实现关键的工程措施，把好钢用在刀刃上，最大限度地发挥人力、物力的作用。

关键措施的重要度应明显高于一般工程措施的重要度。例如，可将重要度高于所有工程措施的平均重要度 1.25 倍的工程措施列为关键措施。

关于加权评分的具体实施准则，可见本章第四节。

图 7-2 给出了开发优质圆珠笔的质量屋。通过建立质量屋确定了两项关键措施：油墨成分和笔尖组件设计。

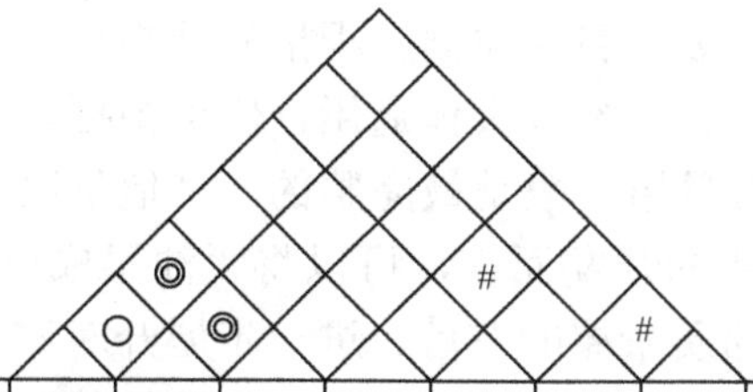

顾客需求（第1级）＼工程措施（第1级）	重要度 K_i	笔尖组件设计	油墨浓度	油墨成分	收放机构	外形设计	成本控制	材料	市场竞争能力 M_i 本产品	改进后	国内对手	国际对手
书写流利	5	9	5	5			1	2	4	5	4	5
永不褪色	4		2	9			1		3	4	3	5
外形美观	3	1			3	9	1	2	4	5	4	5
使用方便	3	1			8	1			4	5	5	5
价格适中	1	1		2	2		9		4	5	4	4
适度耐用	2	2			3		1	7	5	5	5	5
		圆珠与珠座间隙适当	将浓度目标值控制在××%	选择合理的配方	收放简便，可无故障收放次数	美观大方，适合不同消费者	售价不高于1美元	选用合适的笔尖和笔杆材料	0.78	0.96	0.81	0.99
									市场竞争能力指数 M			
工程措施重要度 h_j		56	33	63	41	30	23	30				
技术竞争能力 T_j	本产品	4	4	3	3	5	4	3	0.72	技术竞争能力指数 T		
	改进后	5	4	4	5	5	5	4	0.91			
	国内对手	4	4	3	4	5	4	4	0.78			
	国际对手	5	5	5	5	5	4	5	0.98			

图 7-2　开发优质圆珠笔的质量屋

在该质量屋中，对新产品预期的竞争能力（市场竞争能力和技术竞争能力）也作了分析，帮助决策者了解产品的竞争态势。具体的分析方法可见本章第四节。

关键措施从质量角度来说必须予以保证，并从严控制，但在技术上不一定难以实现。我们将现有技术很难解决的技术关键称为“瓶颈技术”，在 QFD 的过程中必须找出瓶颈，并攻克瓶颈技术。

四、四个阶段的 QFD

找出圆珠笔开发的关键工程措施只是为产品设计明确了重点。由于产品开发一般要经过产品规划、零部件展开、工艺计划、生产计划四个阶段，有必要进行四个阶段的QFD。根据某一层次的产品就是其隶属产品的"顾客"以及本道工序就是上一道工序的"顾客"的原理，各个开发阶段均可建立质量屋，且各阶段的质量屋内容有内在的联系。上一阶段质量屋天花板的主要项目（关键工程措施及指标）将转换为下一阶段质量屋的左墙。质量屋的结构要素在各个阶段大体通用，但可根据具体情况适当剪裁和扩充。第一阶段（产品规划阶段）质量屋一般是最完整的，其他阶段的质量屋有可能将右墙、地下室等要素剪裁。对圆珠笔的开发而言，可以将"油墨成分""笔尖组件设计"作为下一阶段即零部件展开阶段的质量屋的左墙，进一步展开对零部件设计的分析，以便将顾客的要求深入地贯彻到产品的详细设计中去。在圆珠笔的工艺计划和生产计划阶段，也应类似地进行 QFD。

图 7-3 表示了四个阶段的 QFD。其中，零部件展开阶段质量屋"左墙"的顾客需求应是产品规划阶段质量屋中关键的工程措施（设计要求），"天花板"是为实现设计要求而提出的零部件特性。与此相仿：工艺计划阶段质量屋的"左墙"应为零部件特性，"天花板"是工艺要求；生产计划阶段质量屋的"左墙"应为工艺要求，"天花板"是生产要求。

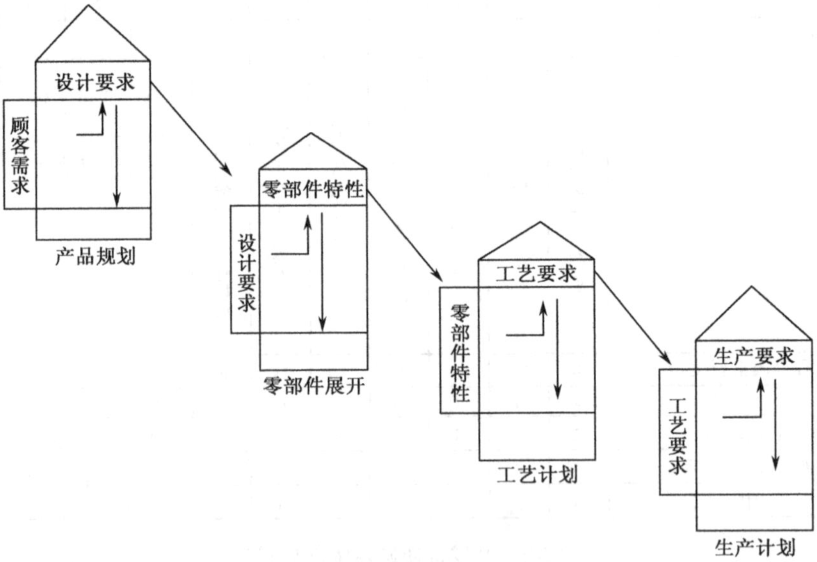

图 7-3　四个阶段的 QFD

并不是所有的QFD都需要完整地包括上述四个阶段。根据QFD工作对象的复杂程度，可以按如下原则对四个阶段的 QFD 进行剪裁或扩充。

每一阶段质量屋的工程措施应足够具体和详细，适合作为下一个阶段质量屋的顾客需求（左墙）。例如，若产品规划质量屋中关键的工程措施不够具体和详细，可能需要在进行零部件展开前先建立设计要求—产品特性质量屋，其后再建立产品特性—零部件特性质量屋。反之，若产品规划阶段工程措施对于工艺计划阶段已足够详细，则可省略零部件展开阶段。

质量屋的规模不宜过大，即顾客需求和工程措施的数量不宜过多，以便于操作。一般顾客需求不应多于20项，工程措施不应多于40项。要特别指出，四个阶段的质量屋必须按照并行工程（concurrent engineering）的原理在产品方案论证阶段同步完成，以便同步地规划产品在整个开发过程中应该进行的所有工作，确保产品开发一次成功。QFD是贯彻实施并行工程思想的十分有力的工具。

五、质量屋的迭代与完善

第一轮的质量屋编制完成后，通过实际运行，可能会发现QFD小组的认识和推断不符合或者不完全符合顾客的原意，从而导致一些顾客需求没有在质量屋中体现，或者没有正确地体现。另外，有些工程措施考虑不周，或者在实践中可能无法实现。有时顾客需求也并非都来自最终顾客，还需考虑包括协作单位、产品安装、运输、储存、销售、维修保障等各个环节的要求。为使产品满足最终顾客的需求（包括潜在需求），QFD小组在产品的研制过程中，必须随时发现问题，并及时修改质量屋，使质量屋不断地得到迭代和完善，直到四个阶段的质量屋能够很好地满足产品设计、制定工艺、生产制造等全过程的需要。

六、并行工程与QFD的结合运用

并行工程的发展与市场竞争的推动和信息技术的发展密切相关。一方面，由于竞争的激化，出现了经济全球化的趋势，有实力的企业纷纷提出了全球营销战略，要求在大范围和短时间内将产品投放市场并尽可能降低成本；另一方面，随着生产和装配向自动化方向发展，计算机技术的广泛应用，CAD/CAM技术的深入发展，要求产品设计和工艺人员加强合作以改进产品的可生产性，保证产品的质量。为适应这一环境，需要对产品设计、工艺设计、制造等活动进行并行的分析和实施，全过程中研制的信息数据应在整个企业内发布并由各个部门共享，从而推动并行工程的发展。这意味着产品设计、工艺、生产和其他研制工作并行开展，包括使有关的、有用的和所有潜在的信息在全公司各部门间流动，在方案论证阶段并行地考虑安排各项有关工作，在产品设计阶段充分考虑工艺、制造、运输、维修和售后服务的需要，以便最大限度地缩短产品开发周期，并保证一次成功。

由于QFD方法有效地支持了产品开发的策划工作，在组织结构上采用跨专业综合小组的形式，它的实施为并行工程的开展提供了一种载体，成为直观、形象、功能强大的工具。四个阶段的质量屋是按照并行工程原理，在产品开发早期就同步完成的，规划了产品全寿命周期的全部工作，尽可能暴露各种矛盾并予以解决，这样就避免了返工和报废，缩短了产品的研制周期，降低了成本，提高了产品的质量，保证产品研制一次成功。

美国在大型产品开发中，就QFD与并行工程的结合运用（并行QFD）进行了有益的实践，取得了良好效果。

当然，并行 QFD 对跨专业综合小组提出了更高的要求，即不同的阶段应有不同技术背景的小组成员参与攻关，如图 7-4 所示。对同一小组成员，由于并行工程的需要，应兼顾不同阶段的 QFD。

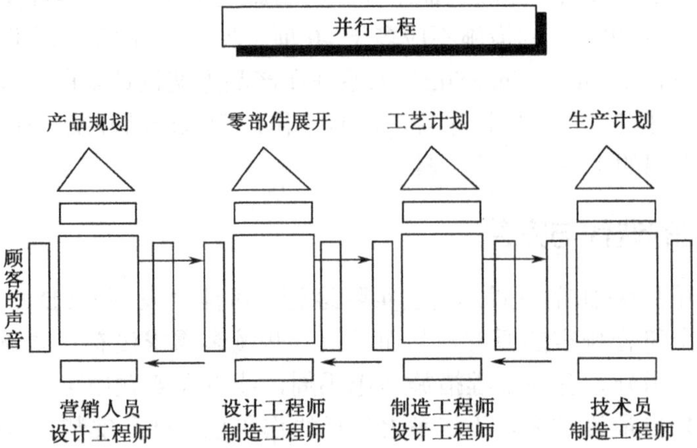

图 7-4　并行 QFD

并行 QFD 的表现是，在较复杂产品的开发中，在零部件展开阶段可能不止建立一个质量屋，而是相互平行的各专业或各子系统分别根据产品规划阶段的输出建立自己的零部件展开质量屋，并行地进行 QFD，从各自的角度对产品的设计要求进行全面系统的演绎分析。对工艺计划及生产计划阶段也是如此。

第三节　QFD 的工作程序

本节以四个阶段质量屋功能展开为背景，给出了详尽的 QFD 工作程序，按本节的步骤实施 QFD，能很好地辅助中小规模的产品开发。

一、确定开展 QFD 的项目

原则上 QFD 适用于任何产品开发项目及管理、服务项目；对参与国内、国际市场竞争的产品和服务项目，QFD 最能发挥其作用，为企业带来高效益。由于 QFD 通常需要跨部门合作，实施中有一定工作量，应根据项目工作范围大小、涉及部门的多少，由适当级别的负责人来确定是否应用 QFD 技术。一般，对于一项完整的产品（商品），即便是像圆珠笔那样的简单产品，由于其开发涉及企业的所有部门和各个专业，应当由企业负责人来决定和批准 QFD 项目的立项。对于现有产品的质量改进和可靠性增大，以及某个零部件或某道工艺的改进，则可根据其涉及面的大小，由较低级别负责人或直接责任者来提出 QFD 项目的立项。

二、成立多功能综合 QFD 小组

1. 多功能小组的组成

在应用 QFD 时，必须强调矩阵管理，既要加强纵向（专业内部）的联系，也要加强

横向（项目方面）的联系。就像纺织一块布，经线和纬线都要结实，织出的布质地才均匀坚实。通常工程专业的纵向联系较密切（与行政隶属关系一致），而横向联系则较薄弱。加强专业横向联系的行之有效的方法是成立一个多功能的、综合的 QFD 小组，这个小组应有项目负责人 1 名或 2 名，有市场营销、设计、工艺、制造、计划管理、质量管理、财务、成品附件、器材、销售、售后服务等有关部门人员参加。QFD 小组的活动，有助于消除不同部门、不同专业间的壁垒和隔阂，使产品或服务更好地满足顾客的要求。为了便于小组高效率地完成工作，小组成员不宜过多。

为了更充分地分析和准确地把握顾客的需求（包括潜在的需求），在有条件的情况下，应邀请顾客代表参加 QFD 小组，并充分地利用从各种途径获得的产品质量与可靠性信息。

当 QFD 工作对象为某项质量问题的改进、某个故障的纠正、某个部件的设计修改或某道工艺的改进时，QFD 小组成员的范围可适当缩小，只要有关人员参加即可。

美国雷声（Raychem）公司曾经组建 QFD 小组，任务是开发适合美国市场的电视用连接器系统。小组的组成是：市场、销售、制造和质量工程师各 1 名，开发工程师 3 名，公司技术工程师 2 名。在该项目进行过程中，基于特定的需要，采购代表也参与了小组的工作。

由于 QFD 小组要在某项工作的整个周期内活动并发挥作用，QFD 小组的负责人应由熟悉该项工作各方面情况的技术或行政负责人或者具有组织能力的资历深、有威望的人士来担任，以便使 QFD 小组的工作卓有成效，QFD 分析结果能迅速付诸实施。在一段较长的时间内，该项工作的技术或行政负责人可能变动，QFD 小组负责人也应视情况相应变动。必须推选或指定 1 名责任心强、知识面宽、熟练掌握 QFD 方法的人作为 QFD 小组的记录员，全面地记录、整理 QFD 小组活动开展中的情况，并形成必要的报告。

2. 团队工作法

QFD 小组的成员来自不同的部门，专业能力互为补充，有着明确的目标，在小组中运用团队工作法可以极大地提高小组的效能。视需要对小组成员进行团队精神的培训，重点是提高成员间相互交流的技能，明确 QFD 小组的运作方式。按团队工作法的要求，QFD 小组成员间应互相信任、互相支持，各司其职，以主人翁的精神无保留地参与团队工作，团队负责人不是传统意义上的长官，而是活动的推进者和协调者，团队内信息公开，知识、经验相互交流，采用头脑风暴法等开展工作。领导层给予团队充分授权和资源保证，积极推动团队的发展。而团队成员通过共同的努力，在 QFD 项目的开发中不断取得进展，产生成就感，并以更积极的态度投身于团队工作中。团队工作法由于充分地发挥了不同专业成员的积极性，保证了 QFD 工作的深入；反过来，QFD 方法的应用也对团队精神发挥了促进作用，改进了专业间的横向合作交流，促进了团队工作法的发展和经验、信息的积累等。

三、顾客需求分析

1. 调查顾客需求

顾客需求的分析是 QFD 的关键环节，必须给予充分的重视。在国外，这一过程被称为收集“顾客的声音”。应注意“顾客的声音”中的“顾客”是一个广义的概念。除了产品使用者和潜在使用者，必要时还应包括主管部门、分销商、产品维修人员等在产品寿命周期内关系密切的组织和人员。对于大型复杂产品的开发，顾客的声音将来自更多的方面。另外，涉及环境、安全等方面的国家和行业的法令、法规及标准、规范，由于构成了产品开发的约束条件，也应列入顾客需求的范畴。从企业长远的利益考虑，还必须深入地分析研究和考虑顾客的潜在需求及产品的更新换代规划、企业的发展方向和发展战略等。

为全面收集顾客的信息，主要从以下几个方面入手：①市场调研，通过调查表、顾客代表座谈会等形式了解和归纳顾客对未来产品的需求；②进行同类产品质量跟踪和售后服务信息分析，了解现有产品中令顾客满意或抱怨的质量特性；③将有关的政策法规等纳入顾客需求或作为产品开发的约束条件；④分析公司产品开发的战略和策略，提炼出必要的顾客需求；⑤产品发展现状与趋势分析，通过媒体及专业杂志等手段收集信息，分析处理，从全局上把握产品发展方向，结合 QFD 小组的头脑风暴会议，对上述方式得出的顾客需求进行筛选和补充。

在进行市场调研时，应对不同层次的、有不同要求的顾客进行区分。为更好地了解顾客对产品的需要，可以设计和采用相应的表格，对顾客展开调查。一般而言，在设计调查表时，通过更好地融合产品的实际使用情景，了解顾客的使用方式及要求，经整理后提炼出顾客需求，会取得很好的效果。利用现代的摄影、摄像技术拍摄顾客对产品的使用场景，进行细致的分析，也是有效的调研方式。表 7-1 是一个供参考的调查表形式。根据需要，可在该表中增加“成本”“安全性”等栏目。

表 7-1 “顾客的声音”调查表

序号	顾客特性（谁）		顾客的声音	用途									
				什么		何时		何处		为什么		如何用	
	内/外	信息		内/外	信息	内/外	信息	内/外	信息	内/外	信息	内/外	信息

在表 7-1 中，“内/外”表示信息是顾客直接表达的（内在的），还是根据顾客的意思做的推测（外部的）。在“顾客特性”的“信息”栏中，记录企业希望获取的顾客的个人信息，如姓名、性别、年龄、受教育程度、职业、所属消费者类型等。在“顾客的声音”栏中，以顾客语言的形式描述顾客对产品的期望，如“(我希望这东西）可以……”“表面光滑，手感好”。“用途”下的各“信息”栏对“顾客的声音”作了补充说明，细化了产品的使用场景；“什么”表明了产品所满足的顾客的需要，是主要用途还是第二位的用途等，如“(用钱夹存放）信用卡”“(用钱夹作为）身份象征”；“何时”“何处”记录了产品的使用场景，如产品使用的时机、季节、频率、地理位置、周围环境等；“为什么”用于记录顾客提出该需求的动机，是出于安全考虑、个性化需求，还是要求产品具备特有的属性等；“如何用”描述了该项需求对应的产品操作程序或使用方法，是持续应用还是偶发的应用，是工业应用还是个人应用等。应根据需要填写这些信息，以方便根据调查的内容分析和归纳顾客需求。

顾客对产品的需求可分为基本需求（basic needs)、特性需求（performance needs）和激动人心的需求（excitement needs)。基本需求是顾客对产品的基本要求，界定了此类产品的必备能力，如汽车应能行驶、轮胎应能承载车身。这类需求由于被视为理所当然，在顾客提供的信息中往往被遗漏，但如果得不到满足，会大幅增加顾客不满意度。特性需求是顾客对产品功能和性能的期望，如汽车的时速、乘坐舒适度等，在市场调查中得到的大部分需求属于特性需求。对这类需求，顾客的满意程度与需求实现程度大致成正比。激动人心的需求是顾客潜在的或尚未考虑到的需求，主要靠生产商发掘。如果能提出这样的令顾客喜出望外的需求并在产品中实现，会使产品具有“魅力质量”，极大地吸引顾客，显著提高顾客满意度。在收集顾客需求时，应注意这三类需求的区分，不要遗漏。当然，这三类需求也是相对而言的，随着产品的进步、顾客要求的提高，原来的激动人心的需求会逐步转化为特性需求，原来的特性需求则会转化为基本需求。

2. 顾客需求的整理

“顾客的声音”提供了原始的顾客需求，应通过调查分析，进行规范化整理、分级，并确定各顾客需求的重要度。

对顾客需求的表述有一定要求，主要是：①用语简洁，无歧义；②一项顾客需求只表达一个特定的意思；③不把对应的工程措施（技术解决方案）作为顾客需求；④便于工程人员理解；⑤同一级别的顾客需求彼此独立，内容无重复及交叉。

“顾客的声音”提供了原始的顾客需求，应按上述原则进行整理。按前三项原则对“顾客的声音”进行分解、归并、筛选。为便于工程人员理解，对用语进行规范化处理，使工程人员可据此提出相应的解决方案。

为了建立顾客需求间的层次关系，亲和图法是一个形象有效的手段。方法是：①把每项顾客需求分别填在一张小纸条上，去掉内容重复的纸条，再把所有纸条排列起来；②把内容相近的纸条聚为一堆，起一个可以概括其内容的名字，以作为高一级的顾客需求，并另外写在纸条上；③将新写的纸条按内容相近程度聚堆、起名，作为更高一级的顾客需求，并再另外写在纸条上；④如有必要，继续上一过程，直到顾客需求被系统而分层次地组织起来。

在圆珠笔的例子中顾客需求只有一级。对于稍复杂一些的产品，为了深入细致地分析顾客对产品的要求，可能会建立多级顾客需求，应将它们填入需求质量展开表中。建立质量屋时，提取前两级或前三级顾客需求即可。质量屋中顾客需求和工程措施的项数都不宜过多，否则影响工作效率。必要时，可增加质量屋的层次或划分为几个并列的质量屋加以展开；或删除一些影响轻微的顾客需求和工程措施，或将它们做一定的归并，以减小质量屋的规模。表 7-2 给出了需求质量展开表的例子，该表构成了质量屋的左墙。

表 7-2 某无线电远距操纵装置的需求质量展开表

1 次	2 次
1 操作方便	1.1 携带方便
	1.2 操作中不感觉疲劳
	1.3 对操作易于理解
	1.4 能轻松愉快地操作
	1.5 能处理复杂的问题

续表

1次	2次
⋮	⋮
5 安全	5.1 无误动作
⋮	⋮

按本章第四节的量化评估准则，结合顾客调查（含顾客抱怨调查）的结果，给出各项顾客需求的量化重要度。借鉴企业收集的顾客在使用同类产品时产生的抱怨，检查是否已把这些抱怨转化为相应的顾客需求，并分析是否增加这类顾客需求的重要度，解决这些抱怨所对应的技术要求应纳入工程措施中去。

对于工程措施，也可以采用亲和图法进行整理。

3. 市场竞争能力分析

在需求质量展开表的基础上，对新产品在市场上的定位进行策划。方法是通过进一步征询意见，调查研究，与竞争对手的产品进行水平比较，分析新产品对每一项顾客需求的满足程度，并求出原产品、新产品及竞争对手产品的市场竞争能力，以进行竞争能力分析。这一过程也被称为计划质量的设定过程，形成了如图 7-2 所示的质量屋的右墙。

首先，进行市场竞争能力比较分析，评定现有同类产品和竞争对手产品的竞争力。评分准则见本章第四节。在可能的情况下，把这些产品摆在一起，客观地评估它们对各项顾客需求的满足程度，量化打分。

其次，对新产品的市场竞争能力进行定位。对各项顾客需求，从公司技术能力和发展策略入手确定新产品应达到的满足程度，并给出量化分值。

最后，利用本章第四节的公式，求出各产品的市场竞争能力数值并加以比较和确认。若算出的新产品市场竞争能力数值低于公司的要求或战略目标，则重新设定新产品对各项顾客需求的满足程度，根据技术可行性适当提高量化分值。在选择工程措施时，应保证工程措施所确定的技术方案足以支持新产品达到所设定的市场地位。

在工程实践中，可对本部分的内容作如下扩充（表 7-3）。

表 7-3 某无线电远距操纵装置的计划质量设定表

需求质量		重要度 K_i	市场竞争能力分析				水平提高率 L_i	修正因子 a_i	权值	
1次	2次		本公司		X公司	Y公司			绝对权值/%	相对权值/%
			现有产品	新产品						
1 操作方便	1.1 携带方便	3	3	5	4	4	1.67	1.5	7.5	8.4
1 操作方便	1.2 操作中不感觉疲劳	3	4	5	5	4	1.25		3.8	4.2
1 操作方便	1.3 对操作易于理解	3	4	5	5	3	1.25	1.2	4.5	5.1

续表

需求质量		重要度 K_i	市场竞争能力分析				水平提高率 L_i	修正因子 a_i	权值	
1次	2次		本公司		X公司	Y公司			绝对权值/%	相对权值/%
			现有产品	新产品						
1 操作方便	1.4 能轻松愉快地操作	3	3	4	3	3	1.33		4.0	4.5
	1.5 能处理复杂的问题	3	4	5	4	3	1.25	1.2	4.5	5.1
⋮	⋮	⋮	⋮	⋮	⋮	⋮	⋮	⋮	⋮	⋮
5 安全	5.1 无误动作	4	5	5	4	4	1.00	1.5	6.0	6.8
⋮	⋮	⋮	⋮	⋮	⋮	⋮	⋮	⋮	⋮	⋮
合计									88.8	100.0

为明确新产品相对于现有产品的水平提高程度，可计算新产品对应于每项顾客需求的水平提高率 L_i，即

$$L_i=\text{新产品的市场竞争能力}/\text{现有产品的市场竞争能力}$$

为了取得竞争优势，可能需要在新产品的设计中突出对某项顾客需求的满足程度，使产品具有鲜明的特色，成为产品的卖点（sales point），为此引入修正因子 a_i。如果要重点突出对某项顾客需求的满足程度，可将该系数值定为1.5；如果只是一般的突出，可将值定为1.2。相应地，如果某项顾客需求被设置了修正系数，则其重要度应有所提高，为此，应对各项顾客需求的重要度进行修正，修正后重要度的绝对权值为顾客需求原重要度值 K_i、水平提高率 L_i 和修正因子 a_i 三者的乘积。相对权值是每项绝对权值占绝对权值总和的百分比。

在质量屋中可以用修正后的顾客需求的权值进行圆整后代替原有的重要度值，进行质量屋的分析计算。

四、工程措施的确定与瓶颈技术的攻关

1. 工程措施的确定

质量屋中工程措施主要通过召开头脑风暴会议来确定。召开头脑风暴会议时应有以下要求：①QFD 小组成员及其他有关人员（如顾客代表等）参加会议；②会前应通知与会人员做好准备；③遵守头脑风暴会议的要求和纪律。

头脑风暴会议的特点是创造一个富有创造力的宽松的环境，鼓励与会人员充分开动脑筋，畅所欲言，知无不言，言无不尽，发挥集体智慧，使每个与会人员的思想高度兴奋、活跃，互相启发，互相激励，迸发出灿烂的智慧的火花，形成智慧的风暴。会议应由 QFD 小组负责人主持，会场气氛应活跃，为避免思考的积极性受挫，打消各种顾虑，会议应规定即便对于荒诞可笑的或不切实际的发言，也不得进行反驳或有鄙薄的表示。会议设专人详细记录所有人的发言，会后应整理会议记录，采用亲和图法，列出各种观点、建议和主意，整理分析，寻找出最有价值的意见。

在头脑风暴会议上，应在分析顾客需求的基础上详细讨论满足顾客需求的工程措施。

针对如何满足每一项顾客需求，系统分析产品应具有什么质量特性或设计要求，即工程措施，如圆珠笔开发中，“书写流利”所对应的工程措施为笔尖组件设计、油墨浓度、油墨成分等。用亲和图法把工程措施系统地、分层次地组织起来，由此产生的表格与需求质量展开表形式相同，称为质量特性展开表，构成质量屋的天花板。

对工程措施按以下要求进行分析和确认：①工程措施应从产品整体着眼提出，而不是从现有产品的零部件及工艺的技术要求中总结得出，以免限制产品的设计方案，影响创造力发挥；②同一级的工程措施应相互独立；③工程措施的组合应是全面系统的，可据此产生完整的设计方案；④所选择的工程措施，应有助于提出量化的指标，以便对该项工程措施的实现方法和可实现程度进行科学评估。用 QFD 辅助大型、复杂产品的开发时，对其顶层质量屋的工程措施难以量化，此时工程措施及其指标的组合应能为后续的方案开发等工作指明方向，使设计人员可据此判断设计工作是否偏离轨道。

确认后的工程措施可用亲和图法进行分级。

2. 与工程措施有关的质量屋要素的量化评估

前面介绍了顾客需求及其重要度（左墙）和市场竞争能力（右墙）的分析与量化评估方法，下面将介绍与工程措施有关的质量屋要素的量化评估方法。

1）关系矩阵与工程措施重要度的确定

按本章第四节的量化评估方法对各项顾客需求与对应的工程措施的相互关系进行打分，完成质量屋的房间部分——关系矩阵，计算得出各项工程措施的重要度。在关系矩阵完成后，应做如下检查：①若某项顾客需求与所有工程措施关系值都是 0（空白），则应重新评估，或增加可满足该顾客需求的工程措施；②若某项工程措施与所有顾客需求的关系值都是 0，应检查该工程措施是由哪一项顾客需求推导出来的，是否应取消；③若一项顾客需求与大多数工程措施有较强的关系，应分析量化数值的科学性，也可能该需求是高一级的顾客需求，此时应将其分解为几项子需求；④若一项工程措施与大多数顾客需求有较强的关系，应作与第③条类似的处理。

2）技术竞争能力的评估

分析现有产品及竞争对手的产品对各项工程措施的满足程度，结合售后服务调查结果，初步确定工程措施指标（质量屋的“地板”）。由于工程措施是从技术的角度提出的，通常表示为各种具体的设计要求，因此针对某一项工程措施评估各产品达到的技术水平时，应考虑是否能找到技术上的评价标准，以提高量化评分的可信度。

结合本企业的现有技术能力及技术发展策略设定新产品对每项工程措施的实现水平，按本章第四节的准则进行技术竞争能力评估，用量化的分值表示，记入质量屋的“地下室”。例如，将技术竞争能力设为 4 分，表示新产品开始成功后，在该工程措施对应的技术领域应达到国内先进水平；设为 5 分，则应达到国际先进水平。因此，在设定新产品的技术竞争能力分值时，应考虑技术上的可行性，并对工程措施的指标进行相应修正，对需要实施的技术改造和技术攻关进行初步规划。完成量化评分后，计算这些产品的技术竞争能力和综合竞争能力，若得出的新产品的竞争能力不符合公司的产品发展战略，则重新确定相应的技术保证措施，并设定新产品的竞争能力分值。

3）相关矩阵的确定

按本章第四节的要求进行工程措施的相互关系评估。工程措施间的交互作用可分为正相关、强正相关、负相关、强负相关和不相关。对于任两项工程措施，若其中一项的实现对另一项的实现有正面的促进作用，则可视促进作用的大小将其相互关系设定为正相关或强正相关；若两项工程措施的实现在技术上存在矛盾，实际效果可能相互抵消，则可视矛盾的严重性将其相互关系设定为负相关或强负相关；无交互作用的工程措施间为不相关。工程措施间的交互作用确定后，在质量屋屋顶对应的菱形空格中作出相应的标记。

3. 工程措施指标的确定

由于工程措施指标（质量屋的“地板”）的确定是QFD的重要一环，直接指导后续技术工作的开展，在相关矩阵完成后，应参照以下原则对工程措施指标进行必要的评估和完善：①为彼此负相关或强负相关的工程措施设定指标时应进行权衡，因为它们对应的技术要求互相矛盾，不可能都按高标准取值；②如不存在成本、资源、进度等限制，可参照业界领先水平或世界领先水平设定指标，以开发国内领先和世界领先的产品；③对于重要度高或对保持企业竞争优势作用重大的工程措施应按高标准设定指标，必要时对为此导致的成本和工作量的增加寻求管理层支持；④如受到本企业技术条件限制，则工程措施的指标设定要实事求是，着眼于总体方案的优化；⑤对重要度不高的工程措施，应结合成本控制确定其指标。

应该指出，工程措施及其指标的选择与产品技术方案的确定是相互影响的。通过工程措施的组合形成了产品的初步技术方案，应对此方案进行全面的评估与优化，并根据优化的结果对工程措施进行必要的调整。先进的系统设计方法就是辅助产品设计方案总体性、全局性优化和进行技术创新的有力工具；运用系统设计方法，还有助于将顾客需求科学地映射为功能要求、设计参数和工艺变量。

4. 质量屋的全面评估

由QFD小组指定1～3人根据头脑风暴会议的讨论意见，进行分析，整理出需求质量（顾客需求）展开表和质量特性（工程措施）展开表，初步建立第一阶段质量屋。

整理完的产品规划阶段质量屋交QFD小组进行讨论、修改，应特别注意对产品的技术关键和竞争能力进行认真、充分的讨论和评估。

质量屋的评估可从以下几个方面入手：①顾客需求重要度排序与满足该需求的工程措施的重要度排序是否明显不对应？②质量屋中各数据可信度如何，是否需要重新评估？③修正因子的设置是否合理？④设计要求是否能与竞争对手的产品的质量特性匹敌？⑤计划质量设定是否先进合理？⑥对负相关及强负相关的工程措施如何处理？是否会引起颠覆性问题？⑦工程措施的指标是否先进合理？⑧哪些工程措施应转入下一阶段QFD进行深入分析？

5. 关键措施与瓶颈技术的确定

经过全面评估，确认了质量屋的合理性。根据工程措施重要度的大小可找到关键工程措施作为控制重点。根据工程经验，另有一部分工程措施虽然重要度不够高，但技术实现上难度较大，对此类工程措施也必须重点攻关。瓶颈技术在多个阶段的质量屋中都存在，可按下列准则进行分析确认：①现有技术不能实现的关键工程措施；②成本过高的零部件；③质量和可靠性过不了关的零部件；④新开发的工艺和原材料等。

找出关键工程措施和瓶颈技术后，应组织力量攻关，应用有关的工程技术，包括本书第六章介绍的稳健设计方法，使瓶颈技术获得突破，使关键工程措施的设计方案实现稳定性优化，使产品开发中的技术障碍得以解决，以免延误研制周期或留下质量隐患。

五、各级质量屋的建立

通常应与产品规划阶段质量屋一起，按并行工程原理，协调、同步地建立零部件展开、工艺计划、生产计划阶段质量屋。各阶段（各级）质量屋的建屋流程见图 7-5～图 7-8，图中的虚线框表示对 QFD 实施提供辅助支持的方法和技术。

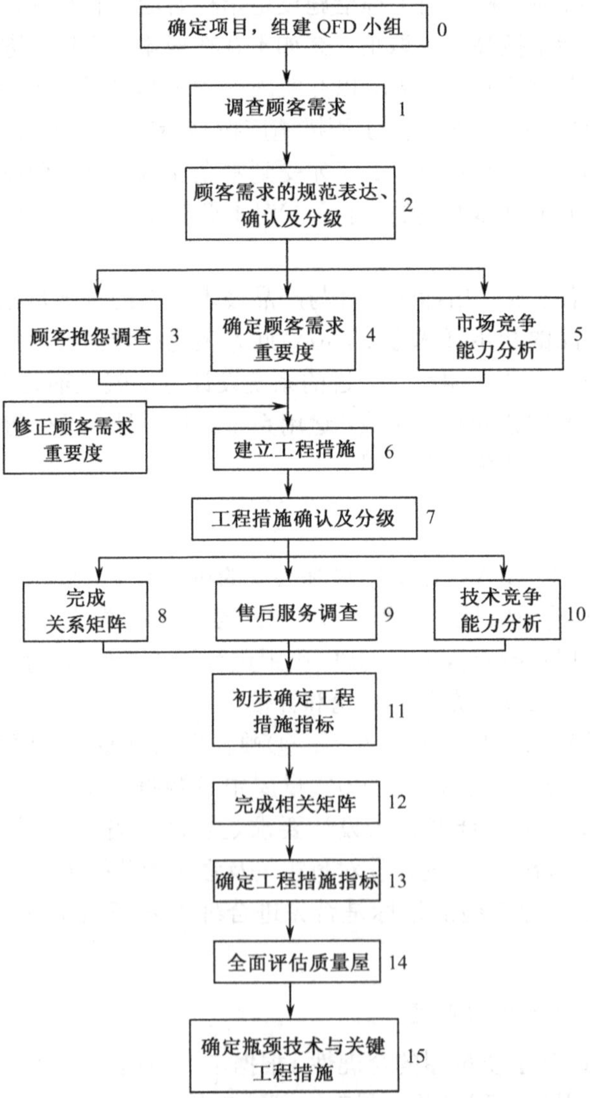

图 7-5　产品规划阶段的 QFD

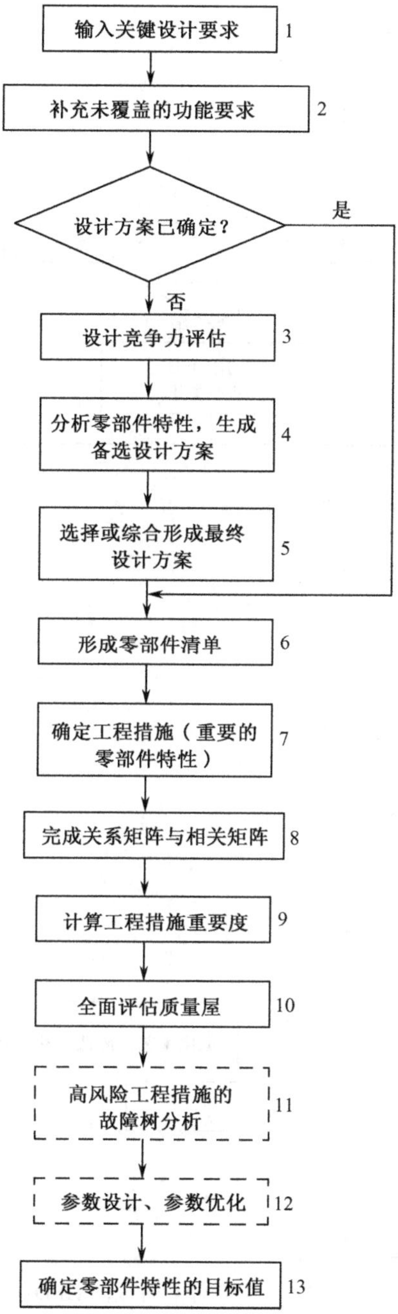

图 7-6 零部件展开阶段的 QFD

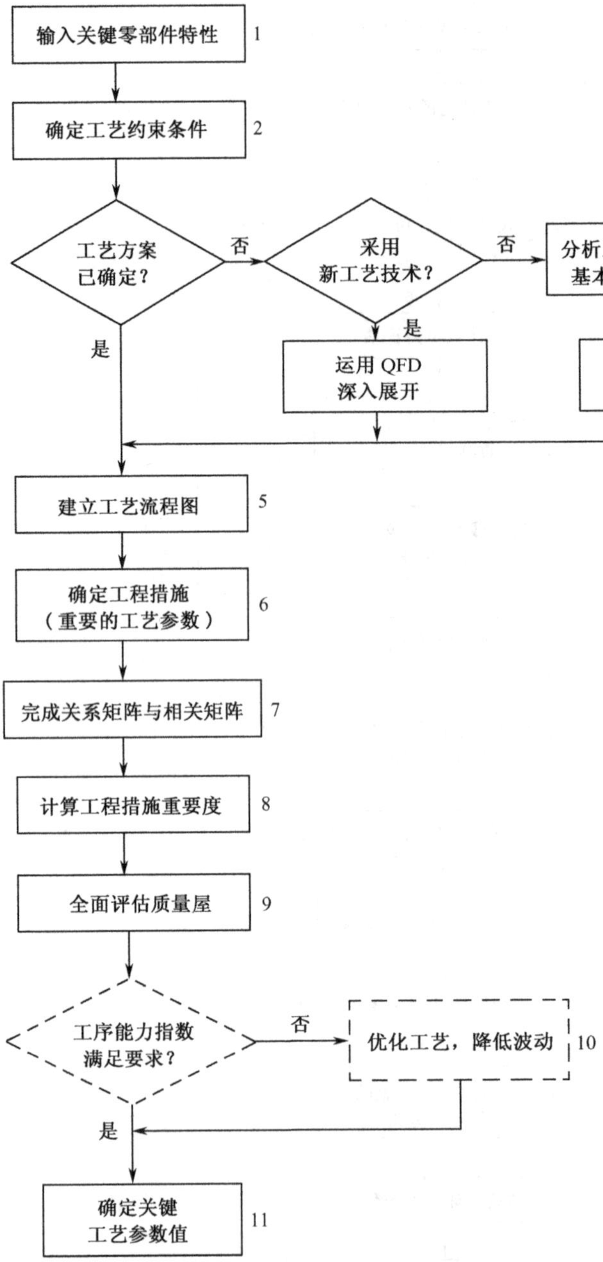

图 7-7 工艺计划阶段的 QFD

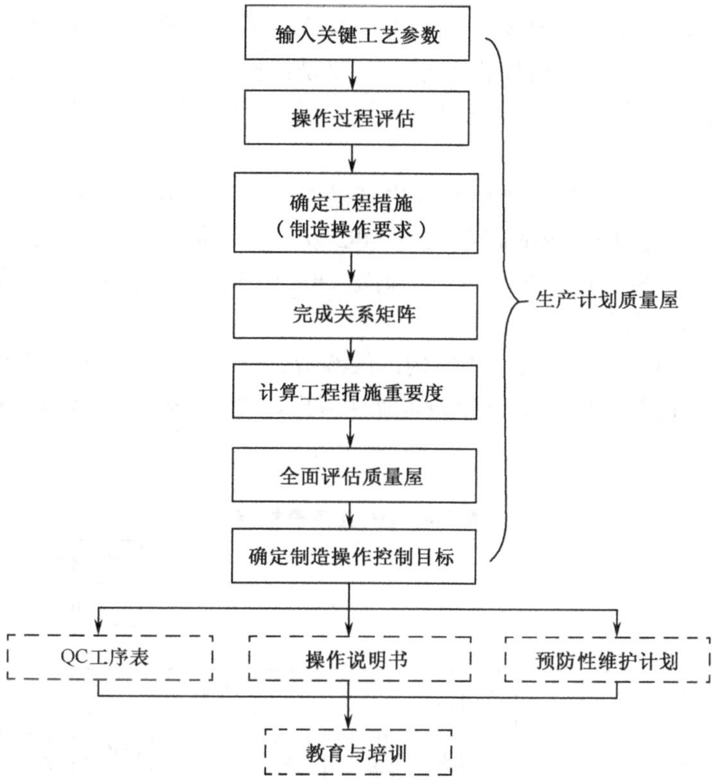

图 7-8　生产计划阶段的 QFD

产品规划阶段的 QFD（图 7-5）用于指导产品的总体方案设计，输出关键的设计要求及指标。

在零部件展开阶段（图 7-6），以上一阶段输出的设计要求作为顾客需求，必要时从技术角度将这些设计要求未能覆盖的产品的功能与性能要求补充到顾客需求，运用头脑风暴法分析为满足这些顾客需求应具备的零部件特性，如技术参数、关键尺寸、材料等，形成产品的设计方案，并筛选重要的、对产品最终质量特性影响大的零部件特性，建立质量屋。在本阶段综合采用故障模式与影响分析、故障树分析（fault tree analysis，FTA）及参数设计等质量与可靠性工程方法对优化设计方案有很好的作用。本阶段的 QFD 用于指导产品详细设计和有关技术要求的制定。其输出是关键的零部件特性及指标，同时，应制定出质量保证要求，其主要内容是应保证的关键零部件特性指标，将其作为制定 QC 工序表（quality control process chart）的基础。

工艺计划阶段质量屋（图 7-7）反映从设计到生产阶段的转移，其顾客需求是上一级质量屋输出的关键零部件特性，并可根据实际需要加以补充。从顾客需求入手，推导相应的工艺变量，形成工艺方案，小组成员还要根据这些工艺变量的组合建立工艺流程图。选择重要的工艺变量作为工程措施建立质量屋，进行量化评估。为保证生产过程的稳定，应进行工艺的健壮设计，使关键的零部件特性值保持在允许的波动范围内，还需要进行工序能力指数 C_p 及 C_{pk} 分析，运用 SPC（statistical process control，统计过程控制）等质量工具控制过程波动。工艺计划阶段的 QFD 指导了工艺方案的编制，本阶段的输出是重要度高的工艺变量及指标。

在最后一个阶段即生产计划阶段（图 7-8），顾客需求是关键的工艺参数，工程措施则是一线技术人员的制造操作要求，主要是：操作程序，操作工人的培训，检验、试验，计量保证，生产设备的维护等。为防止已知故障的重复发生，还应设定预防性维护计划。

本阶段 QFD 的目的是策划如何减少生产操作的成本，将生产的波动最小化，同时提高产量。一般而言，操作要求的制定应与 SPC 及先进质量体系的实施密切协调，以便最大限度地发挥作用。根据这一级质量屋，制定 QC 工序表、操作说明书、预防性维护计划等文件，把顾客的需求落实到最底层。

表 7-4 给出了 QC 工序表的主要结构，供参考。该表中的“控制项”可根据工艺计划质量屋得出，操作说明书可从生产计划质量屋得出，“控制表形式”包括控制图、检查单、图表、测试数据等。

表 7-4 QC 工序表框架

部门名称	部门经理：	制表人：
日期：		

零部件名	工艺流程			工序名	操作说明书编号	控制项	控制方法					检验项目	检验方法	备注
	原材料处理工序	预处理工序	主工序				控制说明书编号	控制表形式	责任人	检验人	抽样频率及测试方法			

六、落实关键环节的稳定性优化设计和强化控制

通过四个阶段的 QFD，确定了关键环节，为深入的产品开发指明了方向，对于关键措施与瓶颈技术攻关及产品和工艺的健壮设计则有赖于其他质量和可靠性工具，因此，有必要将 QFD 与其他质量和可靠性工具结合使用，开发出优化的产品。根据情况可采用系统设计、试验设计、参数设计与容差设计、故障模式与影响分析、故障树分析、价值工程（value engineering，VE）/价值分析（value analysis，VA）、数字仿真、以顾客为中心的可靠性设计分析等各种方法，以便实现稳定性的设计优化、工艺优化，充实和完善质量屋。对关键零部件和关键工艺，在生产制造阶段还要采用与健壮设计相适应的监控方法，如统计过程控制、先进质量体系等，进行严格的质量控制。

七、质量屋的不断迭代与完善

第一轮四个阶段的质量屋大致在产品初步设计结束时完成。随着产品研制工作的深入，需要对各阶段的质量屋及时地、不断地进行迭代、完善，尤其在初步设计结束和投产决策两个节点，应进行 QFD 的评审。在产品进入市场前形成最终的四个阶段的质量屋，成为产品技术归档资料的一部分。质量屋的迭代与完善可结合设计评审、工艺评审和产品评审进行。

在新产品上市后，应继续应用 QFD 方法，开展和优化售后服务，收集、研究顾客的意见，应用 QFD 方法不断改进产品，提高产品质量，推出新的款式、型号，满足市场新的需求。

八、计算机辅助 QFD

质量屋的绘制、填写、量化计算和修改等工作如果用手工完成，会给 QFD 小组带来一定的负担。另外，对企业而言，不同的 QFD 小组用不同的方式编制质量屋，也会给这些资料在企业内的保存、传递及再利用带来困难。采用计算机辅助 QFD 软件，可以帮助工程人员在计算机上建立工程的质量屋模型，并对其进行一系列的量化评估、迭代分析及运算比较，最终产生一套完整的质量屋，同时生成详尽的可检索调用、可保存修改的工程信息记录，有效地支持了 QFD 的工程应用，并促进了 QFD 技术的规范化。从长远看，计算机辅助 QFD 软件产生的信息将融入企业内部的产品数据和管理信息流，在网络环境支持下，实现在各部门间的传递、共享和重用。

九、建立质量屋需要注意的几个问题

1. 选择适当的项目

QFD 的基本原理虽然不难理解，但实施当中仍然有一定的技巧，初学者在进行工程实践时，可能会由于顾客需求、工程措施分析不全面或相互混淆、量化评估不够规范等种种原因而带来挫折，影响 QFD 的成效。这样的问题要通过实践经验的积累逐渐避免。因此，进行 QFD 实践时应遵守由易到难的原则，开始时选择规模适当的项目，如已有产品的改进或改型，所需的时间和精力不太多，效果也好衡量，通过一个一个的成功，加深对这一方法的体会，为在大型复杂产品开发中应用 QFD 打下基础。

2. 视情况剪裁质量屋

在具体应用中，可以根据实际情况对质量屋进行适当的剪裁和扩充。例如，一般“地下室”（技术竞争能力评估）和“右墙”（市场竞争能力评估）在产品规划阶段的质量屋中必须有，但在零部件展开、工艺计划、生产计划阶段可以根据需要决定是否适用；“尖屋顶”（相关矩阵）也可以根据实际情况决定取舍，用于方案选择的质量屋，因其工程措施为各项备选方案，故可以不考虑相关矩阵。对于“左墙”（顾客需求）和“天花板”（工程措施），根据情况可建立一级顾客需求和工程措施，也可考虑细分为多级需求和措施。

质量屋的部件结构应当灵活运用，如“左墙”和“天花板”在第一级质量屋中一般为顾客的要求和产品设计要求，但在第二级及以后的质量屋中应根据上一级质量屋的“天花板”和“地板”的重点内容转换为下一级质量屋的“左墙”的原理进行处理。又如，随着“左墙”与“天花板”项目的改变，相应的称谓也可改变，如在第一级质量屋中，“左墙”与“天花板”分别被称为“顾客需求”和“设计要求”，在第二级质量屋中，则分别被称为“设计要求”和“零部件特性”（图 7-3）等。另外，根据需要在“右墙”的内容中可以加入“顾客投诉频度”“卖点”等。

质量屋的形式也可根据实际应用需要而改变。

3. 应用质量屋进行设计方案优选

质量屋对于设计、工艺、施工、生产方案的优选迭代是非常有用的工具。对多个备选方案进行优选时，关系矩阵（房间）的数值代表的是方案对于实现每项需求的有效性。可按以下准则打分：①9 分——很有效；②7 分——相当有效；③5 分——有效；④3 分——有一定效果；⑤1 分——有微弱效果；⑥8 分、6 分、4 分、2 分代表的有效程度分别介于各自相邻的 2 个奇数分值。

当选取一个基准方案再进行方案改进和优选时，一般可置基准方案的有效度为“0”，候选方案对于某项需求的有效性高于基准方案时置“+1”，低于基准方案时置“−1”，与基准方案相当时置“0”。

4. 重视权衡研究

当相关矩阵（尖屋顶）中出现负相关和强负相关时，说明对应的 2 项工程措施间存在交互作用。处理办法有两个：一个办法是细化目标顾客群。对于定位更精确的目标顾客群，可能其要求的质量只需其中的一项工程措施即可满足，或者强负相关的工程措施的重要度有很大差别，可据此开发工程措施侧重点不同的系列产品。另一个办法是综合权衡，以最大限度地满足顾客需求为目标，对矛盾的工程措施进行深入的权衡分析，以便调整工程措施，减弱其交互作用，或对两项工程措施决定取舍。

还有一类异常的情况也值得关注，即当技术水平与市场竞争能力在某项顾客需求上出现矛盾时，应进行深入分析并采取必需的对策。例如，图 7-9 中第 i 项顾客需求与加权重要度很高的第 m 项工程措施的关系度很高，对应于第 i 项顾客需求设定的新产品的市场竞争能力很强，但对应于第 m 项工程措施的技术水平很低时，应考虑能否进行技术改造

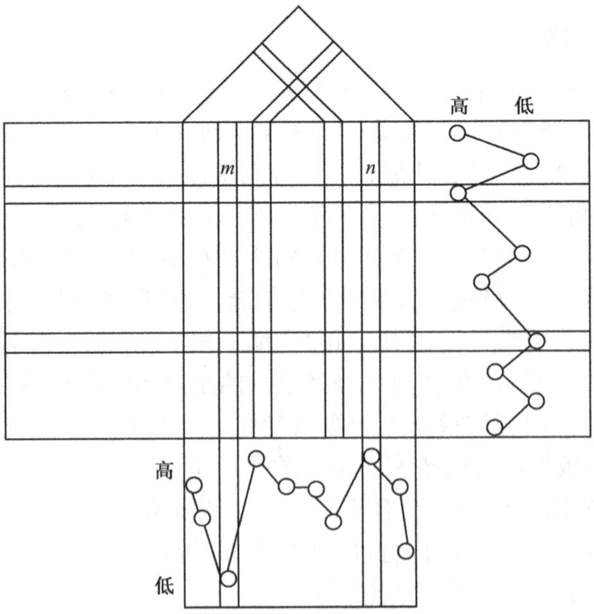

图 7-9　相关矩阵

或设计、工艺方法的改进等以提高第 m 项工程措施的技术水平，降低产品寿命周期的成本，保证产品在第 i 项顾客需求方面的市场竞争能力。或反过来，如果第 m 项工程措施的技术水平受国力制约，确实难以提高，可考虑是否可适当降低第 i 项顾客需求所对应的新产品市场竞争能力值。

又如，对应于第 j 项顾客需求，新产品的市场竞争能力很低，而与第 j 项顾客需求关系度很高的第 n 项工程措施的技术水平却很高，此时应考虑第 j 项顾客需求对应的新产品市场竞争能力是否确定得合理？若该项顾客需求的重要度较高并且其他各项工程措施也有潜力时，可考虑适当提高第 j 项顾客需求对应的市场竞争能力。

第四节　量化评估方法

质量屋中重要度、关系度及竞争能力等各数值的确定十分重要，直接关系到 QFD 的应用效果。加权评分法是用于质量屋评估的基本方法，其特点是简明、直观、易行，本节对相应的评分准则和计算方法作了介绍。使用者的工程实践经验越丰富，采用加权评分法的准确度就越高。还有一些较为复杂的量化评估方法，如层次分析法、模糊集合理论等，若能正确使用，将提高量化评估的准确度。

运用加权评分法，可以对下列要素进行量化评估：①顾客需求重要度 K_i（i=1, 2, …, m）；②工程措施与顾客需求之间的关系度 r_{ij}（i=1, 2, …, m；j=1, 2, …, n）；③工程措施两两之间的相关度；④工程措施的重要度 h_j；⑤产品的市场竞争能力 M 和技术竞争能力 T；⑥产品的综合竞争能力。

建立质量屋时，加权评分可按以下各准则执行。

一、顾客需求重要度评估

顾客需求重要度 K_i（i=1, 2, …, m）可取下列五个等级：1——不影响功能实现的需求；2——不影响主要功能实现的需求；3——比较重要的影响功能实现的需求；4——重要的影响功能实现的需求；5——基本的、涉及安全的、特别重要的需求。

二、关系矩阵和相关矩阵评估

用关系矩阵来表示关系度 r_{ij}：1——该交点所对应的工程措施和顾客需求间存在微弱的关系；3——该交点所对应的工程措施和顾客需求间存在较弱的关系；5——该交点所对应的工程措施和顾客需求间存在一般的关系；7——该交点所对应的工程措施和顾客需求间存在密切的关系；9——该交点所对应的工程措施和顾客需求间存在非常密切的关系。

根据实际情况，必要时也可采用中间等级：2——介于 1 与 3；4——介于 3 与 5；6——介于 5 与 7；8——介于 7 与 9；空白即为 0，表示不存在关系。

有时，也可采用 1、3、9 三个等级，此时，可用符号◎表示 9、○表示 3、△表示 1。

加权后工程措施的重要度：

$$h_j = \sum_{i=1}^{m} K_i r_{ij} \tag{7-1}$$

在图 7-2 中，第 1 项工程措施“笔尖组件设计”的重要度为

$$h_1=\sum_{i=1}^{6}K_i r_{i1}=5\times9+4\times0+3\times1+3\times1+1\times1+2\times2=56$$

如果第 j 项工程措施与多项顾客需求均密切相关，并且这些顾客需求较重要（K_i 较大），则 h_j 取值就较大，即该项工程措施较重要。

用相关矩阵来表示相关度。

通常用下列符号表示相关度：正相关○表示该交点所对应的两项工程措施间存在互相加强、互相叠加的交互作用；强正相关◎表示该交点所对应的两项工程措施间存在很强的、互相叠加的交互作用；负相关×表示该交点所对应的两项工程措施间存在互相减弱、互相抵消的交互作用；强负相关#表示该交点所对应的两项工程措施间的作用强烈排斥，有很大矛盾；空白表示该交点所对应的两项工程措施间不存在交互作用。

三、竞争能力评估

市场竞争能力 M_i（i=1, 2, …, m）可取下列五个数值：1——无竞争能力可言，产品积压，无销路；2——竞争能力低下，市场占有份额递减；3——可以进入市场，但并不拥有优势；4——在国内市场竞争中拥有优势；5——在国内市场竞争中拥有较大优势，可以参与国际市场竞争，占有一定的国际市场份额。

技术竞争能力 T_j（j=1, 2, …, n）表示第 j 项工程措施的技术水平。技术水平包括指标本身的水平、本企业的设计水平、工艺水平、制造水平、测试水平等，可取下列五个数值：1——技术水平低下；2——技术水平一般；3——技术水平达到行业先进水平；4——技术水平达到国内先进水平；5——技术水平达到国际先进水平。

四、竞争能力计算

1. 市场竞争能力指数

对市场竞争能力 M_i（i=1, 2, …, m）进行综合后，获得产品的市场竞争能力指数 M 为

$$M=\sum_{i=1}^{m}K_i M_i\Bigg/\left(5\sum_{i=1}^{m}K_i\right) \tag{7-2}$$

在图 7-2 中，“本产品”的市场竞争能力指数为

$$\begin{aligned}M&=\sum_{i=1}^{6}K_i M_i\Bigg/\left(5\sum_{i=1}^{6}K_i\right)\\&=(5\times4+4\times3+3\times4+3\times4+1\times4+2\times5)/[5\times(5+4+3+3+1+2)]\\&=70/90=0.78\end{aligned}$$

M 值越大越好。

2. 技术竞争能力指数

对技术竞争能力 T_j（j=1, 2, …, n）进行综合后，获得产品的技术竞争能力指数 T 为

$$T=\sum_{j=1}^{n}h_j T_j\Bigg/\left(5\sum_{j=1}^{n}h_j\right) \tag{7-3}$$

在图 7-2 中，“本产品”的技术竞争能力指数为

$$T=\sum_{j=1}^{7}h_jT_j\bigg/\left(5\sum_{j=1}^{7}h_j\right)$$
$$=(56\times4+33\times4+63\times3+41\times3+30\times5+23\times4+30\times3)$$
$$\div[5\times(56+33+63+41+30+23+30)]$$
$$=0.72$$

T 值越大越好。

3. 综合竞争能力指数

综合竞争能力指数是市场竞争能力指数与技术竞争能力指数的乘积，即

$$C=MT \tag{7-4}$$

在图 7-2 中，“本产品”的综合竞争能力指数为

$$C=MT=0.78\times0.72=0.56$$

C 值越大越好。

第八章

可靠性工程

第一节　概　　述

可靠性是产品质量的时间性特征。产品的可靠性水平是一个国家技术队伍的素质、管理及工业基础水平的重要标志。军用产品的可靠性水平是最重要的质量指标，是战斗力的重要因素。

可靠性工程是研究与产品故障作斗争的科学技术活动的总体。它要求应用现代科学技术，在人力、物力及时间允许的条件下，对于产品在全寿命周期内所处条件下的性能，从设计、试制、制造、储存、运输、使用维护直到报废的方式，作全面考虑，统筹安排，提出技术上和组织上的措施，以便尽量减少系统的故障，或允许部件失效而系统不发生故障，尽量延长无故障工作时间，从而保证系统的效用最优。

一、问题的提出

第二次世界大战前，在产品的设计、试制、制造、储存、运输及使用维护中着重研究性能指标，尽管没有明确地引用“可靠性”一词，但是也考虑到产品的耐久性、寿命、稳定性、维修性及安全性等。这实际上已运用了可靠性的概念。

把可靠性问题作为专门的问题来研究，是从第二次世界大战中开始的。当时，交战双方调集了大量的兵力和兵器参战，出现了雷达、飞航式导弹、弹道式导弹等较复杂的新武器。这些武器的“心脏”——电子设备屡出故障，丧失了应有的战斗力。例如，德军向英国发射的 V1 飞弹，多数在中途爆炸，有的甚至在发射场上空爆炸，引起德国军方和舆论界的重视，便开始应用概率论建立数学模型来研究可靠性，后因战争失败而中断。美国运往远东地区的装备故障十分严重，空军机上电子设备有 60%以上发生故障，海军舰上电子设备有 70%以上发生故障。为保障装备的正常工作，美军组成了庞大的维修队伍、后勤保障队伍。这种沉痛的教训引起美国政府、军界、企业界和学术界的高度重视，于 1943 年联合成立了可靠性研究小组。这就是可靠性研究的开始。当时的研究对象是元器件（主要是电子管），虽然取得了不少成果，但整体提高不大，直到 20 世纪 40 年代末、50 年代初，设备可靠性仍很低。例如，1949 年美军无线电通信设备约有 14%的时间，水声设备约有 48%的时间，雷达设备约有 84%的时间处于故障状态。1950 年美国海军电子设备约有 2/3 不能正常工作，美军 2600 种 165 000 台设备在一年内发生了 100 多万次故障。据统计，对电子设备每年的维修费是设备购置费的60%～500%。20世纪50年代成立了不少研究小组，研究生产故障少、维修费用低的产品。直到1959年，美军的维修费用仍占国防预算的25%。1957年美国国防部电子设备可靠性顾问组（Advisory Group on Reliability of Electronic Equipment，AGREE）提出了AGREE报告，基本上确定了可靠性工程的研究方向。它的许多思想和结论至今仍有指导作用。20世纪60年代初开始进行维修性设计和评价的研究，到60年代末，已从狭义的可靠性发展到广义的可靠性（包括狭义可靠性、维修性和有效性）的研究。至今，可靠性工程已成为多学科的边缘学科，已从航空、宇航工业普及到民用工业。

企业的兴旺取决于产品的竞争力，企业丧失竞争力就难以生存。而决定产品竞争力的重要因素是产品的可靠性。现在，军用产品都要求达到一定的可靠性指标，否则就不能接收，成为废品，从研究到生产的一切费用都报销了，而且以后可能失去用户。美国20世纪60年代中期，每年因产品质量不可靠要损失约400亿美元；苏联1958年损失1500亿～2000亿卢布；澳大利亚1976年外贸损失8亿～10亿美元，造成15万个中小企业濒临破产；日本人把可靠性当作“国家兴旺”的大事，其产品可靠性相当高，博得世界用户的称赞，赢得了市场，成为经济强国。

现在，国内对于产品的可靠性已有相当的重视，产品可靠性增长得很快。例如，卫星的火箭发射系统的可靠性相当高，连美国也来签订合同，要求为其发射卫星。

总之，在科学和技术迅速发展的今天，产品的可靠性显得尤其突出。国家已把可靠性列为评价产品的重要质量指标，它直接关系到产品研制的成败。产品的可靠性与性能、成本及研制周期等基本价值目标有着密切的关系。如果在确定价值目标的价值时，忽视了可靠性或在设计和生产中不能保证产品所应有的可靠性，其性能就不能充分地发挥，甚至无实用价值，从而可能造成不可估量的损失，为之付出的一切代价都会丧失，即使应用这种产品，也可能带来不可估量的潜在危害（包括生命安全和政治上的损失）。但是，如果不适当地提出可靠性指标也是不应该的，它会带来技术上的困难、资金和时间的浪费，也就会损害其他基本价值目标，从而降低产品的总价值。那么如何控制产品的可靠性呢？这就是可靠性工程的主要课题。

二、可靠性的定义

可靠性的定义比较多，这里主要根据国家标准来介绍。本节只介绍定性的定义，可靠性定量的定义将在本章第二节中介绍。

可靠性是指产品在规定的条件下和规定的时间内完成规定的功能的能力。

此定义中包含产品、规定的条件、规定的时间及规定的功能等四个要素，并指明可靠性的特点是产品的一种能力，而不是一种性能。下面分别介绍各要素的含义。

产品——研究对象是什么？因为不同产品的可靠性可能不同，为了进行比较，一提到可靠性就应明确是哪种产品的可靠性，这种产品包含哪些组成部分。有时某设备的一部分发生故障，但是由人的控制并不影响完成规定的功能；有时，不是硬件问题，而是由人或软件差错导致故障。所以，还应指出研究对象是否包括人和软件。一般不特别指出，就不包括人和软件。本书中产品是指系统、设备、部件、元器件等任何装配等级上的硬件。使用这一术语是为了避免研究对象的大小或复杂程度，便于叙述。

规定的条件——预先规定的产品在其全寿命周期内所受的全部外部作用条件。全寿命周期是指产品从设计、生产、运用到退役的全过程。外部作用条件是指环境运用和维修等条件。

环境条件包括自然环境条件和诱发环境条件。自然环境条件包括气候、地理等地球表面存在的各种因素。气候因素包括温度、湿度、大气压、盐雾、尘埃、风、雨、雾、霜、冰、雷击、电晕、放电、太阳辐射等。地理因素包括海拔、土壤、植物、动物、昆虫、微生物等。诱发环境条件包括人工制造的与人工改变的两种环境条件。前者是指人为放射现象、核爆炸冲击波、燃料燃烧引起的空气污染及电磁干扰等；后者是指人的活动对自然环境条件的作用产生的环境条件，如城市的存在引起地面和空气温度的提高，植物的变迁引起水土流失和地面湿度的降低等。此外，诱发环境条件还包括振动、冲击、碰撞、跌落、惯性力等。

使用条件包括工作模式（是连续工作还是间歇工作）、工作时间和使用频度、输入信号的要求和误差、工作时能源特性和误差（如电压、功率、电磁场强度等）、机械应力（静载荷、动载荷的振幅和频率）、设备的操作程序、使用人员的技术水平等。

维修条件包括维修体制、维修方式，维修人员的素质，维修设备和工具等。

外部条件的各种因素都在其某个范围内随机地变化着，并且互相交织在一起作用于产品。

产品的可靠性受外部条件的影响很大，因此必须在产品设计任务书中明确规定产品所处的条件，不能不予限制。为了便于管理，有些环境条件已经标准化，如日本将温度环境分为 13 种，湿度环境分为 4 种，振动环境分为 4 种。

规定的时间——规定产品完成规定功能的时间。任何产品的可靠性总是随着时间的增加而下降，不同质量的产品下降的速度不同。因此，在提到产品的可靠性高低时，必须同时指出规定的时间是多长的可靠性；否则，就无法用可靠性高低来说明产品的质量。没有明确的时间要求，生产者与用户就没有共同语言，厂方无法预计和测量，用户无法判断产品是否合格，至于在发生故障时追究责任和索赔就更麻烦了。

规定时间的长短依不同产品不同情况而异。对于一般产品可用累计工作时间的长短来表示规定时间，如要求瞄准具工作 200 小时时具有完成规定功能的能力，这时规定的时间就是 200 小时；又如海底电缆在 20 年内应不发生故障，这时规定的时间就是 20 年。

规定时间的单位可以是时间单位，如秒、分、小时、月、日、年；也可以是相当于时间的单位，如开关、继电器需保证开关多少次无故障，这时用次数作单位；而汽车往往要求行车多少公里无故障，这时的公里数相当于“规定的时间”，用“公里”作单位；航炮要求打多少发炮弹无故障，要求打的炮弹数相当于“规定的时间”，用“发”作单位。

规定的功能——产品的性能指标。要强调指出，这里所指的完成规定功能，是指完成所有规定功能的能力，而不是其中的一部分。例如，航炮的功能包括射速、射程和命中精度。只是射速和射程达到要求而命中精度达不到要求，就不能说它完成了规定的功能。在判断产品是否具有完成规定功能的能力时，人们往往有不同的理解，争执不休，因此必须规定明确的故障判据。有的产品在规定的时间内不允许发生故障；有的虽发生小故障，但因人的控制（如修理）仍能在规定的时间内完成规定的功能，这时就允许小故障发生，计算可靠性时不计算此故障。这一点也应该用故障判据规定出来。例如，乘汽车从咸阳到西安规定 1 小时内到达，如果途中汽车发生故障，司机及时排除了，汽车仍能在 1 小时内到达，这时就认为汽车具有完成规定任务的能力，即认为汽车是可靠的。

产品的几项功能往往有主次之分，各项功能的丧失引起的后果也不同。有时，要分别讨论各项功能的可靠性。

最后要指出，产品的可靠性不是产品的性能，而是产品抵抗外部条件的影响而保持完好的能力，是产品质量的时间性指标。任何产品最终都要发生故障，但是，发生故障前的工作时间（即寿命）长短不同，越长说明越可靠。

一个产品的可靠性是由固有可靠性和使用可靠性两部分组成的。固有可靠性是产品早在设计阶段就确定了的可靠性指标，并在生产的各阶段得以确立。固有可靠性是产品本身具有的属性，由生产方在模拟实际工作条件的标准环境下，进行检测并予以保证的可靠性。

产品生产出来后要经过包装、运输、储存、安装、使用、维护保养、修理诸环节，在这个过程中产品的可靠性会受到种种条件如环境、技术条件、维修方式的影响，即使一个本来不会失效的产品也可能由于这些环节中的不利因素，如包装不良、运输时的强烈冲击、使用时的错误操作等造成失效。这些环节中的可靠性称为使用可靠性。

失效是指产品丧失功能的现象，它是“可靠”的对立面。但多数整机或部件，仅由于元器件失效而整体丧失功能的现象可通过更换元器件或修理予以消除，这类产品称为可修产品。对可修产品来讲，失效可称为故障。

也有许多产品，如电阻、电容、晶体管之类的电子元件或集成电路之类的电子器件，一旦失效就难以修复，或修理的费用会超过制造的成本，使得经济上是不值得修理的；还有些产品属于一次性使用的，如熔断器、导弹上的部件、发射卫星的火箭。上述两类产品一旦丧失规定功能，则或者不可能或者不值得或者不要求修复，这类产品称为不可修产品。对不可修产品而言，丧失规定功能的现象只能称为失效。在未涉及修理问题时，失效和故障都指丧失功能，所以许多定义和规律是一样的，我们往往只提出其中之一，读者可视情况推广到另一个。一般书上并不严格区分失效和故障。

可靠性有狭义和广义两种意义。狭义可靠性仅指产品在其规定的条件下规定的时间内完成规定功能的能力。以后“可靠性”一词若不加另外注释，均指狭义可靠性。广义可靠性通常包含狭义可靠性和维修性两方面内容，常称之为有效性。而耐久性、环境适应性和安全性也是广义可靠性所涉及的内容。

三、可靠性工程的内容

可靠性工程的任务很多，其基本任务概括起来就是两句话：确定产品可靠性和获得产品可靠性。在时间上，这两个基本任务是交织在一起的。

确定产品可靠性就是通过各种途径，如设计、预计、试验、系统分析等来确定产品的失效机理、失效模式及各种可靠性特征量的全部数值或范围等。

通过产品的全寿命周期（包括仅存在于意识、图纸、计划、公式中的“虚”的产品时期和产品从生产、出厂到报废为止的“实”的产品时期）中的一系列活动（即构思、审查、研制、生产、使用、维修等）来得到并提高产品可靠性的各项措施，实现产品可靠性的最优化。

可靠性工程的基本内容可分为以下几个部分。

可靠性管理：包括制订可靠计划和其他可靠性文件（如可靠性标准等）、对生产过程的可靠性监督、计划评审、建立失效报告、分析和改进系统、建立失效评审小组、收集可靠性数据和进行可靠性教育等。

可靠性设计：包括建立可靠性模型、进行可靠性预计、可靠性分配和各种分析（失效模式，影响及危害性分析，故障树分析，潜在通路分析，容差分析，储备分析，功能试验，储存、装卸、包装、运输及维修的影响分析，并提出必要的对策）、选择和控制部件，以及确定可靠性关键部件等。

可靠性试验：包括环境应力筛选试验、可靠性增长试验、可靠性鉴定试验、可靠性验收试验等。

此外，维修性工程主要是研究把产品设计得易于维修的学科。实际上，它是可靠性设计的一部分。事实上，还有许多内容可作为可靠性工程的分支。例如，从组成系统的单元可靠性出发研究系统可靠性问题的系统可靠性工程；专门研究可靠性工程数学基础的可靠性数学；专门研究机械结构可靠性问题的机械工程概率设计；研究在人-机系统中，人为因素造成的系统故障及对策的人-机工程学也与可靠性工程有关；研究软件故障及其对策的软件可靠性等。

四、可靠性工程的历史概述

如前所述，只有现代的科学技术发展到一定水平，产品的可靠性才突出为一个不仅影响产品性能，而且影响一个国家经济和安全的重大问题，成为众所瞩目的致力研究的对象。在这股社会需求的强大力量推动下，可靠性工程从概率统计、系统工程、质量控制、生产管理等学科中脱颖而出，成为一门新兴的工程学科。

1. 可靠性工程的准备和萌芽阶段（20 世纪 30～40 年代）

与可靠性工程有关的数学理论早就发展起来了。可靠性工程最主要的理论基础——概率论早在 17 世纪初就由伽利略、巴斯卡、费米、惠更斯、伯努利、德·莫根、高斯、拉普拉斯、泊松等逐步确立。布尼科夫斯基在 19 世纪写了第一本概率论教程。他的学生切比雪夫发展了大数定律，他的另一个学生马尔可夫创立了随机过程论，这是可修系统最重要的理论基础。可靠性工程另一门主要的基础理论——数理统计学在 20 世纪 30 年代初也得到了迅速发展。作为与工程实践的结合，除了 20 世纪 30～40 年代提出的机械维修概率、长途电话强度的概率分布、更新理论、试件疲劳与极限理论的关系外，值得提出的是 1939 年瑞典人威布尔为了描述材料的疲劳强度而提出了威布尔分布。该分布后来成为可靠性工程中最常用的分布之一。

最早的可靠性概念来源于航空。1939 年，美国航空委员会出版的《适航性统计学注释》中，提出了飞机由各种失效造成的事故率不应超过每小时 0.000 01，相当于飞机在 1 小时飞行中的可靠度在 0.99999，尽管这里并未明确提出“可靠度”的概念。我们现在所用的“可靠性”定义是在 1952 年美国的一次学术会议上提出来的。

早期的系统可靠性理论见于德国对 V1 火箭的研制中。他们提出了由 n 个部件组成的系统，其可靠度等于 n 个部件可靠度的乘积，这就是现在常用的串联系统可靠度乘积关系式。

最早把“可靠性”作为一个专用学术名词明确提出的是美国麻省理工学院放射性实验室。它在 1942 年 11 月 4 日向海军与舰船局提出的一份报告中说：“……由于真空管寿命短，需要一个专门小组对它的可靠性进行研究并协调各个研究所的工作。”

1943 年美国成立了“电子管技术委员会”，并成立“电子管研究小组”，开始了电子管的可靠性研究。这是有组织地研究电子管可靠性的开始。1949 年，美国无线电工程学会成立了可靠性技术组，这是第一个可靠性专业学术组织。

2. 可靠性工程的兴起和独立阶段（20 世纪 50 年代）

20 世纪 50 年代初，可靠性工程在美国兴起。当时，美国的军用电子设备由于失效率很高而面临着十分严峻的局面：1949 年美国海军电子设备有 70%失效，一个正在使用的电子管要 9 个新的电子管作为随时替换的备件；1951～1952 年一般的无线电设备中 14%有故障，而雷达甚至 84%有故障；美国空军每年的设备维修费为设备购置费的两倍，需有 1/3 的地勤人员维修电子设备。

为了扭转被动局面，1952 年 8 月 21 日，美国国防部下令由军方、工业界及学术界组成 AGREE。1955 年，AGREE 在给政府的报告中提出了 9 项建议：设计程序、试验、元件的可靠性、采购、运输、包装、储存、操作、维修。这是产生美国有关可靠性军标的思想基础。1957 年 6 月 14 日提出了著名的 AGREE 报告——《军用电子设备的可靠性》。该报告极为广泛、系统、深入地提出了解决产品可靠性问题的一系列办法，成为以后美国一系列军标的基础。这些标准成为世界各国及各世界组织制定有关可靠性技术文件的依据。可以认为，AGREE 报告的发表是可靠性工程成为一门独立学科的里程碑。此后美国制定了一系列有关可靠性的军标，确立了可靠性设计方法、试验方法及程序，并建立了失效数据收集及处理系统。同时，其他一些国家，如苏联、日本、瑞典、意大利、德国等也纷纷成立了研究可靠性的专业组织，召开专门会议，开展可靠性活动。

3. 可靠性工程的全面发展阶段（20 世纪 60 年代）

20 世纪 60 年代是世界经济发展较快的年代。可靠性工程以美国为先行，带动了其他工业国家，得到了全面、迅速的发展。其主要表现是继续制定、修订了一系列有关可靠性的军标、国标和国际标准，包括可靠性管理、试验、预计、设计、维修等内容；成立了可靠性研究中心；深入地进行了可靠性基础理论、工程方法的研究；开发了加速寿命试验、快速筛选试验这两种更有效的试验方法；开发了按系统功能和参数预计可靠性和蒙特卡罗模拟法等新的可靠性预计技术；开拓了旨在研究失效机理的可靠性物理这门新学科；发展了失效模式、影响及危害性分析（failure mode，effects and criticality analysis，FMECA）和故障树分析两种有效的系统可靠性分析技术；开展了机械可靠性的研究；发展了维修性、人的可靠性和安全性的研究；建立了更有效的数据系统；开设了可靠性教育课程。

值得提出的是日本。日本在 1956 年从美国引进了可靠性技术和经济管理技术。1960 年日本成立了质量管理委员会。同年由科技联合会召开了第一次全国可靠性讨论会，20 世纪

60年代中期，日本成立了电子元件可靠性中心。日本将美国在航空、航天及军事工业中的可靠性研究成果应用到民用工业，特别是民用电子工业，使其民用电子工业产品质量大幅度地提高，产品在世界各国广为销售，赢得了良好的质量信誉。

4. 可靠性工程的深入发展阶段（20世纪70年代以来）

在20世纪60年代全面发展的基础上，可靠性工程不但在处于领先地位的美国和工业较发达的各国得以向纵深发展，而且在发展中国家如中国和印度等也得到了迅速发展。

美国在1975年9月正式成立了直属美国三军联合后勤司令部领导的电子系统可靠性联合技术协调组，进行统一的可靠性管理。在1978年9月，该组织扩大到非电子设备，故改名为“可靠性、有效性及维修性联合技术协调组”。1970年9月，美国成立了全国性的数据交换网“政府-工业部门数据交换网”，它是全国统一的数据交换网。

在可靠性设计和试验方面，20世纪70年代以来，更严格、更符合实际、更有效的设计和试验方法得到了发展和应用。它们是：更严格的简化和降额设计，使产品零件数大大减少，使用功率大大降低，因而其可靠性大为提高；发展了计算机辅助可靠性设计，包括复杂电子系统的可靠性预计及精确的热分析和热设计；研究非电子设备（机械和机电设备）的可靠性设计和可靠性试验；采用组合环境应力试验，如温度-湿度-振动（正弦）试验，以便更真实地模拟环境；加速环境应力筛选试验；可靠性增长试验，以及加速寿命试验等。

此外，维修工程由以预防为主的维修思想转变为以可靠性为中心的维修思想。1970年美国联邦航空局颁布了以可靠性为中心的维修大纲MSG-2。它包括定时维修、视情维修和状态监控等三种维修方式，在军用、民用飞机上都得到了广泛应用。由于电子计算机技术的飞速发展，软件可靠性成为一个重要问题。1978年美国成立三军软件可靠性技术协调组来负责国防部范围内的软件可靠性研究及协调工作。目前对软件可靠性的研究工作正在迅速发展成一个新的可靠性分支。

印度和以色列在20世纪70年代成立了全国性的可靠性学术组织，并在航空、航天及电子工业部门设有专门的可靠性机构和实验室。印度在可靠性理论研究方面，在世界权威杂志上发表的可靠性论文数量与质量都是举世瞩目的。这两个国家都是从欧美引进可靠性技术并结合本国国情采用合适的设计、试验、预计和分析方法来解决本国产品的可靠性问题。

我国的可靠性工程研究是从20世纪60年代中期开始的，主要在电子、航空、航天、核能、通信等领域内得到应用。1979年中国电子学会电子产品可靠性与质量管理专业委员会召开了第一次工作会议。1980年国家标准总局召开了全国电工电子产品环境条件与环境试验标准化技术委员会第一次会议，同年建立了可靠性数据交换网。1981年以来中国电子学会电子产品可靠性与质量管理专业委员会、许多省级可靠性学会相继召开学术年会。军队院校和一些地方院校已从事可靠性研究、开设可靠性课程，并与其他研究所一起招收可靠性专业的研究生。在军工产业中，已制定了部分可靠性规范，开展了一批环境试验、可靠性试验、可靠性评定等方面的研究，完善了各种环境试验与可靠性试验方面的设备和技术能力。同时，举办了各类学习班，培养了一批具备可靠性工程基础知识和实践能力的技术队伍。目前，军工产业、电子产品、仪器仪表行业中的可靠性工作正在向纵深发展。

第二节　可靠性工程中的特征量

可靠性工程是建立在众多的数学基础上的。其中，概率论和数理统计是可靠性工程最重要的数学基础。可靠性工程中的许多基本理论和基本概率，如可靠性工程中最基本的特征量——可靠度、失效率、平均寿命等，都是在概率论和数理统计的基础上建立起来的。在可靠性中的许多工作，如可靠性试验、可靠性预计和评定、可靠性设计等都是把数理统计作为解决问题的主要工具，因此掌握概率统计最基本的知识是掌握可靠性工程必不可少的。

可靠性特征量是用来表示产品总体可靠性高低的各种可靠性数量指标的总称。

可靠性特征量的实际数值称为真值，它是一个很难求得的理论值。因为不同的计算和统计方法得到的同一个特征量可能有不同的数值。真值在理论上是严密的，唯一存在的，但实际上是难知的。在实际的可靠性工作中通常是通过若干个样本试验所得的观测数据，经过一定的数理统计得到的数值，这个值仅是对真值的估计。我们称之为特征量估计值。这种估计值可以是多种方法估计得到的，如点估计、单边区间估计和双边区间估计等。如果这个估计值是按国家规定标准所给出的要求值（即理论希望的真值）的估计值，那么这个估计值又称为特征量的观测值，这种观测值是比较容易计算的，也是可靠性工作者用各种方法，使之接近真值而努力的方向。还有一种是借助前人经验、手册等而得到的，常称为预计值。

一、可靠性特征量

1. 寿命

在讨论特征量以前必须先讨论一个经常用到的名词——寿命。

在前面讨论中我们知道，产品有两类，一类是不修理产品，另一类是修理产品，对于不同的产品，寿命有不同的定义。

对于不修理产品，寿命指失效前的工作时间。

对于修理产品，寿命指相邻两次失效间的工作时间，这时也称失效间隔工作时间。

对于每一个产品，即使是同类产品也都有各自不同的寿命，这种寿命的长短只有经过一定的试验或者使用以后方可知道，所以寿命是一个随机变量。

寿命一般用时间 T 来表示。其单位可以是小时、千小时等。有的产品也可以用次数、周期或者距离来表示。

2. 可靠度

产品在规定的条件下和规定的时间区间内完成规定功能的概率称为可靠度，一般用 $R(t)$ 来表示。因为它是在规定的时间内的概率，所以可靠度是时间的函数，或称可靠度函数。对于相同的产品，在不同的时间内可靠度是不同的。

根据可靠度和寿命的定义，用概率方式表示，那就是

$$R(t)=\begin{cases}P(T>t),\ t\geqslant 0\\0,\ t<0\end{cases}$$

式中，T 为产品的寿命，它是一个随机变量。上式的含义就是产品的寿命至少要比 t 时间长的概率。

如前所述，这个概率值是个真值，实际上是未知的。在工程上我们常用的是它的观测值。为区别于可靠度，可靠度观测值用 $\hat{R}(t)$ 来表示。

可靠度观测值的定义如下：对于不修理产品，是指直到规定的时间区间终了为止，能完成规定功能的产品数与在该时间区间开始时刻投入工作的产品数之比；对于修理产品，是指一个或多个产品的故障间隔工作时间达到或超过规定时间的次数与观察时间内无故障工作的总次数之比。

根据定义，如果投入试验的产品总数为 n，到规定的时间 t 终止为止，能完成规定功能的产品数为 $n_s(t)$，那么

$$\hat{R}(t)=\frac{n_s(t)}{n}$$

对于修理产品，$n_s(t)$ 表示一个或多个产品的故障间隔工作时间达到或超过规定时间的次数；n 表示在观察时间内，无故障工作的总次数。

【例 8-1】 有 50 个在恒定载荷条件下运行的零件，运行记录见表 8-1，求这个零件分别在 100 小时、400 小时时的可靠度观测值。

表 8-1 运行记录表

项目	数值															
时间 t/小时	10	25	50	100	150	250	350	400	500	600	700	1000	1200	1500	2000	3000
失效数/个	4	2	3	7	5	3	2	2	0	0	0	0	1	1	0	1
累积失效数 $n(t)$/个	4	6	9	16	21	24	26	28	28	28	28	28	29	30	30	31
仍工作零件数 $n_s(t)$/个	46	44	41	34	29	26	24	22	22	22	22	22	21	20	20	19

解：

$$\hat{R}(100)=\frac{n_s(100)}{n}=\frac{34}{50}=0.68$$

$$\hat{R}(400)=\frac{n_s(400)}{n}=\frac{22}{50}=0.44$$

可靠度是一个概率值，因此具有如下性质。

（1）$0\leqslant R(t)\leqslant 1$。

（2）可靠度函数随着工作时间 t 的延长而逐渐减小，也就是预先规定的工作时间 t 越长，产品寿命 T 比规定时间 t 长的可能性就越小，反之时间 t 越短，产品的寿命 T 比 t 长的可能性就越大。可以理解，可靠度函数 $R(t)$是一个非增函数。

（3）根据可靠度的定义，假定开始时所有产品都是完好的。只要规定的时间充分长，产品必定会全部失效或故障，即

$$R(0)=1;\ R(\infty)=0$$

3. 累积失效概率

$$F(t)=1-R(t)$$

事实上这个概率函数是表示寿命 T 比规定的时间 t 短的概率，即

$$F(t)=\begin{cases}P(0\leqslant T\leqslant t), & t\geqslant 0\\ 0, & t<0\end{cases}$$

同样，在工程上我们常用的是累积失效概率的观测值，其观测值的定义是：对于不修理和修理的产品，都为 1 减去可靠度的观测值，即

$$\hat{F}(t)=1-\hat{R}(t)$$

如果在某个时间 t 内累积失效数为 $n_f(t)$，投入的产品总数为 n，那么

$$\hat{F}(t)=\frac{n_f(t)}{n}=1-\frac{n_s(t)}{n}$$

【例 8-2】在例 8-1 中求 100 小时和 1500 小时的累积失效概率，可得

$$\hat{F}(100)=\frac{50-34}{50}=0.32$$

$$\hat{F}(1500)=\frac{50-20}{50}=0.60$$

累积失效概率有如下性质：①$0\leqslant F(t)\leqslant 1$；②累积失效概率函数是随时间 t 的延长而逐渐增大的，所以和可靠度函数相反，它是一个非减函数；③$F(0)=0$；$F(\infty)=1$。

4. 寿命概率密度

如果 $F(t)$是可微的，即 $\mathrm{d}F(t)/\mathrm{d}t$ 存在，那么称 $f(t)=\mathrm{d}F(t)/\mathrm{d}t$ 为寿命分布密度函数，因此有

$$F(t)=\begin{cases}\int_0^t f(t)\,\mathrm{d}t, & t\geqslant 0\\ 0, & t<0\end{cases}$$

它的观测值可以用下式表示：

$$\hat{f}(t)=\frac{\Delta r(t)}{n\Delta t}$$

上面式子的意义如下。

对于不修理产品，指直到规定的时间区间$(0,t]$终了时刻 t 开始的单位时间内失效数 $\Delta r(t)/\Delta t$ 与该时间区间开始投入工作产品数 n 之比。$\Delta r(t)$是$(t, t+\Delta t]$内的失效产品数。

对于修理产品，是指一个或多个产品的失效间隔工作时间达到规定时间 t 后，单位时间的失效次数 $\Delta r(t)/\Delta t$ 与观测时间内失效间隔工作总次数 n 之比，我们来求例 8-1 中 10 小时、25 小时时的寿命概率密度：

$$\hat{f}(10)=\frac{\Delta r(10)}{n\Delta t}=\frac{2}{50\times(25-10)}=2.67\times 10^{-3}$$

$$\hat{f}(25)=\frac{\Delta r(25)}{n\Delta t}=\frac{3}{50\times(50-25)}=2.4\times 10^{-3}$$

5. 失效率

瞬时失效率是可靠性工程经常用到的衡量产品可靠性水平高低的一个特征量。其定义为：设产品在时刻 t 处于可用状态，当 Δt 趋于 0 时，在时间区间$(t, t+\Delta t)$内出现失效的条件概率与区间长度 Δt 之比的极限（如果存在时），用 $\lambda(t)$表示。

从定义可以看出，$\lambda(t)$实质上是一个条件概率密度。工作到某时刻处于可用状态的产品，就是这个概率的条件。如果用概率表达式来表示，则有

$$\lambda(t)=\lim_{\Delta t\to 0}\frac{P(t<T<t+\Delta t\,|\,T>t)}{\Delta t}$$

由条件概率公式得

$$\begin{aligned}\lambda(t)&=\lim_{\Delta t\to 0}\frac{P[(t<T<t+\Delta t)\cap(T>t)]}{P(T>t)\Delta t}\\&=\lim_{\Delta t\to 0}\frac{P(t<T<t+\Delta t)}{P(T>t)\Delta t}\\&=\lim_{\Delta t\to 0}\frac{F(t+\Delta t)-F(t)}{P(T>t)\Delta t}\\&=\frac{\mathrm{d}F(t)}{\mathrm{d}t}\frac{1}{R(t)}\\&=\frac{f(t)}{R(t)}\\&=\frac{f(t)}{1-F(t)}\end{aligned}$$

由 $F(t)=1-R(t)$ 得

$$\begin{aligned}\lambda(t)&=\frac{\mathrm{d}F(t)}{\mathrm{d}t}\frac{1}{R(t)}\\&=\frac{\mathrm{d}[1-R(t)]}{\mathrm{d}t}\frac{1}{R(t)}\\&=-\frac{\mathrm{d}R(t)}{\mathrm{d}t}\frac{1}{R(t)}\end{aligned}$$

又

$$\lambda(t)\,\mathrm{d}t=-\mathrm{d}R(t)/R(t)$$

两边在 0～t 积分得

$$\int_0^t\lambda(t)\,\mathrm{d}t=-\int_0^t\mathrm{d}R(t)/R(t)=-\ln R(t)\,|_0^t=-\ln R(t)$$

所以

$$R(t)=\mathrm{e}^{-\int_0^t\lambda(t)\mathrm{d}t}$$

故

$$f(t)=\lambda(t)R(t)=\lambda(t)\mathrm{e}^{-\int_0^t\lambda(t)\mathrm{d}t}$$

我们可用以下公式计算失效率的观测值 $\hat{\lambda}(t)$：

$$\hat{\lambda}(t)=\frac{\Delta r(t)}{\Delta t n_s(t)}$$

上式的意义是，在某时刻后单位时间内失效的产品数与工作到该时刻尚未失效的产品数之比。

我们计算例 8-1 中 $t=25$ 小时、$t=1200$ 小时时的失效率观测值：

$$\hat{\lambda}(25)=\frac{\Delta r(25)}{\Delta t n_s(25)}=\frac{3}{(50-25)\times 44}=0.27\%$$

$$\hat{\lambda}(1200)=\frac{\Delta r(1200)}{\Delta t n_s(1200)}=\frac{1}{(1500-1200)\times 21}=0.016\%$$

失效率常用的单位是：1/小时、$\frac{1}{10次}$、%/千小时、10^{-6}/小时、菲特（fit）等。其中，1fit=10^{-9}/小时。

我国对电子元器件失效率规定了等级，共分 7 级，它们的名称、符号、最大失效率见表 8-2。

表 8-2　电子元器件失效率分级

名称	符号	最大失效率/（1/小时或 1/10 次）
亚五级	Y	3×10^{-5}
五级	W	1×10^{-5}
六级	L	1×10^{-6}
七级	Q	1×10^{-7}
八级	B	1×10^{-8}
九级	J	1×10^{-9}
十级	S	1×10^{-10}

6. 平均寿命

平均寿命是有关产品寿命（失效前时间或失效间工作时间）的平均值。平均寿命的数学意义是：如果随机变量寿命 T 服从寿命分布 $F(t)$，分布密度函数为 $f(t)$，那么，T 的数学期望 $E(T)$称为平均寿命。所以平均寿命

$$m=E(T)=\int_0^{\infty}tf(t)\mathrm{d}t$$

根据寿命概率密度的定义得

$$\begin{aligned}m&=\int_0^{\infty}t\mathrm{d}F(t)\\&=\int_0^{\infty}t\mathrm{d}[1-R(t)]\\&=-\int_0^{\infty}t\mathrm{d}R(t)=tR(t)|_0^{\infty}+\int_0^{\infty}R(t)\mathrm{d}t\end{aligned}$$

我们规定

$$\lim_{t\to\infty}tR(t)=0$$

又有

$$\lim_{t\to 0}tR(t)=0$$

所以

$$m=\int_0^{\infty}R(t)\mathrm{d}t$$

7. 可靠寿命

给定可靠度所对应的时间称可靠寿命。如前面所述，可靠度是一个非增函数，在 $t=0$ 时，可靠度为 1，随时间的增加，可靠度从 1 开始下降。当时间无限增大时，可靠度将趋向于 0。每一个给定的时间，都有一个对应于这个时间的可靠度值。反过来，如果给定一个可靠度值 r，也必然对应一个相应的时间 T_r。这个对应于给定可靠度的时间 T_r 称为可靠寿命。

由此可得

$$R(T_r)=r$$

可靠寿命观测值的定义是：能完成规定功能的产品的比例恰好等于给定可靠度时所对应的时间，即

$$n_s(T_r)/n=r$$

这时 T_r 称可靠寿命观测值。此外，还有两个寿命特征量在可靠性工程中常用到，一个是可靠度 $r=\mathrm{e}^{-1}\approx 0.368$ 时所对应的时间，称为特征寿命 $T_{\mathrm{e}^{-1}}$，即

$$R(T_{\mathrm{e}^{-1}})=\mathrm{e}^{-1}\approx 0.368$$

另一个是可靠度 $r=0.5$ 时所对应的时间，称为中位寿命 $T_{0.5}$，即

$$R(T_{0.5})=0.5$$

有关狭义可靠性工程中常用到的特征量主要有以上这些。我们究竟选择哪一个特征量作为产品的可靠性指标，要根据产品的寿命分布情况来决定。而实际上只要知道一个特征量，其他的一些特征量也可以根据相互间的关系式计算得到，为更清晰明了，图 8-1 画出了它们之间的相互关系。

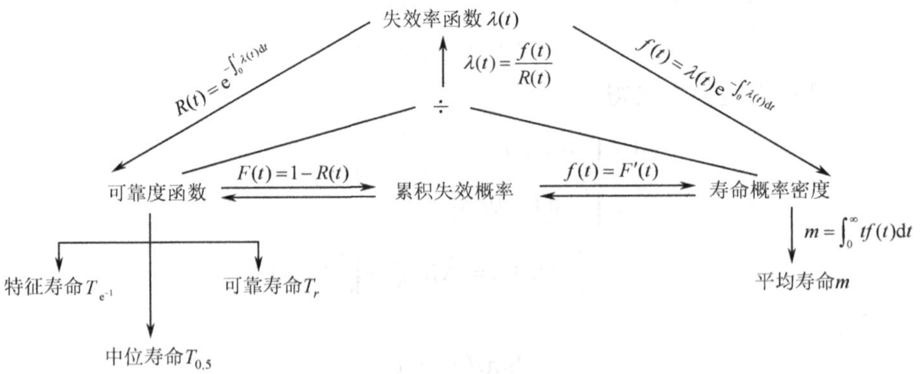

图 8-1 各可靠性特征量间的关系

二、失效率的基本类型和产品的失效规律

前面我们讨论到，失效率是时间的函数。它和时间的关系大致可分为三个类型：早期失效型、恒定失效型和耗损失效型。

1. 早期失效型

这类失效的失效率随时间的增加而逐渐下降，如图 8-2 所示，这样的失效一般发生在产品使用的早期，故又称为早期失效型。主要由设计上的不完善、制造上的缺陷、检验疏忽所造成，如仪表的电路，在制造时锡焊技术不好、印刷板质量不佳、插件的接触不良都可能给仪表造成这一类的失效；又如管理的不良，没有对元器件进行比较严格的筛选，使得一些不良元器件安装到了仪表中；再如机械设计上的不平衡，刚性不好等。所以减少这种失效，首先要加强质量管理，包括质量控制、质量检查等；其次，还必须加强对设计、工艺等技术人员和操作人员的技术培训、岗位培训，完善责任制和操作规范。

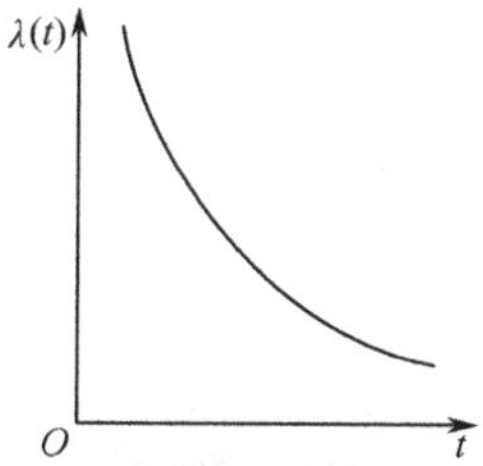

图 8-2 早期失效型

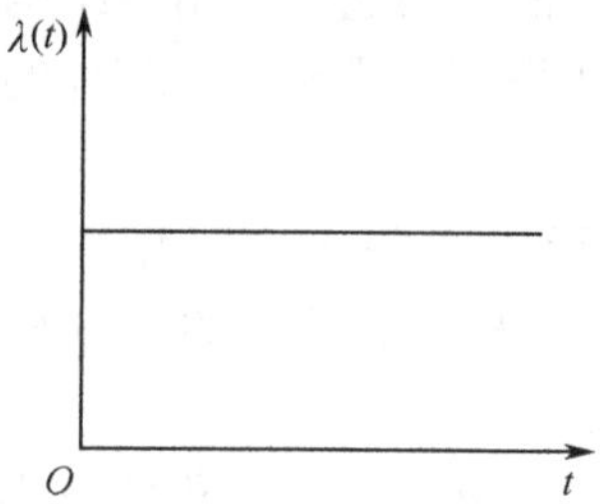

图 8-3 恒定失效型

2. 恒定失效型

恒定失效型是指不修理产品可能存在的，失效率近似恒定的失效类型。而对于可修理产品，是指失效密度近似恒定，如图 8-3 所示。

这类失效是偶然的，其失效的原因是产品在使用过程中，由于应力条件不可预测的突然变化，产品偶然失效。一般这类失效的失效率比较低，可以认为这是电子产品的最好的工作时期。为了使尽可能长的时间处于这类失效阶段，我们要尽力做好维护和保养工作，如果忽视这方面的工作，往往会使偶然失效的时间缩短。

3. 耗损失效型

失效率随时间的增加不断增大，如图 8-4 所示，一般发生在产品老化、衰变、性能退化磨损的状态，故又称耗损失效型。

电子产品在使用一定时间以后，常常使晶体管、集成元件、电容、电阻等电子元器件老化，仪表的元件如热电阻、热电偶性能发生退化，一些机械零件受到长时期的冲击振动，或长期的弹性形变造成疲劳积累而断裂。这类失效一般发生在寿命的后期阶段，如果是部分元件发生耗损失效，那么可以更换这部分元器件。对寿命较短的元件，可以采取预防性检修措施和替换办法。

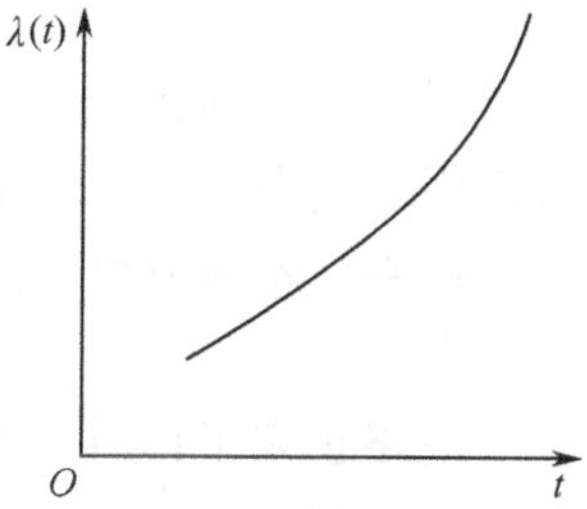

图 8-4 耗损失效型

产品的失效不外乎以上三种，或是某两种失效类型的组合，而对于大多数的仪表，特别对于整机来说，一般是这三种失效类型的组合，而软件的失效为前两种组合。对于电子产品来说，它的早期属早期失效型，我们将这个阶段称早期失效期，在一定时间以后，引起早期失效的缺陷都暴露剔除，产品的失效得以平稳，除了突发原因外，引起失效的可能很少，这就处于恒定失效期。在产品寿命达到某个时间以后，老化、衰变，退化性失效相继增加，产品进入了耗损失效期。整个失效形成了如图 8-5 所示的曲线，这条曲线形如浴盆，故又称浴盆曲线。

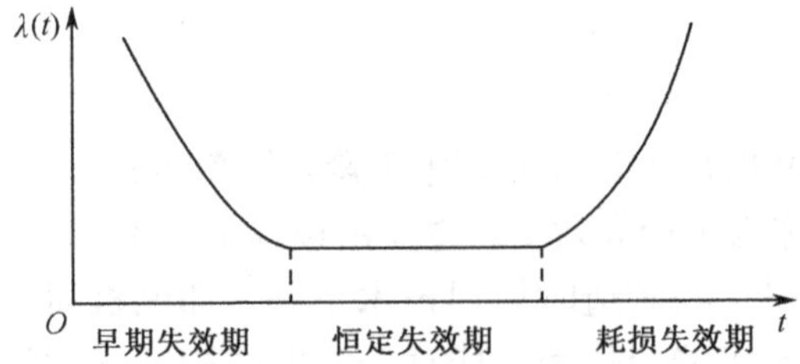

图 8-5 浴盆曲线

第三节 系统可靠性预计

一、概述

系统的可靠性不仅与其所含的元器件、零部件的可靠性有关，而且与它们的组合结构形式及其相互关系有关。因此，在进行系统可靠性预计时，需要先取得元器件、零部件的可靠性预计值，并确定它们的功能和掌握它们相互间的关系。

不论用哪种预计方法，都需要应用能反映系统的各个单元之间关系的可靠性方框图（或称可靠性逻辑框图）。下面通过一个例子来说明怎样画出已知系统的可靠性方框图。

图 8-6 为一个简单的双重开关器，它控制电路的接通和断开。当开关正常工作状态为接通时，若开关失效则开关断开。设开关断开引起的失效概率分别为 $F_d(A)$ 和 $F_d(B)$。当开关断开为正常工作状态时，若开关失效则开关接通，设开关接通引起的失效概率为 $F_t(A)$ 和 $F_t(B)$，试求：①当开关处于接通状态时，因开关失效电路被切断的概率；②当开关处于断开状态时，因开关失效电路被接通的概率。

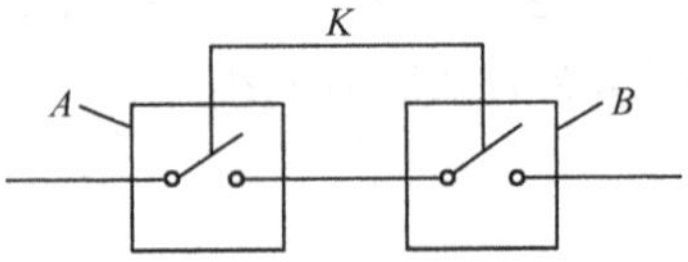

图 8-6 双重开关器

为了回答这个问题，应该先弄清 A、B 所处的状态，即正常工作和失效的定义。

对于以上问题①，需要的是电路接通，然而经分析只要 A、B 中有一个失效，电路就被切断。因为 A、B 是相互独立的，所以电路被切断的概率可由加法定理求出，即系统的失效概率（不可靠度）F_{sd} 为

$$F_{sd} = F_d(A) + F_d(B) - F_d(A)F_d(B)$$

电路正常工作时，A、B 必须均处于接通状态，根据乘法定理，系统的可靠度（成功的概率）R_{sd} 为

$$R_{sd} = R_d(A)R_d(B) = [1 - F_d(A)][1 - F_d(B)]$$

对于以上问题②，主要关心的是需要电路断开，如果 A、B 中有一个失效，即接通，另一个正常，即断开，则电路仍被断开，系统工作正常。只有当 A、B 同时失效，即接通时，系统才失效。根据乘法定理，系统的不可靠度为

$$F_{st} = F_t(A)F_t(B)$$

系统工作的概率，即可靠度，可由加法定理求出：

$$R_{st} = R_t(A) + R_t(B) - R_t(A)R_t(B)$$

或

$$R_t = 1 - F_t(A)F_t(B)$$

从以上分析可以看出，对于图 8-6 所示的同一个系统，由于要求的功能不同，元件的失效模式不同（一是开关“断开”，二是开关“接通”），因此计算系统的可靠度的公式也不同。对于问题①的失效模式，系统可绘成如图 8-7（a）所示的方框图。图中 A、B 两个方框是串联的，从可靠度的角度看，它表示其中任何一个元件失效，整个系统就失效。对于问题②的失效模式，则可绘成如图 8-7（b）所示的方框图，图中 A、B 两个方框是并联的。它表示 A、B 同时失效时，系统才失效。采用如图 8-7 所示的方框图来表示系统中各单元之间的功能关系，这种方框图称为可靠性方框图。

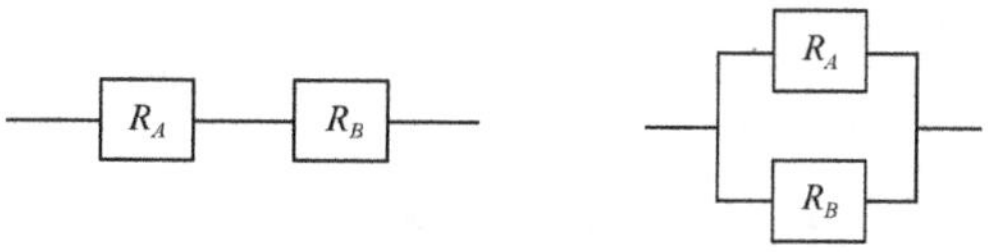

（a）串联系统　　（b）并联系统

图 8-7　可靠性方框图

从这个例子可以看出，要绘制系统的可靠性方框图，首先应明确系统所要完成的功能和为实现此功能所采用的结构及元器件、零部件等；其次要弄清各元器件、零部件的失效模式，找出各失效模式对系统功能的影响。失效模式，是指产品失效的外部表现，如电子器件的开路、短路；机械零部件的磨损、腐蚀、变形、断裂等。

应该注意，可靠性方框图和原理性方框图是有区别的。原理性方框图表示系统中各元部件之间的物理关系，方框的顺序是不能颠倒的，而可靠性方框图则表示系统中各元部件之间的功能关系。在单纯串联或并联的可靠性方框图中改变元部件方框的顺序（如图 8-7（a）中把 R_A、R_B 顺序对调），系统的原功能关系不变。此外，可靠性方框图中的串联、并联与电路中的串联、并联作用是不同的。

二、串联系统

设系统由 n 个独立的单元组成，其中任何一个单元失效都会引起系统失效，则系统的可靠性方框图如图 8-8 所示。这种系统称为可靠性串联系统，简称串联系统。

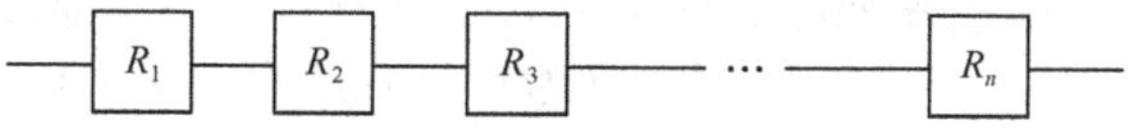

图 8-8　可靠性串联系统

若已知单元 i 的寿命 T_i，可靠度为 $R_i(t)$，$i=1, 2, \cdots, n$，则系统的可靠度为

$$R_s(t) = R_1(t_1)R_2(t_2)\cdots R_n(t_n) = \prod_{i=1}^{n} R_i(t_i)$$

如果单元的失效服从指数分布，即

$$R_i = \mathrm{e}^{-\lambda_i t_i}$$

则

$$R_s(t)=\prod_{i=1}^{n}\mathrm{e}^{-\lambda_i t_i}=\exp\left(-\sum_{i=1}^{n}\lambda_i t_i\right)$$

若各单元的工作时间相同，即 $t_1=t_2=\cdots=t_i=\cdots=t_n=t$，则

$$R_s(t)=\exp\left(-t\sum_{i=1}^{n}\lambda_i\right)$$

因为

$$R_s(t)=\mathrm{e}^{-t\lambda_s}$$

式中，λ_s 为系统的失效率。

故系统的失效率为

$$\lambda_s=\sum_{i=1}^{n}\lambda_i$$

系统的平均寿命 θ_s 为

$$\theta_s=1/\lambda_s$$

【例 8-3】一个系统由 4 个互相串联的独立元件组成，各单元的可靠度分别为 R_1=0.96、R_2=0.97、R_3=0.98、R_4=0.98，求该系统的可靠度为多少。

解：

$$R_s=R_1R_2R_3R_4=0.96\times0.97\times0.98\times0.98=0.89$$

由于可靠度总是小于或等于 1，组成串联系统的单元数越多，系统的可靠度越低。例如，对由 100 个独立元件（设每个元件的可靠度均为 0.99）串联组成的串联系统来说，该系统的可靠度只有 0.36。对于有 400 个这样的元件串联的系统来说，其可靠度降低到 0.018。

三、并联系统

设系统由 n 个独立的单元组成，如果所有单元都失效时系统才失效，则系统的可靠性方框图如图 8-9 所示。这种系统称为并联系统。

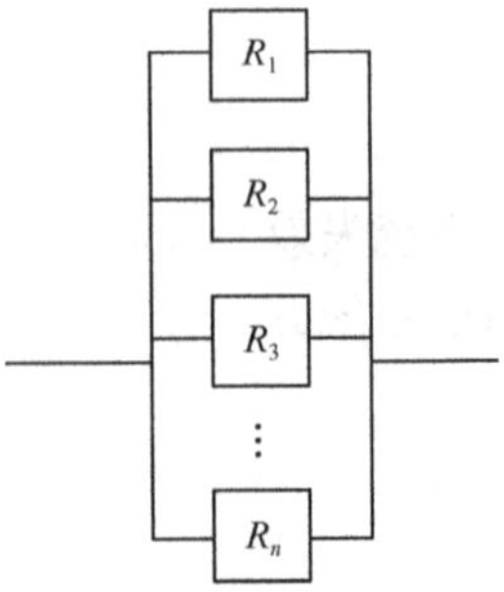

图 8-9　可靠性并联系统

若已知单元的可靠度为 $R_i(t)$，不可靠度为 $F_i(t)=1-R_i(t)$，根据概率乘法定理可以写出该系统的不可靠度为

$$F_s(t)=F_1(t)F_2(t)\cdots F_n(t)$$
$$=\prod_{i=1}^{n}F_i(t)=\prod_{i=1}^{n}[1-R_i(t)]$$

则系统的可靠度为

$$R_s(t)=1-F_s(t)=1-\prod_{i=1}^{n}[1-R_i(t)]$$

假设各并联单元的可靠度相同，$R_1(t)=R_2(t)=\cdots=R_i(t)=\cdots=R_n(t)=R(t)$，则上式可写为

$$R_s(t)=1-[1-R(t)]^n$$

并联系统也可称为工作储备系统，它是把若干功能相同的单元并联工作，并联的单元数越多，系统的可靠度越高。但是，这将导致体积、重量和成本的增加。

【例 8-4】 由 A、B 两个独立单元组成的并联系统，若单元失效服从指数分布，且各单元的工作时间相同，即 $R_A(t)=\mathrm{e}^{-\lambda_a t}$、$R_B(t)=\mathrm{e}^{-\lambda_b t}$，求系统的可靠度及平均寿命。

系统的可靠度为

$$R_s(t)=1-(1-\mathrm{e}^{-\lambda_a t})(1-\mathrm{e}^{-\lambda_b t})=\mathrm{e}^{-\lambda_a t}+\mathrm{e}^{-\lambda_b t}-\mathrm{e}^{-(\lambda_a+\lambda_b)t}$$

系统的平均寿命是

$$\begin{aligned}\theta_s&=\int_0^\infty R_s(t)\mathrm{d}t\\&=\int_0^\infty[\mathrm{e}^{-\lambda_a t}+\mathrm{e}^{-\lambda_b t}-\mathrm{e}^{-(\lambda_a+\lambda_b)t}]\mathrm{d}t\\&=1/\lambda_a+1/\lambda_b-1/(\lambda_a+\lambda_b)\end{aligned}$$

如果 $\lambda_a=\lambda_b=\lambda$，则

$$\theta_s=\frac{3}{2}\times\frac{1}{\lambda}=1.5\theta$$

由此可见，两个相同单元组成的并联系统的平均寿命 θ_s 是一个单元平均寿命 θ 的 1.5 倍。

四、混联系统

图 8-10 为两种具有串并联结构的系统。图 8-10（a）为每个单元并联后再串联，即具有单元的储备。图 8-10（b）为各单元串联成系统后再并联，即具有系统的储备。

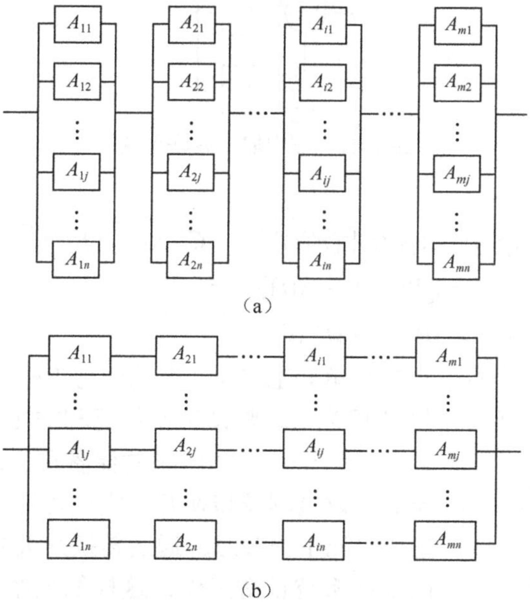

图 8-10　可靠性串并联系统

对于图 8-10（a）所示的系统，它有 $1, 2, \cdots, i, \cdots, m$ 种单元，每个单元由 $1, 2, \cdots, j, \cdots, n$ 个部件并联组成，因此有 m 个并联系统再相互串联。若各单元相互独立，单元的可靠度为 $R_{ij}(t)$，则系统的可靠度为

$$R_s(t)=\prod_{i=1}^{m}\left\{1-\prod_{j=1}^{n}[1-R_{ij}(t)]\right\}$$

对于图 8-10（b）所示的系统，其可靠度为

$$R_s(t)=1-\prod_{j=1}^{n}\left[1-\prod_{i=1}^{m}R_{ij}(t)\right]$$

上述两种系统的可靠度显然是不同的。在元器件数量可靠性完全相同的情况下，单元储备的可靠度大于系统储备的可靠度。

五、表决系统与非工作储备系统

如果在由 n 个互相独立的单元组成的并联系统中，只有 k 个（$k<n$）或 k 个以上的单元正常时系统才正常，这样的储备系统称为表决系统或 n 中取 k 的系统。换句话说，在这个系统中最多只允许有 $r=n-k$ 个单元失效才能保证系统正常工作。设单元的可靠度为 $R(t)$，不可靠度为 $F(t)$，利用二项分布的公式可以求出系统的可靠度为

$$R_s(t)=\sum_{i=k}^{n}C_n^i[R(t)]^i[F(t)]^{n-i}$$

【例 8-5】图 8-11 为三中取二并联系统，设单元可靠度为 R，求系统的可靠度。

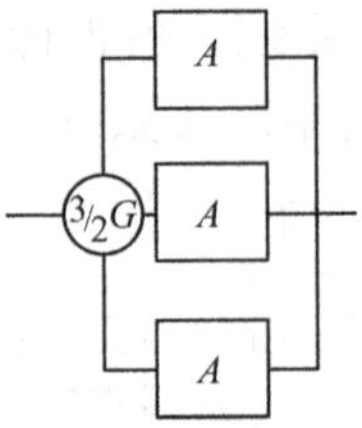

图 8-11　三中取二并联系统

系统的可靠度为

$$\begin{aligned}R_s(t)&=C_3^2[R(t)]^2[F(t)]^{(3-2)}+C_3^3[R(t)]^3[F(t)]^{(3-3)}\\&=3[R(t)]^2[1-R(t)]+[R(t)]^3\\&=3R^2(t)-2R^3(t)\end{aligned}$$

图 8-12 所示的系统中有一个工作单元 1 和 $n-1$ 个功能与工作单元相同的非工作单元，还有检测单元故障的传感器及转换开关 S。假设工作单元和非工作单元具有相同的失效率，且处于非工作状态的储备单元均不失效，同时假定单元的失效检测及转换开关完全可靠（即 $R_{sw}=1$），当系统中工作单元 1 失效时，通过转换开关立即接上一个储备单元，以维持系统正常工作，这样的系统称为非工作储备系统。系统的可靠度为系统处于有 1, 2, …, $n-1$ 个单元失效各状态的概率之和。已知泊松分布的第 i 项（$i=0, 1, 2, \cdots$）表示到时刻 t 有 i 个单元失效的概率，所以非工作储备系统的可靠度是泊松分布前 n 项之和，即

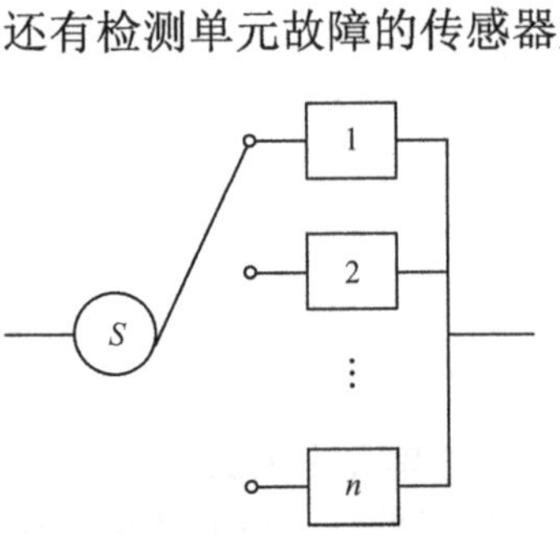

图 8-12　非工作储备系统

$$R_s(t)=\mathrm{e}^{-\lambda t}\sum_{i=0}^{n-1}\frac{(\lambda t)^i}{i!}$$

则系统的平均寿命为

$$\theta_s=n/\lambda$$

式中，λ 为单元的失效率。

【例 8-6】 图 8-13 为二单元非工作储备系统，设单元失效率为 λ，求系统的可靠度。

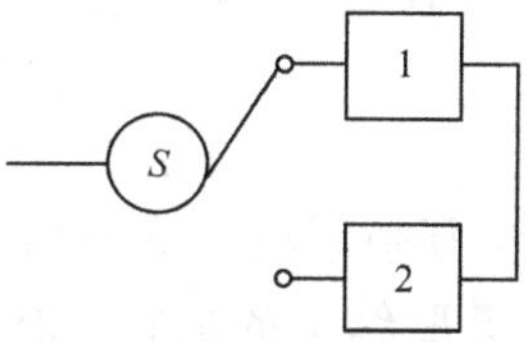

图 8-13 二单元非工作储备系统

解：

$$R_s(t)=\mathrm{e}^{-\lambda t}+\lambda t\mathrm{e}^{-\lambda t}=(1+\lambda_t)\mathrm{e}^{-\lambda t}$$

$$\theta_s=2/\lambda$$

对于非工作储备系统，如果说开关不是完全可靠，即它有一定的失效率 λ_{sw}，怎样来确定系统的可靠度呢？

下面仍以图 8-13 所示的系统为例。设工作单元 1 的失效率为 λ_1，储备单元进入工作状态后的失效率为 λ_2，转换开关的可靠度为 R_{sw}，求系统的可靠度 $R_s(t)$和平均工作时间 θ_s，并讨论当 $\lambda_1=\lambda_2=\lambda$ 时，$R_s(t)$和 θ_s 将如何变化。

系统的可靠度可通过无故障的概率和一次失效的概率之和求取。系统无故障时的可靠度为$\mathrm{e}^{-\lambda_1 t}$，它就是工作单元 1 的可靠度。若工作单元 1 在 0～t 时间内的某时刻 τ 失效，此时有

$$\mathrm{d}F_1(\tau)=f_1(\tau)\mathrm{d}\tau=\lambda_1\mathrm{e}^{-\lambda_1\tau}\mathrm{d}\tau$$

当单元 1 失效时，转换开关立即运作，以概率 R_{sw} 将单元 2 接入工作，之后单元 2 由时刻 τ 到时刻 t 处于无故障工作状态，这时单元 2 的可靠度为

$$R_2(t-\tau)=\mathrm{e}^{-\lambda_2(t-\tau)}$$

由于单元 1 失效，开关动作、单元 2 接入工作是同时发生的，将时间 dτ 从零到 t 进行积分则可求出系统的可靠度为

$$\begin{aligned}R_s(t)&=R_1(t)+R_{\mathrm{sw}}R_2(t-\tau)\mathrm{d}F_1(t)\\&=\mathrm{e}^{-\lambda_1 t}+R_{\mathrm{sw}}\int_0^t R_2(t-\tau)f_1(\tau)\mathrm{d}\tau\\&=\mathrm{e}^{-\lambda_1 t}+R_{\mathrm{sw}}\mathrm{e}^{-\lambda_2 t}\int_0^t\lambda_1\mathrm{e}^{-(\lambda_1-\lambda_2)t}\mathrm{d}\tau\\&=\mathrm{e}^{-\lambda_1 t}+\lambda_1 R_{\mathrm{sw}}(\mathrm{e}^{-\lambda_2 t}-\mathrm{e}^{-\lambda_1 t})/(\lambda_1-\lambda_2)\end{aligned}$$

$$\begin{aligned}\theta_s&=\int_0^\infty R_s(t)\mathrm{d}t\\&=1/\lambda_1+\frac{\lambda_1 R_{\mathrm{sw}}}{\lambda_1-\lambda_2}(1/\lambda_2-1/\lambda_1)\\&=1/\lambda_1+R_{\mathrm{sw}}/\lambda_2\end{aligned}$$

若 $\lambda_1=\lambda_2=\lambda$，则有

$$
\begin{aligned}
R_s(t) &= R_1(t) + R_{sw}\int_0^t R_2(t-\tau)\,\mathrm{d}F_1(t) \\
&= \mathrm{e}^{-\lambda t} + R_{sw}\mathrm{e}^{-\lambda t}\int_0^t \lambda \mathrm{e}^{-(\lambda-\lambda)t}\mathrm{d}\tau \\
&= \mathrm{e}^{-\lambda t} + R_{sw}\mathrm{e}^{-\lambda t}\lambda t \\
&= \mathrm{e}^{-\lambda t} + (1 + R_{sw}\lambda t)
\end{aligned}
$$

$$
\theta_s = (1 + R_{sw})/\lambda
$$

六、复杂系统

图 8-14 为具有桥形网络的一种复杂系统。这种系统既非串联、并联，也非串并联系统，而且不可能把它分解为串联或并联结构的形式。那么，怎样来确定这样的复杂系统的可靠度呢？

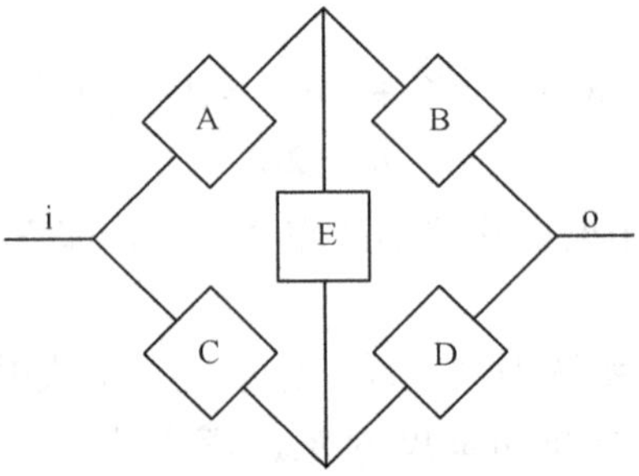

图 8-14　桥形网络结构

图 8-15 是用开关电路形式表示图 8-14 的等效电路。求这个系统的可靠度也就是求该系统将信息 i 端传输到 o 端的成功概率。可以用两种方法求取该系统的可靠度。

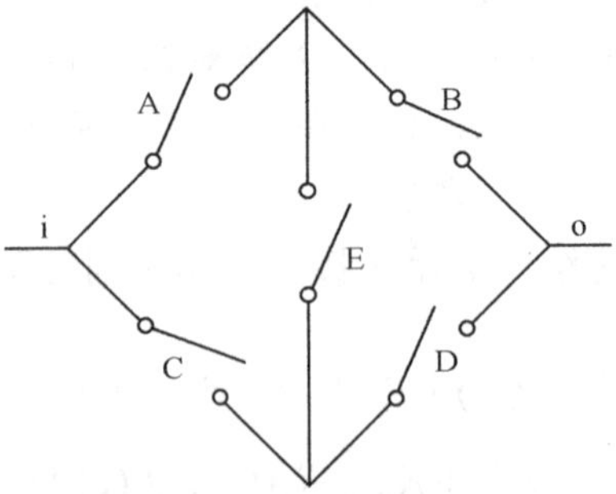

图 8-15　图 8-14 的等效图

1. 用布尔真值表求系统可靠度

这种方法的具体步骤是：①列出系统的全部可能状态（由给出系统全部元件的正常和失效来决定)；②在列出的所有状态中确定哪些能使系统正常工作；③计算各个能使系统正常工作状态出现的概率；④按照概率加法定理将步骤③算出的概率累加起来就是系统的可靠度。

在本系统中有五个单元，每个单元都有“正常”和“失效”两种状态。记“正常”为 1，“失效”为 0。如果系统能从 i 到 o 传输信息，表示系统处于正常状态，记为 S；反之，

表示系统处于故障状态，记为F。该系统有五个单元，则系统共有 2^5=32 个不同状态，这些状态全部列于表 8-3。例如，表 8-3 中的序号 7 表明有 C、D 两单元正常，由图 8-15 可看出，系统能正常工作，记为 S。此状态出现的概率为

$$R_{s_7}=(1-R_A)(1-R_B)R_CR_D(1-R_E)$$

将表 8-3 中表示系统正常（记为 S）的各状态出现的概率累加即为系统的可靠度。这种方法计算量大，如果系统含有 10 个单元，将会有 2^{10}=1024 个状态。

表 8-3　计算系统可靠度的布尔真值表

状态序号	单元工作状态					系统状态	概率
	A	B	C	D	E		
1	0	0	0	0	0	F	
2	0	0	0	0	1	F	
3	0	0	0	1	0	F	
4	0	0	0	1	1	F	
5	0	0	1	0	0	F	
6	0	0	1	0	1	F	
7	0	0	1	1	0	S	0.003 36
8	0	0	1	1	1	S	0.030 24
9	0	1	0	0	0	F	
10	0	1	0	0	1	F	
11	0	1	0	1	0	F	
12	0	1	0	1	1	F	
13	0	1	1	0	0	F	
14	0	1	1	0	1	S	0.030 24
15	0	1	1	1	0	S	0.007 84
16	0	1	1	1	1	S	0.070 56
17	1	0	0	0	0	F	
18	1	0	0	0	1	F	
19	1	0	0	1	0	F	
20	1	0	0	1	1	S	0.030 24
21	1	0	1	0	0	F	
22	1	0	1	0	1	F	
23	1	0	1	1	0	S	0.013 44
24	1	0	1	1	1	S	0.120 96
25	1	1	0	0	0	S	0.003 36
26	1	1	0	0	1	S	0.030 24
27	1	1	0	1	0	S	0.007 84
28	1	1	0	1	1	S	0.070 56
29	1	1	1	0	0	S	0.013 44
30	1	1	1	0	1	S	0.120 96
31	1	1	1	1	0	S	0.031 36
32	1	1	1	1	1	S	0.282 24

2. 用贝叶斯定理求系统的可靠度

贝叶斯定理用于计算系统可靠度时可表述如下:"系统的可靠度等于系统中某一选定的单元正常条件下系统的可靠度乘以该单元的可靠度,再加上该单元失效条件下系统的可靠度乘以该单元的不可靠度。"

现假设在桥形网络系统中选定 E 单元,则系统可靠度的表达式为

$$R_{系统} = R(系统/E良好)R_E + R(系统/E失效)F_E$$

图 8-16 表示单元 E 良好和失效时系统的逻辑图。由图可以得出

$$R(系统/E良好) = (R_A + R_C - R_A R_C)(R_B + R_D - R_B R_D)$$

$$R(系统/E失效) = R_A R_B + R_C R_D - R_A R_B R_C R_D$$

则系统的可靠度为

$$R_{系统} = (R_A + R_C - R_A R_C)(R_B + R_D - R_B R_D)R_E + (R_A R_B + R_C R_D - R_A R_B R_C R_D)(1 - R_E)$$

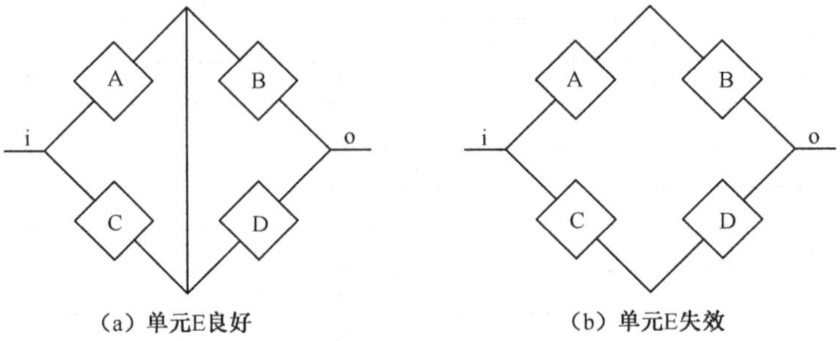

图 8-16　系统逻辑图

如果已知 R_A、R_B、R_C、R_D、R_E 的数据,代入上式即可求出系统的可靠度,这种方法比第一种方法简便得多。

第九章

服务质量管理

服务在社会经济中的重要性与日俱增，服务质量已经引起人们的广泛关注。20 世纪 80 年代以来，随着全面质量管理运动的蓬勃发展，有关制造业的质量管理理论和方法也日趋成熟，然而服务质量管理理论和方法的研究却相对滞后。服务具有与实体产品不同的特性，因此，产生于制造业的传统的质量管理理论和方法在服务质量管理中受到限制。服务质量管理比制造业更强调全面、全员质量管理。

服务企业要适应不断变化的市场环境和变化莫测的顾客需要，就必须把服务质量管理作为企业管理的核心和重点。由于服务和服务质量的一些特殊性，服务质量的控制比制造质量的控制要艰难得多。本章主要讨论服务和服务质量的概念与基本理论，以及服务企业如何控制服务质量的开发过程、设计过程和服务提供过程来保证服务质量，并进一步论述服务质量的评价方法。

第一节　服务的定义、特征和分类

一、服务的定义

服务是制造业和服务业共同关注的一个重要话题，服务是服务业获取利润的基本产品，是制造业吸引顾客、增强竞争力的有力武器。正是因为服务如此重要，我们更应该明确服务的基本含义。

17 世纪中期的威廉·配第是英国古典经济学创始人，他较早地提出了“服务”的概念，并针对“服务”进行了论述。他认为，在商品交换初期，服务依附于产品的生产和销售活动中，随着社会生产力的发展，生产日益社会化，服务才作为一种专门职能和独立经济部门存在。

日本前田勇教授在其《服务学》一书中指出，服务这个词意义极为广泛。英语中的服务一词，中心意思是为他人工作，也意味着是一种职业。另外，为他人提供所需要的东西的工作及从事这一工作的，通通都叫服务。

美国著名的营销学家菲利普·科特勒在所著的《营销管理》一书中，对服务的解释是：“服务是一方向另一方提供任何活动或好处，它是不可触知的，不形成任何所有权问题，其生产可能与物质产品有关，也可能无关。”

美国市场学家科特兹·布恩对服务的解释是："服务是向既定的目标市场顾客和企业用户有效地提供和传递一种无形的工作，以满足他们的需要。"

在 ISO 9004—2：1991 标准中，服务的定义是："为满足顾客需要，供方与顾客接触的活动以及供方内部活动所产生的结果。"该定义的注解为：在接触面上，供方或顾客可能由人员或装备来代表；对于服务提供，在与供方接触面上顾客的活动可能是实质所在；有形产品的提供或使用可能成为服务的一个部分；服务可能与有形产品的制造和供应结合在一起。

在 ISO 9000：2005 标准中，服务的定义是："服务通常是无形的，并且是在供方和顾客接触面上至少需要完成一项活动的结果。"服务的提供可涉及：①在顾客提供的有形产品（如维修的汽车）上所完成的活动；②在顾客提供的无形产品（如为准备税款申报书所需的收益表）上所完成的活动；③无形产品的交付（如知识传授方面的信息提供）；④为顾客创造氛围（如在宾馆和饭店）。

芬兰瑞典经济与工商管理学院服务营销学教授里斯丁·格罗如斯提出的服务的定义是："服务一般是以无形的方式，在顾客和服务职员、有形资源商品或服务系统之间发生的，可以解决顾客问题的一种或一系列行为。"

二、服务的特征

服务业和制造业提供的产品有很大的区别，只有理解和掌握这些区别，才能根据服务产品的特点，建立与之相适应的服务质量管理体系。服务的特征主要有无形性、非储存性、非运输性、差异性等。

1. 无形性

无形性是服务最本质的特性。无形性是指服务的抽象性和不可触知性。服务无形性是指看不见、摸不着、无形无态。服务不是以一个实体的形态存在着，它不像制造业生产的一个有形产品那样可以摆着看，用手触摸，在购买前，就可以借助于感觉器官去观察和评价。服务在有形性方面，远远比不上制造业所生产的具有物理形态的产品。就像人们去理发厅理发之前一样，不能完全预知剪发的结果，在酒店住宿前也不能完全预知服务人员服务的好坏。但是，如果购买电器，人们就可以通过看、听、摸等方式了解产品的具体情况。

由于服务的无形性和不可触知性，服务企业在向前来购买服务的顾客进行描述和陈列"服务产品"时就有某种程度的困难。一方面是不容易吸引更多的顾客，因为这些潜在顾客不能看见服务的"形状"，而只能依赖自己在这方面的消费经验和有这方面知识的人的推荐，来提供对服务质量方面的评价之后才能产生购买欲。这就大大影响了购买时间，不利于服务企业扩大销售对象。另一方面，由于服务的不可触知性，人们如果不身临其境，是很难想象和体会到对服务的感知并对服务质量作出评价的，更不是采用图解和说明等形象生动的方式向顾客展示其服务就能达到这一目的的。正是由于以上原因，顾客对服务这一"产品"的认识比其他实物产品更为困难。

服务具有无形性，就决定了提供服务的企业必须具有的一个重要策略，这就是服务企业和它的员工所拥有的形象及信誉在服务市场上的作用比制造业在商品市场上所拥有的形象和作用更为重要。

由此可见，服务具有区别于其他实物产品的无形性，这就决定了衡量一个企业的服务水平常常带有浓厚的主观性和非量化的色彩，同时也就决定了服务质量体系应该具有自身行业特点。

2. 非储存性

服务的非储存性又称即逝性，就是说服务具有无法储存的特点。这是服务所具有的第二个特点。例如，汽车维修人员提供的修理活动，其修理过程一结束，这种活动也就永远不存在了。酒店里的一间客房、律师的一个工作日等，都只有提供使用、消费，才能实现其价值，若不使用就浪费了。在制造业，今天卖不出去的产品，明天、后天可能会卖出去。但是，服务企业提供的服务就不同了。酒店的房间，如果今天租不出去，那么这间房间今天的价值就无法实现了。这种非储存性的服务特性是由服务的无形性所决定的。也就是说，作为服务，一旦价值实现机会在限定时间内丧失，便一去不复返了。非储存性给企业带来以下困难。

（1）服务过程一结束，服务也随之消失，顾客即使不满意也无法“退货”。这样，服务企业就不能像制造业那样通过退换商品来赢得顾客满意，并以此树立企业形象。出了服务事故以后，固然可以及时补救，但是已经铸成大错，有的补救措施可以挽回不良服务的后果，但有的服务事故，如医疗事故，就很难挽回不良服务所造成的影响。

（2）服务的非储存性使服务企业难以对服务的需求、服务的供给量及服务的时间等因素进行准确预测，因而使企业难以根据服务市场的供求变化调节供给，容易造成服务的供给不足和过剩浪费。

（3）由于服务的非储存性，服务企业无法通过“库存”这一重要的缓冲手段来应对由需求变化带来的波动，因而服务企业必须十分重视服务能力的设计。

3. 非运输性

由于许多服务无法从甲地生产而在乙地消费，存在着空间的限制，顾客必须亲临企业才能得到服务，或者必须由服务企业派人员上门提供服务。当然，随着高科技的发展，许多本来无法运输的服务，如电脑购物、电话订票等向能够运输的方向演变。但是对于大多数服务来讲，非运输性仍然是服务的一个基本特征。

4. 差异性

服务的第四个特性是差异性。服务型企业提供的服务不可能完全相同，同一位服务员提供的服务也不可能始终如一。

与产品生产相比较，服务生产往往不易制定和执行服务质量标准，不易保证服务质量。服务人员是服务行为的决定者，他们应为顾客提供热情周到的服务。面对面的服务是一种感情密集型劳动。要保证服务质量，应当高度重视招聘和培训感情密集型劳动者，要求员工理解顾客的需要和愿望，解决好顾客面临的问题。

服务质量不仅与服务人员的服务态度和服务能力有关，也和顾客有关，这也是造成差异的原因之一。同样的服务，对一部分顾客是优质服务，对另一部分顾客却可能是劣质服务。此外，企业在为某一位顾客提供优质服务的同时，可能在无意之中为另一位顾客提供了劣质服务。例如，酒店总台接待员为一位老年旅客提供热情周到的服务，向他详细介绍酒店的各种服务设施和服务项目。接待员热情友好的服务态度给他留下了极为深刻的印象。但是，排在他后面的一位旅客却希望能尽快办好入住手续，领到客房钥匙，将行李送到客房，然后去赶一个重要的商业约会。等待时间过长，服务速度太慢，同样给他留下了难忘的印象。

顾客的知识和经验不同，会影响他们对服务质量的看法。由于服务质量的不易统一，企业无法保证其承诺的服务就是他们实际接受的服务。对消费者来说，服务质量不一致，意味着购买风险。为了向消费者提供标准化服务，保证服务质量一致，同时随着高新技术的发展，许多服务行为的设施已经改为使用现代化设备，协助服务工作。例如，银行使用自动柜台机，取代营业员提供的某种服务，使所有储户都能得到同样的服务。使用现代化设备，还可以简化服务程序，加快服务过程，减少服务差错，为企业和顾客提供经济和心理收益。

5. 服务不包括服务所有权的转让

与有形产品交易不同，服务是一种经济契约或社会契约的承诺与实施活动，而不是有形产品所有权的交易。在大多数服务的生产和消费过程中，不涉及任何东西的所有权转移。服务是无形的，又是不可储存的，服务在交易完成之后就消失了，顾客并没有“实质性”地拥有服务。例如，乘客乘汽车从一个地方到达另一个地方，乘客除了拥有车票以外，他们就没有再拥有任何其他东西，同时，客运公司也没有把任何东西的所有权转让给乘客。

三、服务的分类

1. 托马斯分类法

根据传统的观点，服务是服务人员提供的。但是，随着科学技术的发展，出现了许多自动化设备提供的服务。美国哈佛大学托马斯副教授认为服务可划分为两种类型：设备提供的服务、人工提供的服务。要确定某一种服务的位置，就必须分析企业如何提供这种服务，哪一类设备或服务人员提供服务。

2. 蔡斯分类法

美国亚利桑那大学蔡斯教授根据顾客和服务体系接触程度划分服务类型。接触程度是指服务体系为顾客服务的时间与顾客必须留在服务现场的时间比。这个比率越高，在服务过程中，顾客与服务体系之间的接触也就越多。在接触程度高的服务行为过程中，顾客参与服务过程，会影响服务需要的时间、服务的性质和服务的质量。因此，这类服务行为较难控制，较难提高生产效率。在接触程度低的服务行业中，顾客与服务体系之间的交往很少相互发生，或相互交往时间相当短暂。在服务过程中，顾客对服务体系几乎没有什么影响，因此，这类服务行为可实现与工业企业类似的生产效率。

服务体系可分为三种类型：纯服务体系、混合服务体系和准制造体系。纯服务体系与顾客直接接触，其主要业务活动需要顾客直接参与；混合服务体系的面对面服务工作与后台辅助工作松散地结合在一起；准制造体系与顾客几乎没有面对面接触。

许多企业都有不同的服务体系。例如，民航客舱服务表现出纯服务特点，机场服务具有混合服务特点，客机检修工作表现出准制造特点。

3. 施曼纳分类法

美国印第安纳大学商学院教授施曼纳认为，应根据服务型企业劳动密集程度、顾客与服务人员相互交往程度和服务定制化程度，对服务进行分类。

施曼纳认为，劳动密集程度是指服务过程中发生的人工成本与固定资产价值之比。劳动密集程度高的企业使用较少的固定资产，员工需花费大量时间和精力，才能完成服务工作任务，人员服务成本很高。

顾客与服务人员相互交往程度和服务定制化程度是两个既有联系又有区别的概念。相互交往程度是指顾客是否积极参与服务过程、经常要求服务人员增减服务工作。定制化程度是指服务人员是否尽量满足顾客的特殊要求。大多数服务型企业定制化程度和相互交往程度相当一致。但也有些服务型企业，如保险公司的定制化程度和相互交往程度不同。

施曼纳根据服务型企业劳动密集程度与相互交往和定制化程度，提出了一个“服务过程矩阵”，在这个矩阵中，他将服务企业划分为四种类型（图 9-1）。劳动密集程度与相互交往和定制化程度都较低的服务型企业，可称为“服务工厂”。民航客机、汽车货运公司、酒店都是服务工厂。如果相互交往程度或定制化程度提高，服务工厂就变成“服务车间”。服务车间的固定资产价值与人工成本之比仍然很高，但服务车间的相互交往程度和定制化程度也很高。医院和汽车维修站都是这类服务型企业。

劳动密集程度 \ 相互交往和定制化程度	低	高
低	服务工厂 民航客机 汽车货运公司 酒店 度假村	服务车间 医院 汽车维修站 其他维修服务
高	大众服务 零售企业 批发企业 商业银行的零售性服务	专业服务 医生 律师 会计师 建筑设计师

图 9-1　服务过程矩阵

“大众服务”的劳动密集程度很高，但相互交往和定制化程度相对低。许多传统的服务型企业，如批发、零售企业，属于这类服务型企业。如果相互交往程度提高或定制化程度提高，大众服务就变成“专业服务”。律师、会计师、投资顾问都提供专业服务。

第二节 服务质量及其形成模式

一、服务质量的提出与演进

早在 1978 年，Sasser（萨斯）等在论述服务质量时就明确指出：服务质量不仅包括最后的结果，还包括提供服务的方式。

其后，Rohrbaugh（罗赫巴更）更是直接将服务质量划分为人员质量、过程质量和结果质量三部分。

格罗鲁斯于 1982 年将服务质量定义为顾客对服务期望与实际服务绩效之间的比较。实际服务绩效大于服务期望，则顾客感知服务质量是良好的。同时，他还界定了顾客感知服务质量基本构成要素，即顾客感知服务质量由技术质量（technical quality，即服务的结果质量）和功能质量（functional quality，即服务的过程质量）构成，从而将服务质量与有形产品的质量从本质上区别开来。技术质量是服务质量的一个方面，一般可以用某种形式来度量。一般来说，顾客对他通过消费所获得的服务结果是非常关心的，这在顾客评价企业的服务质量中占有相当重要的地位。但如果把服务的技术质量方面看作顾客评价服务质量的全部，就不完全正确了。技术质量是客观存在的，而功能质量则是主观的，是顾客对过程的主观感觉和认识。顾客评价服务质量的好坏，取决于所获得的服务效果和所经历的服务感受，两者相结合才构成完整的服务感受。由于各种服务千差万别，虽然都提供了附加价值，但功能性活动在不同的服务中的比重不相同，因此，各种服务的技术质量和功能质量在整个服务质量中的比重会有显著的差别。而且，即使使用同一种服务，如果服务过程有差异，技术质量可能不变，但功能质量会有差异。格罗鲁斯创建的用感知服务质量评价方法与差异结构来衡量顾客服务经历和服务结果与期望吻合程度的方法，至今仍然是服务质量管理研究中最为重要的理论基础。

此后，美国的服务管理研究组合 PZB（Parasuraman-Zeithaml-Berry，帕拉苏拉曼-泽丝曼尔-贝里）对顾客感知服务质量进行了更为深入的研究。他们于 1985 年提出了差距模型，在这个模型中，他们将服务质量影响因素归纳为 10 类，之后又缩减为 5 类。在 10 类要素的基础上，他们建立了 SERVQUAL①感知质量评价方法（1988 年）。他们对期望的最初定义是"服务应当是什么样"，后来这个概念经历了多次修正。现在，期望被分为恰当的服务和理想的服务两大类。1991 年，他们重新对感知质量进行了界定，引入了容忍区域的概念，由此，期望与绩效比较被分为了两部分，即感知服务优势差距（perceived service superiority gap）和感知恰当服务差距（perceived service adequacy gap），这种划分在管理学上的意义是非常重大的，因为它为管理者进行服务质量管理提供了基本的理论依据和方法。

PZB 在 1988 年将顾客满意和服务质量研究分离开来。按照 PZB 的观点，服务质量与顾客的态度紧密相关，它反映的是随着时间的累积，顾客对服务质量的一种认知，而满意则是某一次特定交易的结果。服务绩效与恰当或理想服务质量比较的结果形成良好的顾客感知服务质量，也决定了顾客的满意度。

---

① SERVQUAL 为"service quality"（服务质量）的缩写。

可以将多年来部分学者在顾客感知服务质量概念方面的观点及进展情况进行归纳，见表 9-1。

表 9-1　部分学者对服务质量的基本观点

学者（提出时间）	对服务质量的基本观点
Levitt（莱维特）（1972 年）	服务质量指服务结果能够符合所设定的维度
朱兰（1974 年）	服务质量可分为五个部分：技术方面、心理方面、时间导向、契约性和道德方面
萨斯（1978 年）	服务表现可分为三个不同层面，包括材料、设备及人员。服务质量不仅包含最后的结果，还包括提供服务的方式
Rosander（1980 年）	服务业需要一个比制造业更广义的质量概念，服务质量包括：人员绩效质量、设备质量、资料质量、决策质量和结果质量
格罗鲁斯（1982 年）	服务质量包括技术质量和功能质量两部分
Armistead（1985 年）	服务质量包括五个部分的内容：组织、人员、过程、设备和商品
PZB（1985 年）	服务质量取决于顾客购买前期望、感知的过程质量和感知的结果质量，服务质量是这三者的乘积
杉本辰夫（1987 年）	服务质量分为：内部质量、“硬”质量、软质量、反应速度和心理质量
Schvaneveldt 等（1996 年）	服务质量包括有形设备、可靠性、人员间的互动、问题解决和政策等五项
Rust 等（1994 年）	顾客感知服务质量除技术质量和功能质量外，还应纳入第三个要素，即有形的环境质量
格罗鲁斯（2000 年）	良好服务质量的维度有七项，它们分别是职业作风和技能、态度与行为、服务的易获得性和灵活性、可靠性与信任性、服务补救能力、服务环境组合、声誉与信用

二、服务质量的形成模式

无论是服务质量的评价，还是服务质量的管理，都必须建立在对服务质量内涵的深刻把握上。而对服务质量内涵的把握，一个最有效且最科学的途径就是深入研究不同的学者所创建的不同的服务质量模型。这些服务质量模型揭示了不同的学者对服务质量的理解，如服务质量的内涵、服务质量决定要素和服务质量的度量方法。

1. 格罗鲁斯服务质量模型

1984 年，格罗鲁斯在《欧洲市场营销》杂志上发表了一篇题为《一个服务质量模型及其营销含义》的文章。在该文中，格罗鲁斯将服务质量分解为两个组成部分，即技术质量（What，服务结果）和功能质量（How，服务过程），在此基础上推出了自己的顾客感知服务质量模型（图 9-2）。

这个模型的重要意义是不言而喻的，在此之前，虽然人们已经认识到服务质量与有形产品质量之间的区别，但并没有对服务质量的内涵和构成进行更进一步的研究，而格罗鲁斯的服务质量模型对服务最本质的特征——过程性进行了科学的解释。对服务企业来说，决定服务质量水平的要素不仅仅是服务结果如何，也不仅仅是企业是否拥有先进的设施，更重要的是如何提高服务过程质量，因为在某种程度上说，服务质量就是服务过程质量，尽管我们无法忽略服务结果质量对顾客总体感知质量水平的影响。

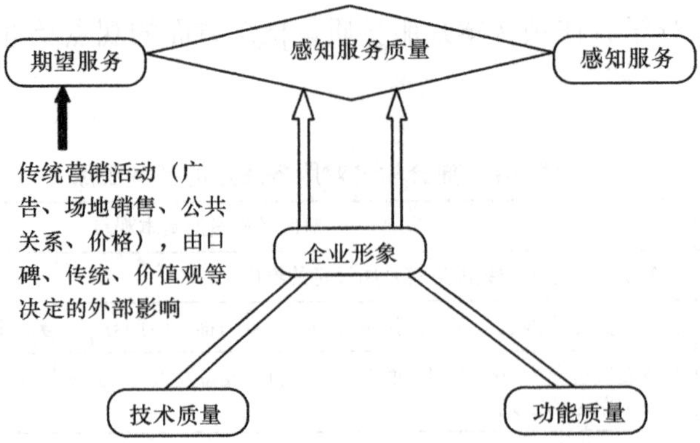

图 9-2 格罗鲁斯顾客感知服务质量模型 1

1988 年，格罗鲁斯对这个模型进行了修正并将其纳入 1990 年出版的《服务管理与营销》一书中，但修正后的服务质量模型并没有实质性变化。

2000 年，格罗鲁斯对该模型再次进行了修正。从内容上看，2000 年的模型与 1984 年的模型相比有了一些新的变化，这主要体现在新的模型中，它对企业形象问题给予了特别的关注（图 9-3）。

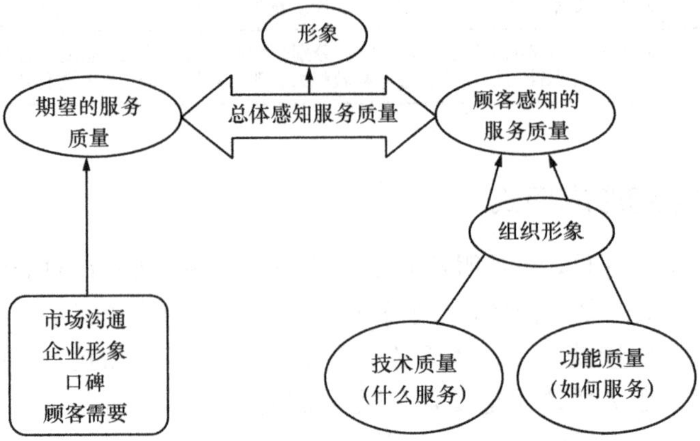

图 9-3 格罗鲁斯顾客感知服务质量模型 2

结合图 9-2、图 9-3，我们可以看出顾客质量期望与传统营销活动的关系是如何影响顾客感知服务质量的。利用制造业有形产品来说明这个问题会更简洁易懂，当顾客购买的产品质量超过他所期望的产品质量时，顾客总的感知质量就会很好。如果顾客的期望高于顾客感知质量，尽管从客观的角度来看，产品质量是好的，顾客感知的产品质量仍然是低的。如图 9-2 和图 9-3 所示，期望质量受到许多因素的影响，包括市场沟通、企业形象、口碑、顾客需要等。

即使企业实施了质量改进计划，包括工人质量改进计划，顾客感知服务质量仍然可能很低，甚至不断降低。原因在于，顾客感知服务质量并不是取决于技术质量和功能质量这样两个要素，而是取决于顾客期望与实际感受这两个要素的差距。脱离实际的承诺无疑会导致这种差距的扩大，从而导致顾客感知服务质量的下降。所以质量改进计划不仅要考虑企业的营运，还要考虑外部市场沟通、营销与这种营运的匹配问题，要将两者有机地结合起来。

形象对于顾客感知服务质量高低起着异常重要的作用，无论是对于服务企业还是对于其他组织来说，都是如此。树立良好的形象对于企业来说是一项非常迫切的任务。正是基于这样的原因，2000 年格罗鲁斯推出的顾客感知质量模型特别强调了企业形象的作用，包括对感知服务质量形成的“过滤”作用和顾客感知服务质量对企业形象形成的反作用。在其他方面，两个模型是基本相同的。

2. PZB 服务质量模型

PZB 服务质量模型在服务质量管理中产生较早，对服务营销界影响最大。在格罗鲁斯研究的基础上，他们于 1985 年提出了差距模型，这是 PZB 提出的第一个顾客感知服务质量模型（图 9-4）。

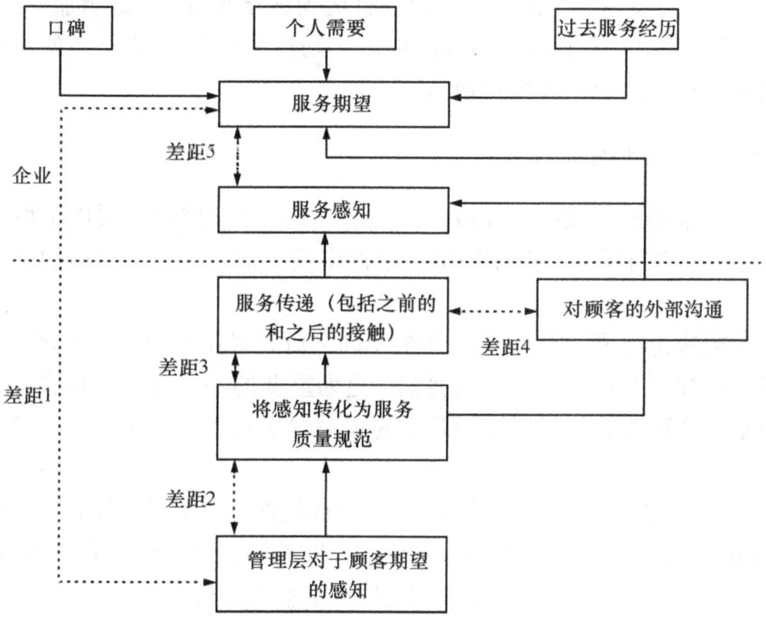

图 9-4　PZB 服务质量模型

差距模型对服务管理理论的影响是巨大的，因为这个模型为企业服务质量管理提供了基本的理论依据，过去，虽然学者们都已经充分地认识到服务质量与有形产品质量之间的区别，但在管理问题上，由于缺乏科学而有效的模型，只能借鉴制造业的一些理论和方法来进行管理。可以说，差距模型的产生，是服务质量管理研究向纵深方向发展的一个里程碑。

在该模型中，顾客的服务期望与服务感知之间的差距被定义为差距 5，它受到其他四个差距的影响，是其他四个差距累积的结果。

差距 1 是顾客期望与管理者对这些期望的感知之间的差距。导致这一差距的原因是管理者对顾客如何形成他们的期望缺乏了解。缩小这一差距可供选择的策略包括：提高市场调查的水平；增进管理者与顾客之间的交流；减少管理层次，使管理人员有更多的机会接近顾客，从而更好地了解顾客明确的和隐性的服务期望。

差距 2 指管理者没有将顾客的期望转化为现实可行的、令顾客满意的服务标准。这可能是由于管理者虽然正确地理解了顾客的期望，但对于满足顾客期望的意义认识不足，或者根本就没有认识到，所以才造成差距 2 的出现。解决的办法是为满足顾客期望设定明确的目标并使之标准化。

差距 3 为服务绩效差距。如果企业员工缺乏责任心或者在技能方面存在缺陷，都可能出现这种情况。管理者可以通过强化员工培训、招聘高素质员工和重新设计工作流程等来消除差距 3。

顾客服务期望的形成，不仅要受到口碑、个人需要和过去服务经历的影响，还要受到企业市场宣传与推广工作的影响。

差距 4 是实际传递的服务与外部市场沟通所承诺的服务之间的差距。产生差距 4 的原因包括企业在市场上过度承诺，而服务传递没有达到这样的承诺；或者服务承诺是恰当的，但一些员工对这种承诺缺乏了解，所以出现承诺与服务传递脱节的现象，即差距 4。消除差距 4 必须从解决以上两个方面问题入手。

3. 波尔顿和德鲁服务质量模型

波尔顿和德鲁服务质量模型于 1991 年提出。虽然该模型依然采用了格罗鲁斯的差异分析方法，但是，他们的服务质量模型增加了许多新的研究内容，探讨的角度与格罗鲁斯也不相同。

除了服务期望决定要素与格罗鲁斯完全相同之外，这几乎是一个全新的模型。在该模型中加入了组织特性、工程特性等新的要素。更为重要的是，波尔顿和德鲁对服务质量与顾客满意的关系、服务质量与顾客重购意愿的关系等进行了有益的探索，而且在许多方面与格罗鲁斯产生了分歧。

从图 9-5 可以看出，该模型一个最大的贡献是在服务质量模型中加入了服务质量的概念，并将其视为影响顾客重购意愿的一个非常重要的因素。在该模型中，影响服务价值的因素是非常复杂的，包括服务质量、顾客付出与获得利益的比较及顾客自身的特性。另外，波尔顿和德鲁服务质量模型的特点还有：顾客满意和感知服务质量都受到期望与感知比较结果的影响，而且在处理顾客满意与顾客感知服务质量的关系问题上，他们与格罗鲁斯截然相反。他们认为，顾客满意是感知服务质量的先行指标，而且顾客满意决定顾客感知服务质量，按照顾客满意理论，期望与绩效比较的结果、期望和绩效本身都会对顾客满意产生影响，反过来，又会成为顾客感知服务质量的决定要素。与 PZB 模型的相同之处是：都认为顾客满意是某一次特定交易的结果，而感知服务质量则是对服务质量的一种总体性评价。但具体的评价标准与 PZB 不同，而且他们认为对顾客实际服务效果的评价对顾客满意的影响比期望与实际的比较影响更大。也就是说，由感知与期望所形成的“差异”对顾客满意的影响远远没有顾客单纯的对实际服务绩效评价而形成的影响大，但只适用于顾客满意而不适用于感知服务质量。

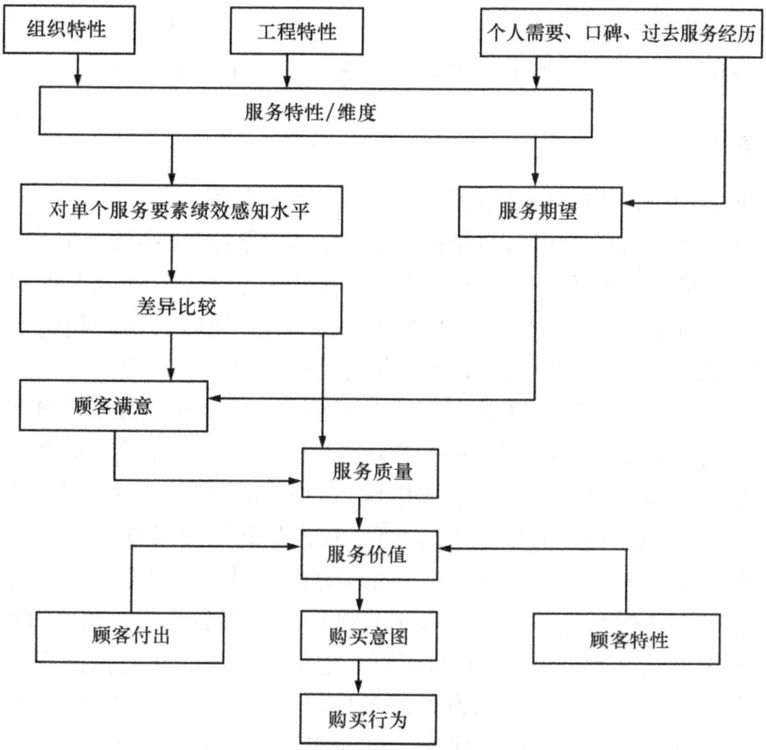

图 9-5 波尔顿和德鲁服务质量模型

第三节 服务质量评价方法

一、SERVQUAL 方法

1. SERVQUAL 方法的提出

SERVQUAL 一词最早出现在 1988 年帕拉苏拉曼（Parasuraman）、泽丝曼尔（Zeithaml）和贝里（Berry）三人合写的一篇题目为《SERVQUAL：一种多变量的顾客感知服务质量度量方法》的文章中。

SERVQUAL 对顾客感知服务质量的评价是建立在顾客期望服务质量和顾客接受服务后对服务质量感知基础之上的。在研究过程中，PZB 提出服务质量五维度的观点，并根据这五个维度设计了包括 22 个问项的调查表，学者后来将其称为 SERVQUAL 评价方法。当时 PZB 提出的五个维度如下。

（1）有形性（tangible）：包括实际设施、设备及服务人员的外表等。

（2）可靠性（reliability）：可靠地、准确地履行服务承诺的能力。

（3）响应性（responsiveness）：帮助顾客并迅速提供服务的愿望。

（4）保证性（assurance）：员工所具有的知识、礼节，以及表达出自信与可信的能力。

（5）移情性（empathy）：关心并为顾客提供个性化服务。

PZB 认为，通过对 SERVQUAL 量表的数据采集和分析，可以较好地测量出顾客感知服务质量的水平。根据三人的测算，这五个维度与顾客感知服务质量相关系数达 0.92。

SERVQUAL 评价方法完全建立在顾客感知的基础上，即以顾客的主观意识为衡量重点，首先度量出两者的差异，并将其作为判断服务质量水平的依据。

2. SERVQUAL 方法的应用

在服务企业管理中，SERVQUAL 的应用包括以下方面。

（1）更好地了解顾客的期望与质量感知过程，从而达到提高服务质量的目的。当然，在应用于不同的行业时，服务质量的五个维度可能会发生变化，从而要求根据行业的特性进行“微调”：①对同一行业中不同企业的服务水平进行比较分析。利用 SERVQUAL 评价方法，结合其他评价手段，可以计算出本企业现在的服务水平及同其他企业之间的质量差距，从而更好地作出质量改进决策。特别是它可以计算出各服务质量维度的水平，也可以寻找到在服务质量维度中，对顾客感知服务质量影响较大的维度，从而使企业可以寻找到影响服务质量的关键问题，以利于采取措施，对其加以提升。②定期利用 SERVQUAL 评价方法，并将其与其他评价方法相结合，可以较为准确地预测服务质量发展趋势。例如，对于一个零售商来说，利用 SERVQUAL，同时配合使用员工对服务质量看法的调查、收集及顾客建议和抱怨分析等方法，就可以更有效地改进服务质量。SERVQUAL 是基于顾客的服务质量评价方法，而按照 PZB 的观点，他们所说的顾客包括内部顾客，即员工。通过对员工的调查，我们可以寻找出良好服务传递的障碍所在。③SERVQUAL 评价方法的一个应用是，它可以把一个公司的顾客，以他们的单独 SERVQUAL 分数为基础，对其进行分类，从而寻找企业的目标顾客。例如，经过对参与调查顾客评分情况的分析和分类，以及顾客对各维度重要性的认识，可以对顾客作出许多有益的分类。例如，考察评分高的顾客接受服务的次数，如果评分高，同时又接受过企业的服务，那么，这些是忠诚顾客的可能性就比其他类型的顾客要大得多。

（2）通过研究不同顾客群对服务质量维度重要性的认知，寻找到不同文化背景下，顾客感知服务质量方面存在的差异。不同文化背景的顾客，对质量的要求是存在差异的。经过对不同文化背景的顾客的抽样调查，我们可以排列出这些顾客对质量五个维度的感知情况，从而决定企业质量改进的重点所在。

需要注意，PZB 的研究对象只局限在银行、信用卡公司、设备维修和养护及长途电话公司四个行业，所以他们得出的许多结论并不具有普遍性。就连 PZB 自己也认为，在不同的行业，这种排序可能不同。这一点 PZB 通过自己的研究加以证实了。PZB 在 1990 年开展的一项研究中，对另外一些行业研究的结果是，这五个服务质量维度的重要性排序为可靠性（32%）、响应性（22%）、保证性（19%）、移情性（16%）和有形性（11%），虽然可靠性依然排在第一位，但最后一位由移情性变为有形性。

正因为如此，PZB 反复强调了两点：一是将 SERVQUAL 应用于不同的行业时，必须对表中的问项作出适当的调整，这样才能保证 SERVQUAL 评价方法的科学性；二是如果需要的话，服务质量的五个维度也可以作出适当的调整，以满足对不同企业类型研究的特殊需要。

尽管卡门、巴巴克斯和布勒都曾试图采用其他度量标准来衡量感知服务质量，但最有力的反对者无疑是克罗宁和泰勒。他们认为，PZB 的差距模型缺乏实证性研究，为了克服 SERVQUAL 固有的缺陷，他们于 1992 年推出了“绩效感知服务质量度量方法”，即 SERVPERF。

SERVPERF 摒弃了 SERVQUAL 所采用的差异比较法，只是利用一个变量，即服务绩效来度量服务质量，而且在度量的过程中，并不牵涉加权问题，所以在应用上比 SERVQUAL 简单适用多了。

克罗宁和泰勒创建 SERVPERF 方法后，对 SERVPERF、adequacy-importance、SERVQUAL 和修正 SERVQUAL 这四种方法进行了比较研究。通过研究，他们认为，与其他三种方法相比，SERVPERF 是较为简单、适用和精确的研究方法。同时，他们还提出了一些其他观点，包括：顾客感知服务质量是顾客满意的前提，而顾客满意对顾客的购买动机有显著的影响等。

从历史继承性的角度来看，SERVPERF 的问卷设计与 SERVQUAL 并没有实质性区别，采用的问项也基本相同，所以，该评价方法的创新性并不是很高，尽管其简易性和实用性都高于 SERVQUAL。

二、加权绩效评价方法

自 SERVQUAL 评价方法诞生以后，争议就一直没有间断。除了我们前面所说的克罗宁和泰勒外，许多学者都曾经对 SERVQUAL 提出过批评。卡门指出，SERVQUAL 稳定性较好，但这五个要素并不都是“中性”指标，对不同的行业并不具有完全的适应性。他反对 PZB 在顾客接受服务后再采集顾客期望服务质量数据，正确的做法是在接受服务前就采集相关的数据，尽管这样非常困难。如果不这样做，期望服务质量与感知服务质量的相关程度会大大下降。卡门在 1992 年专门重复了 PZB 的整个研究过程，结果发现 SERVQUAL 运用到不同的服务行业，所得到的结果与 PZB 的研究结果有相当大的差异。

事实上，学者对于 SERVQUAL 的批评都在不同的程度上受到了马吉斯等所提出的加权绩效评价方法的影响。马吉斯等提出的这种方法，强调服务绩效感知对顾客感知服务质量的影响，而期望在感知服务质量中的作用则几乎被忽略了。由于顾客对服务好坏认定的基准不同，马吉斯等认为可以通过加权的方式，对不同的影响要素给予不同的权数，由此来说明不同顾客的特殊偏好。这种以加权方式单纯从绩效角度来度量顾客感知服务质量的方法就是加权绩效评价方法。

由于历史的局限性，尽管包括克罗宁和泰勒这样的著名学者对这种方法都给予了充分的肯定，但是不能不承认，加权绩效评价方法受到当时服务管理研究水平的限制，在 20 世纪 70 年代，顾客满意模式尚未完善，而感知服务质量管理的研究基本上还没有起步，所以注定这种方法尚存在许多疏漏。波尔顿和德鲁在论及这种方法时曾认为，由于顾客对服务绩效的感知会随着绩效感知和期望之间关系的变动而不断变化，所以最好的方法是在度量顾客感知服务质量时，既不采用加权的方法，也不考虑期望的影响，而只单独用绩效来度量服务质量水平。由于这种方法采纳的变量过多，运用起来相当复杂，所以这种方法自产生以后变化并不大，也没有引起学者足够的关注。

三、归因模式

归因模式是由维纳先提出来的，其后，比特纳对该模式进行了实证研究，从而将归因模式正式引入服务质量管理领域。由于这种方法采纳的变量过多，运用起来相当复杂，所以这种方法自产生以后变化并不大，也没有引起学者足够的重视。

归因是指消费者在遇到服务结果与其期望不一致时所进行的一种自发地探究原因并调适绩效感知和期望之间关系的心理状态。不同的顾客，调适的方法不一样，从而他们感知的服务质量也会产生差异。

在维纳之前，许多学者就已经开始注意从心理角度对顾客感知服务质量进行评价，如安德森提出的“认识不和谐”理论和戴伊的“反差理论”。前者认为，如果顾客能够按照其期望值来调整他的感知，那么，期望与企业实际服务之间的感知距离就可以缩减，这种情况有利于营销者。因为顾客会自觉地意识到自己所存在的相对较高的或不太现实的期望，从而理性地调整期望，提升他们对产品的感知，使得感知和期望相互适应。而反差理论与认识不和谐正好相反，其认为，当顾客感觉到在期望与实际服务之间存在差距时，他不是调整，而是放大这种差距。如果放大的结果仍然比顾客预期的要好，那么，顾客就会感觉非常满意。在这种情况下，企业必须非常小心，避免作出过度的承诺，以免过度地提升顾客的期望。

在归因理论之后，也有学者极力主张从心理角度对顾客感知服务质量进行度量。比较有名的包括“同化反差理论”和“一般否定理论”。按照“同化反差理论”的观点，顾客对服务质量的感知存在接受区域和拒绝区域。如果比较之后的差距落在接受区域内，那么，顾客会倾向于“同化”期望与实际服务；反之，如果落在拒绝区域内，反差理论就会占据主导地位，顾客就会放大差异。而“一般否定理论”则认为，当顾客的期望值不确定时，就会产生一般性否定现象。不管是正的差异，还是负的差异，都会降低顾客对服务绩效的评价和服务质量。

第四节　服务过程质量管理

一、服务市场研究与开发的质量管理

1. 服务市场研究与开发的质量管理的内容

服务企业不可能仅仅依靠对现有的服务扩大地理范围或对某些项目进行一些缺乏实质性的改动而始终保持成功。由于保持竞争力的需要，为持续现有提供的服务及获得足够的资金以适应市场竞争的需求，要求服务企业在其服务组合中，通过取代在生命周期中处于衰退期的服务品种，并利用超额服务能力以抵消季节性波动，降低风险，探索新的机会。

服务市场研究一般包括以下四个方面：①对各种市场的确认和测量；②对各种市场进行特征分析，包括顾客对各种服务的需求、各种服务的功能、理想服务特征、顾客找寻服务的方法、顾客的态度与活动、竞争状况、市场占有率、装备和竞争趋势等内容；③对各种市场进行预估，包括成长或衰退的基本动力、顾客的趋势与变迁、新竞争性服务业的类型、环境变迁（社会、经济、科技、政治等）内容；④个体服务市场的特征和发展重点项目，包括确定顾客对提供的服务的需要和期望、各种辅助性服务、已经搜集到的顾客的要求、服务合同信息的分析和评审、职能部门为满足服务质量要求的承诺、服务质量控制的应用等。

通过市场研究和分析，服务企业一旦决定提供一项服务，就应把市场研究和分析的结果及服务企业对顾客的义务都纳入服务提要中。服务提要中规定了顾客的需要和服务企业的相关能力，将其作为一组要求和细则以构成服务设计工作的基础。服务提要中应明确包含安全方面的措施、潜在的责任，以及使人员、顾客和环境风险最小的适当方法。

对服务市场研究与开发进行质量控制，先要求做到识别市场研究与开发过程中对服务质量和顾客满意有重要影响的关键活动，然后对这些关键活动进行分析，明确其质量特性，对所选出的特征规定评价的方法，建立影响和控制特征的必要手段，通过对其测量和控制来保证服务质量。

瑞典联网租车公司 1988 年着手开发新的服务项目。根据周密的市场调查和研究，联网租车公司确定了新的服务项目的服务内容：①向顾客提供租车信息；②接受顾客预约，并为顾客准备好车；③公司主动将车送到顾客期望的地方；④让顾客享受公司的车；⑤顾客还车；⑥核定收费；⑦开具发票；⑧收取租车费用；⑨受理投诉。

该项服务经过细致的设计、周密的准备和声势浩大的市场宣传，于该年 9 月推出后，当月营业额增长了 15%，到次年中期，全公司营业额比上年同期增长了 23%，取得了较好的效果。

此外，服务广告的质量是企业服务过程质量管理的重要组成部分。任何服务的广告都反映服务的规范和注重顾客对提供服务质量的感受，对服务作夸张的和不切实际的断言，可能会承担责任风险及财务上的纠纷。

2. 广告的质量管理

服务行业的广告宣传如果过于夸张，其效果可能会适得其反，而太过平淡则可能缺少冲击力度，要使广告取得适当的效果，广告的质量管理往往要注意以下几个方面。

1）与员工直接沟通

广告虽然是为了吸引企业目前的和潜在的客户，但服务是由企业全体员工共同努力提供的，因此在广告的创意和制作过程中，应充分听取不同岗位员工的意见，进一步激发员工提供优质服务的热情。

2）提供有形的说明，使服务被人理解

服务或多或少是无形的，顾客不容易理解，因此在广告中创造性地应用被感知的有形证据，尽可能使广告词变得具体、可信，可以使顾客更容易了解服务的内涵。在这方面，美国西南航空公司曾有一个广告佳话。1990 年公司开辟伯班克至奥克兰航线，宣称如果乘客按其他航空公司的 186 美元票价付款，到达奥克兰以后，将在机场返还给乘客 127 美元。其主要竞争对手美国西部航空公司对此进行了嘲笑，在此广告中刻画了乘客登上美国西南航空公司的飞机时，因贪图便宜含羞而掩起面颊的形象。美国西南航空公司立即进行了反击，广告中，公司董事长头上套着一个大口袋，其容易被感知的广告词是“如果你因乘美国西南航空公司的飞机而害羞，我们给你这个袋子套上你的头；如果你不觉得难堪，就用它装你省下来的钱”。

3）持续推进广告宣传

由于服务比较抽象，必须持续地进行广告宣传。一般来说，如果广告较长期地持续下去，可能会使顾客逐渐认同广告的内容和实质。

4）注意广告长期效果

过度许诺，会使顾客产生不切实际的期望，尽管在短期内可能效果较好，但当顾客明白服务的真相时，就会因失望而不再光顾。因此，广告必须注意长期效果，进行长期规划，维护企业的形象和声誉。

二、服务设计质量管理

服务设计是服务质量体系中预防质量问题的重要保证。一旦系统中有一个缺陷，它将被连续不断地重复。戴明认为94%的质量问题是设计不完善导致的，而仅有6%是由粗心、忽视、坏脾气等原因造成的。更重要的是，设计的缺陷会使服务质量的源泉——企业员工受到伤害。由设计而造成的系统缺陷不断地使员工和顾客之间、员工和员工之间处于不能融洽相处的状况。

设计一项服务的过程包括把服务提要的内容转化成服务规范、服务提供规范和服务质量控制规范，同时反映出服务企业的选择方案（如目标、政策和成本）。

1. 服务设计的职责和内容

1）设计的职责

设计的职责应包括策划、准备、编制、批准、保持和控制服务规范、服务提供规范和服务质量控制规范；为服务提供过程规定需采购的产品和服务；对服务设计的每一阶段执行设计评审；当服务提供过程完成时，确认是否满足服务提供要求；根据反馈或其他外部意见，对服务规范、服务提供规范、服务质量控制规范进行修正；在设计服务规范、服务提供规范及服务质量控制规范时，重点在于设计应对服务需求变化因素的计划；预先采取措施防止可能的系统性或偶然性事故。

2）服务规范

服务规范应包括对提供服务的完整阐述。设计服务规范之前要确定首要的和次要的顾客需要，首要的顾客需要即基本的需要。例如，去旅游是顾客的基本需要。如果选择飞机旅游，就会有怎样订票、怎样去机场等，这些就是次要需要，是由不同的选择产生的。

服务规范中要规定核心服务和支持服务，核心服务是满足顾客首要的需求，另外附加的支持服务要求满足顾客次要需要。高质量的服务都包括相关的一系列的合适的支持服务。服务企业服务质量优质程度的差别主要在于支持服务的范围、程度和质量。顾客把一些支持服务认为是理所当然的、服务企业必须要提供的，因而在设计服务规范时，定义和理解次要服务的潜在需求是必要的。

顾客需要与服务规范之间的关系如图 9-6 所示。

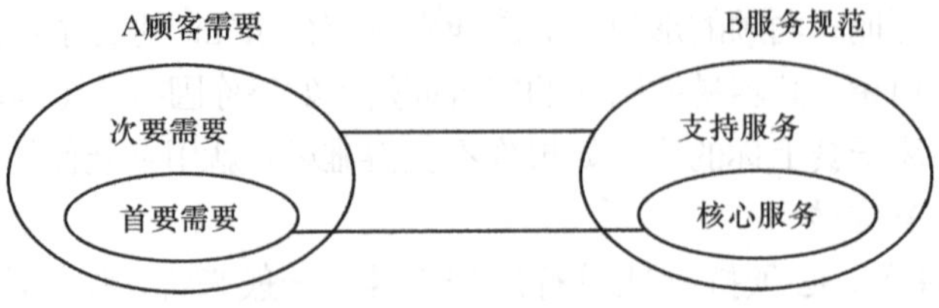

图 9-6 服务规范模型

服务规范对提供服务的阐述要包括每一项服务特性的验收标准，如等待时间、提供时间和服务过程时间、安全性、卫生、可靠性、保密性、设施、服务容量和服务人员的数量等。

3）服务提供规范

服务企业在设计服务提供过程中应考虑到服务企业的目标、政策和能力，以及其他诸如安全、卫生、法律、环境等方面的要求。在服务提供规范中，应详细描述服务提供过程中所采用的方法及相应的程序。对服务提供过程的设计，可通过把过程再划分为若干个以程序为支柱的工作阶段来有效地实现，这些程序的描述包含了每个阶段中的活动，具体包括：对直接影响服务业绩的服务提供特性的阐述；对每一项服务提供特性的验收标准；设备、设施的类型和数量的资源要求必须满足服务规范；要求人员的数量和技能；对提供的产品和服务供方的可依赖程度等。

4）服务设计的内容

（1）员工。对一些顾客而言，单个员工在本质上就是服务。员工不仅是一种“资源”，而且是服务的基本组成成分，是服务质量的决定性要素。服务设计不仅根据体系和过程对员工有详细的要求，而且必须考虑员工个人和整体怎样能对他们的工作和设计思想作出最大贡献。服务体系是一个社会技术系统，设计应包括人员选择、培训/教育和开发，以及与激励系统相适应的工作内容和工作设计分析。

（2）顾客。服务质量在很大程度上是顾客和不同要素的相互作用的结果，如顾客之间、顾客与员工之间、顾客与有形环境之间和顾客与组织之间的作用。因此，设计服务应考虑到顾客在生产服务的不同时间的作用和他们与体系中其他要素及其他顾客接触的方式。在设计中考虑潜在的顾客，有利于分清服务过程中顾客参与程度和性质。服务体系需要仔细地设计，以使顾客尤其是初次使用者理解。

（3）组织和管理结构。服务的组织和管理部门必须和服务体系的其他要素相配合。特别重要的两个方面是：第一，通过清晰定义服务概念、授权和分配责任，确保在控制和自由之间形成平衡，这种平衡对于员工和他们处理重要事件的能力及热情是至关重要的；第二，确保组织内的非正式结构（质量队、质量项目组）和执行不同任务员工所在的部门之间的自动协调。

（4）有形/技术环境。顾客往往对服务的有形/技术环境先产生印象。办公室设备、技术系统和服务的价格、旅馆地理位置、建筑物的外观设计、大堂的布局和客房内家具的陈设都是有形/技术环境。高质量的有形/技术环境对员工和顾客都是重要的，他们传递着无形服务的线索和信息，而且是服务质量体系的一部分。

5）服务质量控制规范

服务质量控制规范应能有效地控制每一个服务过程，以保证服务满足服务规范和顾客需要。质量控制的设计应包括识别每个过程中对规定的服务有重要影响的关键活动；对关键活动进行分析，明确其质量特性，对其进行测量和控制将保证服务质量；对所选出的特性规定评价的方法；建立在规定界限内影响和控制特性的手段。

2. 注重质量的服务设计技术——服务蓝图

蓝图是指在分析服务过程的不同阶段时所使用的一种系统图示方法。蓝图技术把事件、活动和决策标记成不同的符号，并按时间顺序详细地描述服务是怎样被提供的。通过图表把服务看作一个流动的过程可以使我们更好地理解人、财、物与服务体系和其他部分之间的相互依赖，有助于确定服务潜在的缺陷。利用这种方法可以设计新的服务，评估和再设计已有的服务。

在所有的服务中，时间是影响质量和成本的重要因素。蓝图技术使在服务过程的不同阶段计算顾客能接受的时间成为可能。一般来说，要求的时间与服务的复杂程度有关。

在服务蓝图中，一条“视野分界线”把服务提供过程中顾客可见的部分与顾客不可见的部分分离开来，在可见线以上，顾客和员工、不同类型的有形环境打交道，但一般而言，蓝图最大部分在可见线以下。对于大部分的过程，顾客是无法看到的，被视野分界线分开，这条隔离线有助于服务企业在顾客视线之外集中控制过程中最困难部分，减少服务质量风险。

Shostack（肖斯塔克）在 1984 年指出蓝图技术能帮助服务企业在质量问题发生以前发现可能的问题隐患，她总结以下四个步骤：绘制事件的过程、发现潜在的缺陷、建立时间框架、分析获利能力。

Kingman-Brandage（金曼-布兰奇）把蓝图发展为“服务图”，可以显示出服务过程的一系列活动（图 9-7）。服务图强调四个群体：顾客、接触人员（前台人员）、支持员工（后台人员）和管理层（经理人员）。实施分界线把管理层和运营系统分离开来，视野分界线把顾客和服务后台分离开来。

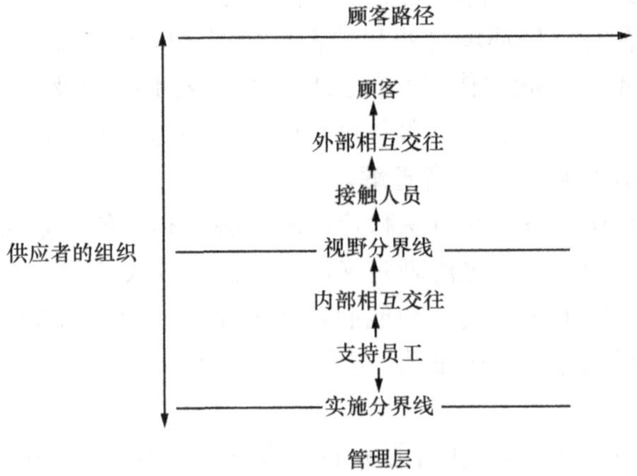

图 9-7　服务图的基本结构

运用蓝图技术，通过对服务过程时间的控制可以提高服务系统的服务能力弹性，使服务企业能随着需求的起伏而适当调整自己的供给状态。美国纽约市的花旗银行在其大厅地毯下面铺设电线，用以测量顾客排队等候的时间。当顾客等候时间太长时，该行会采取增添柜台等措施。诺顿百货公司在设计其零售服务系统时，在每个旺季都雇用大量的临时工。当其他百货公司在淡季为辞退员工而大为头疼时，诺顿百货公司则能一贯保持自己员工较高的工作热情。

三、服务提供过程质量管理

服务提供过程是顾客参与的主要过程。服务提供过程有两大基本特征：服务提供者与顾客之间的关系十分密切；服务生产过程和消费过程是同时的。

1. 服务提供过程模型

根据服务提供过程模型（图 9-8），服务的提供被视野分界线划分为两个部分：一部分是顾客可见的或接触到的；另一部分是顾客看不见的，是由服务企业辅助部分提供的，但又是为顾客提供服务不可缺少的。

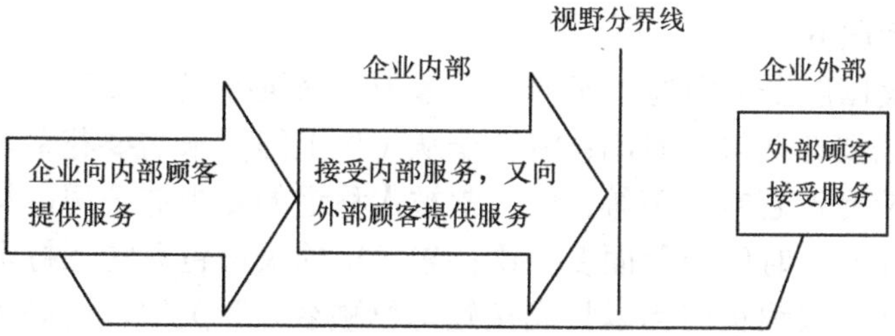

图 9-8　服务提供过程模型

1）相互接触部分

外部顾客通过相互接触部分接受服务。在相互接触过程中，能够产生影响服务质量的资源包括介入过程的顾客、企业的一线员工、企业的经营体制和规章制度、企业的物质资源和生产设备。

2）后勤不可见部分

在服务提供过程中，顾客极少有机会看到视野分界线后面发生的事情。后勤不可见部分可分为两部分：一部分是直接为顾客提供服务的一线员工接受企业后勤人员的服务；另一部分是企业后勤人员作为服务企业向其他内部顾客提供后勤支持服务。内部后勤支持服务是企业向顾客提供服务必不可少的条件，但由于视野分界线，顾客不一定能了解，因而认识不到那部分服务提供过程对整个服务质量所作的贡献。顾客只关注相互接触阶段，即使内部服务相当优异，但接触过程服务质量低劣，顾客就会认为企业的服务质量不高。另外，由于顾客没有看到企业在可见之后做了多少工作，他们认为看得到的服务提供过程并不复杂，因而可能无法理解为什么各种服务具有价格牌上标明的那么高的价格。通常服务企业可以采取适当的宣传或扩大顾客与企业的接触范围，使顾客理解服务的全部内涵，但由于扩大了相互接触部分，可能会增加服务质量控制的难度。

辅助部门在服务提供过程中起到后勤支持作用，这种支持作用表现在管理支持、有形支持和系统支持三个方面。

2. 服务供方的评定

服务企业要保证服务的质量，就要对服务提供过程是否符合服务规范进行监督，并在出现偏差时对服务提供过程进行检查和纠正。特别是要对服务过程的关键活动进行测量和验证，避免出现不符合顾客需要从而导致顾客不满意的倾向，并将企业员工的自查作为过程测量的一部分。

服务企业进行过程质量测量的一个方法是绘制服务流程图，显示工作步骤和工作任务，确定关键时刻，找出服务流程中的管理人员不易控制的部分、不同部门之间的衔接等薄弱环节，分析各种影响服务质量的因素，确定预防性措施和补救性措施。

考核是难以计量的，这是由于服务是无形的，结果要经过顾客的主观判断，不易精确量化。除此以外，服务企业管理人员也很难量化服务质量的经济价值。

服务过程质量控制关系到服务业中每一个人，包括顾客看得见和看不见的人员，各种质量控制制度应能发掘质量缺陷及奖励质量成绩，并协助改善工作，以机器代替人力，尤其是取代那些例行服务。

例如，一家美国航空公司通过研究以下事项，来执行服务过程质量标准：每位顾客在取得飞机票时需要花费多少时间；将行李从飞机上卸下来需要花费多少时间；有电话进来未接听之前应允许它响几下等。而经常被人称道的麦当劳公司，其质量标准的注意事项有：汉堡包在多少时间要翻面多少次；未卖出的汉堡包只能保持多久；未卖出的炸薯条只能保持多久；收银员应当以目光接触每位顾客并微笑等。这些例子说明，在服务提供过程中建立质量控制标准，应当是能够做到的。服务业在制定和执行标准时，通常不得不经历多次试验和失误。另外，许多可以提高生产率的方法也都可以用来改善服务质量，如机器设备的采用、时间和动作研究、流程图、专门化、标准化、流水线作业等原则和措施。服务承诺可以看作一种特殊的质量标准。例如，美国联邦快递公司承诺 24 小时内将包裹送到。服务承诺未满足可以采取多种方式补救，如没有达到标准向顾客退款、下次提供免费服务、提供一些其他服务作为补偿等。服务承诺由于刺激顾客主动确认并投诉未达到标准的服务而促进反馈，迫使企业思考产生不合格服务的原因，并采取措施使类似问题不再出现。

3. 顾客评定

顾客评定是对服务质量的基本测量，它可能是及时的，也可能是滞后的或回顾性的。很少有顾客愿意主动提出自己对服务质量的评定，不满的顾客在停止消费服务前往往不做任何明示或暗示，以致服务企业失去补救机会。所以，片面地依赖顾客评定作为顾客满意的测量，可能会得出错误的结论，导致服务企业决策失误。

顾客评定与服务企业自身评定相结合，可以克服自我评定中的自以为是，也可以弥补顾客评定的随机性和滞后性，对于服务企业避免质量差错、持续改进服务质量是一条行之有效的管理途径。

美国运通公司从 1986 年开始，每年大约追踪 12 000 笔交易。在顾客与公司有过某种接触之后对他们进行访谈，以了解他们对柜台作业的满意程度，以及是否影响他们将来对信用卡的使用。美国运通公司有位高层主管解释说，顾客满意度的调查，能做到我们利用其他方法无法做到的事，这种调查能使我们与信用卡持有人更加接近，更重要的是，调查报告并未被束之高阁，这些报告提供了我们改善服务质量必须采取的具体行动，以及有关如何加强服务的新观念，这种调查是质量保证的最佳工具。

4. 不合格服务的补救

没有任何服务质量体系能绝对保证所有的服务都是可靠的、无缺陷的，不合格服务在服务企业仍是不可避免的。对不合格服务的识别和报告是服务企业内每个员工的义务和责任。服务质量体系中应规定对不合格服务的纠正措施的职责和权限，并鼓励员工在顾客未受到影响之前，尽早识别潜在的不合格服务。

不合格服务的不可避免，并不意味着无失误服务目标是不值得争取的。服务企业也应像制造企业那样，实施“零缺陷服务”和统计过程控制，以不断提高服务质量的可靠性。

有很多服务企业对不合格服务的反应不恰当或者根本没有反应，对于服务中出现的问题不能作出令顾客满意的解释，也不能采取及时有效的补救措施使顾客满意，以致让抱怨的顾客感到更糟糕。当有不合格服务发生时，顾客对服务企业的信任将会动摇，但并不会完全丧失，除非出现以下两种情况：过去的缺陷重复出现或不合格服务的补救并未使顾客感到满意，它加重了缺陷的程度，而不是纠正了缺陷。

第一种情况意味着服务可靠性发生了严重问题。由于可靠性是优质服务的基础和核心，当一个企业的服务缺陷连续不断地出现时，再好的服务补救措施也不能有效地弥补持续的服务不可靠对顾客造成的不良影响。

第二种情况，即当出现不合格的服务时，紧跟着一次毫无力度的服务补救，服务企业让顾客失望了两次，丧失了两次关键时机，其后果只能是极大地降低顾客对服务企业的信任程度。即使是最终采取了绝好的纠正措施，对于恢复顾客对企业的信任和对服务质量的评价也收获不大。当服务企业享有较高的服务可靠性纪录时，对不合格服务的纠正措施不仅不会降低顾客对企业的评价，甚至可能增强顾客心目中的服务质量，使得顾客更加信任该企业。也就是说，完善的服务质量体系要求有很高的服务可靠性，以及发生偶然的不合格服务时，有完备的超过顾客期望的纠正措施。

服务质量体系针对不合格服务的补救应有两个阶段。

1）识别不合格服务

若要成功地将服务问题揭示出来，就必须建立一个有效的系统来监测、记录和研究顾客的抱怨。

（1）检测顾客抱怨。大多数经历不合格服务的顾客虽然并不向服务企业投诉和抱怨，但会向许多人传诉他们消费不合格服务的经历。对于向服务企业直接投诉和抱怨的顾客，其不合格服务的补救就容易安排，只需采取必要的外部行动，向顾客道歉，承认服务企业确实存在让他们不满意的地方，并且将纠正措施及时通知他们。但对不进行抱怨的顾客，纠正不合格服务就比较困难。唯一的补救办法是通过顾客研究，将不合格服务找出来，采取改进措施，以免影响更多顾客。

（2）进行顾客研究。进行顾客研究的目的是识别不合格服务，可以是按计划的常规活动，也可以是计划外的特殊活动。以顾客身份亲身经历是识别一项服务的可能缺陷的有效途径。几乎每种类型的服务，从飞机旅行到汽车修理、从娱乐业到通信业都可以通过实地观察和亲身经历来了解其中的问题。

（3）监测服务过程。通过对服务过程的详细流程图（如服务蓝图）进行细致的检查，以找出其中的缺陷和失败点，以及服务中存在潜在问题的地方，从而进行重点监测，并形成文件记录，并且对过去的不合格服务进行系统的追踪和分析。一旦找到了潜在的缺陷，就对可能出现不合格的环节进行细致的观察，制订应对不合格服务的计划，以使问题发生时，能进行有效的处理。

2）处理不合格服务

在顾客看来，不能积极地处理不合格服务，往往是比出现服务问题更为严重的缺陷。服务企业若不能解决已经暴露的不合格服务，则顾客往往更加不能容忍。企业要采取积极的措施以满足顾客的要求。在服务质量体系中，可以通过以下几点得到保证。

（1）对员工做必要的培训。不能让员工毫无准备地面对服务问题而作出反应。即使平时对顾客服务较好的员工，处理服务问题时，也会感到有些棘手。在服务质量体系中，对员工在沟通技能、创造力、应变能力和对顾客的理解方面进行培训，使员工有准备地面对不合格服务，是取得良好补救效果的重要保证。

（2）对第一线员工授权。所有的不合格服务几乎都发生在顾客和第一线员工之间，第一线员工可以最早、最真切地感觉到顾客的不满。培训员工而不对员工充分授权，将无益于解决顾客问题。给员工一定权限去灵活处理顾客的不满与训练员工具有解决不合格服务能力同样重要。在服务质量体系中，应对此作出明确的规定，如无条件退货、免收车费、提供食品和饮料等。

（3）奖惩员工。服务质量体系应当明确规定适宜的奖惩制度。对于能正确识别并在授权范围内采取积极措施来处理不合格服务以满足顾客需求的员工进行适当的奖励。同时对那些面对不合格服务而麻木不仁、听之任之甚至隐瞒搪塞，以及面对不满意顾客无所作为、推诿责任甚至进一步冒犯顾客的员工，应当批评教育，甚至惩处。

5.“关键时刻”管理

服务的功能质量水平是由服务买卖双方的相互接触决定的，在这种相互接触中，服务的技术质量被转移到顾客身上。这种顾客与服务企业各种资源相互接触的时空环境，称为“关键时刻”。每个关键时刻都是服务企业将自己的服务质量展示给顾客的机会，如果在关键时刻服务质量发生了问题，要采取补救措施，往往为时已晚。即使想办法去补救，也只能设法主动创造新的关键时刻，企业才有机会展示自己的服务质量。

服务过程是由一系列的关键时刻组成的，要做到对服务过程的管理，必须确定服务过程的关键时刻。

1）服务圈

服务圈是顾客经历不同关键时刻的模型描述。以顾客为中心，按照顾客在服务过程中的各个阶段，列出顾客与服务企业相互接触的所有关键时刻。如图 9-9 所示，是一个顾客在零售店中所经历的服务圈的例子。

2）重要的关键时刻

在服务圈中有极少部分的关键时刻特别重要，对重要的关键时刻的管理和控制是服务过程质量控制的关键。重要的关键时刻随行业、产品和服务对象的不同而不同。如上例，可能某些顾客认为等待时间是重要的关键时刻，对另一些顾客而言，可能售货员的帮助和商品的陈列是重要的关键时刻。顾客在重要关键时刻的感受对于他们对企业服务质量的评价会产生重要影响。

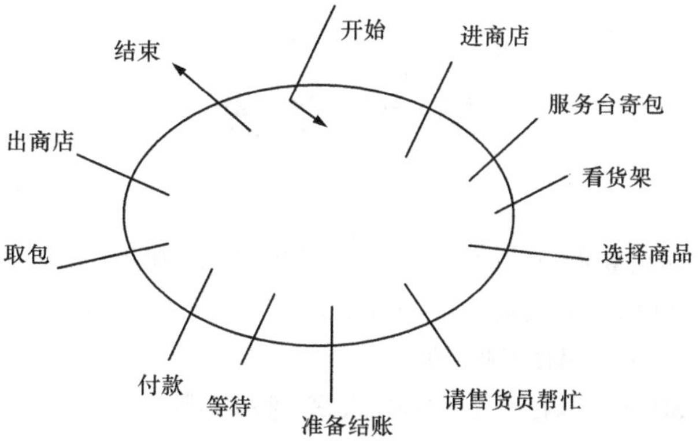

图 9-9 服务圈模型

3）关键时刻模型

为更好地分析关键时刻，一些学者建立了关键时刻模型，它包含了两个部分（图 9-10）。

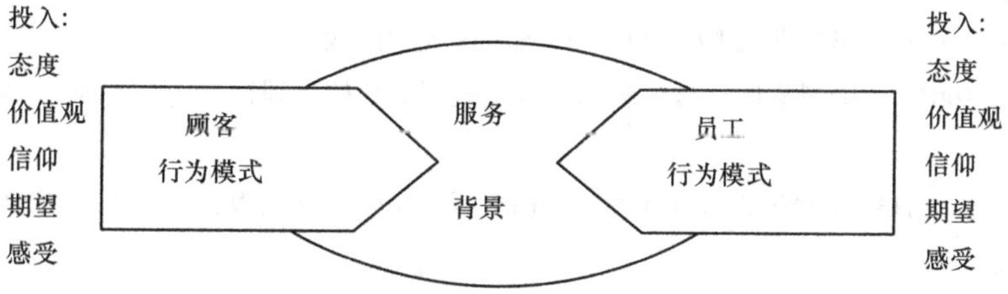

图 9-10 关键时刻模型

A. 服务背景

服务企业中，所有与顾客有关的部分都是服务背景，服务背景指的是在关键时刻所发生的各种社会、生理和心理层面的交流与碰撞。

B. 顾客和员工行为模式

顾客和员工行为模式对关键时刻有很大的影响。行为模式是由很多投入组成的，包括他们的态度、价值观、信仰、期望和感受等。一些投入可能对顾客和员工行为模式的影响是一致的，但有时会相互抵消。行为模式在某种程度上还有很大的不确定性，可能会在某一瞬间改变。例如，顾客因对服务满意而决定购买时，由于员工的某种偶然的不恰当行为，或碰巧听到其他顾客对服务的抱怨，就有可能对服务质量产生怀疑而改变主意，放弃购买服务。同样，当满腔热情的员工遇到多疑挑剔的顾客时，也可能会产生厌烦，失去热情，导致服务质量降低。并不是所有的关键时刻都要有员工的直接参与，如顾客开车进停车场时，正经历一些关键时刻，停车场是否有空的车位、路标位置是否明显等，都是潜在的关键时刻。在这些关键时刻，服务企业的员工并没有直接参与。

当服务背景、顾客行为模式和员工行为模式三者之间协调一致时，意味着员工和顾客对关键时刻的服务具有相同看法，服务企业在这些关键时刻就会赢得顾客的信任，顾客对企业服务的评价就会相应提高。相反，当服务背景、顾客行为模式和员工行为模式三者之间不一致时，就可能严重影响关键时刻，导致顾客对服务质量的评价降低。

参考文献

国家质量监督检验检疫总局质量管理司. 2002. 质量专业理论与实务（中级）. 北京：中国人事出版社.

韩经纶，董军. 2006. 顾客感知服务质量评价与管理. 天津：南开大学出版社.

韩之俊. 1992. 三次设计. 北京：机械工业出版社.

韩之俊，曹秀玲. 2000. ISO 9000 族标准统计技术. 北京：科学出版社.

韩之俊，姚平中. 1985. 概率与统计. 北京：国防工业出版社.

何悌. 1995. 质量管理国际标准的统计技术. 北京：中国标准出版社.

霍映宝，韩之俊. 2005. 污水 PH 值的统计分析. 统计与决策，(14)：135-136.

《健壮设计手册》编委会. 2002. 健壮设计手册. 北京：国防工业出版社.

梁国明. 2006. 制造业过程质量控制与检验常用统计方法读本. 北京：中国标准出版社.

马林，何桢. 2007. 六西格玛管理. 2 版. 北京：中国人民大学出版社.

王海燕，韩之俊. 2001. 试论国家标准《控制图》判定规则取舍的合理性. 世界标准化与质量管理，(1)：35-36.

中国认证认可协会. 2015. 质量管理体系审核员 2015 版标准转换培训教材. 北京：中国质检出版社，中国标准出版社.

附　录

附表 1　正态分布函数表

$$\Phi(u)=\int_{-\infty}^{u}\frac{1}{\sqrt{2\pi}}e^{-\frac{u^2}{2}}du$$

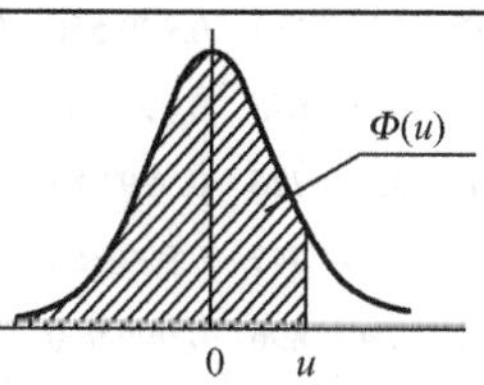

u	0.00	0.01	0.02	0.03	0.04	0.05	0.06	0.07	0.08	0.09
0.0	0.500 000	0.503 989	0.507 978	0.511 966	0.515 953	0.519 939	0.523 922	0.527 903	0.531 881	0.535 856
0.1	0.539 828	0.543 795	0.547 758	0.551 717	0.555 670	0.559 618	0.563 559	0.567 495	0.571 424	0.575 345
0.2	0.579 260	0.583 166	0.587 064	0.590 954	0.594 835	0.598 706	0.602 568	0.606 420	0.610 261	0.614 092
0.3	0.617 911	0.621 720	0.625 516	0.629 300	0.633 072	0.636 831	0.640 576	0.644 309	0.648 027	0.651 732
0.4	0.655 422	0.659 097	0.662 757	0.666 402	0.670 031	0.673 645	0.677 242	0.680 822	0.684 386	0.687 933
0.5	0.691 462	0.694 974	0.698 468	0.701 944	0.705 401	0.708 840	0.712 260	0.715 651	0.719 043	0.722 405
0.6	0.725 747	0.729 069	0.732 371	0.735 653	0.738 914	0.742 154	0.745 373	0.748 571	0.751 748	0.754 903
0.7	0.758 036	0.761 148	0.764 238	0.767 305	0.770 350	0.773 373	0.776 373	0.779 350	0.782 305	0.785 236
0.8	0.788 145	0.791 030	0.793 892	0.796 731	0.799 546	0.802 337	0.805 105	0.807 850	0.810 570	0.813 267
0.9	0.815 940	0.818 589	0.821 214	0.823 814	0.826 391	0.828 944	0.831 472	0.833 977	0.836 457	0.838 913
1.0	0.841 345	0.843 752	0.846 136	0.848 495	0.850 830	0.853 141	0.855 428	0.857 690	0.859 929	0.862 143
1.1	0.864 334	0.866 500	0.868 643	0.870 762	0.872 857	0.874 928	0.876 976	0.879 000	0.881 000	0.882 977
1.2	0.884 930	0.886 861	0.888 768	0.890 651	0.892 512	0.894 350	0.896 165	0.897 958	0.899 727	0.901 475
1.3	0.903 200	0.904 902	0.906 582	0.908 241	0.909 877	0.911 492	0.913 085	0.914 657	0.916 207	0.917 736
1.4	0.919 243	0.920 730	0.922 196	0.923 641	0.925 066	0.926 471	0.927 855	0.929 219	0.930 563	0.931 888
1.5	0.933 193	0.934 478	0.935 745	0.936 992	0.938 220	0.939 429	0.940 620	0.941 792	0.942 947	0.944 083
1.6	0.945 201	0.946 301	0.947 384	0.948 449	0.949 497	0.950 529	0.951 543	0.952 540	0.953 521	0.954 486
1.7	0.955 435	0.956 367	0.957 284	0.958 185	0.959 070	0.959 941	0.960 796	0.961 636	0.962 462	0.963 273
1.8	0.964 070	0.964 852	0.965 620	0.996 375	0.967 116	0.967 843	0.968 557	0.969 258	0.969 946	0.970 621
1.9	0.971 283	0.971 933	0.972 571	0.973 197	0.973 810	0.974 412	0.975 002	0.975 581	0.976 148	0.976 705
2.0	0.977 250	0.977 784	0.978 308	0.978 822	0.979 325	0.979 818	0.980 301	0.980 774	0.981 237	0.981 691
2.1	0.982 136	0.982 571	0.982 997	0.983 414	0.983 823	0.984 222	0.984 614	0.984 997	0.985 371	0.985 738

续表

u	0.00	0.01	0.02	0.03	0.04	0.05	0.06	0.07	0.08	0.09
2.2	0.986 097	0.986 447	0.986 791	0.987 126	0.987 455	0.987 776	0.988 089	0.988 396	0.988 696	0.988 989
2.3	0.989 276	0.989 556	0.989 830	0.990 097	0.990 358	0.990 613	0.990 863	0.991 106	0.991 344	0.991 576
2.4	0.991 802	0.992 024	0.992 240	0.992 451	0.992 656	0.992 857	0.993 053	0.993 244	0.993 431	0.993 613
2.5	0.993 790	0.993 963	0.994 132	0.994 297	0.994 457	0.994 614	0.994 766	0.994 915	0.995 060	0.995 201
2.6	0.995 339	0.995 473	0.995 604	0.995 731	0.995 855	0.995 975	0.996 093	0.996 207	0.996 319	0.996 427
2.7	0.996 533	0.996 636	0.996 736	0.996 833	0.996 928	0.997 020	0.997 110	0.997 197	0.997 282	0.997 365
2.8	0.997 445	0.997 523	0.997 599	0.997 673	0.997 744	0.997 814	0.997 882	0.997 948	0.998 012	0.998 074
2.9	0.998 134	0.998 193	0.998 250	0.998 305	0.998 359	0.998 411	0.998 462	0.998 511	0.998 559	0.998 605
3.0	0.998 650	0.998 694	0.998 736	0.998 777	0.998 817	0.998 856	0.998 893	0.998 930	0.998 965	0.998 999
3.1	0.999 032	0.999 065	0.999 096	0.999 126	0.999 155	0.999 184	0.999 211	0.999 238	0.999 264	0.999 289
3.2	0.999 313	0.999 336	0.999 359	0.999 381	0.999 402	0.999 423	0.999 443	0.999 462	0.999 481	0.999 499
3.3	0.999 517	0.999 534	0.999 550	0.999 566	0.999 581	0.999 596	0.999 610	0.999 624	0.999 638	0.999 651
3.4	0.999 663	0.999 675	0.999 687	0.999 698	0.999 709	0.999 720	0.999 730	0.999 740	0.999 749	0.999 758
3.5	0.999 767	0.999 776	0.999 784	0.999 792	0.999 800	0.999 807	0.999 815	0.999 822	0.999 828	0.999 835
3.6	0.999 841	0.999 847	0.999 853	0.999 858	0.999 864	0.999 869	0.999 874	0.999 879	0.999 883	0.999 888
3.7	0.999 892	0.999 896	0.999 900	0.999 904	0.999 908	0.999 912	0.999 915	0.999 918	0.999 922	0.999 925
3.8	0.999 928	0.999 931	0.999 933	0.999 936	0.999 938	0.999 941	0.999 943	0.999 946	0.999 948	0.999 950
3.9	0.999 952	0.999 954	0.999 956	0.999 958	0.999 959	0.999 961	0.999 963	0.999 964	0.999 966	0.999 967
4.0	0.999 968	0.999 970	0.999 971	0.999 972	0.999 973	0.999 974	0.999 975	0.999 976	0.999 977	0.999 978
4.1	0.999 979	0.999 980	0.999 981	0.999 982	0.999 983	0.999 983	0.999 984	0.999 985	0.999 985	0.999 986
4.2	0.999 987	0.999 987	0.999 988	0.999 988	0.999 989	0.999 989	0.999 990	0.999 990	0.999 991	0.999 991
4.3	0.999 991	0.999 992	0.999 992	0.999 993	0.999 993	0.999 993	0.999 993	0.999 994	0.999 994	0.999 994
4.4	0.999 995	0.999 995	0.999 995	0.999 995	0.999 996	0.999 996	0.999 996	0.999 996	0.999 996	0.999 996
4.5	0.999 997	0.999 997	0.999 997	0.999 997	0.999 997	0.999 997	0.999 997	0.999 998	0.999 998	0.999 998
4.6	0.999 998	0.999 998	0.999 998	0.999 998	0.999 998	0.999 998	0.999 998	0.999 998	0.999 999	0.999 999
4.7	0.999 999	0.999 999	0.999 999	0.999 999	0.999 999	0.999 999	0.999 999	0.999 999	0.999 999	0.999 999
4.8	0.999 999	0.999 999	0.999 999	0.999 999	0.999 999	0.999 999	0.999 999	0.999 999	0.999 999	0.999 999
4.9	1.000 000	1.000 000	1.000 000	1.000 000	1.000 000	1.000 000	1.000 000	1.000 000	1.000 000	1.000 000

注：本表对于 u 给出正态分布函数 $\Phi(u)$的数值，例如，对于 $u = 1.33$，$\Phi(u)$=0.908 241

附表 2　正态分布分位数表

$$u_p : \int_{-\infty}^{u_p} \frac{1}{\sqrt{2\pi}} e^{-\frac{u^2}{2}} du = p$$

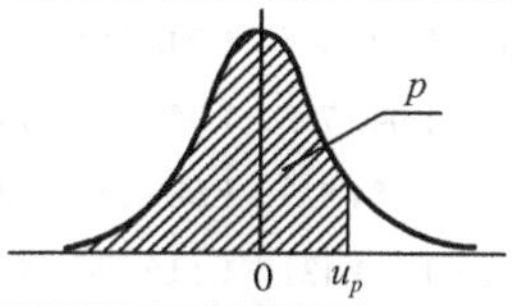

p	0.000	0.001	0.002	0.003	0.004	0.005	0.006	0.007	0.008	0.009
0.50	0.000 000	0.002 507	0.005 013	0.007 520	0.010 027	0.012 533	0.015 040	0.017 547	0.020 054	0.022 562
0.51	0.025 069	0.027 576	0.030 084	0.032 592	0.035 100	0.037 608	0.040 117	0.042 626	0.045 135	0.047 644
0.52	0.050 154	0.052 664	0.055 174	0.057 684	0.060 195	0.062 707	0.065 219	0.067 731	0.070 243	0.072 756
0.53	0.075 270	0.077 784	0.080 298	0.082 813	0.085 329	0.087 845	0.090 361	0.092 879	0.095 396	0.097 915
0.54	0.100 434	0.102 953	0.105 474	0.107 995	0.110 516	0.113 039	0.115 562	0.118 085	0.120 610	0.123 135
0.55	0.125 661	0.128 188	0.130 716	0.133 245	0.135 774	0.138 304	0.140 835	0.143 367	0.145 900	0.148 434
0.56	0.150 969	0.153 505	0.156 042	0.158 580	0.161 119	0.163 658	0.166 199	0.168 741	0.171 285	0.173 829
0.57	0.176 374	0.178 921	0.181 468	0.184 017	0.186 567	0.189 118	0.191 671	0.194 225	0.196 780	0.199 336
0.58	0.201 893	0.204 452	0.207 013	0.209 574	0.212 137	0.214 702	0.217 267	0.219 835	0.222 403	0.224 973
0.59	0.227 545	0.230 118	0.232 693	0.235 269	0.237 847	0.240 426	0.243 007	0.245 590	0.248 174	0.250 760
0.60	0.253 347	0.255 936	0.258 527	0.261 120	0.263 714	0.266 311	0.268 909	0.271 508	0.274 110	0.276 714
0.61	0.279 319	0.281 926	0.284 536	0.287 147	0.289 760	0.292 375	0.294 992	0.297 611	0.300 232	0.302 855
0.62	0.305 481	0.308 108	0.310 738	0.313 369	0.316 003	0.318 639	0.321 278	0.323 918	0.326 561	0.329 206
0.63	0.331 853	0.334 503	0.337 155	0.339 809	0.342 466	0.345 126	0.347 787	0.350 451	0.353 118	0.355 787
0.64	0.358 459	0.361 133	0.363 810	0.366 489	0.369 171	0.371 856	0.374 543	0.377 234	0.379 926	0.382 622
0.65	0.385 320	0.388 022	0.390 726	0.393 433	0.396 142	0.398 855	0.401 571	0.404 289	0.407 011	0.409 735
0.66	0.412 463	0.445 194	0.417 928	0.420 665	0.423 405	0.426 148	0.428 895	0.431 644	0.434 397	0.437 154
0.67	0.439 913	0.442 676	0.445 443	0.448 212	0.450 985	0.453 762	0.456 542	0.459 326	0.462 113	0.464 904
0.68	0.467 699	0.470 497	0.473 299	0.476 104	0.478 914	0.481 727	0.484 544	0.487 365	0.490 189	0.493 018
0.69	0.495 850	0.498 687	0.501 527	0.504 372	0.507 221	0.510 073	0.512 930	0.515 792	0.518 657	0.521 527
0.70	0.524 401	0.527 279	0.530 161	0.533 049	0.535 940	0.538 836	0.541 737	0.544 642	0.547 551	0.550 466
0.71	0.553 385	0.556 308	0.559 237	0.562 170	0.565 108	0.568 051	0.570 999	0.573 952	0.576 910	0.579 873
0.72	0.582 842	0.585 815	0.588 793	0.591 777	0.594 766	0.597 760	0.600 760	0.603 765	0.606 775	0.609 791
0.73	0.612 813	0.615 840	0.618 873	0.621 912	0.624 956	0.628 006	0.631 062	0.634 124	0.637 192	0.640 266
0.74	0.643 345	0.646 431	0.649 524	0.652 622	0.655 727	0.658 838	0.661 955	0.665 079	0.668 209	0.671 346
0.75	0.674 490	0.677 640	0.680 797	0.683 961	0.687 131	0.690 309	0.693 493	0.696 685	0.699 884	0.703 089
0.76	0.706 303	0.706 523	0.712 751	0.715 986	0.719 229	0.722 479	0.725 737	0.729 003	0.732 276	0.735 558
0.77	0.738 847	0.742 444	0.745 450	0.748 763	0.752 085	0.755 415	0.758 754	0.762 101	0.765 456	0.768 820
0.78	0.772 193	0.775 575	0.778 966	0.782 365	0.785 774	0.789 192	0.792 619	0.796 055	0.799 501	0.802 956
0.79	0.806 421	0.800 896	0.813 380	0.816 875	0.820 379	0.823 894	0.827 418	0.830 953	0.834 499	0.838 055
0.80	0.841 621	0.845 199	0.848 787	0.852 386	0.855 996	0.859 617	0.863 250	0.866 894	0.870 550	0.874 217

续表

p	0.000	0.001	0.002	0.003	0.004	0.005	0.006	0.007	0.008	0.009
0.81	0.877 896	0.881 587	0.885 290	0.889 006	0.892 733	0.896 473	0.900 226	0.903 991	0.907 770	0.911 561
0.82	0.915 365	0.919 183	0.923 014	0.926 859	0.930 717	0.934 589	0.938 476	0.942 376	0.946 291	0.950 221
0.83	0.954 165	0.958 124	0.962 099	0.966 088	0.970 093	0.974 114	0.978 150	0.982 203	0.986 271	0.990 356
0.84	0.994 458	0.998 576	1.002 712	1.006 864	1.011 034	1.015 222	1.019 428	1.023 651	1.027 893	1.032 154
0.85	1.036 433	1.040 732	1.045 050	1.049 887	1.053 744	1.058 122	1.062 519	1.066 938	1.071 377	1.075 837
0.86	1.080 319	1.084 823	1.089 349	1.093 897	1.098 468	1.103 063	1.107 680	1.112 321	1.116 987	1.121 677
0.87	1.126 391	1.131 131	1.135 896	1.140 687	1.145 505	1.150 349	1.155 221	1.160 120	1.165 047	1.170 002
0.88	1.174 987	1.180 001	1.185 044	1.190 118	1.195 223	1.200 359	1.205 527	1.210 727	1.215 960	1.221 227
0.89	1.226 528	1.231 864	1.237 235	1.242 641	1.248 085	1.253 565	1.259 084	1.264 641	1.270 238	1.275 874
0.90	1.281 552	1.287 271	1.293 032	1.298 837	1.304 685	1.310 579	1.316 519	1.322 505	1.328 539	1.334 622
0.91	1.340 755	1.346 939	1.353 174	1.359 463	1.365 806	1.372 204	1.378 659	1.385 172	1.391 744	1.398 377
0.92	1.405 072	1.411 830	1.418 654	1.425 544	1.432 503	1.439 531	1.446 632	1.453 806	1.461 056	1.468 384
0.93	1.475 791	1.483 280	1.490 853	1.498 513	1.506 252	1.514 102	1.522 036	1.530 068	1.538 199	1.546 433
0.94	1.554 774	1.563 224	1.571 787	1.580 467	1.589 268	1.598 193	1.607 248	1.616 436	1.625 763	1.635 234
0.95	1.644 854	1.654 628	1.664 563	1.674 665	1.684 941	1.695 398	1.706 043	1.716 886	1.727 934	1.739 198
0.96	1.750 686	1.762 410	1.774 382	1.786 613	1.799 118	1.811 911	1.825 007	1.838 424	1.852 180	1.866 296
0.97	1.880 794	1.895 698	1.911 036	1.926 837	1.943 134	1.959 964	1.977 368	1.995 393	2.014 091	2.033 520
0.98	2.053 749	2.074 855	2.096 927	2.120 072	2.144 411	2.170 090	2.197 286	2.226 212	2.257 129	2.290 368
0.99	2.326 348	2.365 618	2.408 916	2.457 263	2.512 144	2.575 829	2.652 070	2.747 781	2.878 162	3.090 232

注：本表对于下侧概率 p 给出正态分布的分位数 u_p，例如，对于 $p=0.95$，$u_p=1.644\ 854$；当 $p<0.5$ 时，$u_p=-u_{1-p}$，如 $u_{0.1}=-u_{0.9}=-1.281\ 552$。与双侧概率 α 相应的分位数为 $u_{1-\alpha/2}$，例如，对于 $\alpha=0.05$，$u_{1-\alpha/2}=u_{0.975}=1.959\ 964$

附表 3　t 分布分位数表

$$t_p(v):\int_{-\infty}^{t}\frac{(1+t^2/v)-(v+1)/2}{\sqrt{v}B(1/2,v/2)}\mathrm{d}t=p$$

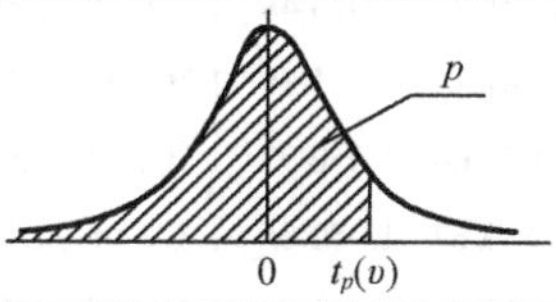

v	p									
	0.750 0	0.850 0	0.900 0	0.950 0	0.975 0	0.990 0	0.995 0	0.997 5	0.999 0	0.999 5
1	1.000 00	1.962 61	3.077 68	6.313 75	12.706 20	31.820 52	63.656 74	127.321 34	318.308 84	636.619 25
2	0.816 50	1.386 21	1.885 62	2.919 99	4.302 65	6.964 56	9.924 84	14.089 05	22.327 12	31.599 05
3	0.764 89	1.249 78	1.637 74	2.353 36	3.182 45	4.540 70	5.840 91	7.453 32	10.214 53	12.923 98
4	0.740 70	1.189 57	1.533 21	2.131 85	2.776 45	3.746 95	4.604 09	5.597 57	7.173 18	8.610 30
5	0.726 69	1.155 77	1.475 88	2.015 05	2.570 58	3.364 93	4.032 14	4.773 34	5.893 43	6.868 83
6	0.717 56	1.134 16	1.439 76	1.943 18	2.446 91	3.142 67	3.707 43	4.316 83	5.207 63	5.958 82
7	0.711 14	1.119 16	1.414 92	1.894 58	2.364 62	2.997 95	3.499 48	4.029 34	4.785 29	5.407 88
8	0.706 39	1.108 15	1.396 82	1.859 55	2.306 00	2.896 46	3.355 39	3.832 52	4.500 79	5.041 31
9	0.702 72	1.099 72	1.383 03	1.833 11	2.262 16	2.821 44	3.249 84	3.689 66	4.296 81	4.780 91
10	0.699 81	1.093 06	1.372 18	1.812 46	2.228 14	2.763 77	3.169 27	3.581 41	4.143 70	4.586 89
11	0.697 45	1.087 67	1.363 43	1.795 88	2.200 99	2.718 08	3.105 81	3.496 61	4.024 70	4.436 98
12	0.695 48	1.083 21	1.356 22	1.782 29	2.178 81	2.681 00	3.054 54	3.428 44	3.929 63	4.317 79
13	0.693 83	1.079 47	1.350 17	1.770 93	2.160 37	2.650 31	3.012 28	3.372 47	3.851 98	4.220 83
14	0.692 42	1.076 28	1.345 03	1.761 31	2.144 79	2.624 49	2.976 84	3.325 70	3.787 39	4.140 45
15	0.691 20	1.073 53	1.340 61	1.753 05	2.131 45	2.602 48	2.946 71	3.286 04	3.732 83	4.072 77
16	0.690 13	1.071 14	1.336 76	1.745 88	2.119 91	2.583 49	2.920 78	3.251 99	3.686 15	4.015 00
17	0.689 20	1.069 03	1.333 38	1.739 61	2.109 82	2.566 93	2.898 23	3.222 45	3.645 77	3.965 13
18	0.688 36	1.067 17	1.330 39	1.734 06	2.100 92	2.552 38	2.878 44	3.196 57	3.610 48	3.921 65
19	0.687 62	1.065 51	1.327 73	1.729 13	2.093 02	2.539 48	2.860 93	3.173 72	3.579 40	3.883 41
20	0.686 95	1.064 02	1.325 34	1.724 72	2.085 96	2.527 98	2.845 34	3.153 40	3.551 81	3.849 52
21	0.686 35	1.062 67	1.323 19	1.720 74	2.079 61	2.517 65	2.831 36	3.135 21	3.527 15	3.819 28
22	0.685 81	1.061 45	1.321 24	1.717 14	2.073 87	2.508 32	2.818 76	3.118 82	3.504 99	3.792 13
23	0.685 31	1.060 34	1.319 46	1.713 87	2.068 66	2.499 87	2.807 34	3.104 00	3.484 96	3.767 63
24	0.684 85	1.059 32	1.317 84	1.710 88	2.063 90	2.492 16	2.796 94	3.090 51	3.466 78	3.745 40
25	0.684 43	1.058 38	1.316 35	1.708 14	2.059 54	2.485 11	2.787 44	3.078 20	3.450 19	3.725 14
26	0.684 04	1.057 52	1.314 97	1.705 62	2.055 53	2.478 63	2.778 71	3.066 91	3.435 00	3.706 61
27	0.683 68	1.056 73	1.313 70	1.703 29	2.051 83	2.472 66	2.770 68	3.056 52	3.421 03	3.689 59
28	0.683 35	1.055 99	1.312 53	1.701 13	2.048 41	2.467 14	2.763 26	3.046 93	3.408 16	3.673 91
29	0.683 04	1.055 30	1.311 43	1.699 13	2.045 23	2.462 02	2.756 39	3.038 05	3.396 24	3.659 41
30	0.682 76	1.054 66	1.310 42	1.697 26	2.042 27	2.457 26	2.750 00	3.029 80	3.385 18	3.645 96

续表

υ	p									
	0.750 0	0.850 0	0.900 0	0.950 0	0.975 0	0.990 0	0.995 0	0.997 5	0.999 0	0.999 5
32	0.682 33	1.053 50	1.308 75	1.693 89	2.036 93	2.448 68	2.738 48	3.014 95	3.365 31	3.621 80
34	0.681 77	1.025 48	1.306 95	1.690 92	2.032 24	2.441 15	2.728 39	3.001 95	3.347 93	3.600 72
36	0.681 37	1.051 58	1.305 51	1.688 30	2.028 09	2.434 49	2.719 48	2.990 49	3.332 62	3.582 15
38	0.681 00	1.050 77	1.304 23	1.685 95	2.024 39	2.428 57	2.711 56	2.980 29	3.319 03	3.565 68
40	0.680 67	1.050 05	1.303 08	1.683 85	2.021 08	2.423 26	2.704 46	2.971 17	3.306 88	3.550 97
45	0.679 98	1.048 52	1.300 65	1.679 43	2.014 10	2.412 12	2.689 59	2.952 08	3.281 48	3.520 25
50	0.679 43	1.047 29	1.298 71	1.675 91	2.008 56	2.403 27	2.677 79	2.936 96	3.261 41	2.496 01
55	0.678 98	1.046 30	1.297 13	1.673 03	2.004 04	2.396 08	2.668 22	2.924 70	3.245 15	3.476 40
60	0.678 60	1.045 47	1.295 82	1.670 65	2.000 30	2.390 12	2.660 28	2.914 55	3.231 71	3.460 20
65	0.678 28	1.044 77	1.294 71	1.668 64	1.997 14	2.385 10	2.653 60	2.906 02	3.220 41	3.446 60
70	0.678 01	1.044 17	1.293 76	1.666 91	1.994 44	2.380 81	2.647 90	2.898 73	3.210 79	3.435 01
80	0.677 57	1.043 20	1.292 22	1.664 12	1.990 06	2.373 87	2.638 69	2.886 97	3.195 26	3.416 34
90	0.677 23	1.042 44	1.291 03	1.661 96	1.986 67	2.368 50	2.631 57	2.877 88	3.183 27	3.401 94
100	0.676 95	1.041 84	1.290 07	1.660 23	1.983 97	2.364 22	2.625 89	2.870 65	3.173 74	3.390 49
110	0.676 73	1.041 34	1.289 30	1.658 82	1.981 77	2.360 73	2.621 26	2.864 76	3.165 98	3.381 18
120	0.676 54	1.040 93	1.288 65	1.657 65	1.979 93	2.357 82	2.617 42	2.859 86	3.159 54	3.373 45
150	0.676 13	1.040 03	1.287 22	1.655 08	1.975 91	2.351 46	2.609 00	2.849 15	3.145 45	3.356 57
180	0.675 86	1.039 43	1.286 27	1.653 36	1.973 23	2.347 24	2.603 42	2.840 25	3.136 12	3.345 40
240	0.675 51	1.038 68	1.285 09	1.651 23	1.969 90	2.341 99	2.596 47	2.833 22	3.124 54	3.331 52
∞	0.674 49	1.036 43	1.281 55	1.644 85	1.959 96	2.326 35	2.575 83	2.807 03	3.090 23	3.290 53

注：本表对于自由度 υ 和下侧概率 p 给出 t 分布的分位数 $t_p(\upsilon)$，例如，对于 $\upsilon=100$ 和 p=0.90，$t_p(\upsilon)$=1.290 07，当 $p<0.5$ 时，$t_p(\upsilon)=-t_{1-p}(\upsilon)$，如 $t_{0.1}(100)=-t_{0.9}(100)$=−1.290 07，与双侧概率 α 相应的分位数为 $t_{1-\alpha/2}(\upsilon)$，例如，对于 $\upsilon=100$ 和 $\alpha=0.2$，$t_{1-\alpha/2}(\upsilon)=t_{0.9}(100)$=1.290 07；对于 $\upsilon=20$ 和 $p=0.999$，$t_p(\upsilon)$=3.551 81，当 $p<0.5$ 时，$t_p(\upsilon)=-t_{1-p}(\upsilon)$，如 $t_{0.001}(20)=-t_{0.999}(20)$=−3.551 81，与双侧概率 α 相应的分位数为 $t_{1-\alpha/2}(\upsilon)$，例如，对于 $\upsilon=20$ 和 $\alpha=0.002$，$t_{1-\alpha/2}(\upsilon)=t_{0.999}(20)$=3.551 81

附表4　χ^2 分布分位数表

$$\chi_p^2(v):\int_0^{x^2}\frac{1}{2\Gamma(v/2)}(x^2/2)^{v/2-1}e^{-x^2/2}dx^2=p$$

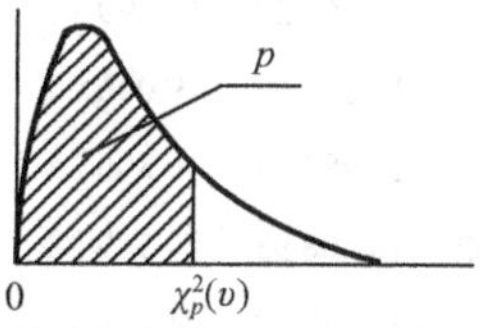

v	p									
	0.005 0	0.010 0	0.025 0	0.050 0	0.100 0	0.900 0	0.950 0	0.975 0	0.990 0	0.995 0
1	0.000 04	0.000 16	0.000 98	0.003 93	0.015 79	2.705 54	3.841 46	5.023 89	6.634 90	7.879 44
2	0.010 03	0.020 10	0.050 64	0.102 59	0.210 72	4.605 17	5.991 46	7.377 76	9.210 34	10.596 63
3	0.071 72	0.114 83	0.215 80	0.351 85	0.584 37	6.251 39	7.814 73	9.348 40	11.344 87	12.838 16
4	0.206 99	0.297 11	0.484 42	0.710 72	1.063 62	7.779 44	9.487 73	11.143 29	13.276 70	14.860 26
5	0.411 74	0.554 30	0.831 21	1.145 48	1.610 31	9.236 36	11.070 50	12.832 50	15.086 27	16.749 60
6	0.675 73	0.872 09	1.237 34	1.635 38	2.204 13	10.644 64	12.591 59	14.449 38	16.811 89	18.547 58
7	0.989 26	1.239 04	1.689 87	2.167 35	2.833 11	12.017 04	14.067 14	16.012 76	18.475 31	20.277 74
8	1.344 41	1.646 50	2.179 73	2.732 64	3.489 54	13.361 57	15.507 31	17.534 55	20.090 24	21.954 95
9	1.734 93	2.087 90	2.700 39	3.325 11	4.168 16	14.683 66	16.918 98	19.022 77	21.665 99	23.589 35
10	2.155 86	2.558 21	3.246 97	3.940 30	4.865 18	15.987 18	18.307 04	20.483 18	23.209 25	25.188 18
11	2.603 22	3.053 48	3.815 75	4.574 81	5.577 78	17.275 01	19.675 14	21.920 05	24.724 97	26.756 85
12	3.073 82	3.570 57	4.403 79	5.226 03	6.303 80	18.549 35	21.026 07	23.336 66	26.216 97	28.299 52
13	3.565 03	4.106 92	5.008 75	5.891 86	7.041 50	19.811 93	22.362 03	24.735 60	27.688 25	29.819 47
14	4.074 67	4.660 43	5.628 73	6.570 63	7.789 53	21.064 14	23.684 79	26.118 95	29.141 24	31.319 35
15	4.600 92	5.229 35	6.262 14	7.260 94	8.546 76	22.307 13	24.995 79	27.488 39	30.577 91	32.801 32
16	5.142 21	5.812 21	6.907 66	7.961 65	9.312 24	23.541 83	26.296 23	28.845 35	31.999 93	34.267 19
17	5.697 22	6.407 76	7.564 19	8.671 76	10.085 19	24.769 04	27.587 11	30.191 01	33.408 66	35.718 47
18	6.264 80	7.014 91	8.230 75	9.390 46	10.864 94	25.989 42	28.869 30	31.526 38	34.805 31	37.156 45
19	6.843 97	7.632 73	8.906 52	10.117 01	11.650 91	27.203 57	30.143 53	32.852 33	36.190 87	38.582 26
20	7.433 84	8.260 40	9.590 78	10.850 81	12.442 61	28.411 98	31.410 43	34.169 61	37.566 23	39.996 85
21	8.033 65	8.897 20	10.282 90	11.591 31	13.239 60	29.615 09	32.675 07	35.478 88	38.932 17	41.401 06
22	8.642 72	9.542 49	10.982 32	12.338 01	14.041 49	30.813 28	33.924 44	36.780 71	40.289 36	42.795 65
23	9.260 42	10.195 72	11.688 55	13.090 51	14.847 96	32.006 90	35.172 46	38.075 63	41.638 40	44.181 28
24	9.886 23	10.856 36	12.401 15	13.848 43	15.658 68	33.196 24	36.415 03	39.360 48	42.979 82	45.558 51
25	10.519 65	11.523 98	13.119 72	14.611 41	16.473 41	34.381 59	37.652 48	40.646 47	44.314 10	46.927 89
26	11.160 24	12.198 15	13.843 90	15.379 16	17.291 88	35.563 17	38.885 14	41.923 17	45.641 68	48.289 88
27	11.807 59	12.878 50	14.573 38	16.151 40	18.113 90	36.741 22	40.113 27	43.194 51	46.962 94	49.644 92
28	12.461 34	13.564 71	15.307 86	16.927 88	18.939 24	37.915 92	41.337 14	44.460 79	48.278 24	50.993 38
29	13.121 15	14.256 45	16.047 07	17.708 37	19.767 74	39.087 47	42.556 97	45.722 29	49.587 88	52.335 62
30	13.786 72	14.953 46	16.790 77	18.492 66	20.599 23	40.256 02	43.772 97	46.979 24	50.892 18	53.671 96

续表

v	p									
	0.005 0	0.010 0	0.025 0	0.050 0	0.100 0	0.900 0	0.950 0	0.975 0	0.990 0	0.995 0
31	14.457 77	15.655 46	17.538 74	19.280 57	21.433 56	41.421 74	44.985 34	48.231 89	52.191 39	55.002 70
32	15.134 03	16.362 22	18.290 76	20.071 91	22.270 59	42.584 75	46.194 26	49.480 44	53.485 77	56.328 11
33	15.815 27	17.073 51	19.046 66	20.866 53	23.110 20	43.745 18	47.399 88	50.725 08	54.775 54	57.648 45
34	16.501 27	17.789 15	19.806 25	21.664 28	23.952 25	44.903 16	48.602 37	51.966 00	56.060 91	58.963 93
35	17.191 82	18.508 93	20.569 38	22.465 02	24.796 65	46.058 79	49.801 85	53.203 35	57.342 07	60.274 77
36	17.886 73	19.232 68	21.335 88	23.268 61	25.643 30	47.212 17	50.998 46	54.437 29	58.619 21	61.581 18
37	18.585 81	19.960 23	22.105 63	24.074 94	26.492 09	48.363 41	52.192 32	55.667 97	59.892 50	62.883 34
38	19.288 91	20.691 44	22.878 48	24.883 90	27.342 95	49.512 58	53.383 54	56.895 52	61.162 09	64.181 41
39	19.995 87	21.426 16	23.654 32	25.695 39	28.195 79	50.659 77	54.572 23	58.120 06	62.428 12	65.475 57
40	20.706 54	22.164 26	24.433 04	26.509 30	29.050 52	51.805 06	55.758 48	59.341 71	63.690 74	66.765 96
41	21.420 78	22.905 61	25.214 52	27.325 55	29.907 09	52.948 51	56.942 39	60.560 57	64.950 07	68.052 73
42	22.138 46	23.650 09	25.998 66	28.144 05	30.765 42	54.090 20	58.124 04	61.776 76	66.206 24	69.336 00
43	22.859 47	24.397 60	26.785 37	28.964 72	31.625 45	55.230 19	59.303 51	62.990 36	67.459 35	70.615 90
44	23.583 69	25.148 03	27.574 57	29.787 48	32.487 13	56.368 54	60.480 89	64.201 46	68.709 51	71.892 55
45	24.311 01	25.901 27	28.366 15	30.612 26	33.350 38	57.505 30	61.656 23	65.410 16	69.956 83	73.166 06
46	25.041 33	26.657 24	29.160 05	31.439 00	34.215 17	58.640 54	62.829 62	66.616 53	71.201 40	74.436 54
47	25.774 56	27.415 85	29.956 20	32.267 62	35.081 43	59.774 29	64.001 11	67.820 65	72.443 31	75.704 07
48	26.510 59	28.177 01	30.754 51	33.098 08	35.949 13	60.906 61	65.170 77	69.022 59	73.682 64	76.968 77
49	27.249 35	28.940 65	31.554 92	33.930 31	36.818 22	62.037 54	66.338 65	70.222 41	74.919 47	78.230 71
50	27.990 75	29.706 68	32.357 36	34.764 25	37.688 65	63.167 12	67.504 81	71.420 20	76.153 89	79.489 98
52	29.481 16	31.245 67	33.968 13	36.437 09	39.433 38	65.422 41	69.832 16	73.809 86	78.615 76	82.000 83
54	30.981 25	32.793 45	35.586 34	38.116 22	41.183 04	67.672 79	72.153 22	76.192 05	81.068 77	84.501 90
56	32.490 49	34.349 52	37.211 59	39.801 28	42.937 34	69.918 51	74.468 32	78.567 16	83.513 43	86.993 76
58	34.008 38	35.913 41	38.843 51	41.491 95	44.696 03	72.159 84	76.777 80	80.935 59	85.950 18	89.476 87
60	35.534 49	37.484 85	40.481 75	43.187 96	46.458 89	74.397 01	79.081 94	83.297 67	88.379 42	91.951 70
62	37.068 42	39.063 33	42.125 99	44.889 02	48.225 71	76.630 21	81.381 02	85.653 73	90.801 53	94.418 65
64	38.609 78	40.648 56	43.775 95	46.594 91	49.996 29	78.859 64	83.675 26	88.004 05	93.216 86	96.878 11
66	40.158 24	42.240 23	45.431 26	48.305 38	51.770 46	81.085 49	85.964 91	90.348 90	95.625 72	99.330 43
68	41.713 47	43.838 03	47.091 98	50.020 23	53.548 06	83.307 90	88.250 16	92.688 54	98.028 40	101.775 92
70	43.265 18	45.441 72	48.757 56	51.739 28	55.328 94	85.527 04	90.531 23	95.023 18	100.425 18	104.214 90
72	44.843 10	47.051 03	50.427 91	53.462 33	57.112 95	87.743 05	92.808 27	97.353 05	102.816 31	106.647 63
74	46.416 96	48.665 73	52.102 83	55.189 23	58.899 96	89.956 05	95.081 47	99.678 35	105.202 03	109.074 38
76	47.996 53	50.285 60	53.782 12	56.919 82	60.689 86	92.166 17	97.350 97	101.999 25	107.582 54	111.495 38
78	49.581 59	51.910 45	55.465 62	58.653 94	62.482 52	94.373 52	99.616 93	104.315 94	109.958 07	113.910 87
80	51.171 93	53.640 08	57.153 17	60.391 48	64.277 84	96.578 20	101.879 47	106.628 57	112.328 79	116.321 06
82	52.767 35	55.174 31	58.844 62	62.132 29	66.075 73	98.780 33	104.138 74	108.937 29	114.694 89	118.726 13
84	54.367 67	56.812 98	60.539 81	63.876 26	67.876 08	100.979 99	106.394 84	111.242 26	117.056 54	121.126 29
86	55.972 70	58.455 93	62.236 82	65.623 28	69.678 82	103.177 26	108.647 89	113.543 60	119.413 90	123.521 70

续表

v	p									
	0.005 0	0.010 0	0.025 0	0.050 0	0.100 0	0.900 0	0.950 0	0.975 0	0.990 0	0.995 0
88	57.582 30	60.103 01	63.940 93	67.373 23	71.483 84	105.372 25	110.898 00	115.841 44	121.767 11	125.912 54
90	59.196 30	61.754 08	65.646 62	69.126 03	73.291 09	107.565 01	113.145 27	118.135 89	124.116 32	128.298 94
92	60.814 57	63.409 01	67.355 56	70.881 57	75.100 48	109.755 63	115.389 79	120.427 08	126.461 66	130.681 07
94	62.436 95	65.067 67	69.067 66	72.639 77	76.911 95	111.944 17	117.631 65	122.715 11	128.803 25	133.059 06
96	64.063 33	66.729 94	70.782 82	74.400 54	78.725 42	114.130 71	119.870 94	125.000 07	131.141 22	135.433 05
98	65.693 57	68.395 72	72.500 94	76.163 79	80.540 83	116.315 30	122.107 73	127.282 07	133.475 67	137.803 15
100	67.327 56	70.064 89	74.221 93	77.929 47	72.358 14	118.498 00	124.342 11	129.561 20	135.806 72	140.169 49
105	71.428 23	74.252 03	78.536 40	82.353 74	86.909 27	123.946 88	129.917 96	135.246 99	141.620 11	146.069 60
110	75.550 04	78.458 31	82.867 05	86.791 63	91.471 04	129.385 14	135.480 18	140.916 57	147.414 31	151.948 48
115	79.691 58	82.682 44	87.212 79	91.242 20	96.042 70	134.813 48	141.029 70	146.571 05	153.190 60	157.807 59
120	83.851 57	86.923 28	91.572 64	95.704 64	100.623 63	140.232 57	146.567 36	152.271 40	158.950 17	163.648 18
125	88.028 87	91.179 78	95.945 73	100.178 20	105.213 24	145.642 97	152.093 88	157.838 50	164.694 03	169.471 42
130	99.222 46	95.451 02	100.331 26	104.662 23	109.811 02	151.045 20	157.609 92	163.453 14	170.423 13	175.278 34
135	96.431 39	99.736 15	104.728 52	109.156 12	114.416 50	156.439 73	163.116 10	169.056 04	176.138 31	181.069 86
140	100.654 84	104.034 41	109.136 87	113.659 34	119.029 25	161.826 99	168.612 95	174.647 83	181.840 34	186.846 84
145	104.892 03	108.345 10	113.555 71	118.171 37	123.648 89	167.207 37	174.100 98	180.229 12	187.529 92	192.610 05
150	109.142 25	112.667 58	117.984 52	122.691 78	128.275 05	172.581 21	179.580 63	185.800 45	193.207 69	198.360 21
155	113.404 86	117.001 27	122.422 78	127.220 13	132.907 42	177.948 85	185.052 33	191.362 30	198.874 23	204.097 94
160	117.679 26	121.345 63	126.870 05	131.756 06	137.545 69	183.310 58	190.516 46	196.915 14	204.530 09	209.823 87
165	121.964 91	125.700 16	131.325 91	136.299 20	142.189 60	188.666 69	195.973 36	202.459 39	210.175 77	215.538 52
170	126.261 30	130.064 40	135.789 96	140.849 23	146.838 87	194.017 42	201.423 37	207.995 43	215.811 72	221.242 42
175	130.567 96	134.437 94	140.261 86	145.405 85	151.493 29	199.363 00	206.866 80	213.523 63	221.438 37	226.936 03
180	134.884 45	138.820 36	144.741 26	149.968 77	156.152 63	204.703 67	212.303 91	219.044 32	227.056 12	232.619 80
185	139.210 36	143.211 31	149.227 85	154.537 74	160.816 68	210.039 63	217.734 98	224.557 81	232.665 34	238.294 13
190	143.545 33	147.610 43	153.721 35	159.112 51	165.485 25	215.371 06	223.160 25	230.064 39	238.266 37	243.959 40
195	147.888 98	152.017 42	158.221 48	163.692 85	170.158 17	220.698 14	228.579 94	235.564 33	243.859 53	249.615 96
200	152.240 99	156.431 97	162.727 98	168.278 55	174.835 27	226.021 05	233.994 27	241.057 90	249.445 12	255.264 16
210	160.968 87	165.282 62	171.759 19	177.465 24	184.201 40	236.654 93	244.807 64	252.026 81	260.594 72	266.536 66
220	169.726 68	174.160 35	180.813 24	186.671 12	193.582 49	247.273 85	255.601 82	262.972 88	271.717 23	277.779 20
230	178.512 41	183.063 32	189.888 59	195.894 88	202.977 52	257.878 82	266.378 10	273.897 65	282.814 48	288.993 79
240	187.324 26	191.989 90	198.983 85	205.135 38	212.385 61	268.470 74	277.137 65	284.802 48	293.888 10	300.182 24
250	196.160 60	200.938 62	208.097 80	214.391 57	221.805 93	279.050 43	287.881 50	295.688 63	304.939 56	311.346 16

注：本表对于自由度 v 和下侧概率 p 给出 χ^2 分布的分位数 $\chi_p^2(v)$，例如，对于 $v=125$ 和 $p=0.05$，$\chi_p^2(v)=100.178\ 20$；对于 $v=210$ 和 $p=0.95$，$\chi_p^2(v)=244.807\ 64$

附表 5　*F* 分布分位数表

$$P\{F(v_1,v_2)>F_p(v_1,v_2)\}=p$$

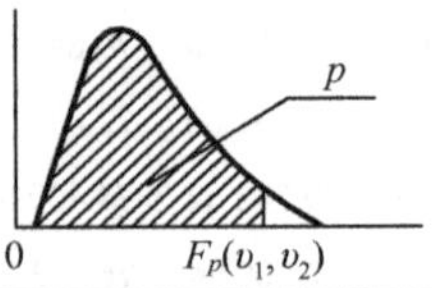

p	v_2	v_1																
		1	2	3	4	5	6	7	8	9	10	12	15	20	30	60	120	∞
0.90	1	39.9	49.5	53.6	55.8	57.2	58.2	58.9	59.4	59.9	60.2	60.7	61.2	61.7	62.3	62.8	63.1	63.3
0.95		161	200	216	225	230	234	237	239	241	242	244	245	248	250	252	253	254
0.975		648	800	864	900	992	937	948	957	963	969	977	985	993	1000	1010	1010	1020
0.99		4.050	5.000	5.400	5.625	5.760	5.860	5.930	5.980	6.020	6.060	6.110	6.160	6.210	6.260	6.310	6.340	6.370
0.995		16.200	20.000	21.600	22.500	23.100	23.400	23.700	23.900	24.100	24.200	24.400	24.600	24.800	25.000	25.200	25.400	25.500
0.90	2	8.53	9.00	9.16	9.24	9.29	9.33	9.35	9.37	9.38	9.39	9.41	9.42	9.44	9.46	9.47	9.48	9.49
0.95		18.5	19.0	19.2	19.2	19.3	19.3	19.4	19.4	19.4	19.4	19.4	19.4	19.5	19.5	19.5	19.5	19.5
0.975		38.5	39.0	39.2	39.2	39.3	39.3	39.4	39.4	39.4	39.4	39.4	39.4	39.4	39.5	39.5	39.5	39.5
0.99		98.5	99.0	99.2	99.2	99.3	99.3	99.4	99.4	99.4	99.4	99.4	99.4	99.4	99.5	99.5	99.5	99.5
0.995		199	199	199	199	199	199	199	199	199	199	199	199	199	199	199	199	199
0.90	3	5.54	5.46	5.39	5.34	5.31	5.28	5.27	5.25	5.24	5.23	5.22	5.20	5.18	5.17	5.15	5.14	5.13
0.95		10.1	9.55	9.28	9.12	9.01	8.94	8.89	8.85	8.81	8.79	8.74	8.70	8.66	8.62	8.57	8.55	8.53
0.975		17.4	16.0	15.4	15.1	14.9	14.7	14.6	14.5	14.5	14.4	14.3	14.3	14.2	14.1	14.0	13.9	13.9
0.99		34.1	30.8	29.5	28.7	28.2	27.9	27.7	27.5	27.3	27.2	27.1	26.9	26.7	26.5	26.3	26.2	26.1
0.995		55.6	49.8	47.5	46.2	45.4	44.8	44.4	44.1	43.9	43.7	43.4	43.1	42.8	42.5	42.1	42.0	41.8
0.90	4	4.54	4.32	4.19	4.11	4.05	4.01	3.98	3.95	3.93	3.92	3.90	3.87	3.84	3.82	3.79	3.78	3.76
0.95		7.71	6.94	6.59	6.39	6.26	6.16	6.00	6.04	6.00	5.96	5.91	5.86	5.80	5.75	5.69	5.66	5.63
0.975		12.2	10.6	9.98	9.60	9.36	9.20	9.07	8.98	8.90	8.84	8.75	8.66	8.56	8.46	8.36	8.31	8.26
0.99		21.2	18.0	16.7	16.0	15.5	15.2	15.0	14.8	14.7	14.5	14.4	14.2	14.0	13.8	13.7	13.6	13.5
0.995		31.3	26.3	24.3	23.2	22.5	22.0	21.6	21.4	21.1	21.0	20.7	20.4	20.2	19.9	19.6	19.5	19.3
0.90	5	4.06	3.78	3.62	3.52	3.45	3.40	3.37	3.34	3.32	3.30	3.27	3.24	3.21	3.17	3.14	3.12	3.11
0.95		6.61	5.79	5.41	5.19	5.05	4.95	4.88	4.82	4.77	4.74	4.68	4.62	4.56	4.50	4.43	4.40	4.37
0.975		10.0	8.43	7.76	7.39	7.15	6.98	6.85	6.76	6.68	6.62	6.52	6.43	6.33	6.23	6.12	6.07	6.02
0.99		16.3	13.3	12.1	11.4	11.0	10.7	10.5	10.3	10.2	10.1	9.89	8.72	9.55	9.38	9.20	9.11	9.02
0.995		22.8	18.3	16.5	15.6	14.9	14.5	14.2	14.0	13.8	13.6	13.4	13.1	12.9	12.7	12.4	12.3	12.1
0.90	6	3.78	3.46	3.29	3.18	3.11	3.05	3.01	2.98	2.96	2.94	2.90	2.87	2.84	2.80	2.76	2.74	2.72
0.95		5.99	5.14	4.76	4.53	4.39	4.28	4.21	4.15	4.10	4.06	4.00	3.94	3.87	3.81	3.74	3.70	3.67
0.975		8.81	7.26	6.60	6.23	5.99	5.82	5.70	5.60	5.52	5.46	5.37	5.27	5.17	5.07	4.96	4.90	4.85
0.99		13.7	10.9	9.78	9.15	8.75	8.47	8.26	8.10	7.98	7.87	7.72	7.56	7.40	7.23	7.06	6.97	6.88
0.995		18.6	14.5	12.9	12.0	11.5	11.1	10.8	10.6	10.4	10.2	10.0	9.81	9.59	9.36	9.12	9.00	8.88

续表

p	υ_2	υ_1																
		1	2	3	4	5	6	7	8	9	10	12	15	20	30	60	120	∞
0.90	7	3.59	3.26	3.07	2.96	2.88	2.83	2.78	2.75	2.72	2.70	2.67	2.63	2.59	2.56	2.51	2.49	2.47
0.95		5.59	4.47	4.35	4.12	3.97	3.87	3.79	3.73	3.68	3.64	3.57	3.51	3.44	3.38	3.30	3.27	3.23
0.975		8.07	6.54	5.89	5.52	5.29	5.12	4.99	4.90	4.82	4.76	4.67	4.57	4.47	4.36	4.25	4.20	4.14
0.99		12.2	9.55	8.45	7.85	7.46	7.19	6.99	6.84	6.72	6.62	6.47	6.31	6.16	5.99	5.82	5.74	5.65
0.995		16.2	12.4	10.9	10.1	9.52	9.16	8.89	8.68	8.51	8.38	8.18	7.97	7.75	7.53	7.31	7.19	7.08
0.90	8	3.46	3.11	2.92	2.81	2.73	2.67	2.62	2.59	2.56	2.54	2.50	2.46	2.42	2.38	2.34	2.31	2.29
0.95		5.32	4.46	4.07	3.84	3.69	3.58	3.50	3.44	3.39	3.35	3.28	3.22	3.15	3.08	3.01	2.97	2.93
0.975		7.57	6.06	5.42	5.05	4.82	4.65	4.53	4.43	4.36	4.30	4.20	4.10	4.00	3.89	3.78	3.73	3.67
0.99		11.3	8.65	7.59	7.01	6.63	6.37	6.18	6.03	5.91	5.81	5.67	5.52	5.36	5.20	5.03	4.95	4.86
0.995		14.7	11.0	9.60	8.81	8.30	7.95	7.69	7.50	7.34	7.21	7.01	5.81	6.61	6.40	6.18	6.06	5.95
0.90	9	3.36	3.01	2.81	2.69	2.61	2.55	2.51	2.47	2.44	2.42	2.38	2.34	2.30	2.25	2.21	2.18	2.16
0.95		5.12	4.26	3.86	3.63	3.48	3.37	3.29	3.23	3.18	3.14	3.07	3.01	2.94	2.86	2.79	2.75	2.71
0.975		7.21	5.71	5.08	4.72	4.48	4.32	4.20	4.10	4.03	3.96	3.87	3.77	3.67	3.56	3.45	3.39	3.33
0.99		10.6	8.02	6.99	6.42	6.06	5.80	5.61	5.47	5.35	5.26	5.11	4.96	4.81	4.65	4.84	4.40	4.31
0.995		13.6	10.1	8.72	7.96	7.47	7.13	6.88	6.69	6.54	6.42	6.23	6.03	5.83	5.62	5.41	5.30	5.19
0.90	10	3.29	2.92	2.73	2.61	2.52	2.46	2.41	2.38	2.35	2.32	2.28	2.24	2.20	2.15	2.11	2.08	2.06
0.95		4.96	4.10	3.71	3.48	3.33	3.22	3.14	3.07	3.02	2.98	2.91	2.84	2.77	2.70	2.62	2.58	2.54
0.975		6.94	5.46	4.83	4.47	4.24	4.07	3.95	3.85	3.78	3.72	3.62	3.52	3.42	3.31	3.20	3.14	3.08
0.99		10.0	7.56	6.55	5.99	5.64	5.39	5.20	5.06	4.94	4.85	4.71	4.56	4.41	4.25	4.08	4.00	3.91
0.995		12.8	9.43	8.08	7.34	6.87	6.54	6.30	6.12	5.97	5.85	5.66	5.47	5.27	5.07	4.86	4.75	4.64
0.90	12	3.18	2.81	2.61	2.48	2.39	2.33	2.28	2.24	2.21	2.19	2.15	2.10	2.06	2.01	1.96	1.93	1.90
0.95		4.75	3.89	3.49	3.26	3.11	3.00	2.91	2.85	2.80	2.75	2.69	2.62	2.54	2.47	2.38	2.34	2.30
0.975		6.55	5.10	4.47	4.12	3.89	3.73	3.61	3.51	3.44	3.37	3.28	3.18	3.07	2.96	2.85	2.79	2.72
0.99		9.33	6.93	5.95	5.41	5.06	4.82	4.64	4.50	4.39	4.30	4.16	4.01	3.86	3.70	3.54	3.45	3.36
0.995		11.8	8.51	7.23	6.52	6.07	5.76	5.52	5.35	5.20	5.09	4.91	4.72	4.53	4.33	4.12	4.01	3.90
0.90	15	3.07	2.70	2.49	2.36	2.27	2.21	2.16	2.12	2.09	2.06	2.02	1.97	1.92	1.87	1.82	1.79	1.76
0.95		4.54	3.68	3.29	3.06	2.90	2.79	2.71	2.64	2.59	2.54	2.48	2.40	2.33	2.25	2.16	2.11	2.07
0.975		6.20	4.77	4.15	3.80	3.58	3.41	3.29	3.20	3.12	3.06	2.96	2.86	2.76	2.64	2.52	2.46	2.40
0.99		8.68	6.36	5.42	4.89	4.56	4.32	4.14	4.00	3.89	3.80	3.67	3.52	3.37	3.21	3.05	2.96	2.87
0.995		10.8	7.70	6.48	5.80	5.37	5.07	4.85	4.67	4.51	4.42	4.25	4.07	3.88	3.69	3.48	3.37	3.26
0.90	20	2.97	2.59	2.38	2.25	2.16	2.09	2.04	2.00	1.96	1.94	1.89	1.84	1.79	1.74	1.68	1.64	1.61
0.95		4.35	3.49	3.10	2.87	2.71	2.60	2.51	2.45	2.39	2.35	2.28	2.20	2.12	2.04	1.95	1.90	1.84
0.975		5.87	4.46	3.86	3.51	3.29	3.13	3.01	2.91	2.84	2.77	2.68	2.57	2.46	2.35	2.22	2.16	2.09
0.99		8.10	5.85	4.94	4.43	4.10	3.87	3.70	3.56	3.46	3.37	3.23	3.09	2.94	2.78	2.61	2.52	2.42
0.995		9.94	6.99	5.82	5.17	4.76	4.47	4.26	4.09	3.96	3.85	3.68	3.50	3.32	3.12	2.92	2.81	2.69
0.90	30	2.88	2.49	2.28	2.14	2.05	1.98	1.93	1.88	1.85	1.82	1.77	1.72	1.67	1.61	1.54	1.50	1.46
0.95		4.17	3.32	2.92	2.69	2.53	2.42	2.33	2.27	2.21	2.16	2.09	2.01	1.93	1.84	1.74	1.68	1.62
0.975		5.57	4.18	3.59	3.25	3.03	2.87	2.75	2.65	2.57	2.51	2.41	2.31	2.20	2.07	1.94	1.87	1.79

续表

p	υ_2	υ_1																
		1	2	3	4	5	6	7	8	9	10	12	15	20	30	60	120	∞
0.99		7.56	5.39	4.51	4.02	3.70	3.47	3.30	3.17	3.07	2.98	2.84	2.70	2.55	2.39	2.21	2.11	2.01
0.995		9.18	6.35	5.24	4.62	4.23	3.95	3.74	3.58	3.45	3.34	3.18	3.01	2.82	2.63	2.42	2.30	2.18
0.90	60	2.79	2.39	2.18	2.04	1.95	1.87	1.82	1.77	1.74	1.71	1.66	1.60	1.54	1.48	1.40	1.35	1.29
0.95		4.00	3.15	2.76	2.53	2.37	2.25	2.17	2.10	2.04	1.99	1.92	1.84	1.75	1.65	1.53	1.47	1.39
0.975		5.29	3.93	3.34	3.01	2.79	2.63	2.51	2.41	2.33	2.27	2.17	2.06	1.94	1.82	1.67	1.58	1.48
0.99		7.08	4.98	4.13	3.65	3.34	3.12	2.95	2.82	2.72	2.63	2.50	2.35	2.20	2.03	1.84	1.73	1.60
0.995		8.49	5.80	4.73	4.14	3.76	3.49	3.29	3.13	3.01	2.90	2.74	2.57	2.39	2.19	1.96	1.83	1.69
0.90	120	2.75	2.35	2.13	1.99	1.90	1.82	1.77	1.72	1.68	1.65	1.60	1.54	1.48	1.41	1.32	1.26	1.19
0.95		3.92	3.07	2.68	2.45	2.29	2.18	2.09	2.02	1.96	1.91	1.83	1.75	1.66	1.55	1.43	1.35	1.25
0.975		5.15	3.80	3.23	2.89	2.67	2.52	2.39	2.30	2.22	2.16	2.05	1.94	1.82	1.69	1.53	1.43	1.31
0.99		6.85	4.79	3.95	3.48	3.17	2.96	2.79	2.66	2.56	2.47	2.34	2.19	2.03	1.86	1.66	1.53	1.38
0.995		8.18	5.54	4.50	3.92	3.55	3.28	3.09	2.93	2.81	2.71	2.54	2.37	2.19	1.98	1.75	1.61	1.43
0.90	∞	2.71	2.30	2.08	1.94	1.85	1.77	1.72	1.67	1.63	1.60	1.55	1.49	1.42	1.34	1.24	1.17	1.00
0.95		3.84	3.00	2.60	2.37	2.21	2.10	2.01	1.94	1.88	1.83	1.75	1.67	1.57	1.46	1.32	1.22	1.00
0.975		5.02	3.69	3.12	2.79	2.57	2.41	2.29	2.19	2.11	2.05	1.94	1.83	1.71	1.57	1.39	1.27	1.00
0.99		6.63	4.61	3.78	3.32	3.02	2.80	2.64	2.51	2.41	2.32	2.18	2.04	1.88	1.70	1.47	1.32	1.00
0.995		7.88	5.30	4.28	3.72	3.35	3.09	2.90	2.74	2.62	2.52	2.36	2.19	2.00	1.79	1.53	1.36	1.00

附表6　相关系数临界值表

$v=n-2$	α		$v=n-2$	α	
	0.05	0.01		0.05	0.01
1	0.997	1.000	21	0.413	0.526
2	0.950	0.990	22	0.404	0.515
3	0.878	0.959	23	0.396	0.505
4	0.811	0.917	24	0.388	0.496
5	0.754	0.874	25	0.381	0.487
6	0.707	0.834	26	0.374	0.478
7	0.666	0.798	27	0.367	0.470
8	0.632	0.765	28	0.361	0.463
9	0.602	0.735	29	0.355	0.456
10	0.576	0.708	30	0.349	0.449
11	0.553	0.684	35	0.325	0.418
12	0.532	0.661	40	0.304	0.393
13	0.514	0.641	45	0.288	0.372
14	0.497	0.623	50	0.273	0.354
15	0.482	0.606	60	0.250	0.325
16	0.468	0.590	70	0.232	0.302
17	0.456	0.575	80	0.217	0.283
18	0.444	0.561	90	0.205	0.267
19	0.433	0.549	100	0.195	0.254
20	0.423	0.537	200	0.138	0.181

附表 7 常用正交表

常用正交表中，No.表示实验序号，列号表示正交表中列的序号；交互作用表用来求两列间的两因素交互作用。

附表 7-1 $L_4(2^3)$

No.	列号		
	1	2	3
1	1	1	1
2	1	2	2
3	2	1	2
4	2	2	1
成分	*a*	*b*	*a* *b*
	1 组	2 组	

附表 7-2 $L_8(2^7)$

No.	列号						
	1	2	3	4	5	6	7
1	1	1	1	1	1	1	1
2	1	1	1	2	2	2	2
3	1	2	2	1	1	2	2
4	1	2	2	2	2	1	1
5	2	1	2	1	2	1	2
6	2	1	2	2	1	2	1
7	2	2	1	1	2	2	1
8	2	2	1	2	1	1	2
成分	*a*	*b*	*a*	*c*	*a*	*b* *c*	*a* *b* *c*
	1 组	2 组		3 组			

附表 7-3　两列间的交互作用表（一）

列	列						
	1	2	3	4	5	6	7
	(1)	3	2	5	4	7	6
		(2)	1	6	7	4	5
			(3)	7	6	5	4
				(4)	1	2	3
					(5)	3	2
						(6)	1
							(7)

附表 7-4　$L_{12}(2^{11})$

No.	列										
	1	2	3	4	5	6	7	8	9	10	11
1	1	1	1	1	1	1	1	1	1	1	1
2	1	1	1	1	1	2	2	2	2	2	2
3	1	1	2	2	2	1	1	1	2	2	2
4	1	2	1	2	2	1	2	2	1	1	2
5	1	2	2	1	2	2	1	2	1	2	1
6	1	2	2	2	1	2	2	1	2	1	1
7	2	1	2	2	1	1	2	2	1	2	1
8	2	1	2	1	2	2	2	1	1	1	2
9	2	1	1	2	2	2	1	2	2	1	1
10	2	2	2	1	1	1	1	2	2	1	2
11	2	2	1	2	1	2	1	1	1	2	2
12	2	2	1	1	2	1	2	1	2	2	1
	1 组	2 组									

附表 7-5　$L_{16}(2^{15})$

No.	列号														
	1	2	3	4	5	6	7	8	9	10	11	12	13	14	15
1	1	1	1	1	1	1	1	1	1	1	1	1	1	1	1
2	1	1	1	1	1	1	1	2	2	2	2	2	2	2	2
3	1	1	1	2	2	2	2	1	1	1	1	2	2	2	2
4	1	1	1	2	2	2	2	2	2	2	2	1	1	1	1
5	1	2	2	1	1	2	2	1	1	2	2	1	1	2	2
6	1	2	2	1	1	2	2	2	2	1	1	2	2	1	1
7	1	2	2	2	2	1	1	1	1	2	2	2	2	1	1
8	1	2	2	2	2	1	1	2	2	1	1	1	1	2	2
9	2	1	2	1	2	1	2	1	2	1	2	1	2	1	2
10	2	1	2	1	2	1	2	2	1	2	1	2	1	2	1

续表

No.	列号														
	1	2	3	4	5	6	7	8	9	10	11	12	13	14	15
11	2	1	2	2	1	2	1	1	2	1	2	2	1	2	1
12	2	1	2	2	1	2	1	2	1	2	1	1	2	1	2
13	2	2	1	1	2	2	1	1	2	2	1	1	2	2	1
14	2	2	1	1	2	2	1	2	1	1	2	2	1	1	2
15	2	2	1	2	1	1	2	1	2	2	1	2	1	1	2
16	2	2	1	2	1	1	2	2	1	1	2	1	2	2	1
成分	a	b	a b	c	a c	b c	a b c	d	a d	b d	a b d	c d	a c d	b c d	a b c d
	1 组	2 组		3 组				4 组							

附表 7-6　两列间的交互作用表（二）

列	列														
	1	2	3	4	5	6	7	8	9	10	11	12	13	14	15
	(1)	3	2	5	4	7	6	9	8	11	10	13	12	15	14
		(2)	1	6	7	4	5	10	11	8	9	14	15	12	13
			(3)	7	6	5	4	11	10	9	8	15	14	13	12
				(4)	1	2	3	12	13	14	15	8	9	10	11
					(5)	3	2	13	12	15	14	9	8	11	10
						(6)	1	14	15	12	13	10	11	8	9
							(7)	15	14	13	12	11	10	9	8
								(8)	1	2	3	4	5	6	7
									(9)	3	2	5	4	7	6
										(10)	1	6	7	4	5
											(11)	7	6	5	4
												(12)	1	2	3
													(13)	3	2
														(14)	1

附表 7-7　$L_{32}(2^{31})$

No.	列号																														
	1	2	3	4	5	6	7	8	9	10	11	12	13	14	15	16	17	18	19	20	21	22	23	24	25	26	27	28	29	30	31
1	1	1	1	1	1	1	1	1	1	1	1	1	1	1	1	1	1	1	1	1	1	1	1	1	1	1	1	1	1	1	1
2	1	1	1	1	1	1	1	1	1	1	1	1	1	1	1	2	2	2	2	2	2	2	2	2	2	2	2	2	2	2	2
3	1	1	1	1	1	1	1	2	2	2	2	2	2	2	2	1	1	1	1	1	1	1	1	2	2	2	2	2	2	2	2
4	1	1	1	1	1	1	1	2	2	2	2	2	2	2	2	2	2	2	2	2	2	2	2	1	1	1	1	1	1	1	1

续表

No.	列号																													
	1	2	3	4	5	6	7	8	9	10	11	12	13	14	15	16	17	18	19	20	21	22	23	24	25	26	27	28	29	30	31
5	1	1	1	2	2	2	2	1	1	1	1	2	2	2	2	1	1	1	1	2	2	2	2	1	1	1	1	2	2	2	2
6	1	1	1	2	2	2	2	1	1	1	1	2	2	2	2	2	2	2	2	1	1	1	1	2	2	2	2	1	1	1	1
7	1	1	1	2	2	2	2	2	2	2	2	1	1	1	1	1	1	1	1	2	2	2	2	2	2	2	2	1	1	1	1
8	1	1	1	2	2	2	2	2	2	2	2	1	1	1	1	2	2	2	2	1	1	1	1	1	1	1	1	2	2	2	2
9	1	2	2	1	1	2	2	1	1	2	2	1	1	2	2	1	1	2	2	1	1	2	2	1	1	2	2	1	1	2	2
10	1	2	2	1	1	2	2	1	1	2	2	1	1	2	2	2	2	1	1	2	2	1	1	2	2	1	1	2	2	1	1
11	1	2	2	1	1	2	2	2	2	1	1	2	2	1	1	1	1	2	2	1	1	2	2	2	2	1	1	2	2	1	1
12	1	2	2	1	1	2	2	2	2	1	1	2	2	1	1	2	2	1	1	2	2	1	1	1	1	2	2	1	1	2	2
13	1	2	2	2	2	1	1	1	1	2	2	2	2	1	1	1	1	2	2	2	2	1	1	1	1	2	2	2	2	1	1
14	1	2	2	2	2	1	1	1	1	2	2	2	2	1	1	2	2	1	1	1	1	2	2	2	2	1	1	1	1	2	2
15	1	2	2	2	2	1	1	2	2	1	1	1	1	2	2	1	1	2	2	2	2	1	1	2	2	1	1	1	1	2	2
16	1	2	2	2	2	1	1	2	2	1	1	1	1	2	2	2	2	1	1	1	1	2	2	1	1	2	2	2	2	1	1
17	2	1	2	1	2	1	2	1	2	1	2	1	2	1	2	1	2	1	2	1	2	1	2	1	2	1	2	1	2	1	2
18	2	1	2	1	2	1	2	1	2	1	2	1	2	1	2	2	1	2	1	2	1	2	1	2	1	2	1	2	1	2	1
19	2	1	2	1	2	1	2	2	1	2	1	2	1	2	1	1	2	1	2	1	2	1	2	2	1	2	1	2	1	2	1
20	2	1	2	1	2	1	2	2	1	2	1	2	1	2	1	2	1	2	1	2	1	2	1	1	2	1	2	1	2	1	2
21	2	1	2	2	1	2	1	1	2	1	2	2	1	2	1	1	2	1	2	2	1	2	1	1	2	1	2	2	1	2	1
22	2	1	2	2	1	2	1	1	2	1	2	2	1	2	1	2	1	2	1	1	2	1	2	2	1	2	1	1	2	1	2
23	2	1	2	2	1	2	1	2	1	2	1	1	2	1	2	1	2	1	2	2	1	2	1	2	1	2	1	1	2	1	2
24	2	1	2	2	1	2	1	2	1	2	1	1	2	1	2	2	1	2	1	1	2	1	2	1	2	1	2	2	1	2	1
25	2	2	1	1	2	2	1	1	2	2	1	1	2	2	1	1	2	2	1	1	2	2	1	1	2	2	1	1	2	2	1
26	2	2	1	1	2	2	1	1	2	2	1	1	2	2	1	2	1	1	2	2	1	1	2	2	1	1	2	2	1	1	2
27	2	2	1	1	2	2	1	2	1	1	2	2	1	1	2	1	2	2	1	1	2	2	1	2	1	1	2	2	1	1	2
28	2	2	1	1	2	2	1	2	1	1	2	2	1	1	2	2	1	1	2	2	1	1	2	1	2	2	1	1	2	2	1
29	2	2	1	2	1	1	2	1	2	2	1	2	1	1	2	1	2	2	1	2	1	1	2	1	2	2	1	2	1	1	2
30	2	2	1	2	1	1	2	1	2	2	1	2	1	1	2	2	1	1	2	1	2	2	1	2	1	1	2	1	2	2	1
31	2	2	1	2	1	1	2	2	1	1	2	1	2	2	1	1	2	2	1	2	1	1	2	2	1	1	2	1	2	2	1
32	2	2	1	2	1	1	2	2	1	1	2	1	2	2	1	2	1	1	2	1	2	2	1	1	2	2	1	2	1	1	2
成分	*a*	*b*	*a* *b*	*c*	*a* *c*	*b* *c*	*a* *b* *c*	*d*	*a* *d*	*b* *d*	*a* *b* *d*	*c* *d*	*a* *c* *d*	*b* *c* *d*	*a* *b* *c* *d*	*e*	*a* *e*	*b* *e*	*a* *b* *e*	*c* *e*	*a* *c* *e*	*b* *c* *e*	*a* *b* *c* *e*	*d* *e*	*a* *d* *e*	*b* *d* *e*	*a* *b* *d* *e*	*c* *d* *e*	*a* *c* *d* *e*	*b* *c* *d* *e*	*a* *b* *c* *d* *e*
	1组	2组		3组				4组								5组															

附表 7-8　两列间的交互作用表（三）

列	列																														
	1	2	3	4	5	6	7	8	9	10	11	12	13	14	15	16	17	18	19	20	21	22	23	24	25	26	27	28	29	30	31
	(1)	3	2	5	4	7	6	9	8	11	10	13	12	15	14	17	16	19	18	21	20	23	22	25	24	27	26	29	28	31	30
		(2)	1	6	7	4	5	10	11	8	9	14	15	12	13	18	19	16	17	22	23	20	21	26	27	24	25	30	31	28	29
			(3)	7	6	5	4	11	10	9	8	15	14	13	12	19	18	17	16	23	22	21	20	27	26	25	24	31	30	29	28
				(4)	1	2	3	12	13	14	15	8	9	10	11	20	21	22	23	16	17	18	19	28	29	30	31	24	25	26	27
					(5)	3	2	13	12	15	14	9	8	11	10	21	20	23	22	17	16	19	18	29	28	31	30	25	24	27	26
						(6)	1	14	15	12	13	10	11	8	9	22	23	20	21	18	19	16	17	30	31	28	29	26	27	24	25
							(7)	15	14	13	12	11	10	9	8	23	22	21	20	19	18	17	16	31	30	29	28	27	26	25	24
								(8)	1	2	3	4	5	6	7	24	25	26	27	28	29	30	31	16	17	18	19	20	21	22	23
									(9)	3	2	5	4	7	6	25	24	27	26	29	28	31	30	17	16	19	18	21	20	23	22
										(10)	1	6	7	4	5	26	27	24	25	30	31	28	29	18	19	16	17	22	23	20	21
											(11)	7	6	5	4	27	26	25	24	31	30	29	28	19	18	17	16	23	22	21	20
												(12)	1	2	3	28	29	30	31	24	25	26	27	20	21	22	23	16	17	18	19
													(13)	3	2	29	28	31	30	25	24	27	26	21	20	23	22	17	16	19	18
														(14)	1	30	31	28	29	26	27	24	25	22	23	20	21	18	19	16	17
															(15)	31	30	29	28	27	26	25	24	23	22	21	20	19	18	17	16
																(16)	1	2	3	4	5	6	7	8	9	10	11	12	13	14	15
																	(17)	3	2	5	4	7	6	9	8	11	10	13	12	15	14
																		(18)	1	6	7	4	5	10	11	8	9	14	15	12	13
																			(19)	7	6	5	4	11	10	9	8	15	14	13	12
																				(20)	1	2	3	12	13	14	15	8	9	10	11
																					(21)	3	2	13	12	15	14	9	8	11	10
																						(22)	1	14	15	12	13	10	11	8	9
																							(23)	15	14	13	12	11	10	9	8
																								(24)	1	2	3	4	5	6	7
																									(25)	3	2	5	4	7	6
																										(26)	1	6	7	4	5
																											(27)	7	6	5	4
																												(28)	1	2	3
																													(29)	3	2
																														(30)	1

附表 7-9　$L_9(3^4)$

No.	列号			
	1	2	3	4
1	1	1	1	1
2	1	2	2	2
3	1	3	3	3
4	2	1	2	3
5	2	2	3	1

续表

No.	列号			
	1	2	3	4
6	2	3	1	2
7	3	1	3	2
8	3	2	1	3
9	3	3	2	1
成分	a	b	a b	a b^2
	1组	2组		

附表 7-10　$L_{18}(2^1 \times 3^7)$

No.	列号							
	1	2	3	4	5	6	7	8
1	1	1	1	1	1	1	1	1
2	1	1	2	2	2	2	2	2
3	1	1	3	3	3	3	3	3
4	1	2	1	1	2	2	3	3
5	1	2	2	2	3	3	1	1
6	1	2	3	3	1	1	2	2
7	1	3	1	2	1	3	2	3
8	1	3	2	3	2	1	3	1
9	1	3	3	1	3	2	1	2
10	2	1	1	3	3	2	2	1
11	2	1	2	1	1	3	3	2
12	2	1	3	2	2	1	1	3
13	2	2	1	2	3	1	3	2
14	2	2	2	3	1	2	1	3
15	2	2	3	1	2	3	2	1
16	2	3	1	3	2	3	1	2
17	2	3	2	1	3	1	2	3
18	2	3	3	2	1	2	3	1
	1组	2组	3组					

注：交互作用从不牺牲列而出现，从1列和2列的二元表求得；3水平间的交互作用在剩下的3水平列中都各占有一部分

附表 7-11　$L_{27}(3^{13})$

No.	列号												
	1	2	3	4	5	6	7	8	9	10	11	12	13
1	1	1	1	1	1	1	1	1	1	1	1	1	1
2	1	1	1	1	2	2	2	2	2	2	2	2	2
3	1	1	1	1	3	3	3	3	3	3	3	3	3

续表

No.	列号												
	1	2	3	4	5	6	7	8	9	10	11	12	13
4	1	2	2	2	1	1	1	2	2	2	3	3	3
5	1	2	2	2	2	2	2	3	3	3	1	1	1
6	1	2	2	2	3	3	3	1	1	1	2	2	2
7	1	3	3	3	1	1	1	3	3	3	2	2	2
8	1	3	3	3	2	2	2	1	1	1	3	3	3
9	1	3	3	3	3	3	3	2	2	2	1	1	1
10	2	1	2	3	1	2	3	1	2	3	1	2	3
11	2	1	2	3	2	3	1	2	3	1	2	3	1
12	2	1	2	3	3	1	2	3	1	2	3	1	2
13	2	2	3	1	1	2	3	2	3	1	3	1	2
14	2	2	3	1	2	3	1	3	1	2	1	2	3
15	2	2	3	1	3	1	2	1	2	3	2	3	1
16	2	3	1	2	1	2	3	3	1	2	2	3	1
17	2	3	1	2	2	3	1	1	2	3	3	1	2
18	2	3	1	2	3	1	2	2	3	1	1	2	3
19	3	1	3	2	1	3	2	1	3	2	1	3	2
20	3	1	3	2	2	1	3	2	1	3	2	1	3
21	3	1	3	2	3	2	1	3	2	1	3	2	1
22	3	2	1	3	1	3	2	2	1	3	3	2	1
23	3	2	1	3	2	1	3	3	2	1	1	3	2
24	3	2	1	3	3	2	1	1	3	2	2	1	3
25	3	3	2	1	1	3	2	3	2	1	2	1	3
26	3	3	2	1	2	1	3	1	3	2	3	2	1
27	3	3	2	1	3	2	1	2	1	3	1	3	2
成分	a	b	a	a	c	a	a	b	a	a	b	a	a
			b	b^2		c	c^2	c	b	b^2	c^2	b^2	b
									c	c^2		c	c^2
	1 组		2 组						3 组				

附表 7-12 两列间的交互作用表（$L_{27}(3^{13})$）

列	列												
	1	2	3	4	5	6	7	8	9	10	11	12	13
		3	2	2	6	5	5	9	8	8	12	11	11
	（1）	4	4	3	7	7	6	10	10	9	13	13	12
			1	1	8	9	10	5	6	7	5	6	7
		（2）	4	3	11	12	13	11	12	13	8	9	10
				1	9	10	8	7	5	6	6	7	5
			（3）	2	13	11	12	12	13	11	10	8	9

续表

列	列												
	1	2	3	4	5	6	7	8	9	10	11	12	13
					10	8	9	6	7	5	7	5	6
				(4)	12	13	11	13	11	12	9	10	8
						1	1	2	3	4	2	4	3
					(5)	7	6	11	13	12	8	10	9
							1	4	2	3	3	2	4
						(6)	5	13	12	11	10	9	8
								3	4	2	4	3	2
							(7)	12	11	13	9	8	10
									1	1	2	3	4
								(8)	10	9	5	7	6
										1	4	2	3
									(9)	8	7	6	5
											3	4	2
										(10)	6	5	7
												1	1
											(11)	13	12
													1
												(12)	11

附表 7-13　$L_{36}(2^{11}\times3^{12})$

No.	列号																									
	1	2	3	4	5	6	7	8	9	10	11	12	13	14	15	16	17	18	19	20	21	22	23	1′	2′	3′	4′
1	1	1	1	1	1	1	1	1	1	1	1	1	1	1	1	1	1	1	1	1	1	1	1	1	1	1	1
2	1	1	1	1	1	1	1	1	1	1	1	2	2	2	2	2	2	2	2	2	2	2	2	1	1	1	1
3	1	1	1	1	1	1	1	1	1	1	1	3	3	3	3	3	3	3	3	3	3	3	3	1	1	1	1
4	1	1	1	1	1	2	2	2	2	2	2	1	1	1	1	2	2	2	2	3	3	3	3	1	2	2	1
5	1	1	1	1	1	2	2	2	2	2	2	2	2	2	2	3	3	3	3	1	1	1	1	1	2	2	1
6	1	1	1	1	1	2	2	2	2	2	2	3	3	3	3	1	1	1	1	2	2	2	2	1	2	2	1
7	1	1	2	2	2	1	1	1	2	2	2	1	1	2	3	1	2	3	3	1	2	2	3	2	1	2	1
8	1	1	2	2	2	1	1	1	2	2	2	2	2	3	1	2	3	1	1	2	3	3	1	2	1	2	1
9	1	1	2	2	2	1	1	1	2	2	2	3	3	1	2	3	1	2	2	3	1	1	2	2	1	2	1
10	1	2	1	2	2	1	2	2	1	1	2	1	1	3	2	1	3	2	3	2	1	3	2	2	2	1	1
11	1	2	1	2	2	1	2	2	1	1	2	2	2	1	3	2	1	3	1	3	2	1	3	2	2	1	1
12	1	2	1	2	2	1	2	2	1	1	2	3	3	2	1	3	2	1	2	1	3	2	1	2	2	1	1
13	1	2	2	1	2	2	1	2	1	2	1	1	2	3	1	3	2	1	3	3	2	1	2	1	1	1	2
14	1	2	2	1	2	2	1	2	1	2	1	2	3	1	2	1	3	2	1	1	3	2	3	1	1	1	2
15	1	2	2	1	2	2	1	2	1	2	1	3	1	2	3	2	1	3	2	2	1	3	1	1	1	1	2
16	1	2	2	2	1	2	2	1	2	1	1	1	2	3	2	1	1	3	2	3	3	2	1	1	2	2	2
17	1	2	2	2	1	2	2	1	2	1	1	2	3	1	3	2	2	1	3	1	1	3	2	1	2	2	2

续表

No.	列号																										
	1	2	3	4	5	6	7	8	9	10	11	12	13	14	15	16	17	18	19	20	21	22	23	1′	2′	3′	4′
18	1	2	2	2	1	2	2	1	2	1	1	3	1	2	1	3	3	2	1	2	2	1	3	1	2	2	2
19	2	1	2	2	1	1	2	2	1	2	1	1	2	1	3	3	3	1	2	2	1	2	3	2	1	2	2
20	2	1	2	2	1	1	2	2	1	2	1	2	3	2	1	1	1	2	3	3	2	3	1	2	1	2	2
21	2	1	2	2	1	1	2	2	1	2	1	3	1	3	2	2	2	3	1	1	3	1	2	2	1	2	2
22	2	1	2	1	2	2	2	1	1	1	2	1	2	2	3	3	1	2	1	1	3	3	2	2	2	1	2
23	2	1	2	1	2	2	2	1	1	1	2	2	3	3	1	1	2	3	2	2	1	1	3	2	2	1	2
24	2	1	2	1	2	2	2	1	1	1	2	3	1	1	2	2	3	1	3	3	2	2	1	2	2	1	2
25	2	1	1	2	2	2	1	2	2	1	1	1	3	2	1	2	3	3	1	3	1	2	2	1	1	1	3
26	2	1	1	2	2	2	1	2	2	1	1	2	1	3	2	3	1	1	2	1	2	3	3	1	1	1	3
27	2	1	1	2	2	2	1	2	2	1	1	3	2	1	3	1	2	2	3	2	3	1	1	1	1	1	3
28	2	2	2	1	1	1	1	2	2	1	2	1	3	2	2	2	1	1	3	2	3	1	3	1	2	2	3
29	2	2	2	1	1	1	1	2	2	1	2	2	1	3	3	3	2	2	1	3	1	2	1	1	2	2	3
30	2	2	2	1	1	1	1	2	2	1	2	3	2	1	1	1	3	3	2	1	2	3	2	1	2	2	3
31	2	2	1	2	1	2	1	1	1	2	2	1	3	3	3	2	3	2	2	1	2	1	1	2	1	2	3
32	2	2	1	2	1	2	1	1	1	2	2	2	1	1	1	3	1	3	3	2	3	2	2	2	1	2	3
33	2	2	1	2	1	2	1	1	1	2	2	3	2	2	2	1	2	1	1	3	1	3	3	2	1	2	3
34	2	2	1	1	2	1	2	1	2	2	1	1	3	1	2	3	2	3	1	2	2	3	1	2	2	1	3
35	2	2	1	1	2	1	2	1	2	2	1	2	1	2	3	1	3	1	2	3	3	1	2	2	2	1	3
36	2	2	1	1	2	1	2	1	2	2	1	3	2	3	1	2	1	2	3	1	1	2	3	2	2	1	3
	1组	2组										3组												4组			

注：用 1′, 2′, 3′, 4′取代 1, 2, …, 11 列，就成为 $L_{36}(2^3\times3^{13})$；$L_{36}(2^{11}\times3^{12})$中，因为交互作用与其他列不正交，所以应最好避免求这种交互作用的安排；这里表示的只是 $L_{36}(2^3\times3^{13})$形式的表格设计

附表 8 控制图系数表

样本大小 n	极差 R		$\bar{x}$-R 图		
	系数		$\bar{\bar{x}} \pm A_2\bar{R}$	$D_3\bar{R}$	$D_4\bar{R}$
	d_2	d_3	A_2	D_3	D_4
2	1.128	0.853	1.880		3.267
3	1.693	0.888	1.023		2.575
4	2.059	0.880	0.729		2.282
5	2.326	0.864	0.577		2.115
6	2.534	0.848	0.483		2.004
7	2.704	0.833	0.419	0.076	1.924
8	2.847	0.820	0.373	0.136	1.864
9	2.970	0.808	0.337	0.184	1.816
10	3.038	0.797	0.308	0.223	1.777
11					
12					
13					
14					
15					
16					
17					
18					
19					
20					
>20					

x-R_s 图

$$x\text{图}\begin{cases}\mathrm{UCL}=\bar{x}+2.66\bar{R}_s\\ \mathrm{LCL}=\bar{x}-2.66\bar{R}_s\end{cases}\qquad R_2\text{图}\begin{cases}\mathrm{UCL}=3.27\bar{R}_s\\ \mathrm{LCL}<0\end{cases}$$

样本大小 n	$\tilde{x}$ 图	x 图（成组）	$\bar{x}$-S 图		
	$\bar{\tilde{x}} \pm m_3A_2\bar{R}$	$\bar{x} \pm E_2\bar{R}$	$\bar{\bar{x}} \pm A_1^*\bar{S}$	$B_3\bar{S}$	$B_4\bar{S}$
	m_3A_2	E_2	A_1^*	B_3	B_4
2	1.880	2.659	2.659		3.267
3	1.187	1.772	1.954		2.568
4	0.796	1.457	1.628		2.266
5	0.691	1.290	1.427		2.089
6	0.549	1.184	1.287	0.030	1.970

续表

样本大小 n	$\bar{x}$ 图	x 图（成组）	$\bar{x}$-S 图		
	$\bar{\bar{x}} \pm m_3 A_2 \bar{R}$	$\bar{x} \pm E_2 \bar{R}$	$\bar{\bar{x}} \pm A_1^* \bar{S}$	$B_3 \bar{S}$	$B_4 \bar{S}$
	m_3A_2	E_2	A_1^*	B_3	B_4
7	0.509	1.109	1.182	0.118	1.882
8	0.432	1.054	1.099	0.185	1.815
9	0.412	1.010	1.032	0.239	1.761
10	0.363	0.975	0.975	0.284	1.716
11			0.927	0.321	1.679
12			0.886	0.353	1.646
13			0.850	0.382	1.618
14			0.817	0.406	1.594
15			0.789	0.428	1.572
16			0.763	0.448	1.552
17			0.739	0.466	1.534
18			0.718	0.482	1.518
19			0.698	0.497	1.503
20			0.680	0.510	1.490
＞20			$\frac{3}{\sqrt{n}}\left(1+\frac{1}{4n}\right)$	$1-\frac{3}{\sqrt{2n}}$	$1+\frac{3}{\sqrt{2n}}$

附表9　不合格品率的计数标准型一次抽样方案（α=5%，β=10%）

p_1/% p_0/%	0.75	0.85	0.95	1.05	1.20	1.30	1.50	1.70	1.90	2.10	2.40	2.60	3.00	p_1/% p_0/%
0.095	750.2	425.1	395.1	370.1	345.1	315.1	280.1	250.1	225.1	210.1	185.1	160.1	68.0	0.091～0.100
0.105	730.2	665.2	380.1	355.1	330.1	310.1	275.1	250.1	225.1	200.1	185.1	160.1	150.1	0.101～0.112
0.120	700.2	650.2	595.2	340.1	320.1	295.1	275.1	245.1	220.1	200.1	180.1	160.1	150.1	0.113～0.125
0.130	930.3	625.2	580.2	535.2	305.1	285.1	260.1	240.1	220.1	200.1	180.1	160.1	150.1	0.126～0.140
0.150	900.3	820.3	545.2	520.2	475.2	270.1	250.1	230.1	215.1	195.1	175.1	160.1	140.1	0.141～0.160
0.170	1105.4	795.3	740.3	495.2	470.2	430.2	240.1	220.1	205.1	190.1	175.1	160.1	140.1	0.161～0.180
0.190	1295.5	980.4	710.3	665.3	440.2	415.2	370.2	210.1	200.1	185.1	170.1	155.1	140.1	0.181～0.200
0.210	1445.6	1135.5	875.4	635.3	595.3	395.2	365.2	330.2	190.1	175.1	165.1	155.1	140.1	0.201～0.224
0.240	1620.7	1305.6	1015.5	785.4	570.3	525.3	350.2	325.2	300.2	170.1	160.1	145.1	135.1	0.225～0.250
0.260	1750.8	1435.7	1165.6	910.5	705.4	510.3	465.3	310.2	290.2	265.2	150.1	140.1	130.1	0.251～0.280
0.300	2055.10	1545.8	1275.7	1025.6	810.5	625.4	450.3	410.3	275.2	260.2	240.2	135.1	125.1	0.281～0.315
0.340		1820.10	1385.8	1145.7	920.6	725.5	555.4	400.3	365.3	250.2	230.2	210.2	120.1	0.316～0.355
0.380			1630.10	1235.8	1025.7	820.6	640.5	490.4	355.3	330.3	220.2	205.2	190.2	0.356～0.400
0.420				1450.10	1100.8	910.7	725.6	565.5	440.4	315.3	295.3	195.2	180.2	0.401～0.450
0.480					1300.10	985.8	810.7	545.5	505.5	390.4	285.3	260.3	175.2	0.451～0.500
0.530						1165.10	875.8	715.7	495.5	454.5	350.4	255.3	230.3	0.501～0.560
0.600							1035.10	770.8	640.7	435.5	405.5	310.4	225.3	0.561～0.630
0.670								910.10	690.8	570.7	390.5	360.5	275.4	0.631～0.710
0.750									815.10	620.8	510.7	350.5	320.5	0.711～0.800
0.850										725.10	550.8	455.7	310.5	0.801～0.900
0.950											650.10	490.8	405.7	0.901～1.00
1.05												580.10	435.8	1.01～1.12
1.20												715.13	515.10	1.13～1.25
1.30													635.13	1.26～1.40
1.50													825.18	1.41～1.60
p_1/% p_0/%	0.71～0.80	0.81～0.90	0.91～1.00	1.01～1.12	1.13～1.25	1.26～1.40	1.41～1.60	1.61～1.80	1.81～2.00	2.01～2.24	2.25～2.50	2.51～2.80	2.81～3.15	p_1/% p_0/%

续表

p_0/% \ p_1/%	3.40	3.80	4.20	4.80	5.30	6.00	6.70	7.50	8.50	9.50	10.5	12.0	13.0	15.0	17.0	19.0	21.0	24.0	26.0	30.0	34.0	p_1/% / p_0/%
0.095	64.0	58.0	54.0	49.0	45.0	41.0	37.0	33.0	30.0	27.0	24.0	22.0	19.0	17.0	15.0	13.0	11.0	10.0	9.0	8.0	7.0	0.091～0.100
0.105	60.0	56.0	52.0	48.0	44.0	40.0	37.0	33.0	29.0	27.0	24.0	21.0	19.0	17.0	15.0	13.0	11.0	10.0	9.0	7.0	7.0	0.101～0.112
0.120	130.1	54.0	50.0	46.0	43.0	39.0	36.0	33.0	29.0	26.0	24.0	21.0	19.0	17.0	15.0	13.0	11.0	10.0	9.0	7.0	7.0	0.113～0.125
0.130	130.1	115.1	48.0	45.0	41.0	38.0	35.0	32.0	29.0	26.0	23.0	21.0	19.0	17.0	15.0	13.0	11.0	10.0	9.0	7.0	6.0	0.126～0.140
0.150	130.1	115.1	100.1	43.0	40.0	37.0	33.0	31.0	28.0	26.0	23.0	21.0	19.0	16.0	15.0	13.0	11.0	10.0	9.0	7.0	6.0	0.141～0.160
0.170	125.1	115.1	100.1	92.1	38.0	35.0	33.0	30.0	27.0	25.0	23.0	21.0	18.0	16.0	15.0	13.0	11.0	10.0	9.0	7.0	6.0	0.161～0.180
0.190	125.1	115.1	100.1	92.1	82.1	34.0	31.0	29.0	26.0	24.0	22.0	21.0	18.0	16.0	14.0	13.0	11.0	10.0	9.0	7.0	6.0	0.181～0.200
0.210	125.1	115.1	100.1	92.1	82.1	72.1	30.0	28.0	25.0	23.0	22.0	20.0	18.0	16.0	14.0	13.0	11.0	10.0	9.0	7.0	6.0	0.201～0.224
0.240	125.1	115.1	100.1	90.1	82.1	72.1	64.1	27.0	25.0	23.0	21.0	19.0	18.0	16.0	14.0	12.0	11.0	10.0	9.0	7.0	6.0	0.225～0.250
0.260	120.1	110.1	100.1	90.1	80.1	72.1	64.1	56.1	24.0	22.0	20.0	19.0	17.0	16.0	14.0	12.0	11.0	10.0	9.0	7.0	6.0	0.251～0.280
0.300	115.1	110.1	98.1	88.1	80.1	70.1	64.1	56.1	50.1	21.0	19.0	18.0	17.0	15.0	14.0	12.0	11.0	10.0	9.0	7.0	6.0	0.281～0.315
0.340	110.1	105.1	96.1	86.1	80.1	70.1	62.1	56.1	50.1	45.1	19.0	17.0	16.0	15.0	13.0	12.0	11.0	10.0	9.0	7.0	6.0	0.316～0.355
0.380	110.1	100.1	92.1	86.1	78.1	70.1	62.1	56.1	50.1	45.1	40.1	17.0	15.0	14.0	13.0	12.0	11.0	10.0	9.0	7.0	6.0	0.356～0.400
0.420	165.2	95.1	88.1	82.1	76.1	68.1	62.1	56.1	49.1	45.1	40.1	35.1	15.0	14.0	12.0	11.0	10.0	9.0	8.0	7.0	6.0	0.401～0.450
0.480	165.2	150.2	84.1	80.1	74.1	68.1	62.1	56.1	49.1	44.1	40.1	35.1	31.1	13.0	12.0	11.0	10.0	9.0	8.0	7.0	6.0	0.451～0.500
0.530	155.2	145.2	135.2	76.1	70.1	64.1	60.1	54.1	49.1	44.1	39.1	35.1	31.1	28.1	11.0	11.0	10.0	9.0	8.0	7.0	6.0	0.501～0.560
0.600	205.3	140.2	125.2	115.2	68.1	62.1	58.1	54.1	48.1	44.1	39.1	35.1	31.1	27.1	24.1	10.0	9.0	9.0	8.0	7.0	6.0	0.561～0.630
0.670	200.3	185.3	125.2	115.2	105.2	59.1	56.1	52.1	47.1	43.1	39.1	35.1	31.1	27.1	24.1	21.1	9.0	8.0	8.0	7.0	6.0	0.631～0.710
0.750	250.4	180.3	165.3	110.2	105.2	94.2	54.1	49.1	46.1	42.1	38.1	35.1	31.1	27.1	24.1	21.1	19.1	8.0	7.0	7.0	6.0	0.711～0.800
0.850	285.5	220.4	160.3	140.3	100.2	90.2	84.2	47.1	44.1	40.1	38.1	34.1	31.1	27.1	24.1	21.1	19.1	17.1	7.0	7.0	6.0	0.801～0.900
0.950	275.5	255.5	195.4	140.3	130.3	86.2	82.2	74.2	42.1	39.1	36.1	34.1	30.1	27.1	24.1	21.1	19.1	17.1	15.1	6.0	6.0	0.901～1.00
p_0/% \ p_1/%	3.16～3.55	3.56～4.00	4.01～4.50	4.51～5.00	5.01～5.60	5.61～6.30	6.31～7.10	7.11～8.00	8.01～9.00	9.01～10.0	10.1～11.2	11.3～12.5	12.6～14.0	14.1～16.0	16.1～18.0	18.1～20.0	20.1～22.4	22.5～25.0	25.1～28.0	28.1～31.5	31.6～35.5	p_1/% / p_0/%

续表

p_0/% \ p_1/%	3.40	3.80	4.20	4.80	5.30	6.00	6.70	7.50	8.50	9.50	10.5	12.0	13.0	15.0	17.0	19.0	21.0	24.0	26.0	30.0	34.0	p_1/% / p_0/%
1.05	360.7	245.5	225.5	175.4	125.3	115.3	78.2	72.2	64.2	37.1	35.1	32.1	30.1	27.1	23.1	21.1	19.1	17.1	15.1	6.0	6.0	1.01～1.12
1.20	390.8	280.6	220.5	165.4	155.4	115.3	105.3	70.2	64.2	58.2	33.1	31.1	29.1	26.1	23.1	21.1	18.1	17.1	15.1	6.0	6.0	1.13～1.25
1.30	465.10	350.8	250.6	195.5	150.4	135.4	100.3	66.2	62.2	58.2	52.2	30.1	28.1	25.1	23.1	21.1	18.1	16.1	15.1	13.1	5.0	1.26～1.40
1.50	565.13	410.10	310.8	220.6	175.5	130.4	120.4	90.3	58.2	54.2	50.2	47.2	26.1	24.1	22.1	20.1	18.1	16.1	14.1	13.1	5.0	1.41～1.60
1.70	745.18	505.13	360.10	275.8	195.6	155.5	115.4	110.4	78.3	52.2	49.2	45.2	41.2	23.1	21.1	20.1	18.1	16.1	14.1	13.1	11.1	1.61～1.80
1.90		660.18	445.13	325.10	245.8	175.6	140.5	105.4	95.4	70.5	47.2	44.2	41.2	36.2	21.2	19.1	18.1	16.1	14.1	13.1	11.1	1.81～2.00
2.10			585.18	400.13	290.10	220.8	155.6	125.5	95.4	86.4	62.3	42.2	39.2	36.2	32.3	18.1	17.1	16.1	14.1	13.1	11.1	2.01～2.24
2.40				520.18	360.13	260.10	195.8	140.6	110.5	84.4	76.4	56.3	37.2	34.2	31.2	28.2	16.1	15.1	14.1	12.1	11.1	2.25～2.50
2.60					470.18	320.13	230.10	175.8	125.6	100.5	74.4	54.4	50.3	33.2	30.2	28.2	25.2	15.2	13.1	12.1	11.1	2.51～2.80
3.00						415.18	280.13	205.10	155.8	110.6	86.5	66.4	48.3	44.3	29.2	27.2	25.2	22.2	13.1	12.1	11.1	2.81～3.15
3.40							350.17	250.13	180.10	140.8	100.6	78.5	60.4	42.3	39.3	26.2	24.2	22.2	20.2	11.1	10.1	3.16～3.55
3.80								310.17	225.13	165.10	125.8	90.6	70.5	52.4	37.3	35.3	23.2	21.2	20.2	17.2	10.1	3.56～4.00
4.20									275.17	200.13	145.10	110.8	78.6	62.5	46.4	33.3	31.3	20.2	19.2	17.2	10.1	4.01～4.50
4.80										245.17	180.13	130.10	100.8	70.6	54.5	41.4	30.3	28.3	18.2	17.2	15.2	4.51～5.00
5.30											220.17	160.13	115.10	86.8	62.6	48.5	37.4	27.3	25.3	16.2	15.2	5.01～5.60
6.00												195.17	140.13	100.10	68.7	54.6	43.5	33.4	23.3	22.3	14.2	5.61～6.30
6.70													175.17	120.12	82.9	60.7	48.6	38.5	29.4	21.3	14.2	6.31～7.10
7.50														150.16	105.12	74.9	54.7	44.6	34.5	26.4	18.3	7.11～8.00
8.50															130.16	90.12	66.9	48.7	39.6	30.5	23.4	8.01～9.00
9.50																115.16	82.12	58.9	43.7	34.6	27.5	9.01～10.0
10.50																	105.16	74.12	52.9	38.7	26.5	10.1～11.2
p_1/% / p_0/%	3.16～3.55	3.56～4.00	4.01～4.50	4.51～5.00	5.01～5.60	5.61～6.30	6.31～7.10	7.11～8.00	8.01～9.00	9.01～10.0	10.1～11.2	11.3～12.5	12.6～14.0	14.1～16.0	16.1～18.0	18.1～20.0	20.1～22.4	22.5～25.0	25.1～28.0	28.1～31.5	31.6～35.5	p_0/% \ p_1/%

附表10 计数调整型一次、二次抽样检查表

附表10-1 正常检验一次抽样方案（主表）

样本量字码	样本量	接收质量限																									
		0.010	0.015	0.025	0.040	0.065	0.10	0.15	0.25	0.40	0.65	1.0	1.5	2.5	4.0	6.5	10	15	25	40	65	100	150	250	400	650	1000
		Ac Re	Ac Re	Ac Re	Ac Re	Ac Re	Ac Re	Ac Re	Ac Re	Ac Re	Ac Re	Ac Re	Ac Re	Ac Re	Ac Re	Ac Re	Ac Re	Ac Re	Ac Re	Ac Re	Ac Re	Ac Re	Ac Re	Ac Re	Ac Re	Ac Re	Ac Re
A	2	↓	↓	↓	↓	↓	↓	↓	↓	↓	↓	↓	↓	↓	↓	0 1	↓	↓	1 2	2 3	3 4	5 6	7 8	10 11	14 15	21 22	30 31
B	3	↓	↓	↓	↓	↓	↓	↓	↓	↓	↓	↓	↓	↓	0 1	↑	↓	1 2	2 3	3 4	5 6	7 8	10 11	14 15	21 22	30 31	44 45
C	5	↓	↓	↓	↓	↓	↓	↓	↓	↓	↓	↓	↓	0 1	↑	↓	1 2	2 3	3 4	5 6	7 8	10 11	14 15	21 22	30 31	44 45	↑
D	8	↓	↓	↓	↓	↓	↓	↓	↓	↓	↓	↓	0 1	↑	↓	1 2	2 3	3 4	5 6	7 8	10 11	14 15	21 22	30 31	44 45	↑	↑
E	13	↓	↓	↓	↓	↓	↓	↓	↓	↓	↓	0 1	↑	↓	1 2	2 3	3 4	5 6	7 8	10 11	14 15	21 22	30 31	44 45	↑	↑	↑
F	20	↓	↓	↓	↓	↓	↓	↓	↓	↓	0 1	↑	↓	1 2	2 3	3 4	5 6	7 8	10 11	14 15	21 22	↑	↑	↑	↑	↑	↑
G	32	↓	↓	↓	↓	↓	↓	↓	↓	0 1	↑	↓	1 2	2 3	3 4	5 6	7 8	10 11	14 15	21 22	↑	↑	↑	↑	↑	↑	↑
H	50	↓	↓	↓	↓	↓	↓	↓	0 1	↑	↓	1 2	2 3	3 4	5 6	7 8	10 11	14 15	21 22	↑	↑	↑	↑	↑	↑	↑	↑
J	80	↓	↓	↓	↓	↓	↓	0 1	↑	↓	1 2	2 3	3 4	5 6	7 8	10 11	14 15	21 22	↑	↑	↑	↑	↑	↑	↑	↑	↑
K	125	↓	↓	↓	↓	↓	0 1	↑	↓	1 2	2 3	3 4	5 6	7 8	10 11	14 15	21 22	↑	↑	↑	↑	↑	↑	↑	↑	↑	↑
L	200	↓	↓	↓	↓	0 1	↑	↓	1 2	2 3	3 4	5 6	7 8	10 11	14 15	21 22	↑	↑	↑	↑	↑	↑	↑	↑	↑	↑	↑
M	315	↓	↓	↓	0 1	↑	↓	1 2	2 3	3 4	5 6	7 8	10 11	14 15	21 22	↑	↑	↑	↑	↑	↑	↑	↑	↑	↑	↑	↑
N	500	↓	↓	0 1	↑	↓	1 2	2 3	3 4	5 6	7 8	10 11	14 15	21 22	↑	↑	↑	↑	↑	↑	↑	↑	↑	↑	↑	↑	↑
P	800	↓	0 1	↑	↓	1 2	2 3	3 4	5 6	7 8	10 11	14 15	21 22	↑	↑	↑	↑	↑	↑	↑	↑	↑	↑	↑	↑	↑	↑
Q	1250	0 1	↑	↓	1 2	2 3	3 4	5 6	7 8	10 11	14 15	21 22	↑	↑	↑	↑	↑	↑	↑	↑	↑	↑	↑	↑	↑	↑	↑
R	2000	↑	↑	1 2	2 3	3 4	5 6	7 8	10 11	14 15	21 22	↑	↑	↑	↑	↑	↑	↑	↑	↑	↑	↑	↑	↑	↑	↑	↑

注：↓——使用箭头下面的第一个抽样方案，如果样本量等于或超过批量，则执行100%检验；↑——使用箭头上面的第一个抽样方案；Ac——接收数；Re——拒收数

附表10-2 加严检验一次抽样方案（主表）

样本量字码	样本量	接收质量限																									
		0.010	0.015	0.025	0.040	0.065	0.10	0.15	0.25	0.40	0.65	1.0	1.5	2.5	4.0	6.5	10	15	25	40	65	100	150	250	400	650	1000
		Ac Re	Ac Re	Ac Re	Ac Re	Ac Re	Ac Re	Ac Re	Ac Re	Ac Re	Ac Re	Ac Re	Ac Re	Ac Re	Ac Re	Ac Re	Ac Re	Ac Re	Ac Re	Ac Re	Ac Re	Ac Re	Ac Re	Ac Re	Ac Re	Ac Re	Ac Re
A	2	↓	↓	↓	↓	↓	↓	↓	↓	↓	↓	↓	↓	↓	↓	↓	0 1	↓	↓	1 2	2 3	3 4	5 6	8 9	12 13	18 19	27 28
B	3	↓	↓	↓	↓	↓	↓	↓	↓	↓	↓	↓	↓	↓	↓	0 1	↓	↓	1 2	2 3	3 4	5 6	8 9	12 13	18 19	27 28	41 42
C	5	↓	↓	↓	↓	↓	↓	↓	↓	↓	↓	↓	↓	↓	0 1	↓	↓	1 2	2 3	3 4	5 6	8 9	12 13	18 19	27 28	41 42	↑
D	8	↓	↓	↓	↓	↓	↓	↓	↓	↓	↓	↓	↓	0 1	↓	↓	1 2	2 3	3 4	5 6	8 9	12 13	18 19	27 28	41 42	↑	↑
E	13	↓	↓	↓	↓	↓	↓	↓	↓	↓	↓	↓	0 1	↓	↓	1 2	2 3	3 4	5 6	8 9	12 13	18 19	27 28	41 42	↑	↑	↑
F	20	↓	↓	↓	↓	↓	↓	↓	↓	↓	↓	0 1	↓	↓	1 2	2 3	3 4	5 6	8 9	12 13	18 19	↑	↑	↑	↑	↑	↑
G	32	↓	↓	↓	↓	↓	↓	↓	↓	↓	0 1	↓	↓	1 2	2 3	3 4	5 6	8 9	12 13	18 19	↑	↑	↑	↑	↑	↑	↑
H	50	↓	↓	↓	↓	↓	↓	↓	↓	0 1	↓	↓	1 2	2 3	3 4	5 6	8 9	12 13	18 19	↑	↑	↑	↑	↑	↑	↑	↑
J	80	↓	↓	↓	↓	↓	↓	↓	0 1	↓	↓	1 2	2 3	3 4	5 6	8 9	12 13	18 19	↑	↑	↑	↑	↑	↑	↑	↑	↑
K	125	↓	↓	↓	↓	↓	↓	0 1	↓	↓	1 2	2 3	3 4	5 6	8 9	12 13	18 19	↑	↑	↑	↑	↑	↑	↑	↑	↑	↑
L	200	↓	↓	↓	↓	↓	0 1	↓	↓	1 2	2 3	3 4	5 6	8 9	12 13	18 19	↑	↑	↑	↑	↑	↑	↑	↑	↑	↑	↑
M	315	↓	↓	↓	↓	0 1	↓	↓	1 2	2 3	3 4	5 6	8 9	12 13	18 19	↑	↑	↑	↑	↑	↑	↑	↑	↑	↑	↑	↑
N	500	↓	↓	↓	0 1	↓	↓	1 2	2 3	3 4	5 6	8 9	12 13	18 19	↑	↑	↑	↑	↑	↑	↑	↑	↑	↑	↑	↑	↑
P	800	↓	↓	0 1	↓	↓	1 2	2 3	3 4	5 6	8 9	12 13	18 19	↑	↑	↑	↑	↑	↑	↑	↑	↑	↑	↑	↑	↑	↑
Q	1250	↓	0 1	↓	↓	1 2	2 3	3 4	5 6	8 9	12 13	18 19	↑	↑	↑	↑	↑	↑	↑	↑	↑	↑	↑	↑	↑	↑	↑
R	2000	0 1	↑	↓	1 2	2 3	3 4	5 6	8 9	12 13	18 19	↑	↑	↑	↑	↑	↑	↑	↑	↑	↑	↑	↑	↑	↑	↑	↑
S	3150			1 2																							

注：↓——使用箭头下面的第一个抽样方案，如果样本量等于或超过批量，则执行100%检验；↑——使用箭头上面的第一个抽样方案；Ac——接收数；Re——拒收数

附表10-3 放宽检验一次抽样方案（主表）

样本量字码	样本量	接收质量限																									
		0.010	0.015	0.025	0.040	0.065	0.10	0.15	0.25	0.40	0.65	1.0	1.5	2.5	4.0	6.5	10	15	25	40	65	100	150	250	400	650	1000
		Ac Re	Ac Re	Ac Re	Ac Re	Ac Re	Ac Re	Ac Re	Ac Re	Ac Re	Ac Re	Ac Re	Ac Re	Ac Re	Ac Re	Ac Re	Ac Re	Ac Re	Ac Re	Ac Re	Ac Re	Ac Re	Ac Re	Ac Re	Ac Re	Ac Re	Ac Re
A	2	↓	↓	↓	↓	↓	↓	↓	↓	↓	↓	↓	↓	↓	↓	0 1	↓	↓	1 2	2 3	3 4	5 6	7 8	10 11	14 15	21 22	30 31
B	2	↓	↓	↓	↓	↓	↓	↓	↓	↓	↓	↓	↓	↓	0 1	↑	↓	↓	1 2	2 3	3 4	5 6	7 8	10 11	14 15	21 22	30 31
C	2	↓	↓	↓	↓	↓	↓	↓	↓	↓	↓	↓	↓	0 1	↑	↓	↓	1 2	2 3	3 4	5 6	6 7	8 9	10 11	14 15	21 22	↑
D	3	↓	↓	↓	↓	↓	↓	↓	↓	↓	↓	↓	0 1	↑	↓	↓	1 2	2 3	3 4	5 6	6 7	8 9	10 11	14 15	21 22	↑	↑
E	5	↓	↓	↓	↓	↓	↓	↓	↓	↓	↓	0 1	↑	↓	↓	1 2	2 3	3 4	5 6	6 7	8 9	10 11	14 15	21 22	↑	↑	↑
F	8	↓	↓	↓	↓	↓	↓	↓	↓	↓	0 1	↑	↓	↓	1 2	2 3	3 4	5 6	6 7	8 9	10 11	↑	↑	↑	↑	↑	↑
G	13	↓	↓	↓	↓	↓	↓	↓	↓	0 1	↑	↓	↓	1 2	2 3	3 4	5 6	6 7	8 9	10 11	↑	↑	↑	↑	↑	↑	↑
H	20	↓	↓	↓	↓	↓	↓	↓	0 1	↑	↓	↓	1 2	2 3	3 4	5 6	6 7	8 9	10 11	↑	↑	↑	↑	↑	↑	↑	↑
J	32	↓	↓	↓	↓	↓	↓	0 1	↑	↓	↓	1 2	2 3	3 4	5 6	6 7	8 9	10 11	↑	↑	↑	↑	↑	↑	↑	↑	↑
K	50	↓	↓	↓	↓	↓	0 1	↑	↓	↓	1 2	2 3	3 4	5 6	6 7	8 9	10 11	↑	↑	↑	↑	↑	↑	↑	↑	↑	↑
L	80	↓	↓	↓	↓	0 1	↑	↓	↓	1 2	2 3	3 4	5 6	6 7	8 9	10 11	↑	↑	↑	↑	↑	↑	↑	↑	↑	↑	↑
M	125	↓	↓	↓	0 1	↑	↓	↓	1 2	2 3	3 4	5 6	6 7	8 9	10 11	↑	↑	↑	↑	↑	↑	↑	↑	↑	↑	↑	↑
N	200	↓	↓	0 1	↑	↓	↓	1 2	2 3	3 4	5 6	6 7	8 9	10 11	↑	↑	↑	↑	↑	↑	↑	↑	↑	↑	↑	↑	↑
P	315	↓	0 1	↑	↓	↓	1 2	2 3	3 4	5 6	6 7	8 9	10 11	↑	↑	↑	↑	↑	↑	↑	↑	↑	↑	↑	↑	↑	↑
Q	500	0 1	↑	↑	↓	1 2	2 3	3 4	5 6	6 7	8 9	10 11	↑	↑	↑	↑	↑	↑	↑	↑	↑	↑	↑	↑	↑	↑	↑
R	800	↑	↑	↑	1 2	2 3	3 4	5 6	6 7	8 9	10 11	↑	↑	↑	↑	↑	↑	↑	↑	↑	↑	↑	↑	↑	↑	↑	↑

注：↓——使用箭头下面的第一个抽样方案，如果样本量等于或超过批量，则执行100%检验；↑——使用箭头上面的第一个抽样方案；Ac——接收数；Re——拒收数

附表10-4 正常检验二次抽样方案（主表）

样本量字码	样本	样本量	累计样本量	接收质量限																									
				0.010	0.015	0.025	0.040	0.065	0.10	0.15	0.25	0.40	0.65	1.0	1.5	2.5	4.0	6.5	10	15	25	40	65	100	150	250	400	650	1000
				Ac Re	Ac Re	Ac Re	Ac Re	Ac Re	Ac Re	Ac Re	Ac Re	Ac Re	Ac Re	Ac Re	Ac Re	Ac Re	Ac Re	Ac Re	Ac Re	Ac Re	Ac Re	Ac Re	Ac Re	Ac Re	Ac Re	Ac Re	Ac Re	Ac Re	Ac Re
A				↓	↓	↓	↓	↓	↓	↓	↓	↓	↓	↓	↓	↓	↓	*	↓	↓	*	*	*	*	*	*	*	*	*
B	第一	2	2	↓	↓	↓	↓	↓	↓	↓	↓	↓	↓	↓	↓	↓	*	↑	↓	0 2	0 3	1 3	2 5	3 6	5 9	7 11	11 16	17 22	25 31
	第二	2	4																	1 2	3 4	4 5	6 7	9 10	12 13	18 19	26 27	37 38	56 57
C	第一	3	3	↓	↓	↓	↓	↓	↓	↓	↓	↓	↓	↓	↓	*	↑	↓	0 2	0 3	1 3	2 5	3 6	5 9	7 11	11 16	17 22	25 31	↑
	第二	3	6																1 2	3 4	4 5	6 7	9 10	12 13	18 19	26 27	37 38	56 57	
D	第一	5	5	↓	↓	↓	↓	↓	↓	↓	↓	↓	↓	↓	*	↑	↓	0 2	0 3	1 3	2 5	3 6	5 9	7 11	11 16	17 22	25 31	↑	↑
	第二	5	10															1 2	3 4	4 5	6 7	9 10	12 13	18 19	26 27	37 38	56 57		
E	第一	8	8	↓	↓	↓	↓	↓	↓	↓	↓	↓	↓	*	↑	↓	0 2	0 3	1 3	2 5	3 6	5 9	7 11	11 16	17 22	25 31	↑	↑	↑
	第二	8	16														1 2	3 4	4 5	6 7	9 10	12 13	18 19	26 27	37 38	56 57			
F	第一	13	13	↓	↓	↓	↓	↓	↓	↓	↓	↓	*	↑	↓	0 2	0 3	1 3	2 5	3 6	5 9	7 11	11 16	↑	↑	↑	↑	↑	↑
	第二	13	26													1 2	3 4	4 5	6 7	9 10	12 13	18 19	26 27						
G	第一	20	20	↓	↓	↓	↓	↓	↓	↓	↓	*	↑	↓	0 2	0 3	1 3	2 5	3 6	5 9	7 11	11 16	↑	↑	↑	↑	↑	↑	↑
	第二	20	40												1 2	3 4	4 5	6 7	9 10	12 13	18 19	26 27							
H	第一	32	32	↓	↓	↓	↓	↓	↓	↓	*	↑	↓	0 2	0 3	1 3	2 5	3 6	5 9	7 11	11 16	↑	↑	↑	↑	↑	↑	↑	↑
	第二	32	64											1 2	3 4	4 5	6 7	9 10	12 13	18 19	26 27								
J	第一	50	50	↓	↓	↓	↓	↓	↓	*	↑	↓	0 2	0 3	1 3	2 5	3 6	5 9	7 11	11 16	↑	↑	↑	↑	↑	↑	↑	↑	↑
	第二	50	100										1 2	3 4	4 5	6 7	9 10	12 13	18 19	26 27									
K	第一	80	80	↓	↓	↓	↓	↓	*	↑	↓	0 2	0 3	1 3	2 5	3 6	5 9	7 11	11 16	↑	↑	↑	↑	↑	↑	↑	↑	↑	↑
	第二	80	160									1 2	3 4	4 5	6 7	9 10	12 13	18 19	26 27										
L	第一	125	125	↓	↓	↓	↓	*	↑	↓	0 2	0 3	1 3	2 5	3 6	5 9	7 11	11 16	↑	↑	↑	↑	↑	↑	↑	↑	↑	↑	↑
	第二	125	250								1 2	3 4	4 5	6 7	9 10	12 13	18 19	26 27											
M	第一	200	200	↓	↓	↓	*	↑	↓	0 2	0 3	1 3	2 5	3 6	5 9	7 11	11 16	↑	↑	↑	↑	↑	↑	↑	↑	↑	↑	↑	↑
	第二	200	400							1 2	3 4	4 5	6 7	9 10	12 13	18 19	26 27												
N	第一	315	315	↓	↓	*	↑	↓	0 2	0 3	1 3	2 5	3 6	5 9	7 11	11 16	↑	↑	↑	↑	↑	↑	↑	↑	↑	↑	↑	↑	↑
	第二	315	630						1 2	3 4	4 5	6 7	9 10	12 13	18 19	26 27													
P	第一	500	500	↓	*	↑	↓	0 2	0 3	1 3	2 5	3 6	5 9	7 11	11 16	↑	↑	↑	↑	↑	↑	↑	↑	↑	↑	↑	↑	↑	↑
	第二	500	1000					1 2	3 4	4 5	6 7	9 10	12 13	18 19	26 27														
Q	第一	800	800	*	↑	↓	0 2	0 3	1 3	2 5	3 6	5 9	7 11	11 16	↑	↑	↑	↑	↑	↑	↑	↑	↑	↑	↑	↑	↑	↑	↑
	第二	800	1600				1 2	3 4	4 5	6 7	9 10	12 13	18 19	26 27															
R	第一	1250	1250	↑	↑	0 2	0 3	1 3	2 5	3 6	5 9	7 11	11 16	↑	↑	↑	↑	↑	↑	↑	↑	↑	↑	↑	↑	↑	↑	↑	↑
	第二	1250	2500			1 2	3 4	4 5	6 7	9 10	12 13	18 19	26 27																

注：↓——使用箭头下面的第一个抽样方案，如果样本量等于或超过批量，则执行100%检验；↑——使用箭头上面的第一个 抽样方案；Ac——接收数；Re——拒收数；*——使用对应的一次抽样方案（或者使用下面适用的二次抽样方案）

附表10-5 加严检验二次抽样方案（主表）

样本量字码	样本	样本量	累计样本量	0.010 Ac Re	0.015 Ac Re	0.025 Ac Re	0.040 Ac Re	0.065 Ac Re	0.10 Ac Re	0.15 Ac Re	0.25 Ac Re	0.40 Ac Re	0.65 Ac Re	1.0 Ac Re	1.5 Ac Re	2.5 Ac Re	4.0 Ac Re	6.5 Ac Re	10 Ac Re	15 Ac Re	25 Ac Re	40 Ac Re	65 Ac Re	100 Ac Re	150 Ac Re	250 Ac Re	400 Ac Re	650 Ac Re	1000 Ac Re
A				↓	↓	↓	↓	↓	↓	↓	↓	↓	↓	↓	↓	↓	↓	↓	↓	↓	↓	*	*	*	*	*	*	*	*
B	第一 第二	2 2	2 4	↓	↓	↓	↓	↓	↓	↓	↓	↓	↓	↓	↓	↓	↓	*	↓	↓	0 2 1 2	0 3 3 4	1 3 4 5	2 5 6 7	4 7 10 11	6 10 15 16	9 14 23 24	15 20 34 35	23 29 52 53
C	第一 第二	3 3	3 6	↓	↓	↓	↓	↓	↓	↓	↓	↓	↓	↓	↓	↓	*	↓	↓	0 2 1 2	0 3 3 4	1 3 4 5	2 5 6 7	4 7 10 11	6 10 15 16	9 14 23 24	15 20 34 35	23 29 52 53	↑
D	第一 第二	5 5	5 10	↓	↓	↓	↓	↓	↓	↓	↓	↓	↓	↓	↓	*	↓	↓	0 2 1 2	0 3 3 4	1 3 4 5	2 5 6 7	4 7 10 11	6 10 15 16	9 14 23 24	15 20 34 35	23 29 52 53	↑	↑
E	第一 第二	8 8	8 16	↓	↓	↓	↓	↓	↓	↓	↓	↓	↓	↓	*	↓	↓	0 2 1 2	0 3 3 4	1 3 4 5	2 5 6 7	4 7 10 11	6 10 15 16	9 14 23 24	15 20 34 35	23 29 52 53	↑	↑	↑
F	第一 第二	13 13	13 26	↓	↓	↓	↓	↓	↓	↓	↓	↓	↓	*	↓	↓	0 2 1 2	0 3 3 4	1 3 4 5	2 5 6 7	4 7 10 11	6 10 15 16	9 14 23 24	↑	↑	↑	↑	↑	↑
G	第一 第二	20 20	20 40	↓	↓	↓	↓	↓	↓	↓	↓	↓	*	↓	↓	0 2 1 2	0 3 3 4	1 3 4 5	2 5 6 7	4 7 10 11	6 10 15 16	9 14 23 24	↑	↑	↑	↑	↑	↑	↑
H	第一 第二	32 32	32 64	↓	↓	↓	↓	↓	↓	↓	↓	*	↓	↓	0 2 1 2	0 3 3 4	1 3 4 5	2 5 6 7	4 7 10 11	6 10 15 16	9 14 23 24	↑	↑	↑	↑	↑	↑	↑	↑
J	第一 第二	50 50	50 100	↓	↓	↓	↓	↓	↓	↓	*	↓	↓	0 2 1 2	0 3 3 4	1 3 4 5	2 5 6 7	4 7 10 11	6 10 15 16	9 14 23 24	↑	↑	↑	↑	↑	↑	↑	↑	↑
K	第一 第二	80 80	80 160	↓	↓	↓	↓	↓	↓	*	↓	↓	0 2 1 2	0 3 3 4	1 3 4 5	2 5 6 7	4 7 10 11	6 10 15 16	9 14 23 24	↑	↑	↑	↑	↑	↑	↑	↑	↑	↑
L	第一 第二	125 125	125 250	↓	↓	↓	↓	↓	*	↓	↓	0 2 1 2	0 3 3 4	1 3 4 5	2 5 6 7	4 7 10 11	6 10 15 16	9 14 23 24	↑	↑	↑	↑	↑	↑	↑	↑	↑	↑	↑
M	第一 第二	200 200	200 400	↓	↓	↓	↓	*	↓	↓	0 2 1 2	0 3 3 4	1 3 4 5	2 5 6 7	4 7 10 11	6 10 15 16	9 14 23 24	↑	↑	↑	↑	↑	↑	↑	↑	↑	↑	↑	↑
N	第一 第二	315 315	315 630	↓	↓	↓	*	↓	↓	0 2 1 2	0 3 3 4	1 3 4 5	2 5 6 7	4 7 10 11	6 10 15 16	9 14 23 24	↑	↑	↑	↑	↑	↑	↑	↑	↑	↑	↑	↑	↑
P	第一 第二	500 500	500 1000	↓	↓	*	↓	↓	0 2 1 2	0 3 3 4	1 3 4 5	2 5 6 7	4 7 10 11	6 10 15 16	9 14 23 24	↑	↑	↑	↑	↑	↑	↑	↑	↑	↑	↑	↑	↑	↑
Q	第一 第二	800 800	800 1600	↓	*	↓	↓	0 2 1 2	0 3 3 4	1 3 4 5	2 5 6 7	4 7 10 11	6 10 15 16	9 14 23 24	↑	↑	↑	↑	↑	↑	↑	↑	↑	↑	↑	↑	↑	↑	↑
R	第一 第二	1250 1250	1250 2500	*	↑	↓	0 2 1 2	0 3 3 4	1 3 4 5	2 5 6 7	4 7 10 11	6 10 15 16	9 14 23 24	↑	↑	↑	↑	↑	↑	↑	↑	↑	↑	↑	↑	↑	↑	↑	↑
S	第一 第二	2000 2000	2000 4000			0 2 1 2																							

注：↓——使用箭头下面的第一个抽样方案，如果样本量等于或超过批量，则执行100%检验；↑——使用箭头上面的第一个 抽样方案；Ac——接收数；Re——拒收数；*——使用对应的一次抽样方案（或者使用下面适用的二次抽样方案）

附表10-6 放宽检验二次抽样方案（主表）

样本量字码	样本	样本量	累计样本量	接收质量限 0.010	0.015	0.025	0.040	0.065	0.10	0.15	0.25	0.40	0.65	1.0	1.5	2.5	4.0	6.5	10	15	25	40	65	100	150	250	400	650	1000
				Ac Re	Ac Re	Ac Re	Ac Re	Ac Re	Ac Re	Ac Re	Ac Re	Ac Re	Ac Re	Ac Re	Ac Re	Ac Re	Ac Re	Ac Re	Ac Re	Ac Re	Ac Re	Ac Re	Ac Re	Ac Re	Ac Re	Ac Re	Ac Re	Ac Re	Ac Re
A				↓	↓	↓	↓	↓	↓	↓	↓	↓	↓	↓	↓	↓	↓	*	↓	↓	*	*	*	*	*	*	*	*	*
B				↓	↓	↓	↓	↓	↓	↓	↓	↓	↓	↓	↓	↓	*	↑	↓	↓	*	*	*	*	*	*	*	*	*
C				↓	↓	↓	↓	↓	↓	↓	↓	↓	↓	↓	↓	*	↑	↓	↓	*	*	*	*	*	*	*	*	*	↑
D	第一 第二	2 2	2 4	↓	↓	↓	↓	↓	↓	↓	↓	↓	↓	↓	*	↑	↓	↓	0 2 1 2	0 3 3 4	1 3 4 5	2 4 5 6	3 6 7 8	4 7 10 11	5 9 12 13	7 11 18 19	11 16 26 27	↑	↑
E	第一 第二	3 3	3 6	↓	↓	↓	↓	↓	↓	↓	↓	↓	↓	*	↑	↓	↓	0 2 1 2	0 3 3 4	1 3 4 5	2 4 5 6	3 6 7 8	4 7 10 11	5 9 12 13	7 11 18 19	11 16 26 27	↑	↑	↑
F	第一 第二	5 5	5 10	↓	↓	↓	↓	↓	↓	↓	↓	↓	*	↑	↓	↓	0 2 1 2	0 3 3 4	1 3 4 5	2 4 5 6	3 6 7 8	4 7 10 11	5 9 12 13	↑	↑	↑	↑	↑	↑
G	第一 第二	8 8	8 16	↓	↓	↓	↓	↓	↓	↓	↓	*	↑	↓	↓	0 2 1 2	0 3 3 4	1 3 4 5	2 4 5 6	3 6 7 8	4 7 10 11	5 9 12 13	↑	↑	↑	↑	↑	↑	↑
H	第一 第二	13 13	13 26	↓	↓	↓	↓	↓	↓	↓	*	↑	↓	↓	0 2 1 2	0 3 3 4	1 3 4 5	2 4 5 6	3 6 7 8	4 7 10 11	5 9 12 13	↑	↑	↑	↑	↑	↑	↑	↑
J	第一 第二	20 20	20 40	↓	↓	↓	↓	↓	↓	*	↑	↓	↓	0 2 1 2	0 3 3 4	1 3 4 5	2 4 5 6	3 6 7 8	4 7 10 11	5 9 12 13	↑	↑	↑	↑	↑	↑	↑	↑	↑
K	第一 第二	32 32	32 64	↓	↓	↓	↓	↓	*	↑	↓	↓	0 2 1 2	0 3 3 4	1 3 4 5	2 4 5 6	3 6 7 8	4 7 10 11	5 9 12 13	↑	↑	↑	↑	↑	↑	↑	↑	↑	↑
L	第一 第二	50 50	50 100	↓	↓	↓	↓	*	↑	↓	↓	0 2 1 2	0 3 3 4	1 3 4 5	2 4 5 6	3 6 7 8	4 7 10 11	5 9 12 13	↑	↑	↑	↑	↑	↑	↑	↑	↑	↑	↑
M	第一 第二	80 80	80 160	↓	↓	↓	*	↑	↓	↓	0 2 1 2	0 3 3 4	1 3 4 5	2 4 5 6	3 6 7 8	4 7 10 11	5 9 12 13	↑	↑	↑	↑	↑	↑	↑	↑	↑	↑	↑	↑
N	第一 第二	125 125	125 250	↓	↓	*	↑	↓	↓	0 2 1 2	0 3 3 4	1 3 4 5	2 4 5 6	3 6 7 8	4 7 10 11	5 9 12 13	↑	↑	↑	↑	↑	↑	↑	↑	↑	↑	↑	↑	↑
P	第一 第二	200 200	200 400	↓	*	↑	↓	↓	0 2 1 2	0 3 3 4	1 3 4 5	2 4 5 6	3 6 7 8	4 7 10 11	5 9 12 13	↑	↑	↑	↑	↑	↑	↑	↑	↑	↑	↑	↑	↑	↑
Q	第一 第二	315 315	315 630	*	↑	↑	↓	0 2 1 2	0 3 3 4	1 3 4 5	2 4 5 6	3 6 7 8	4 7 10 11	5 9 12 13	↑	↑	↑	↑	↑	↑	↑	↑	↑	↑	↑	↑	↑	↑	↑
R	第一 第二	500 500	500 1000	↑	↑	↑	0 2 1 2	0 3 3 4	1 3 4 5	2 4 5 6	3 6 7 8	4 7 10 11	5 9 12 13	↑	↑	↑	↑	↑	↑	↑	↑	↑	↑	↑	↑	↑	↑	↑	↑

注：↓——使用箭头下面的第一个抽样方案，如果样本量等于或超过批量，则执行100%检验；↑——使用箭头上面的第一个抽样方案；Ac——接收数；Re——拒收数；*——使用对应的一次抽样方案（或者使用下面适用的二次抽样方案）